U0740659

现代内部审计

主 编　鲍国明　刘力云

内部审计职业教育
系列丛书

中国时代经济出版社

前　言

2004 年中国内部审计协会曾经编写过一本《内部审计理论与实务》，距今已有 10 年。这 10 年，是我国内部审计工作飞速发展的时期。伴随着我国综合国力的增强以及国际地位的提升，我国经济社会发展发生了巨大变化。广大内部审计机构和内部审计人员适应经济社会环境变化，根据本组织持续发展的需要，借鉴国际内部审计先进经验，同时结合本组织实际，不断增强内部审计能力，创新发展内部审计业务，努力提高内部审计工作水平，为组织完善治理和增加价值做出了贡献。我国内部审计发展取得了显著成绩，在工作理念、业务范围、规范水平等各个方面都发生了很大变化，在一些领域摸索出了令国际同行可资借鉴的先进做法和经验。

为促进我国内部审计工作的进一步发展，总结和推广近 10 年来内部审计发展的先进理念和经验，为广大内部审计机构和内部审计人员深入开展内部审计业务提供指导，按照中国内部审计协会第六届理事会的计划，我们组织内部审计理论与实务方面的相关人员，进行了充分的研讨和论证，编写了这本《现代内部审计》。

本书共分 14 章，内容基本上涵盖了现代内部审计的基本原理与实务的主要方面。前五章分别概要性地介绍了内部审计的基本概念、发展过程、内部审计的作用、职业道德规范和内部审计准则、内部审计的过程与方法、内部审计管理。第六章至第十三章分别介绍了内部审计领域开展的内部控制审计、风险管理审计、舞弊审计、绩效审计、建设项目审计、经济责任审计、环境审计和信息系统审计，对于每种审计业务分别介绍了基本含义、目标和内容、主要方法和审计中应注意的问题。第十四章是本书的最后一章，在对内部审计发展环境和挑战进行分析的基础上，对内部审计的发展进行了展望。

本书由中国内部审计协会副会长兼秘书长鲍国明教授和审计署科研所副所长、中国审计学会副秘书长刘力云研究员任主编。她们提出总体思路和写作提纲，多次组织对各章节研讨修改，最终审定全书。参加本书编写的人员要么从事内部审计理论研究，要么从事内部审计或者国家审计实务工作，对于现代内部审计理论与实务都有系统的理解和准确的把握。其中：第一章由鹿云飞编写，第二、三、四章由沈征编写，第五章由罗倩编写，第六章由梁晶编写，第七章由梁晶和杨献龙编写，第八章由党红编写，第九章由辛风编写，第十章由杨献龙编写，第十一章由冯欣荣编写，第十二章由刘慧博编写，第十三章由曹洪泽编写，第十四章由王兵编写。中国内部审计协会职业教育部王娜处长对本书的成书和出版做了大量工作。

本书可以作为内部审计理论研究的参考用书，同时经中国内部审计协会教材编审委员会审定，达到了中国内部审计协会的教材标准，可以用作中国内部审计人员后续教育和培训辅导用书。

本书的编写基本是由编写人员利用业余时间完成的。虽然在编写过程中，多次在一起认真研究和讨论，对书稿进行多次审阅和修改，但由于时间和水平上的限制，其中仍不可避免存在一些不尽如人意之处。在此，真诚地欢迎广大读者批评指正，我们将根据大家的意见和建议及时进行修改完善。

中国内部审计协会

二〇一四年一月

目　　录

第一章　内部审计概述

本章提要

认清内部审计的本质，把握内部审计的发展规律，对内部审计的基本概念进行界定，是开展内部审计理论研究和推动内部审计实务发展的基础和前提。作为全书的引言和总论，本章共分三节。首先，通过对国内外内部审计悠久历史的回顾，特别是对近现代内部审计在法规制度建设、审计业务开展及取得的成效进行介绍的基础上，总结了内部审计产生和发展的规律，展示了现代内部审计的最新发展状况；其次，通过对内部审计定义的分析，阐述了内部审计的目标、属性、职能等基本理论问题；最后，立足于审计委托人、审计主体和审计对象的不同，通过与国家审计、社会审计的对比分析，归纳了内部审计在服务对象、审计领域和审计过程及审计方法等方面不同于其他审计类型的自身特点。

第一节　内部审计的产生与发展

从古代到现代，从工业革命到信息技术和全球经济一体化时代的到来，基于受托责任而产生的审计活动，经历了人类文明五千多年的洗礼。然而，作为一种成熟的职业和独立的学科，现代内部审计直至西方资本主义市场经济进入快速发展时期才出现。此后，随着市场经济的发展，科学技术飞速进步，商业运作模式日趋复杂多样，市场经济主体面临的风险呈现高发和不确定的态势，内部审计在各类企业、金融机构、政府部门和非营利组织运行中的作用日益明显，内部审计已经成为推动经济社会发展不可或缺的重要力量。

一、我国内部审计的产生与发展

我国内部审计的历史源远流长。早在三千多年前的西周时期，周王朝设天、地、春、夏、秋、冬六卿管理朝政。其中，天官协助周天子总管一切政务，在天官之下设小宰管理财务收支、司会管理核算业务；在小宰之下设宰夫负责监督周王朝的财政收支有无错弊、各级官吏使用财物有无绩效，这是我国古代内部审计的最初萌芽。

到 19 世纪后半期，随着我国民族资本主义工商业的产生和发展，一些按照西方企业管理模式建立的银行、造船厂、矿山和兵工厂开始在企业内部设立稽核职位或部门，实行内部审计制度，近代内部审计开始出现。

新中国的内部审计产生于计划经济向市场经济转轨的 20 世纪 80 年代，是随着 1982 年宪法确定实行审计监督制度之后，在国家审计的推动下逐步产生和发展起来的。1983 年 8 月 20 日，国务院批转《审计署关于开展审计工作几个问题的请示》，明确了"对下属单位实行集中统一领导或下属单位较多的主管部门，以及大中型企事业组织，可根据工作需要建立内部审计机构或配备审计人员，实行内部审计监督"。一些部门和单位根据这一规定，开始组建内部审计机构。铁道、交通、邮电、煤炭、水电、石油、经贸、商业、地矿等部门和金融机构，以及船舶、石化、汽车、有色金属等实体性公司陆续建立了内部审计机构。

1985 年 8 月，国务院发布了《国务院关于审计工作的暂行规定》，要求国务院和县级以上地方各级人民政府各部门、大中型企业事业单位建立内部审计监督制度，根据审计业务需要，分别设立审计机构或审计人员，在本部门、本单位主要负责人领导下，负责本部门、本单位的财务收支及其经济效益的审计。内部审计的业务要受国家审计机关的指导。1988年11月，国务院发布了《中华人民共和国审计条例》，对内部审计的机构设置、职责、工作范围和领导关系做出了明确规定。内部审计开始在国家各级行政机关、大中型企业事业单位全面展开，并成为我国审计监督制度的重要组成部分。这一时期的内部审计业务主要针对财务收支及其有关经济活动开展。

20世纪90年代以后，随着我国市场经济体制改革进程的加快，内部审计得到了较快发展。1992年5月，原国家体改委发布了《股份有限公司规范意见》和《有限责任公司规范意见》，明确规定股份有限公司实行内部审计制度，设立内部审计机构或配备内部审计人员；有限责任公司可按照国家规定制定审计制度，并根据实际需要设立内部审计机构。1994年8月，全国人大常委会颁布的《中华人民共和国审计法》明确规定："国务院各部门和地方人民政府各部门、国有的金融机构和企业事业组织，应当按照国家有关规定建立健全内部审计制度。各部门、国有的金融机构和企业事业组织的内部审计，应当接受审计机关的业务指导和监督。"1999年10月，全国人大常委会颁布了修订后的《中华人民共和国会计法》，第二十七条第四款规定："对会计资料定期进行内部审计的办法和程序应当明确。"在审计法的推动下，交通部、原国内贸易部、原林业部、原广播电影电视部、原卫生部等国务院组成部门，以及广东、江苏、安徽等地方人民政府先后发布了内部审计规章，推动了本部门、本单位和本地区内部审计工作的进一步发展。这一时期，内部审计机构除开展一般的财务收支审计外，继续深化经济效益审计、加强经济责任审计、探索内部控制审计等内容，还将计算机辅助审计等技术方法应用到审计实务中。

进入21世纪之后，随着中国特色社会主义市场经济体制的不断完善，以及经济全球化和科学技术的迅猛发展，内部审计得到了空前发展。2003年2月，审计署发布了修订后的《审计署关于内部审计工作的规定》，要求"国家机关、金融机构、企业事业组织、社会团体以及其他单位，应当按照国家规定建立健全内部审计制度。法律、行政法规规定设立内部审计机构的单位，必须设立独立的内部审计机构。法律、行政法规没有明确规定设立内部审计机构的单位，可以根据需要设立内部审计机构，配备内部审计人员"。2006年修订后的审计法第二十九条规定："依法属于审计机关审计监督对象的单位，应当按照国家有关规定建立健全内部审计制度；其内部审计工作应当接受审计机关的业务指导和监督。"此外，财政部、证监会、审计署、银监会和保监会五部委发布的《企业内部控制基本规范》、国资委发布的《中央企业内部审计管理暂行办法》、银监会发布的《银行业金融机构内部审计指引》、证监会发布的《上市公司章程指引》和《上市公司治理准则》、保监会发布的《保险公司内部审计指引（试行）》，以及农业部、交通部等部委制定的本部门、本行业的内部审计规定，都对内部审计工作做了具体规定。

为推动内部审计在本地区的发展，一些地方还制定了地方性内部审计法规、规章，如《安徽省内部审计条例》《河北省内部审计规定》《内蒙古自治区内部审计办法》《浙江省内部审计工作规定》等。目前，已有河北、湖南、山东、辽宁、甘肃、内蒙古、陕西、浙江、安徽、黑龙江、江苏、云南、四川、重庆、上海、青岛、深圳、宁波等18个省、自治区、直辖市和计划单列市出台了内部审计条例、办法或规定。这些法律、法规、规章的颁布实施，为内部审计工作提供了制度保障。内部审计在加强传统财务收支审计的基础上，继续加大绩效审计、建设项目审计力度，积极探索深化经济责任审计的形式和内容；同时，通过开展内部控制审计、风险管理审计和公司治理审计，深化计算机辅助审计的应用，尝试开展网络远程审计和信息系统审计，丰富和发展了内部审计的形式、种类和技术方法。

目前，我国已经建立了包括审计法和相关法律、行政法规、地方性法规、部门规章、地方性规章、内部审计准则等在内的内部审计法规制度体系，形成了内部审计行业组织架构，以及与我国国情相适应的，相对成熟的内部审计类型和方法，初步构建了一支规模较大、素质较高的内部审计队伍。这些都标志着我国现代内部审计的发展模式初步形成，内部审计已经成为社会主义市场经济建设中一支不可或缺的重要力量。据不完全统计，截至 2012 年 12 月，全国共有内部审计机构 55993 个，其中专职内部审计机构 27575 个；共有内部审计人员 194201 人，其中专职内部审计人员 101841 人；取得国际注册内部审计师资格的有 25000 人。2012 年，全国内部审计机构共完成审计项目 250 多万个，审计总金额 280000 多亿元，促进增收节支 8000 多亿元。内部审计作为组织治理的重要组成部分和实施组织内部控制、管理和监督的重要手段，为加强风险管理、完善内部控制、改善治理结构和流程、推进廉政建设，进而为促进经济社会的健康发展发挥了重要作用。

二、国外内部审计的产生与发展

在国外，早在公元前 3500 年的美索不达米亚文明，以及之后的古埃及、波斯和希伯来文化记录中，都有对财务交易进行验证的记载。到了公元前 510 年左右的古罗马时期，一些奴隶主拥有规模很大的领地，为了防止负责管理领地和财物的人员出现舞弊行为，他们采用了"账户听证"方式对这些人员经管的财物收支或直接进行监督，或指派专人执行审查并向他们报告。当时，这项工作使用的术语就是"审计（audit）"。

到了中世纪，内部审计在西欧有了进一步的发展，出现了专职人员负责查错防弊工作。当时，许多王室委派官员对所属领主缴纳的地租、贡赋进行检查，并向王室报告；许多拥有大量土地的寺院在寺院总务长之下设有对财务收支和会计账目进行检查的人员；许多行会在成员中通过选举的方式产生审计人员，对行会的财物和账目进行审查，并在行会的大会上作出报告。

到了近代，18 世纪的英国的工业革命推动了欧洲经济的快速发展，兴起了大量由若干股东投资建立的股份公司。这些股东分布在社会的各个领域，公司的经营管理和重大业务问题只能从股东中选出少数人组成董事会来领导，并组成监事会对公司的业务经营、资产管理、财务情况等进行监督。但由于这种监督或是职责不专，或是不熟悉业务，常常流于形式。在英国，为了维护股东们的资本安全和合理分配利润，1856 年修改的英国公司法规定，在监事中选举专人或者在外部聘请会计师，对公司的财务报表进行审查，向股东大会提出审计报告，以确定财务账目有无差错、收支有无错弊、资产是否可靠、盈利是否真实、利润分配是否合理。在欧洲大陆，德国的康采恩-克虏伯公司也于 1875 年开始实行内部审计制度。在美国，19 世纪后半期，随着铁路建设的发展，铁路主管人员要确保全国各地的站长正确地处理收入，外部审计明显不能充分地满足这一经营需要，因此铁路行业开始实行内部审计，按照规定，内部审计人员不仅对财务进行审计，还广泛开展了经营审计。这一时期，内部审计人员的地位、内部审计工作的权威性和独立性都有了很大的发展和提高，但实行内部审计的企业并不是很多；已经实行的企业也只是个别人员从事内部审计工作，而无专门的内部审计机构，更欠缺规范化的审计程序和方法。直至 19 世纪末期，内部审计在企业中的地位和作用远不如外部审计。

20 世纪初，随着世界经济的发展，科学技术的进步，新兴产业不断出现，一些大型公司经营范围迅速扩大，分支机构遍布国内外很多地区，需要专职人员代表公司去检查分支机构的工作效率、财务状况和经营成果，贯彻公司的经营决策和经营目标，内部审计机构开始在这些企业普遍设立。20 世纪 30 年代，世界性的经济危机使企业认识到，盈利和发展不能单纯依靠扩大销售量增加利润，必须同时减少成本、加强管理、提高经营效果。在这一背景下，西欧、美国的一些企业纷纷建立内部审计机构，配备内部审计人员，实行内部审计制度。

20 世纪 40 年代以后，世界市场扩大，资本积累加快，生产技术迅速发展，跨国公司的数量不断增加、规模不断扩大，企业的组织结构更趋复杂化、管理层次更加细化，企业面临的市场竞争也更加激烈。为了增强竞争实力，提高经济效益，实现经营目标和加强经营管理，许多企业的内部审计除进行财务审计外，还普遍关注企业的经济效益、内部控制和各项经营管理情况。随着内部审计在企业内部发挥的作用进一步增强、地位进一步提高，内部审计职业组织开始出现。1941 年 12 月 9 日，北美公用事业公司的约翰·瑟斯顿在纽约倡导建立了内部审计师协会（Institute of Internal Auditors），成为国际内部审计师协会的前身。国际内部审计师协会成立之初只在纽约设有分会，后来发展到底特律、芝加哥、费城、洛杉矶和克利夫兰。协会 1944 年在加拿大多伦多设立分会，1948 年又在伦敦设立分会，逐步发展为国际性组织。在内部审计职业组织出现的同时，现代内部审计理念也逐步形成。1941 年，维克多·Z·布林克的《内部审计——程序的性质、职能和方法》一书出版，系统地阐述了内部审计理论，该书的出版和国际内部审计师协会的成立标志着内部审计进入一个新的发展阶段。

第二次世界大战结束后，随着政治经济格局的变化，世界各国均进入经济社会发展新阶段。如何有效地利用预算资金成为立法机关、行政机关和社会公众共同关心的问题。特别是 20 世纪 80 年代后期和 90 年代初期以来，随着科技革命、经济全球化的兴起，以及石油危机等因素引起的西方经济的不景气，一场被称为新公共管理运动的行政改革浪潮在世界范围内掀起。新公共管理运动倾向于采用决策制定（掌舵）和决策执行（划桨）分离的体制，同时为了实现两者分离，主张通过民营化等形式，把公共服务的生产和提供交由市场和社会力量来承担，而政府主要集中于掌舵性职能，如拟定政策、建立适当的激励机制、监督合同执行等，引导它们为实现公共利益的崇高目标服务。新公共管理认为政府必须清楚自己在做什么、如何做和向谁负责。在政府中，管理型而不是专家型的人员应越来越多地担任部门领导，因为在新公共管理者眼里，管理是一项需要技能的活动。基于管理具有相通性这一认识，西方国家在行政改革的实践中广泛引进企业管理方法，并用企业管理理念来重构公共部门的组织文化。新公共管理中的项目预算、业绩评估、战略管理、顾客至上、产出控制、人力资源开发等主要源于私人部门的管理实践，出现了公私部门管理在理论和方式上的融合。20 年来，新公共管理运动像一股旋风，从现代政治理论的发源地英国，渐渐刮遍了大半个地球，成为西方公共行政领域的时代潮流。在这个背景下，政府及其部门的内部审计也得到催生和发展。美国、英国、澳大利亚、加拿大等国都纷纷采取措施，推动政府及其部门的内部审计建立和发展，其中包括部门、执行机构和很多自治组织。在美国，按照《监察长法》的规定，联邦政府的主要部门都设有总统任命的监察长，在其他联邦政府的特定机构设立非总统任命的监察长，由行政机构的首长任命，并对机构首长负责。在加拿大，类似机构设在国家国库委员会秘书处。在荷兰，政府部门和一些独立的管理机构也都建立了内部审计机构。在澳大利亚，为提高政府部门内部审计工作的效率，在审计署和财政部的帮助下，公务委员会制定了《内部审计准则说明》，为规范和加强部门内部审计提供了保障。在以色列，1992 年由总统、总理、议会议长、经济计划部长联合签署发布的《内部审计法》规定，任何公共机构必须设有由内部审计官负责的内部审计机构，内部审计官须直接向其主管领导负责。

20 世纪 90 年代以来，国外内部审计进入了新的发展阶段。随着金融危机的爆发，企业的内部审计重心从内部控制的遵循性，转向了促进改善风险管理和公司治理。关于内部审计的立法也得到进一步发展。法国 1994 年修订的《公司法》对合股公司、有限责任公司和股份有限公司内部审计员的任命、责任、权利和任职条件等做了规定；德国 1998 年修订的《公司法》对股份有限公司内部审计员的任命、责任、权利和任职条件等做了规定；美国 1998 年修订的《证券交易法》规定证券发行者应当建立和维持内部审计制度。安然事件后，美国证监会要求上市公司的内部审计必须就内部控制的充分性、有效性进行持续评估，并向公司审计委员会报告。2002 年 8 月 1 日，纽约证券交易所明文规定所有上市公司必须设置和保持有效的内部审计机构，否则不得上市或将面临退市。美国国会于 2002 年通过的《萨班斯－奥克斯利法案》（以下简称萨班斯法案）等一系列法律，确立了美国企业中审计委员会和内部审计的法律地位，强化了内部审计的作用。萨班斯法案 404 条款从 2005 年 7 月 15 日起对在美国上市的外国公司生效后，首席行政官（CEO）、首席财务官（CFO）和首席审计官（CAE），对上市公司披露的财务报表的质量都负有重要责任。随着公司治理成为当今世界最热门的话题，内部审计得到了全球前所未有的关注，已被视为现代公司治理的四大基石之一。与此同时，政府机构的内部审计也得到进一步加强。美国审计署在一系列报告中指出，金融机构没有适当识别、计量和管理风险所产生的问题，不仅与公司治理相关，而且与监管机构对于风险监督不力有关。《美国监察长改革法案》要求，监察长需要将监管机构的风险管理程序、内容等列为工作的重点，以便在监督中及时识别、发现问题，提出改进意见，帮助监管机构提高风险管理水平。在韩国，2010 年颁布的《公共部门内部审计法案》规定，中央政府机构、地方自治团体（其公民人数超过 30 万人），以及公立企业应当设立内部审计机构，该法案还同时明确了确保内部审计独立性、加强内部审计师专业性、规范内部审计程序的措施，并确立了加强最高审计机关与内部审计师之间合作的机制。

三、结论和启示

综观国内外内部审计产生和发展的过程，可以得出以下结论和启示：

（一）受托责任关系是内部审计产生和发展的基础和动因

受托责任关系是指资源所有者与资源经营管理者之间形成的资源委托或受托经营管理关系，以及资源上级经营管理者和下级经营管理者之间形成的委托或受托经营管理关系。受托责任关系存在于组织与组织之间、组织与人之间、人与人之间。在受托责任关系中，所有者或上级管理者作为委托人，委托经营管理者或下级管理者作为受托人进行经营管理，同时赋予受托人一定的权利，受托人需要承担一定的责任和义务。

由于资源所有者将资源经营管理权委托给受托人后，需要对其经营管理情况进行有效监督和控制，受托人也需要向委托人证明其受托责任的履行情况，这就需要一个独立的第三方对受托人的经营管理情况进行检查和评价。而内部审计可以作为独立的第三方接受委托人的委托，对受托人的受托责任履行情况进行审查和评价，并将审查和评价结果报告给委托人。在组织中，内部审计接受董事会的委托，对经营管理者受托责任的履行情况进行审查和评价，即是满足资源所有者的所有权与资源经营管理者的经营权相分离的需要；接受经营管理者的委托，对下级经营管理者受托责任的履行情况进行审查和评价，即是满足上级经营管理者与下级经营管理者实行管理分权的需要。

从现代内部审计的发展来看，20 世纪 40 年代到 70 年代，为满足企业对财务活动进行控制的需求，内部审计主要立足财务领域，以保护财产、查错纠弊为主要目标，通过对财务、会计及经营活动的审查、评价为管理层提供服务。20 世纪 70 年代到 90 年代，为满足企业对提高经济效益和效率的需求，内部审计开始以检查包括财务在内的各项业务活动为对象，以促进提高业务经营活动的效率和效果为目标，通过审计发现业务经营活动中违背科学管理原则的行为，帮助管理层更加经济、更有效率、更有效果地进行管理。审计工作重心由查错纠弊走向了兴利增值，审计业务由财务领域拓展到业务活动领域。20 世纪 90 年代以来，随着信息技术的飞速发展和竞争的加剧，各类组织对内部控制的需求更加迫切，更加关心对风险的辨识、评估和管理，内部审计也开始将审计业务领域从审查评价财务、业务活动的效率和效果，转向评价和改善风险管理、内部控制和治理过程的效果。内部审计在开展财务审计、业务（经营）审计、责任审计、信息系统审计及专项审计中，普遍采用了以风险为导向、以控制为主线的方法，把监督评价内部控制制度的健全性和运行的有效性作为内部审计工作的职责。同时，把对组织整体内部控制适当性和有效性的审计评价作为一个独立的审计业务类型，把对组织整体内部控制体系适当性和有效性的评价报告作为内部审计工作的主要产品。现代内部审计的发展表明，随着受托责任内容的变化和扩大，内部审计领域也随之不断变化和拓宽。受托责任关系是审计产生和发展的基础和动因。

（二）组织内在需求是内部审计发展的关键动力

没有受托责任关系就没有内部审计存在的必要，但是受托责任关系的存在并不决定着内部审计就一定存在。如果组织规模较小，业务简单，外部环境稳定，市场竞争压力不大，资源所有者可以直接对经营管理者履行受托责任的情况进行监督，或者委托社会审计组织对经营管理情况进行定期审计；在组织内部，上级经营管理者也可以直接对下级履行受托责任的情况进行控制。在这种情况下，就没有必要在组织内部实行内部审计制度。

经济发展导致组织规模的不断扩大和外部环境的变化，使组织面临的适应环境变化加强经营管理、提高效率、有效应对风险的挑战更为艰巨，因此，组织对内部审计的需求更为迫切。从近代到现代企业内部审计的发展历史可以看出，随着经济的发展，企业规模不断扩大，内部管理层次逐渐增多，内部审计得到持续发展。特别是 20 世纪 90 年代之后，信息技术突飞猛进，经济全球化进程进一步加快，亚洲金融风暴和国际金融危机先后出现，企业所处的市场环境瞬息万变，影响企业发展的外部环境的不确定因素明显增多，竞争强度的增加使得企业风险加大，企业管理和治理的难度也随之加大。也正是在这一时期，企业对内部审计的需求以及内部审计的发展速度都超过了以往任何历史时期。

这一现象也表明，现代内部审计与市场经济的发展是密不可分的，内部审计是市场经济发展的产物，市场经济的不断发展必将带动内部审计同步发展，而内部审计的科学发展，也必将促进市场经济健康发展。目前，随着审计委托人更加关注组织的内部控制、风险管理和组织治理，以及社会审计对各类组织财务报表审计的常态化、制度化，加之其他审计业务类型多有与财务审计内容交叉之处，非财务审计成为内部审计的主要工作，内部审计实践中普遍开展了内部控制审计、风险管理审计、舞弊审计、绩效审计、建设项目审计、经济责任审计、环境审计和信息系统审计等内容。

（三）与内部审计有关的法律法规是内部审计发展的重要推动力量

诚然，内部审计是基于加强管理和控制的需要而产生的，是随着组织规模的扩大和外部环境的变化而发展和变化的，是因为组织的内在需求而出现的一种治理机制和管理手段。但从内部审计的发展历史不难看出，内部审计的发展离不开有关内部审计的法律法规的强制性要求的推动。目前，世界上许多国家和地区制定了与内部审计相关的法律、法规，以规范企业、公共部门等机构的内部审计。由于国情不同，各国内部审计立法的形式也不尽相同。从世界范围看，内部审计主要有两种立法形式：一是制定内部审计法，对内部审计制度做出专门规定，如美国1978年制定了《监察长法》，以色列1992年制定了《内部审计法》，韩国2012年制定了《公共部门内部审计法》；二是虽然没有制定专门的内部审计法，但通过公司法、证券法、商法等国家重要法律对内部审计制度做出规定，如法国、德国、加拿大等。

以美国为例，在企业内部审计领域，1934年制定的《证券交易法》没有对内部审计做出规定，但在1998年修订该法时对内部审计做了明确规定。修订后的《证券交易法》第十三章规定，证券发行者应当建立和维护内部审计制度，以保证证券发行者根据核准进行交易且相关交易得到记录，根据核准增加资产且相关资产账实相符。进入21世纪之后，美国颁布的萨班斯法案、《上市公司会计改革与投资者保护法案》《公司与审计义务、责任及透明度法案》等法律对企业的内部审计做了更为详细的规定。

在政府部门，美国的监察长法要求联邦政府部门和机构都必须设立监察长办公室负责审计工作，按照该法案，监察长具有很强的独立性，有权阅读各机构的记录、文件等，审计和调查任何事务；在部长领导下，独立使用资金、招聘人员，不受其他机构和人员的影响；监察长向部长、总统报告工作，每年向国会提交两次报告，对国会关心的问题核实、听证和报告都是公开的。政府内部审计的活动内容除了财务审计、综合审计等以外，还包括对机构内部控制进行评估并报告的工作，并提供有关内部控制和会计方面的咨询。1990 年《首席财务官法案》、1994 年《政府管理改革法案》、1996 年《联邦财务管理改进法案》等，都进一步扩展联邦政府内部审计的范围，监察长的工作重点从合规性审计，转变到评估机构管理控制系统和风险上。

美国内部审计近百年来一直走在世界前列，尽管有其经济发展的因素，但与内部审计立法的持续推进和强制性规定是密不可分的。我国近三十年来内部审计的快速发展也充分表明，有关内部审计的法律法规是推动内部审计发展的重要力量。

（四）职业化是推动内部审计健康发展的保障

内部审计是专业性较强的工作。没有职业化，内部审计就无法在组织中提供有效服务，实现自身存在的价值。内部审计人员必须具备较强的专业胜任能力，要掌握会计、审计、管理、金融、法律、统计、电子数据处理等方面的知识，同时对组织业务、风险及其偏好、控制系统要有深入了解，以满足不同组织对内部审计的需求。内部审计的专业性决定了内部审计的组织建设、内部审计人员的专业胜任能力和职业道德要求，以及审计程序的执行、审计证据的搜集、审计评价意见的发表等一系列工作都应当有自身的特点。内部审计工作的特点决定了内部审计必须走职业化道路，现代内部审计的发展历程也表明内部审计的健康发展需要职业化做保证。

经济合作与发展组织（OECD）认为，一个行业要成为职业，必须具备三要素：一是这个行业有自身体系，二是这个行业具有职业道德规范，三是这个行业具有实务标准。在现代内部审计的发展过程中，国际内部审计师协会通过发挥职业组织的引领作用，促进了内部审计行业自身体系的完善、职业道德规范的形成和实务标准的发展，推动了内部审计的健康发展。

作为国际性的内部审计职业组织，国际内部审计师协会于 1943 年首次出版了内部审计的专业刊物——《内部审计师》，搭建了内部审计研究和交流的平台；1947 年发布了第一个内部审计的职责公告，明确了内部审计的职责和定位；1968 年发布了正式的内部审计职业道德规范；1974 年组织了第一次国际注册内部审计师（CIA）考试，建立了内部审计人员的专业胜任能力框架；1978 年发布了第一个内部审计专业实务准则，奠定了内部审计实务的标准化。七十余年来，国际内部审计师协会以"经验分享，共同进步"作为自己的座右铭，提供的服务包括在国际范围内开展全面的专业开发活动，制定内部审计实务标准和颁发内部审计师证书；为会员和全世界的公众提供研究、传播和发展内部审计（包括内部控制、风险管理与治理以及有关课题）的知识和信息；加强各国内部审计师之间的联系，交流内部审计的信息和各国内部审计经验，促进内部审计教育事业的发展。20 世纪 90 年代以来，国际内部审计师协会更把"在全球范围内提高内部审计的形象"作为战略目标。上述工作的开展，不断引领着现代内部审计理念的发展，使内部审计能够适应经济社会的发展及组织的需要；不断推动着内部审计的组织建设，使内部审计机构成为组织治理体系的重要组成部分；不断更新、修订内部审计定义和实务标准，使内部审计在标准化、规范化的道路上稳步前进。正如国际内部审计师协会在其出版的《经验共享中前进的 60 年》一书中表述的，"在过去的 60 年，国际内部审计师协会和内部审计在全球不断扩展，适用性和影响力不断增进，得到了社会的认可，的确是非凡的发展和进步。事实上，内部审计职业表现出了持续快速发展的稳定性，并将成为 21 世纪的职业"。

中国于 1987 年成立中国内部审计学会，2001 年经审计署同意和民政部批准，更名为中国内部审计协会。20 多年来，中国内部审计协会按照审计法及其实施条例的规定，坚持"服务、管理、宣传、交流"的宗旨，依法对内部审计进行职业自律管理。通过开展理论研讨、推广典型经验、制定审计准则、组织 CIA 考试、实施后续教育、搭建交流平台、开展质量评估等方式，向会员单位提供了丰富多彩的服务，推动了我国内部审计的职业化、专业化和制度化建设。

国际内部审计师协会和中国内部审计协会的发展和发挥的作用表明，内部审计的健康发展，必须走职业化的道路，以保障内部审计人员不断提高专业胜任能力。

第二节　内部审计的定义

在现代内部审计的发展过程中，国内外理论界和实务部门提出过多个内部审计定义。如《索耶内部审计》（第五版）将内部审计定义为：内部审计是内部审计师对组织内不同的运营和控制实施系统、客观评价的活动。其目的是确定是否：（1）财务和运营信息是准确的和可靠的；（2）企业所面临的风险已经被识别和最小化；（3）外部规章制度和可接受的内部政策已经被遵循；（4）达到了令人满意的运营标准；（5）资源被有效地经济地加以利用；（6）有效地实现了组织目标。所有这些目的都是提供管理咨询和帮助组织的成员能更有效地履行他们的治理责任。

2003 年，我国审计署发布的《审计署关于内部审计工作的规定》将内部审计定义为：内部审计是独立监督和评价本单位及所属单位财政收支、财务收支、经济活动的真实、合法和效益的行为，以促进加强经济管理和实现经济目标。

国际内部审计师协会自 1941 年成立以来，先后对内部审计做过 7 次定义。其中，2001 年的最新定义（以下简称 IIA 定义）是：内部审计是一种独立、客观的确认与咨询活动，旨在增加价值和改善组织的运营。它通过应用系统的、规范的方法，评价并改善风险管理、控制和治理过程的效果，帮助组织实现其目标。作为国际性的内部审计职业组织，国际内部审计师协会将定义作为强制性指南之一，要求组织必须在其内部审计章程中对定义予以确认。因此，该定义被公认为最具权威性的内部审计定义。

上述这些定义反映了在不同发展阶段，从不同角度对内部审计属性和功能的认识。

2013 年，中国内部审计协会在其发布的《第 1101 号——内部审计基本准则》中将内部审计定义为：内部审计是一种独立、客观的确认和咨询活动，它通过运用系统、规范的方法，审查和评价组织的业务活动、内部控制和风险管理的适当性和有效性，以促进组织完善治理、增加价值和实现目标。

中国内部审计协会的定义立足我国内部审计发展实际，借鉴国际通行的内部审计理念，反映了国内外内部审计界对内部审计基本问题的趋同认识，即内部审计是为促进组织完善治理、增加价值，帮助组织实现目标服务；内部审计必须保持独立性和客观性；内部审计是一种确认和咨询活动；内部审计要采用系统和规范的方法；内部审计的主要任务是对组织的业务活动、内部控制和风险管理进行评估和改善。中国内部审计协会的定义阐明了内部审计的基本宗旨，涵盖了内部审计的目标、职能、业务范围、程序，以及客观性和独立性等内部审计的基本理论和概念，反映了现代内部审计的最新发展和变化。

一、内部审计的目标是为组织增加价值

内部审计的目标决定着内部审计的价值取向和功能定位，它是有效开展内部审计工作的前提。20 世纪 90 年代之后，外部环境的一系列重大变化，对全世界的组织都产生了深远影响。面对竞争的加剧和监管的加强，组织管理层必须快速反应，调整战略，再造流程，防范风险，这就需要为决策提供更加及时、准确的信息。受这种趋势的影响，作为组织"价值链"上的一个重要环节，内部审计也必须进行变革。

正是在这一背景下，国际内部审计师协会和中国内部审计协会都在对内部审计的定义中将内部审计为组织服务的目标清晰地表述为"增加价值"。该目标的确立，标志着现代内部审计已不仅仅是传统的查错防弊，还要评价并改善组织的风险管理、控制和治理过程的效果，为组织

内部审计职业教育系列丛书

增加价值，帮助组织实现其目标。

增加价值是指内部审计通过履行确认和咨询职能，提供组织需要的审计产品和服务，在完善组织的内部控制、建立风险管理机制和改善组织治理方面发挥作用，从而在价值上获得增益。内部审计如何为组织增加价值，取决于内部审计服务对象的需求。例如，组织的经营管理层（通常是被审计单位）对内部审计增进其经营效率和效果的方法感兴趣；被审计单位的一线管理人员则希望内部审计能给他们带来创新和最佳实务；外部审计人员则将内部审计视为一种特别的内部控制，如果这种内部控制运行有效，则会缩小外部审计人员对组织财务报表发表意见所需执行的工作范围；供应商和顾客希望内部审计能对他们与组织相关的系统所生成的信息，提供可靠性与安全性的确认。而作为公认的内部审计服务的两个终极对象——最高管理层和董事会，其对内部审计的需求也是不同的。最高管理层关注如何实现其经营目标，对他们来说，内部审计应通过识别改善经营的机会来增加价值；董事会则关注内部控制是否适当、管理层提供的数据是否可靠、法规制度是否得到遵循、资产是否安全等。

为满足上述不同的需求，内部审计机构既要实施财务审计、绩效审计、遵循性审计、系统安全审计等确认项目，以向组织提供有关风险管理、内部控制和治理程序等方面的评价；同时，还要通过与服务对象协商开展内部控制培训、为管理层提供关于新业务或新流程的控制建议、起草相关政策等咨询活动，以增加组织价值并提高组织的运营效率。

二、内部审计必须保持独立性和客观性

独立性和客观性是内部审计的两个基本概念。如果内部审计活动所处的环境中存在可能对内部审计人员的独立判断产生重大影响的事项，内部审计人员就不可能基于其自身的知识、经验和技能自由地开展审计工作，依照相关的职业准则搜集充分、适当的审计证据，并依据自己的专业判断做出客观公正、不偏不倚的结论。内部审计人员在做出审计判

断时应当保持主观态度（精神）上的超然独立；同时，内部审计活动所处的环境中也应当避免可能对内部审计人员的独立判断产生重大影响的事项。独立性和客观性是对内部审计机构、内部审计人员及其从事的内部审计工作的基本要求。客观性是独立性的目的，独立性是保持客观性的必要条件。

独立性，是指内部审计机构和内部审计人员进行内部审计活动时，不存在影响内部审计客观性的利益冲突的状态。独立性一般指内部审计机构的独立性。独立性是对内部审计所处环境状态的一种要求，它要求内部审计机构在选择审计项目、确定审计范围、实施审计程序和报告审计结果时必须保持独立，不受他人干扰。

保持独立性涉及内部审计机构在组织中的地位、报告关系及管理体制等方面的问题，它受董事会或最高管理层的支持程度、内部审计机构的管理体制、内部审计机构负责人的权责范围、内部审计活动受到的外在压力及干涉程度的影响。为保持独立性，应当做到以下几点：

第一，内部审计机构应当隶属于组织的董事会或最高管理层，接受其指导和监督并取得支持。

第二，内部审计机构负责人的任免应当由组织的董事会或最高管理层经过适当的程序确定，内部审计机构负责人应当直接向董事会或最高管理层负责。

第三，内部审计机构应当通过内部审计章程的制定明确其职责和权限范围，并报董事会或最高管理层批准。

第四，内部审计机构应当向董事会或最高管理层提交审计报告及工作报告，并在日常工作中与其保持有效沟通。

第五，内部审计机构负责人有权参加由董事会或最高管理层举行的与审计、财务报告、内部控制、治理程序等有关的会议，并积极发展内部审计的作用。

客观性，是指内部审计人员进行内部审计活动时，应当以事实为依据，保持公正、不偏不倚的精神状态。客观性一般指内部审计人员的客观性。加强内部审计机构的独立性能够促进内部审计人员客观性的提高。除了内部审计机构的独立性之外，内部审计人员的客观性还受内部审计人员的职业道德素质、专业胜任能力、内部审计活动中是否存在利益冲突的状况等因素影响。为保持客观性，内部审计人员应当提高职业道德素质和专业胜任能力，当遇到可能出现利益冲突的情形时，应当主动采取措施予以避免。

三、内部审计的职能是确认和咨询

审计的职能是审计本身所具有的功能，是审计能够适应社会经济生活需要所具备的能力，它是内在于审计的客观属性。内部审计职能的定位是由委托人的需求决定的，在内部审计的不同发展时期，内部审计职能有所不同。传统的内部审计以查错纠弊为目标，主要针对组织的财务收支及有关经济活动进行审查和评价，基本职能是监督、检查、评价组织内部的经济活动，促进组织整体效益提高。

中国内部审计协会的定义将内部审计的职能定位为"确认"与"咨询"，标志着内部审计的职能除了传统的监督、检查和评价，还要在业务活动、内部控制和风险管理方面发挥建设性作用，以促进组织完善治理、增加价值和实现目标。

确认职能是内部审计较早显现出来的职能，表现为内部审计人员对管理层履行受托管理责任的过程或结果进行监督、检查并做出评价。在现阶段，确认的内容包括一个组织的业务活动、内部控制和风险管理。为保证确认职能的有效履行，内部审计要对全部或一部分业务活动、内部控制和风险管理情况进行定期或不定期的监督检查，包括检查各种记录经济活动的凭证、文件、报表资料，询证或直接与当事人及有关人员交谈，到有关业务活动现场实地调查，甚至要了解、核实组织外部的有关信息，取得必要的审计证据，以评价业务活动、内部控制和风险管理的合规性、合法性和适当性、有效性。

咨询职能是现代内部审计的重要职能，是传统内部审计转变为现代内部审计的重要标志，它要求内部审计在履行确认职能的基础上，针对审计发现的问题分析原因，提出帮助组织改善管理、健全制度、提高经济效益的建议，从而协助委托人实现对管理层履行受托管理责任行为的有效约束和有效激励，直接促进和帮助其有效履行受托责任。为有效履行咨询职能，内部审计除了应促进和帮助组织管理层纠正错弊、防范风险之外，还可以通过培训、座谈交流等形式提供咨询建议，起到顾问服务作用。

内部审计通过履行确认和咨询职能，促进和帮助有关管理层有效履行其受托管理责任，以减少代理成本、改善管理绩效、增加组织价值。

四、内部审计要采用系统和规范的方法

审计方法运用得是否得当，直接影响内部审计工作的质量、效率和效果。因此，中国内部审计协会的定义指出，内部审计要通过运用系统的、规范的方法，审查和评价业务活动内部控制和风险管理的适当性和有效性。狭义的审计方法仅指审计实施过程中为取得审计证据而采取的各种手段。广义的审计方法则指审计过程中各阶段所使用方法的集合，它涵盖审计计划制订、审计项目实施和审计结果沟通全过程。

传统的审计方法主要有询问法、审核法、观察法、函证法、监盘法、分析性复核、抽样等。随着计算机技术应用的不断普及，审计人员所面临的审计环境正逐渐由手工环境转变为计算机环境，随之也产生了利用计算机辅助审计软件等工具实施的一些新的审计技术方法。如电子数据审计的技术方法，包括查找、计算、排序等；计算机信息系统的审计技术方法，包括系统调查、资料查阅、数据测试、数据库审计、源代码检查等。此外，一些内部控制和风险导向方面的审计方法也逐渐成为常用的审计方法。如在审计计划阶段，常用的一种技术方法是控制自我评价。这种方法并不是由内部审计机构进行评价，而是由组织的管理层和一线员工对内部控制措施做出评价，内部审计机构往往以促导者的身份参与到这项程序中。内部审计机构既可以通过复核评价结果中的高风险和异

常项目来确定审计的对象和审计范围，也可以在审计实施过程中利用风险评估方法来发现问题和分析产生问题的原因，进而有针对性地提出改进建议。

五、内部审计的重点是业务活动、内部控制和风险管理

中国内部审计协会发布的《第1101号——内部审计基本准则》中关于内部审计要"审查和评价组织的业务活动、内部控制和风险管理的适当性和有效性，以促进组织完善治理、增加价值和实现目标"的表述，指出内部审计是一种能够提升组织风险管理与内部控制系统的有效性，从而不断增加组织价值的活动。既明确了内部审计的任务，也阐述了内部审计的地位和作用主要体现在组织的日常运营、内部控制和风险管理中。

内部审计人员通过对组织各类业务活动进行审计，可以监督检查业务活动的合法性和相关记录的真实性，揭示业务活动中存在的问题，帮助组织管理层及早地发现问题，防范风险，保障各项业务活动合规、合法并有效地开展，实现组织的计划，达到预期的目标。

为不断完善组织的内部控制，使组织目的的实现得到必要的保证，组织管理层需要对内部控制系统的适当性、有效性有一个比较准确的判断，他们除直接了解情况、请社会审计组织和借助其他途径收集有关内部控制的信息外，更重要的是需要内部审计人员开展内部控制审计并向其报告组织内部控制系统的适当性和有效性状况。通过开展内部控制审计，能够促进和帮助管理层有效履行其内部控制方面的受托管理责任，以增强内部控制系统的有效性。

内部审计人员不是风险管理的直接责任人，其职责是促进和帮助管理层全面有效地履行其受托风险管理责任和有效地管理组织面临的风险。内部审计人员可通过向有关方面反映风险管理的有效做法和存在的漏洞，提出纠正错误与预防漏洞和推动优良行为等改进风险管理的建议。此外，还可开展风险管理审计，为管理层提供"教练""顾问"服务，指导、

帮助他们全面有效地履行其受托风险管理责任。

第三节　内部审计的特征

内部审计之所以能够成为独立于国家审计、社会审计之外的一个单独的审计门类，是由于内部审计的审计委托人、审计主体和审计对象都来自组织内部，"内部"的特性决定了内部审计具有自身特点。

一、服务对象具有内向性

审计服务的对象由受托责任关系决定。国家审计是国家治理机制的组成部分，代表国家或政府对国家的财政收支及有关经济活动的真实、合法、效益情况实施的审计，服务对象是代表公共利益的国家或政府。社会审计是受财产所有者的委托，对受托管理财产的管理者履行受托责任情况实施的审计，服务对象是财产所有者及审计对象外部的其他利益相关方。可见，国家审计和社会审计都是服务于审计对象以外的主体，具有外向性。

内部审计是基于组织经营管理的需要产生和发展起来的。作为组织治理机制的组成部分，内部审计的目标与组织目标的实现紧密相关，内部审计的成果是要满足组织的需要，其工作的出发点和落脚点是受组织董事会或最高管理层的授权或委托，通过向组织提供确认和咨询服务，加强组织内部控制、防范组织经营和管理风险、完善组织治理，为实现组织目标提供帮助。内部审计与组织董事会或最高管理层这种受托（委托）关系，决定了内部审计是在组织内部向组织董事会或最高管理层提供的一种服务，这种服务具有内向性的特征，是内部审计区别于国家审计和社会审计的基本特征。

二、审计领域具有广泛性

国家审计职责的法定性决定了国家审计必须按照法律法规规定的职

责开展工作，审计业务范围受法律法规的限制。社会审计的业务范围也是由法律法规规定的，社会审计组织也不能超出法定业务范围承接审计业务。

内部审计的目的是促进和帮助组织治理层和管理层有效履行其受托责任以实现组织目标，而受托责任包括对组织内部的各个领域、各项活动都实施有效管理。内部审计只有对组织内部各个领域的管理活动及有关的具体业务活动进行审计，才能够对这些领域履行受托责任的情况进行评价，进而肯定成绩、指出缺陷与潜在的风险，提出纠正或预防风险、激励与推动优良行为等方面的建议，促使相应的管理层有效地履行其受托管理责任。因此，在组织内部，内部审计的审计领域可以涵盖与组织经营管理相关的各个领域和环节。

三、审计过程和方法具有灵活性

国家审计和社会审计的审计程序是法定的、具有强制性的，一般由法律、法规、规章或审计准则做出明确规定，审计人员进行审计活动时必须按照法定程序执行。

内部审计是组织内部的一种活动，是组织自身的行为，是为组织的董事会或最高管理层服务，这一特点决定了国家一般不以法律、法规、规章的形式对其业务过程做出强制性的、统一的规定。当然，为规范内部审计行为，保障内部审计质量，提升内部审计的专业水平，内部审计职业组织也都通过发布内部审计准则的方式对内部审计过程和采用的方法进行规定，但这种规定不具有法律约束力，没有强制性，实质上是一种最佳实务的推介。各个组织的内部审计机构可以根据本组织的实际情况，遵循成本效益原则，参照职业组织颁布的内部审计准则对本组织的内部审计程序做出灵活的规定。

本章小结

随着人类文明的演进和经济社会的进步，内部审计也在不断发展进步。特别是自20世纪40年代以来，现代内部审计在各类企业、金融机构、政府部门和非营利组织运行中发挥的作用更加明显，内部审计已经成为推动经济社会发展不可或缺的重要力量。透过现代内部审计的发展历程，可以看出：受托责任关系是内部审计产生的基础和动因，没有受托责任关系，内部审计就没有存在的必要；现代内部审计与市场经济的发展是密不可分的，内部审计是市场经济发展的产物。只有当组织发展到一定规模，资源所有者不能直接对经营管理者履行受托责任的情况进行监督时，才需要内部审计，即组织的内在需求是内部审计发展的关键动力；内部审计的发展离不开立法的持续推进，与内部审计有关的法律法规是内部审计发展的重要推动力量；内部审计是专业性较强的工作，内部审计的健康发展，必须走职业化的道路，职业化是推动内部审计健康发展的保证。

中国内部审计协会在总结内部审计发展规律的基础上，于2013年8月在其发布的内部审计准则中将内部审计定义为：内部审计是一种独立、客观的确认和咨询活动，它通过运用系统、规范的方法，审查和评价组织的业务活动、内部审计和风险管理的适当性和有效性，以促进组织完善治理、增加价值和实现目标。该定义表明，内部审计的目标是为组织增加价值，内部审计的基本属性是独立性与客观性，内部审计的职能是确认和咨询，实施内部审计需要采用系统、规范的方法，内部审计审查和评价的重点内容是组织的业务活动、内部控制和风险管理的适当性和有效性。

由于内部审计的审计委托人、审计主体和审计对象都来自组织内部，"内部"的特性决定了内部审计是独立于国家审计、社会审计之外的一个单独的审计类型。与国家审计和社会审计相比，内部审计有三个突出的特点：一是内部审计是在组织内部向组织董事会或最高管理层提供的一种服务，这种服务具有内向性的特征；二是在组织内部，内部审计的审计领域可以涵盖与组织经营管理有关的众多领域和环节，即内部审计领域具有广泛性；三是与国家审计、社会审计程序的法定性相比，内部审计可以参照内部审计准则对本组织的内部审计程序做出灵活的规定，即审计过程和方法具有灵活性。

第二章　内部审计的作用

本章提要

　　随着内部审计的发展，内部审计在组织治理、风险管理和内部控制中发挥着越来越重要的作用。明确内部审计在组织治理、风险管理和内部控制中的作用，探索内部审计的作用得以充分体现和发挥的实现途径，是我们更好地开展内部审计工作的前提。本章共分三节，分别阐述了内部审计在组织治理、风险管理和内部控制中的作用。

　　现代组织的规模越来越大，组织结构越来越复杂，对信息技术的依赖程度也空前提高，它们正在朝着知识密集型和数据依赖型发展，在全球各个行业和领域从事着极度专业化和日益复杂的经营。与此同时，超越传统组织框架的战略联盟和虚拟组织开始涌现，预示着信息时代新型组织形式的发展已经显著改变了组织对于组织治理、风险管理和内部控制的需要。当下，大数据时代到来，数据的迅速膨胀决定着组织的未来发展，对人类的数据驾驭能力提出了新的挑战，也为人们获得更为深刻、全面的洞察能力提供了前所未有的空间与潜力。在这一快速变革的经营环境和组织架构中，内部审计早已经成为组织管理者、治理者、外部审计师以及其他各利益相关方的重要助手和合作伙伴。

第一节　内部审计在组织治理中的作用

　　内部审计通过评估和改进组织的治理过程为组织治理做出贡献，树立风险管理与控制的理念，推动组织树立良好的道德观和价值观，保证各利益相关方在组织治理过程中的协调。

一、组织治理概述

"治理"一词起源于希腊文"κυβερνάω"，原意为"控制"，后被古希腊哲学家柏拉图最早使用了其隐喻性的观念，进而传入拉丁文和其他语言体系。联合国全球治理委员会将治理界定为"各种公共的或私人的个人和机构管理其共同事务的诸多方法的总和，是使相互冲突的或不同利益得以调和，并采取联合行动的持续过程"。从这一定义可见，治理是一个过程，这个过程既包括有权迫使人们服从的正式制度和规则，也包括各种人们同意或符合其利益的非正式制度安排。治理作为一个过程，存在于任何规模的组织中。联合国开发计划署认为，治理的基本要素包括参与和透明、平等和诚信、法制和负责任、战略远见和成效、共识和效率。治理的目的包括社会公正、生态可持续性、政治参与、经济有效性和文化多元化。

组织治理或公司治理是被监管者、投资者、注册会计师和董事会经常使用的、含义广泛的概念。世界经济合作和发展组织将公司治理界定为"涉及公司管理层、董事会、股东和其他利益相关者之间的一系列关系。公司治理提供的这种结构贯穿于公司的目标设定之中，贯穿于确定达到这些目标的方式之中，贯穿于确定业绩监控的方式之中"。澳大利亚证券交易公司治理委员会将公司治理界定为"指导和管理公司的一种体系。这种体系影响到如何设定公司目标，如何实现公司目标，如何监控并评估风险以及如何优化业绩"。美国证券交易管理委员会的前任主席阿瑟·莱维特将公司治理界定为"公司管理层、董事会和他的财务报告系统之间的一种关系"。著名的公司治理专家罗伯特·蒙克斯将公司治理界定为"在决定公司发展方向和业绩的过程中各参与者之间的关系，主要的参与者包括股东、管理层和董事会"。

国际内部审计师协会指出，"治理"一词根据不同的环境、结构、文化背景和法律框架，可以有一系列宽泛的概念，在大多数情况下，治理是一个过程或是一种体系，是动态的进程，而不是静态的规定，并进而将治理界定为"董事会实施的各种流程和架构的组合，用以了解、指导、管理和监督组织的活动，目的是促进组织实现目标"。《国际内部审计专业实务标准》界定的治理概念和治理的方法特别强调了董事会在治理中的作用及其治理活动。该协会还指出，治理的框架和要求因组织类型和监管权限的不同而有所不同，例如上市公司、非营利组织、协会、政府或准政府机构、学术机构、私营公司、委员会、股票交易所等的治理框架和要求就有所差别，组织对有效治理原则的设计与实践，根据组织的规模和复杂程度、组织生命周期成熟度、组织各利益相关方的结构、法律和文化要求的不同而不同。因此，该协会要求首席审计官在组织采用不同的治理框架或模式的情况下，应当在适当的时候与董事会和高级管理层携手合作，根据审计目标的不同选择不同的治理原则。

二、内部审计在组织治理中的作用

内部审计是组织治理框架中不可或缺的一部分。内部审计在组织中的独立地位使其能够审察并正式评估组织治理结构设计和运行的有效性。一般而言，内部审计可以对组织治理过程设计和运行的有效性提供独立、客观的评估；内部审计还可以提供咨询服务，为改进治理过程的方式提出建议。在某些情况下，组织还可以要求内部审计协助董事会开展治理实务的自我评估。为此，《国际内部审计专业实务标准》要求内部审计活动必须评价并提出适当的改进建议，以改善组织为实现下列目标的治理过程：在组织内部推广适当的道德和价值观；确保整个组织开展有效的绩效管理，建立有效的问责机制；向组织内部有关方面通报风险和控制信息；协调董事会、外部审计师、内部审计师和管理层之间的工作和信息沟通。

内部审计通过维护组织各利益相关方的利益促进组织治理目标的实现，通过促进组织治理效率的提升为组织增加价值，通过优化组织治理结构提高组织运营效率。

（一）维护组织各利益相关方的利益，促进组织治理目标的实现

组织治理的目标之一就是协调组织各个方面的利益相关方的利益，形成一种相互制衡的机制以合理处理组织中的各种契约关系，从而促进组织在协调稳定的环境下运营和发展。在这一过程中，组织的各利益相关方都必然要关注组织的运营和发展，但是有些利益相关方可能并不直接参与组织的日常经营管理，由于获取信息的方式、渠道和时间不同会出现信息不对称引发的代理问题，有时可能导致损害某些利益相关方的利益。有效的内部审计通过建立严密的信息质量监督保障体系，可以为组织的各利益相关方提供充分、及时、相关和可靠信息，为其决策提供信息依据，从而消除信息不对称带来的负面影响，促进组织治理目标的实现。同时，伴随组织的革命性变革和对组织的重大监管和法律强制规定，组织管理层必须做出有效的反应，包括主动提高质量、降低管理风险、实施结构与流程再造，以及承担更大的受托责任。由于内部审计可以对这些管理战略和行动的控制进行监督，并评估这些管理和行动的实施效果，因此也被视为帮助改善组织治理、支持关键治理程序以最终实现组织治理目标的最合适的组织治理参与者。

（二）促进组织治理效率的提升，为组织增加价值

内部审计是一项独立的确认和咨询活动，它不仅能够从组织管理的视角对组织的运营活动进行有效的监督，揭示组织在管理决策、资金运作、成本费用等方面存在的问题并提出改进建议，还可以基于对组织运营情况的审查结果充分发挥其咨询的职能，帮助组织识别和评估经营管理风险，制定科学合理的发展战略，规划组织的日常运作，促进组织的规范管理和高效运营。同时，内部审计还可以通过对组织内各个职能部门的监督和制约减少浪费、杜绝舞弊，或者通过对所有员工的事先警示作用和事后奖惩机制使其不断改善工作绩效，从而为组织增加价值做出贡献。由此可见，内部审计已经超越其他管理手段成为向组织管理层提供关于效率、效果和节约方面建议的重要智囊。内部审计通过系统化、规范化的方法收集、理解和评价组织运营过程中的信息，为组织的公司治理、风险管理和内部控制提供确认服务，同时通过实施内部控制培训、业务流程审核、标杆管理以及绩效测评设计为组织提供咨询服务。

（三）优化组织治理结构，提高组织运营效率

内部审计是公司治理的重要组成部分。健全的内部审计机构和有效的内部审计活动对于保证良好的组织治理是至关重要的。组织是一组关系契约的结合体。在这一契约下，组织结合并拥有了各利益相关方让渡的资源，包括物质资本和非物质资本，形成组织的法人财产并据此在市场中运行。各利益相关方在组织治理的框架下承担责任的同时分享权利和利益。内部审计是一个组织内部为检查评价其经营活动和为其所在组织服务而建立的，具有独立性和权威性的内部审计就是为组织治理提供一种良好的监控手段。有效的组织治理需要良好的组织治理结构，而治理层、管理层、内部审计和外部审计是确保良好的组织治理所必需的几个基本要素。由独立的内部审计对经营和管理情况进行持续不断的评估和监控，并定期向独立于管理层的组织治理层进行报告，不仅可以优化组织治理层对管理层的监督，更可以进一步优化组织的治理结构，提高组织的运营效率。

三、提升内部审计在组织治理中地位的途径

现代内部审计在过去七十年的发展历程已经很清楚地验证了其为组织增加价值、实现组织治理目标的基本职能，也体现出内部审计机构对组织自身及其各利益相关方都承担了更多的责任。通过对组织，特别是对董事会下属的审计委员会以及管理层提供扩展的确认和咨询服务，内部审计机构对改善组织治理产生了有效的影响。经过内部审计机构确认的信息有利于组织内部和外部的决策，从而优化了稀缺的组织资源和经

济资源的合理配置及其有效果和高效率的管理和使用。

　　内部审计机构在制订审计计划时应当考虑组织的所有治理过程，特别是具有高风险的治理过程和风险领域，因为这些领域也是董事会和高级管理层关注的重点。内部审计计划应当界定所开展工作的性质，界定所要解决的治理过程，界定所要进行的评估的性质。例如，宏观上要考虑整个治理框架，微观上要考虑特定的风险、流程或活动，在某些时候二者都要考虑。在存在已知控制问题或治理过程不完善的情况下，内部审计机构负责人通常可以考虑用咨询服务替代正式评估，以此改进控制或治理过程。内部审计机构在对组织治理过程进行评估时，很可能要以长期以来内部审计工作中获取的信息为基础。

　　为确保内部审计在组织治理中的作用能够得到充分的发挥，就必须提升内部审计在组织中的地位，确保其独立性和权威性。在监管机构、职业组织和企业共同推动下实行的审计委员会制度，已经成为确保内部审计组织地位的重要机制。审计委员会是在董事会下设的专门委员会，主要由非执行董事组成，其目的在于监督组织的信息系统、财务报告、内部控制与内部审计。实践表明，审计委员会是健全组织治理结构的一种有效途径，是联结董事会与外部监管机构、内部审计与外部审计的桥梁。内部审计机构直接隶属于审计委员会，确保了内部审计在组织中的权威地位和独立性。内部审计直接向审计委员会报告审计结果，提高了内部报告流程的效率和效果。

　　内部审计机构还是帮助审计委员会履行其职责的一个重要工具。内部审计人员能够帮助审计委员会获得对组织的风险和控制以及组织财务信息可靠性的理解。审计委员会还可以利用内部审计人员的工作及报告对外部审计人员的工作加以补充。因此，审计委员会应该至少每年审查一次内部审计人员的审计范围和效率，以及内部审计机构实现其目标的能力。为了拥有一个有效的内部审计机构，内部审计人员必须直接与审计委员会进行交流和沟通。为了监督内部审计人员的其他行为，审计委员会还需要定期审查组织的内部审计章程，监督内部审计人员的流动情况，审查内部审计机构的预算，审查内部审计活动的计划及其随后的变更，监督内部、外部审计人员审计工作的合作，审查内部审计报告及管理层根据审计报告所做的改进。

第二节　内部审计在风险管理中的作用

风险管理对于组织发展的重要性已经越来越为人们所认识。全面风险管理框架具备的优势也已经被组织充分认识并日益得到普及。内部审计通过其确认和咨询作用，利用各种方式协助组织实现全面风险管理，引导组织发现潜能、优化决策和改进绩效。

一、风险管理概述

近年来频繁发生的企业失败和财务舞弊事件，引发了人们对企业风险和风险管理的日益关注。安然的倒塌、世通的丑闻、2008 年的金融危机、英国石油公司在墨西哥湾的漏油事件以及欧洲的债务危机等使组织和社会有关各界受到了很大影响，成为亟须加强全面风险管理、提高风险管理有效性的有利证据。风险管理对于维持企业生产经营的稳定性、提高企业的经营效益和树立良好的企业形象具有重要意义。有效的风险管理可以使企业充分了解自己所面临的风险及其性质和严重程度，及时采取措施避免或减少风险损失，或者当风险损失发生时能够得到及时补偿，从而保证企业生存并迅速恢复正常的生产经营活动。有效的风险管理可以降低企业的费用，从而直接增加企业的经济效益；增强企业扩展业务的信心，增加领导层经营管理决策的正确性，从而降低企业现金流量的波动性；有效的风险管理还有助于创造一个安全稳定的生产经营环境，激发劳动者的积极性和创造性，为企业更好地履行社会责任创造条件，帮助企业树立良好的社会形象。

2004 年 9 月，美国特雷德韦委员会的发起组织委员会（简称 COSO 委员会）发布了名为《企业风险管理——整合框架》的报告。该报告指出，企业风险管理是由一个企业的董事会、管理层和其他人员实施的，应用于战略制定并贯穿于企业之中，旨在识别可能会影响企业的潜在事项的过程。根据 COSO 委员会的观点，企业风险管理是一个过程，它不是静止不动的，而是贯穿于企业各种活动的持续的相互影响的过程，并渗透和潜藏于管理层经营企业的方式之中。风险管理是通过企业中的人以及他们的言行来完成的。人制定企业的使命、战略和目标，并使企业风险管理机制得以落实，同时企业风险管理机制又反过来制约和影响人的行为。企业根据其设定的使命或愿景制定战略目标，根据战略目标确定具体的战略和流程。有效风险管理要求管理层全面考虑与备选战略相关的风险以及企业各个层级的活动，对风险采取组合的观念以便确定整体风险组合是否与它的风险容量相称。风险容量是一个企业在追求价值的过程中所愿意承受的广泛意义上的风险数量，风险管理可以帮助管理层选择一个将期望的价值创造与风险容量相协调的战略。设计和运行良好的风险管理活动能够为企业实现其战略目标提供合理的保证。

　　COSO 委员会认为，在企业既定的使命或愿景范围内，管理层制定战略目标、选择战略，并将目标在企业内自上而下进行分解和挂钩。为此，企业风险管理框架要力求实现企业的以下四类目标：（1）战略目标，即企业的高层次目标，与使命相关联并支撑其使命；（2）经营目标，即有效果和高效率地利用其资源；（3）报告目标，即报告的可靠性；（4）合规目标，即遵守适用的法律和法规。风险管理整合框架立足于企业实际经营活动，其理念和做法更容易被企业的董事会、管理层和相关人员接受和采纳。风险管理整合框架将目标体系向上延伸到战略目标，使三个具体目标与战略目标得到整合，并共同构成了内涵一致、逻辑清晰的金字塔式的目标体系，同时也明确了三个具体目标与战略目标之间的关系。企业风险管理框架代表着企业风险意识的日益增强和积极主动应对风险的管理理念，同时也体现了风险管理整合框架所强调的对风险进行组合管理的观点，即对所有风险进行综合识别、评估和应对，减少经营偏差的发生及相关成本和损失，同时抓住各种有利的机会，及时调整策略以实现战略目标。

二、内部审计在风险管理中的确认和咨询作用

建立企业风险管理框架有利于组织管理风险从而在实现组织目标方面做出重大的贡献，例如为实现组织目标提供更大的可能性，向董事会层面综合报告不同的风险，提高对主要风险及其广泛影响的认识，识别和分担跨业务的风险，对重要事项集中进行管理，减少意外或危机，在组织内部更加关注用正确的方法做出正确的事情，对将要采取的行动增加变更的可能性，具备为获取更高的回报而承担更大风险的能力，以及更有依据的风险承受和决策等。内部审计通过履行确认和咨询的职能，可以利用各种方式协助组织进行风险识别、评估和应对活动，对组织风险管理的有效性进行确认并提出各种改进建议，帮助组织风险管理目标的实现。

国际内部审计师协会在其 2003 年发布的立场公告《内部审计在企业全面风险管理中的作用》中使用图 2 - 1 说明了内部审计在企业全面风险管理中的作用。该图列举了企业全面风险管理活动的范围，指出有效的专业内部审计活动应当和不应当（同样重要）承担的职能。

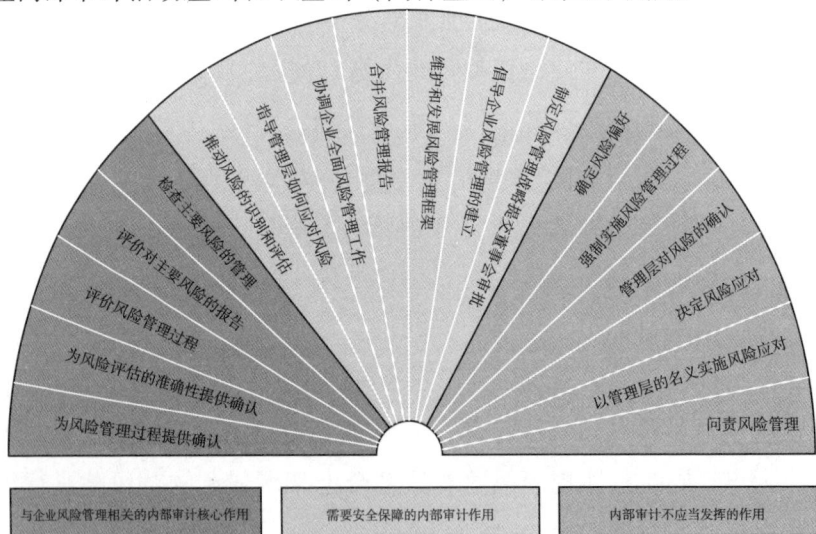

图 2 - 1   内部审计在企业全面风险管理中的作用

资料来源：中国内部审计协会译，《国际内部审计专业实务框架》，第 99 页。

内部审计职业教育系列丛书

图 2-1 的左侧列示了内部审计的所有确认活动,即与企业风险管理相关的内部审计核心作用。这些活动从一个侧面为风险管理提供了更加客观的确认。该立场公告明确指出,遵循《国际内部审计专业实务框架》的内部审计活动能够并应当至少执行其中的某些活动。

除了这些内部审计核心作用之外,确定内部审计的作用时需要考虑的主要因素是:该活动是否会对内部审计机构的独立性和客观性产生任何威胁,是否可能改进组织的风险管理、控制和治理过程。图 2-1 的中间部分列示了需要进行安全保障的内部审计作用。在满足某些条件时,内部审计可能拓展其对企业全面风险管理的参与。这些安全措施应当包括明确管理层对风险管理的职责,将内部审计机构和人员职责的性质写入内部审计章程并由审计委员会审批通过,内部审计机构和人员不应当代表管理层管理任何风险,内部审计机构和人员应当提供建议、挑战并支持管理层做出决定,而不是他们自行做出风险管理的决定。内部审计机构不能同时为其所负责的风险管理框架的任何一部分提供客观的确认。这种确认服务应当由其他适当的、有资格的人员提供。确认活动之外的任何工作都应当被视为一种咨询业务,应当遵循与此业务相关的实施标准。

图 2-1 的右侧列示了内部审计不应当承担的六项职能,除非在极为特殊的情形下,例如在一家非常小的组织中。因为诸如确定风险偏好、强制实施风险管理过程以及决定风险应对等职能都是组织管理层的职责。

(一) 内部审计在风险管理中的确认作用

董事会或组织中同类机构的主要要求之一就是确保组织的风险管理过程有效且主要的风险能够被控制在可以接受的水平之下。对组织风险管理活动的确认源自不同的渠道,其中来自管理层的确认是最基本的,应当与客观的确认相结合,而内部审计正是客观确认的主要来源。其他来源还包括外部审计和独立的专家检查。

通常内部审计可以对以下三个方面提供确认:(1) 风险管理过程,

包括其设计和运行情况；（2）对主要风险进行管理的措施和效果，包括控制的效果和其他应对措施；（3）可靠、适当的风险评估及对风险和控制情况的报告。

内部审计是一种独立的确认和咨询活动，其与组织风险管理相关的核心功能就是为董事会提供关于风险管理效果的客观确认。有研究表明，董事会成员和内部审计人员都认为，内部审计为组织增加价值的两种最重要的方式是为主要业务风险已经得到适当管理层的关注提供客观的确认，以及为风险管理和内部控制框架正在有效地运作提供客观的确认。与组织风险管理相关的内部审计的核心作用体现在内部审计为风险管理提供了更加客观的确认，诸如为风险管理过程提供确认，为风险评估的准确性提供确认，评估风险管理过程，评价对主要风险的报告，以及检查管理层对主要风险的管理等。

内部审计人员需要获取足够和适当的证据以确认组织风险管理过程的主要目标是否都得到了实现，并依此形成关于组织风险管理过程是否适当的意见。在收集此类证据的过程中，内部审计人员应当考虑实施下列审计程序：研究、检查与组织开展的业务有关的当前情况、发展趋势、行业信息以及其他恰当的信息资源，确定是否存在可能影响组织的风险，以及用以解决、监督与再评估这些风险的相关控制程序；检查组织政策和董事会会议记录以确定组织的经营战略、风险管理理念和方法、风险偏好以及风险接受水平；检查管理层、内部审计人员、外部审计师以及其他方面以前公布的风险评估报告；与行政经理和业务部门经理交谈，确定业务部门的目标、相关的风险以及管理层开展的降低风险的活动、控制和监督活动；收集信息以独立评估风险缓解、监督、风险报告和相关控制活动的有效性；评估针对风险监督活动所建立的报告关系的恰当性；评估风险管理结果报告的适当性和及时性；评估管理层的风险分析是否全面，评估为纠正风险管理过程中发现的问题而采取的措施和提出的改进建议的完整性；确定管理层的自我评估过程的有效性，可以通过实地观察、直接测试控制和监督程序、测试监督活动所用信息的准确性以及其他恰当的技术方式来进行；评估与风险相关、可能说明风险管理实务中存在薄弱环节的问题，在适当情况下，与高级管理层和董事会进行讨论。

（二）内部审计在风险管理中的咨询作用

内部审计对组织风险管理的咨询工作的深入程度取决于其他资源，包括董事会所能够获取的内部和外部的资源，还取决于组织的风险成熟度，并且可能会随时间而变化。内部审计机构和内部审计人员在关注和考虑风险、识别和了解风险，确定风险与治理之间的联系等方面具有专长，意味着内部审计机构和内部审计人员，特别是在组织引入风险管理理念的早期，完全有能力成为组织风险管理的重要推动者。随着组织风险成熟度的增加和风险管理在业务操作中的不断深入，内部审计对组织风险管理的推动作用可能会减弱。如果组织雇用了风险管理专家或专业机构提供相关服务，则内部审计更可能通过专注于其确认职能和作用，而不是更多地开展咨询活动，为组织带来价值增值。

内部审计可以发挥其咨询职能的风险管理领域包括推动风险的识别和评估，指导管理层如何应对风险，协调组织的风险管理活动，合并风险管理报告，维护和发展风险管理框架，倡导组织树立风险管理的理念，以及制定风险管理战略提交董事会审批等。内部审计机构在该领域可以承担的一些具体的咨询活动主要包括：将内部审计分析风险和控制所用的工具与技术提供给管理层；作为将风险管理思想引入组织的倡导者，充分发挥其在风险管理和控制方面的专业知识及对组织的总体认知方面的优势；提供建议，推动专题讨论会，指导组织风险和控制，促进共同认知、框架和理解的建立；作为协调、监督和报告风险的中心；协助管理者确定降低风险的最佳方式。

内部审计在组织风险管理中的确认和咨询作用的有效发挥取决于内部审计机构是否承担了管理层对组织风险管理应当承担的责任。在组织的风险管理活动中，只要内部审计没有实施管理风险的职能，只要高级管理层积极认可和支持组织的风险管理活动，内部审计机构就可以提供咨询服务，并且内部审计机构和人员无论何时都应当致力于帮助管理层建立或改进其风险管理过程。

由于不同的组织实施风险管理的方法存在很大的区别，根据业务活动的规模和复杂性，组织的风险管理过程可能是正式的，也可能是非正式的；可能是定量的，也可能是定性的；可能是分散在各个职能部门的，也可能是集中在组织整体层面的。同时，组织所建立的风险管理过程是以该组织的文化、管理风格和业务目标为依据的。例如，组织如果利用金融衍生工具或其他复杂的资本市场产品，就必须使用定量的风险管理工具；相反，规模较小、业务和管理层级不太复杂的组织可以通过非正式的风险委员会，讨论组织的风险事宜，并定期开展评估活动。

内部审计人员和组织负责风险管理的人员通常会共享某些知识、技能和价值。例如，他们都了解组织治理的要求，都具有项目管理、分析和推进的技巧，都重视良好的风险平衡而不仅仅是极端地承担或者逃避风险。然而，负责风险管理的人员只为组织的管理层服务，不必向审计委员会或组织中的类似机构提供独立和客观的确认服务。内部审计人员在介入组织风险管理活动时不应该低估负责风险管理的人员的专业知识，例如风险转移与风险量化和建模技术，而这些知识对于大部分内部审计人员而言可能还是陌生的。内部审计人员如果不能证明自己拥有适当的技能和知识，就不应当承担风险管理领域的相关工作。另外，如果内部审计机构没有充分的技能和知识可以利用，也无法从其他地方获取，内部审计负责人就不应当提供此领域的咨询服务。

第三节　内部审计在内部控制中的作用

随着组织规模的日益扩大和管理层级的日趋复杂，内部控制对于组织良好运行的作用变得越来越不可替代。但是，内部控制毕竟只是一些具体的政策和程序，是由人制定并由人去执行的，要想让这些具体的政策和程序能够真正发挥应有的作用，对从其设计到运行的整个过程实施持续的监控至关重要。在组织的众多职能中，内部审计依靠其固有的独立性和客观性，必然要承担对内部控制进行监控的职能。

一、内部控制概述

内部控制思想的出现有着十分久远的历史。内部控制最早出现的标志可以追溯到苏美尔文化早期的内部牵制制度，实际上只要有人类群体的活动就会有控制系统的存在，只是形态的繁简和运用的策略或技术水平各不相同而已。我们现在熟知的"control"一词直至 17 世纪才正式被提出。1600 年左右，一本英文词典第一次列出了"control"一词，并将其定义为"一本账的副本，具有与原本相同的品质和内容"。该词是从拉丁语"contrarotulus"派生而来的，其中 contra 意为"对比"，rotula 意为"宗卷"。著名学者塞缪尔·约翰逊将这一最初的意思定义为由另一个职员保管的登记簿或账册，可由他人逐项检查。这是因为自 15 世纪开始，资本主义得到了初步发展，复式簿记方法的出现推动了企业管理的发展，以账目间的相互核对为主要内容、实施职能分离的内部牵制制度开始得到广泛的应用。对"control"一词的最初解释就是对内部牵制制度雏形的最好描述。继内部牵制制度之后，内部控制又经历了内部控制制度和内部控制结构的发展阶段。

随着社会经济环境的发展和企业经营管理的变化，人们对内部控制的认知也在逐步深化，对内部控制的定位必然是一个不断完善和不断发展的过程。1992 年，COSO 委员会发布了名为《内部控制——整合框架》的报告，通称 COSO 报告。该报告提出了"内部控制整合框架"的概念，不仅进一步延续和完善了内部控制的结构化和体系化，更试图整合人们对内部控制的不同理解，构造一个具有共识性的内部控制概念平台和框架。COSO 委员会的内部控制整合框架对内部控制的定位是："内部控制是一个过程，是企业经营管理活动的一部分，与经营过程结合在一起使经营达到预期的效果，并监督企业经营活动的持续进行。"

在此基础上，COSO 委员会又于 2004 年发布了新的 COSO 报告，进一步扩展了内部控制的范围，并寻求到一个更广阔的视角，提出了一个内容更加宽泛的、层次更高的、建立在风险管理层面上的内部控制框架，这也标志着内部控制的发展已经进入风险管理整合框架阶段。COSO 委员会的风险管理整合框架对内部控制的定位是："内部控制是企业风险管理的一个组成部分，企业风险管理是企业管理过程的一个组成部分，整个企业风险管理框架更像是一个把控制中心放在风险上的、扩大化的内部控制过程。"由此可见，COSO 委员会将内部控制定位为一种管理工具，它是不能取代管理本身的。

2013 年 5 月，COSO 委员会发布了修订的《内部控制——整合框架》报告，保留了内部控制和内部控制五要素的核心概念界定，以及原来报告中已经被证明非常实用的内容。新的 COSO 报告继续强调了在评价内部控制系统有效性时考虑五项内部控制要素的要求，也继续强调了在设计、运行和实施内部控制以及评价内部控制系统有效性中管理层判断的重要性。与此同时，新的 COSO 报告还包括了一些有助于其应用的改进和说明。最重要的改进之一是将原框架中引进的一些与内部控制五要素相关的关键性概念正式列为基本原则，以为使用者在设计和运行内部控制系统和理解有效内部控制要求方面提供便利。新的内部控制框架的另一大改进，还体现在将目标中的财务报告类型扩展至诸如非财务和内部报告等其他的重要报告形式。同时，新的框架反映了对组织以及其所面临的经营环境的众多变化的考虑，包括对政府监管的期望、市场和经营的全球化、经营的变化和更明显的复杂性、对法律法规以及标准准则的要求和复杂化、对胜任能力和受托责任的期望、对飞速发展的技术的运用和依赖，以及与防范和发现舞弊相关的期望等。

COSO 报告和美国颁布的《萨班斯－奥克斯利法案》对世界范围内许多国家的企业内部控制产生了巨大的影响。我国内部控制的发展也以此为契机进入了创新发展的崭新阶段。2006 年 6 月，国资委发布了《中央企业全面风险管理指引》，7 月 15 日，由财政部发起成立了企业内部控

内部审计职业教育系列丛书

制标准委员会,上交所和深交所分别在 7 月和 9 月发布了证券交易所上市公司内部控制指引。2008 年 6 月,财政部、证监会、审计署、银监会、保监会五部委在北京联合召开企业内部控制基本规范发布会暨首届企业内部控制高层论坛,发布了《企业内部控制基本规范》。2010 年 4 月,五部委又发布了《企业内部控制应用指引第 1 号——组织架构》等 18 项应用指引、《企业内部控制评价指引》和《企业内部控制审计指引》。企业内部控制基本规范和配套指引共同构成了我国的内部控制规范体系,这是全面提升上市公司和非上市大中型企业经营管理水平的重要举措,也是我国应对国际金融危机的重要制度安排。

　　企业内部控制标准委员会成立的目标是建立一套以防范风险和控制舞弊为中心、以控制标准和评价标准为主体,结构合理、内容完整、方法科学的内部控制标准体系,推动企业完善治理结构和内部约束机制。委员会制定的企业内部控制规范在总体结构上选择了"1 + X"模式,即在内部控制基本规范的基础上按照主要经济业务类型分别制定内部控制应用指引。《企业内部控制基本规范》将内部控制界定为:"由企业董事会、监事会、经理层和全体员工实施的、旨在实现控制目标的过程。"内部控制这一内涵的界定基本上是以 COSO 委员会的内部控制整合框架为主体,也借鉴和吸收了 COSO 委员会企业风险管理整合框架对内部控制内涵的界定。

　　《企业内部控制基本规范》将内部控制的目标确定为:"合理保证企业经营管理合法合规、资产安全、财务报告及相关信息真实完整,提高经营效率和效果,促进企业实现发展战略。"基本规范确定的这五个层层递进的内部控制目标是对 COSO 内部控制框架和风险管理框架的目标体系进行整合的结果,提出了一个较为全面的内部控制目标体系。

　　《企业内部控制基本规范》确立了企业建立与实施内部控制应当遵循的基本原则,包括全面性原则,即内部控制应当贯穿决策、执行和监督全过程,覆盖企业及其所属单位的各种业务和事项;重要性原则,即内部控制应当在全面控制的基础上,关注重要业务事项和高风险领域;制衡性原则，即内部控制应当在治理结构、机构设置及权责分配、业务流程等方面形成相互制约、相互监督，同时兼顾运营效率；适应性原则，即内部控制应当与企业经营规模、业务范围、竞争状况和风险水平等相适应，并随着情况的变化及时加以调整；成本效益原则，即内部控制应当权衡实施成本与预期效益，以适当的成本实现有效控制。

二、内部审计在内部控制中的地位和作用

在组织内部，内部审计与内部控制的关系历来就是密不可分的，内部审计是内部控制的重要组成部分，内部控制则是内部审计的监控对象。

（一）内部审计在内部控制中的地位

现代组织的内部控制已经并不仅仅是一些控制政策和程序，也不是只表现为一些控制措施和活动，内部控制是一个整合的系统、一个完整的体系。《企业内部控制基本规范》提出的内部控制构成要素包括：（1）内部环境，即企业实施内部控制的基础，一般包括治理结构、机构设置及权责分配、内部审计、人力资源政策、企业文化等。（2）风险评估，即企业及时识别、系统分析经营活动中与实现内部控制目标相关的风险，合理确定风险应对策略；风险评估又具体分为风险识别、风险分析和风险应对三个方面。（3）控制活动，即企业根据风险评估结果，采用相应的控制措施将风险控制在可承受度之内。（4）信息与沟通，即企业及时、准确地收集、传递与内部控制相关的信息，确保信息在企业内部、企业与外部之间进行有效沟通。（5）内部监督，即企业对内部控制建立与实施情况进行监督检查，评价内部控制的有效性，发现内部控制缺陷应当及时加以改进。

在内部控制的构成要素中，内部监督是重要的不可或缺的组成部分。不论是组织内部控制环境的营造，还是风险评估和控制活动的规划和执行，抑或是信息与沟通系统的优化都需要在持续的有效监督下才能得到有序和高效的运行。首先，内部监督机制具有事先的警示效应，组织中

各级执行内部控制的人员在知晓存在监督机制的前提下都会更加主动和积极地贯彻内部控制具体措施；其次，内部监督机制在组织实施内部控制重要活动时可以进行实时的监控，发现问题及时解决；最后，内部监督机制还可以是定期对组织的内部控制规划和运行情况进行系统性审查，在向外部监管机构和社会公众以及组织治理层和管理层进行及时报告的同时，增强对组织内部控制运行良好的信赖程度，实现对组织内部控制的持续改进。

内部审计的本质属性就是独立客观的确认和咨询，其独立与客观的组织地位和确认与咨询的功能定位决定了内部审计是承担内部控制中重要构成要素的内部监督职责的最佳角色。建立完善的内部审计机构的组织将有助于向外界展示良好的内部控制形象，在组织内部则更有利于内部控制环境的营造，内部审计机构可以不断地督促组织的治理层和高级管理层重视内部控制，并做到身体力行和以身作则，对内部控制在组织内部的有效运行发挥行动示范效应。内部审计机构通过参与组织的风险评估、控制活动和信息与沟通系统的规划和设计，充分发挥内部审计人员在这些领域的专业知识和技能，促进组织内部控制各构成要素的不断完善。内部审计机构通过实施内部控制审计，可以及时发现组织内部控制在设计和执行过程中存在的各种缺陷和问题，并向组织治理层和管理层提出切实可行的改进建议，协助相关管理层对存在缺陷的内部控制进行修复，持续保持组织内部控制的先进性和有效性。

（二）内部审计在内部控制中的作用

为使内部审计作为内部控制的重要内部监督机制的作用得以充分发挥，内部控制必须作为内部审计的主要监控和审查对象。《企业内部控制基本规范》对内部控制的评价也提出了原则性的要求，即企业应当结合内部监督情况，定期对内部控制的有效性进行自我评价，出具内部控制自我评价报告。内部控制自我评价的方式、范围、程序和频率，由企业根据经营业务调整、经营环境变化、业务发展状况、实际风险水平等自行确定。企业应当以书面或者其他适当的形式，妥善保存内部控制建立与实施过程中的相关记录或者资料，确保内部控制建立与实施过程的可验证性。除了接受企业委托的从事内部控制审计的会计师事务所对企业内部控制的有效性进行审计并出具审计报告之外，内部审计机构也必须将内部控制审计作为其审计对象实施定期的审查，同时也要将内部控制运行情况作为其日常审计监督的关注点。内部审计机构开展内部控制审计，具有以下两个方面重要作用：

1. 有利于实现内部控制目标

内部控制是为了促进组织目标的实现而营造的控制环境和采取的具体控制政策和程序。内部控制本身并不是目的，实现组织目标才是目的，内部控制只是实现组织目标的手段。组织需要实现的目标主要包括开展经营活动或进行组织运作的战略目标，保护资产安全和完整的目标，遵循法律法规和避免违法行为的目标，确保信息的真实性和可靠性目标，以及对有限的资源进行合理配置以最大限度地提高经营效率和效果的目标等。

任何组织都会面临资源的短缺和稀有，如何有效地对资源进行合理的配置以实现对资源的高效利用更是确保组织长远发展的重要目标。组织的经营和运作目标关系到建立组织的根本。组织的各项资产是组织进行生产经营活动所必需的资源，资产的安全和完整关系到组织的生存和发展，信息的真实性和可靠性也决定着组织内外部决策者的决策准确性、科学性和合理性。遵循法律和法规是各类组织的首要义务和责任，是组织长期发展和持续经营的基础；组织内部的规章制度也是约束组织内部人员的基本规范，是组织正常稳定发展的必要条件。为了保证这些组织目标的实现，组织必须建立各种控制政策和程序，如果这些政策和程序健全、适当并能够得到持续有效执行，就能够为组织目标的实现提供合理的保证。为此，内部审计机构实施的内部控制审计就需要密切关注组织内部控制在设计和执行层面是否有效地实现了上述控制目标。

2. 可以为组织目标实现提供一定的保证

某种意义上说，内部机制的目标与组织的目标是一致的。内部审计机构实施的内部控制审计是对组织内部控制设计与运行的有效性进行的审查和评价活动。内部审计机构对组织的内部控制实施审计是为了保证内部控制能够促进组织目标的实现，同时内部控制审计的实施还需要有利于组织实现多项目标。这就要求内部审计机构和人员充分了解组织的内部控制，并对组织的各项内部控制要素实施充分的测试和评价，在此基础上形成对组织内部控制完善状况的整体意见，从而提出改进内部控制的具体建议，确保组织内部控制各项目标的最终实现。

综上所述，组织治理、风险管理和内部控制之间存在着密不可分、水乳交融的联系。有效的组织治理活动在设定战略时必须考虑风险，风险管理是组织治理的重要内容；良好的风险管理活动必须依赖有效的组织治理，例如高层基调、风险偏好和容忍度、风险文化，以及对风险管理的监管等。与此同时，有效的治理也有赖于内部控制以及就内部控制有效性与董事会所进行的沟通；良好的内部控制同样也需要依存于有效的组织治理，例如治理层和管理层对内部控制及其重要性的认识、态度和行动示范，治理结构和权责划分，以及对内部控制的监控等。风险管理与内部控制也是相互关联的，内部控制就是组织管理层、董事会及相关人员为管理风险，增加实现既定目标的可能性而采取的各种行动，对风险的控制就是内部控制的核心内容。有鉴于此，内部审计机构在规划内部审计活动时，必须充分考虑其与组织治理、风险管理和内部控制的关系。通过内部审计活动，应当确保组织的治理过程涵盖防范或发现对实现组织的战略、目标和目的、运营效率和效果、财务报告或遵循适用的法律和法规等方面可能产生的负面影响的控制措施。

本章小结

2002 年 4 月，国际内部审计师协会在对美国国会关于《萨班斯－奥克斯利法案》的意见陈述书中提出，内部审计、外部审计、董事会以及高层管理人员是有效公司治理的四大基石，内部审计被公认为有效组织治理的重要基础。内部审计作为组织内部的经常性监督机制，具有对组织的充分了解和业务熟悉方面的优势，可以对所有存在疑问的业务、财务数据和内部控制进行调查。与此同时，内部审计还是组织风险管理的函数，通过对组织管理层所进行的风险管理过程实施监控和协调，能够有效地帮助组织管理层进行有效的风险管理和科学的管理决策，提高组织的绩效水平，帮助组织增加价值，实现组织治理目标。作为组织内部传统管理领域的内部控制与内部审计也是不可分割的，内部审计是内部控制的重要组成部分，内部控制则是内部审计的监控对象。由此可见，在组织治理、风险管理和内部控制中均占有重要地位的内部审计只有适应飞速发展和纷繁复杂的组织环境，从业务活动、风险管理和内部控制入手，通过评价和改进组织治理、风险管理和内部控制过程中的效率、效益和效果，以确保披露组织潜在的风险，达到经济并有效地为组织增加价值和改进运营的目的。

第三章　职业道德规范和内部审计准则

本章提要

　　为保证内部审计机构的工作质量，确保内部审计人员更好地履行自身的职业责任，充分发挥内部审计的作用，树立内部审计良好的职业形象，必须建立系统的内部审计职业道德规范。同时，由于内部审计是一项操作性很强的工作，具有确认和咨询的作用，对内部审计行为的规范也是至关重要的。内部审计规范体系包括对内部审计人员行为的道德规范和技术规范。内部审计职业道德规范是对内部审计人员行为的道德规范，内部审计准则是对内部审计人员行为的技术规范，它们共同构成了内部审计规范体系。本章共分两节，分别阐述了作为内部审计规范体系重要组成部分的职业道德规范与内部审计准则的作用和内容。

第一节　内部审计职业道德规范

　　内部审计已经成为 21 世纪非常令人向往的职业，不仅拥有令人羡慕的社会地位，也因其在组织治理、风险管理和内部控制方面所发挥的不可替代的作用，受到组织治理层、高级管理层的日益重视，社会公众也对内部审计职业寄予了厚望。在这种情况下，内部审计职业界只有保持和不断提升自身的道德水准，坚守职业操守，提供高品质的服务，才能满足各利益相关方的要求，实现为组织增加价值的职业目标。

内部审计人员从事内部审计活动时，应当遵守职业道德规范，认真履行职责，不得损害国家利益、组织利益和内部审计职业声誉。

（一）内部审计职业道德规范的含义

道德是一定社会为了调节人们之间以及个人和社会之间的关系所提倡的行为规范的总和，它通过各种形式的教育和社会舆论的力量，使人们具有善与恶、荣誉与耻辱、正义与非正义等观念，并逐渐形成一定的习惯和传统，以指导或控制自己的行为。职业道德就是某一职业组织以公约、守则等形式公布的，从业人员自愿接受的职业行为标准。内部审计职业道德在本质上体现着内部审计职业界各成员之间以及每个成员与相应当事人之间的社会关系。内部审计职业道德是内部审计人员职业品德、职业纪律、专业胜任能力及职业责任的总称。对内部审计行为的道德规范是内部审计职业在内部审计发展过程中形成的，具有内部审计职业特征的道德准则和行为规范。

由道德规范的自身性质所决定，对内部审计行为的道德规范应是自律和他律共同作用的规范。道德规范是一种社会意识，道德原则并非国家、政府或者任何组织强制建立起来的，它们是伴随人类社会的发展和进步逐渐在社会上、在人们的思想意识中潜移默化形成的。当人们接受了道德教育，并自觉将社会普遍认可的基本道德原则作为自己信奉的行为标准之后，就会在内心形成一种内在的推动力，进而转化为一种职业良心，约束、引导和评价自身的职业行为，从而实现道德规范的自律。同时，道德规范还具有明显的他律性作用机制，虽然道德原则的遵循是在自身内在动力的推动下实现的，但是道德原则并非是每一个个人自己认识和总结出的标准，而是在社会发展过程中被大多数人普遍认可的标准。通常情况下，每一个个人都是通过各种形式的道德教育才了解和明确这些基本道德标准的，并在强大的社会舆论监督下按照这些社会普遍认可的道德标准规范自身的职业行为。因此，社会所倡导的道德教育和舆论监督就成为道德规范他律性作用机制的主要方式。道德教育是人们获取和理解道德原则的基本途径，也促使其成为自身信赖和自觉遵守的行为标准，而社会舆论则通过对道德行为的评价机制倡导良好的道德行为，批评和摒弃不良的道德行为。另外，内部审计职业界也会通过专门的职业道德监控机构对从业人员遵循职业道德规范的情况进行检查，对违反职业道德规范的机构和内部审计人员进行惩戒，从而强化内部审计道德规范的约束力。这种监督检查和惩戒机制一方面体现了事先的警示作用，内部审计机构和内部审计人员在知晓存在这样的检查和惩戒机制的情形下会促使它们自觉地遵守这些规范，这就形成了内部审计职业道德规范的自律性；另一方面这一机制也体现了事后的惩戒作用，违反职业道德规范的内部审计机构和内部审计人员必然要因此而承担特定的责任，受到相应的处罚，形成了内部审计职业道德规范的他律性。

（二）内部审计职业道德规范的作用

内部审计职业道德规范是内部审计规范体系的重要组成部分，是所有内部审计人员坚持高素质的道德水准、提升内部审计职业水平的重要保证。保持应有的职业审慎，严格遵守职业道德规范，是内部审计人员树立良好职业形象、保持良好职业信誉的重要前提，也是充分发挥内部审计作用的必要条件。

1. 实现对内部审计职业的严格道德约束

当今的内部审计职业已经不仅仅是为其所在组织提供服务，它作为组织治理、风险管理和内部控制中的重要监控机制，越来越受到组织外部各利益相关方甚至社会公众的普遍关注，其所承担的职业责任也已经超越了仅仅为组织增加价值的微观层面，向为社会公众利益提供服务的宏观层面拓展。同时，内部审计职业又是一项专业性较强的职业活动，内部审计活动的实施过程中充满纷繁复杂的风险，也需要运用各种各样的复杂技术和手段。为此，只有确立严格的职业道德规范并保证其有效实施，才能对内部审计人员在工作中的操守和品质进行规范，促使从业人员认真勤勉地完成工作，履行内部审计职业对其所在组织和社会公众所承担的职业责任。

2. 增强各利益相关方对内部审计职业的信赖

职业道德规范还是内部审计职业界获取各利益相关方，包括其所在组织治理层、高级管理层、被审计单位，甚至社会公众信赖的重要保证。相对被审计单位而言，内部审计扮演着客观公正的检查者和良师益友般的建议者的双重身份，获取被审计单位的理解和支持是其履行职责的重要保证。获取组织治理层和高级管理层的理解和支持也是内部审计机构提升其在组织内部的地位、获取更多组织资源和组织各方配合的有力保障。获取社会公众的认可和信任更是关系到内部审计职业的生存和未来发展。没有任何人会轻易相信一个没有任何道德规范约束、可以无序运作，甚至存在败德行为的职业，良好的职业道德规范能够向各利益相关方昭示其值得信赖的职业形象，不仅维护了内部审计的权威性，更加增强了各利益相关方对内部审计职业的信赖程度。

二、内部审计职业道德规范的框架结构

如果内部审计职业道德规范缺乏清晰的层次和合理的结构，所规定的内容也不适合内部审计职业特点的话，就不仅无法起到指导和约束内部审计机构和内部审计人员的作用，反而会给内部审计职业以及各利益相关方造成误解。内部审计行为的道德规范既要体现对内部审计人员道德观念和行为的基本指导思想，又要明确道德规则的具体操作指南，就必须结构分明、层次清晰。从内容上看，内部审计道德规范应当详略得当，不宜过于详细具体，更不能形成机械性的操作规程，使得内部审计人员的职业判断受到限制和禁锢。

内部审计职业道德规范是对内部审计人员在从事内部审计工作时应当遵循的道德标准的总括，虽然各个国家由于历史、文化、思想观念和道德水准上的差异，对内部审计人员道德标准的要求可能会存在不同，

但是从总体上看，内部审计的职业道德规范可以包括内部审计职业道德的基本原则、具体的行为规则及其详细解释，以及对实际问题的道德裁决等内容。

（一）内部审计职业道德基本原则

内部审计职业道德规范应该比技术规范和法律规范更加广泛和全面，因此道德规范的逻辑结构中就不仅应该包括所有的具体道德行为准则，还必须从更高的层面上提出与职业理想、职业责任等相关的高标准道德原则。道德规范对职业理想的说明是为了在社会上形成良好的职业形象，同时也是为了要求内部审计职业的全体从业人员树立崇高的职业理想、坚定的职业信念和美好的职业追求。道德规范强调职业责任，是为了使内部审计职业的全体从业人员热爱自己的职业，信赖和尊重自己的职业，树立与自己的职业荣辱与共的思想信念，努力履行自己的职业责任，竭诚为组织和社会公众的利益服务。为更好地实现职业理想，更有效地履行职业责任，内部审计人员必须具备丰富和广博的职业知识和技能，这不仅是对内部审计人员的技术性要求，更是对内部审计人员的道德要求，是其从事内部审计工作的最基本资格条件，因此道德规范中就必须明确内部审计人员应该具备的基本资格条件以及获取和提高的方式。为此，内部审计道德规范应当至少由理想标准的道德原则和具体标准的道德行为准则两个部分构成，坚定的职业信念加上高标准的道德准则才能确保内部审计职业的整体道德水平。

内部审计职业道德规范应当明确内部审计的职业责任，对职业责任的规定是根据内部审计职业的本质属性和职业道德的理想标准派生出来的，它倡导内部审计职业的所有从业人员树立高度负责的态度。在此基础上，具体的行为准则才能得以合理地建立和有效地执行，每一项具体的内部审计工作才能得到认真负责的执行。为此，国际内部审计师协会职业道德规范中就要求："内部审计师应当诚实、勤奋并负责任地完成工作。内部审计师应当持续地提高其服务的熟练程度、效率和质量。"

(二) 内部审计具体行为规则的解释

内部审计职业道德规范的行为规则具体规定了内部审计人员可以做的行为和不可以做的行为，是对内部审计人员道德行为的最低要求，是从事内部审计职业的所有人员都必须严格遵守的基本标准。只有将这些具体规定落实到内部审计工作的全过程中去，才能确保其工作的高质量。为便于内部审计人员更好地理解内部审计的行为规则并在实务中合理地遵循这些规则，内部审计职业道德行为规则的制定机构还可以就这些行为规则的性质及其具体运用做出进一步的详细解释。

(三) 对实际问题的道德裁决

内部审计工作具有很强的实务操作性，同时也面对着千差万别的实际状况，因此内部审计人员在实际工作中往往会遇到一些十分具体的问题，这些问题可能在职业道德规范中并没有明确的规定，或者按照规范执行之后可能造成不良的后果，即出现所谓的道德两难。此时，从事内部审计实际工作的内部审计人员迫切希望能够得到权威人士或者职业团体就这些问题给予的帮助，以指导他们做出正确的职业判断。所以，职业道德规范的制定机构应当充分考虑内部审计人员的实际需求，设置适当的咨询渠道，方便他们提出问题，并给予适当的解释。同时，为便于其他内部审计人员在遇到类似问题时也能够得到及时的指导，职业道德规范的制定机构可以将这些问题和解释定期汇编成册，既可以提供参考又可以开展进一步的讨论。这些问题和解释的汇编是对内部审计职业道德规范中行为准则的必要补充，也应视为职业道德规范体系的重要组成部分，虽然通常情况下是非强制性的，但是如果内部审计人员违背其中的规定，也需要说明充分的理由。

三、内部审计职业道德的基本原则

道德规范属于社会意识形态，是调节人们之间和个人与社会之间关系的行为规范，它是在社会上逐渐形成的理想、信念、习惯、传统等在人们思想和行动中的集中体现，并通过道德教育和舆论监督发挥其应有的作用。对内部审计行为的道德规范正是社会道德规范在内部审计职业中的具体运用和体现，其核心内容就是与独立性、客观公正以及与此密切相关的认真负责、清正廉洁的工作作风和诚实谨慎的职业态度。职业道德的这一核心内容就是职业道德的理想标准，它们在内部审计职业道德规范中处于基础地位，起着核心的作用。它倡导内部审计职业的所有从业人员热爱内部审计事业，尊重内部审计职业，以自己的职业为荣，并努力向职业道德的理想标准不断迈进。职业道德的理想标准是内部审计职业希望从业人员能够达到的最高标准，它们往往是一些原则性的、非强制性的规定。职业道德的理想标准在职业道德规范中是以基本道德原则的形式进行界定的。

（一）国际内部审计师协会职业道德基本原则

国际内部审计师协会在其颁布的《职业道德规范》中，要求内部审计师应当运用并信守以下基本道德原则：

1. 诚信

诚信就是诚实守信，一个人的言行应当与其内心思想保持一致，不虚假、不伪善，能够履行与别人的约定并取得他人的信任。诚信的道德原则要求内部审计师应当在所有的职业关系和商业关系中保持正直和诚实，秉公处事，实事求是。内部审计师的诚信将确立其本人的信用，从而为其做出可靠的判断提供基础。

2. 客观

客观就是按照事物的本来面目去考察和评价，不添加任何个人偏见，不受任何利益冲突的影响。内部审计师在收集、评价和沟通有关被检查活动或过程的信息时，要显示出最高程度的职业客观性。在做出评价时，内部审计师不应当受到其个人喜好或他人的不适当影响。

3. 保密

保密原则要求内部审计师尊重所获信息的价值和所有权，没有适当授权不得披露信息，除非是在有法律或职业义务的情况下。

4. 胜任

胜任是指内部审计师应当具备应有的专业知识、技能和经验，并在执行内部审计业务时使用所需要的知识、技能和经验，经济和有效地履行其职业责任。

（二）中国内部审计职业道德基本原则

中国内部审计协会颁布的《第 1201 号——内部审计人员职业道德规范》在其"第二章　一般原则"中提出的基本道德原则包括：

1. 诚信正直

内部审计人员在从事内部审计活动时，应当保持诚信正直。诚信正直的道德原则要求内部审计人员诚实守信，具备明辨是非的能力，坚持正确的行为和观点，不屈从于任何压力，严格遵循职业规范。

2. 客观公正

内部审计人员应当遵循客观性原则，公正、不偏不倚地做出审计职业判断。客观性是对内部审计人员必须具备的职业品质的基本要求。内部审计人员应当保持应有的客观性，避免与被审计单位之间的任何实际存在或潜在的利益冲突，也不能代行被审计单位经营活动和内部控制的决策权。内部审计人员必须不受任何外部压力的干扰或外部因素的影响，根据客观事实公正地、不偏不倚地做出判断和评价。客观性是内部审计人员在进行内部审计活动时必须始终坚持的一种精神态度。只有保持客观性，内部审计的工作成果才能得到各利益相关方的信赖，内部审计的职业价值才能得以体现。

3. 专业胜任

内部审计人员应当保持并提高专业胜任能力，按照规定参加后续教育。内部审计活动涉及大量的专业知识，内部审计人员不仅需要具备会计、审计等方面的知识，还需要掌握经营、管理、信息技术、风险管理和法律等方面的知识，并需要灵活运用所掌握知识的技能和经验。为此，内部审计人员应当保持并提高专业胜任能力，接受必要的专业教育，通过权威性的职业资格认证，并按照规定参加后续教育及岗位培训。

4. 保守秘密

内部审计人员应当遵循保密原则，按照规定使用其在履行职责时所获取的信息。由于内部审计活动的职业性质使得内部审计人员在开展内部审计活动的过程中会接触到一些内部信息和资料，内部审计人员对这些信息和资料负有保密义务。

四、内部审计职业道德规范的具体内容

基于内部审计职业道德规范的基本原则，内部审计职业道德规范进一步明确了内部审计机构和内部审计人员必须遵守的内部审计职业道德规范的具体内容。如果说内部审计职业道德规范的基本原则是内部审计职业道德的理想标准，倡导内部审计机构和内部审计人员尽可能向理想标准努力，那么内部审计职业道德的具体内容就是最低标准，是内部审计机构和内部审计人员必须予以遵循的。

（一）国际内部审计师协会职业道德规范

国际内部审计师协会指出，制定职业道德规范的目的在于促进内部审计职业道德文化的发展。职业道德规范明确了从事内部审计的个人和组织应当遵守的原则和要求，描述了对职业行为所期望的道德要求，而不是具体的活动。该规范共分为简介、适用性与执行、道德原则和行为规则四个部分。

1. 简介

主要明确：内部审计是一种独立、客观的确认与咨询活动，它的目的是为组织增加价值并提高组织的运作效率。它采取一种系统化、规范化的方法来对风险管理、内部控制及治理过程进行评价，进而提高它们

的效率，帮助组织实现目标。

建立职业道德规范对内部审计职业必要而又适用，它是建立在风险管理、控制和治理目标保证内的信用。协会的职业道德规范延展了内部审计的定义，包括两个基本部分：（1）与内部审计职业和实务相关的原则；（2）描述内部审计师预期行为规范的行为规则，这些规则有助于将这些原则运用于实践，目的在于指导内部审计师的行为。

职业道德规范与协会的实务框架和其他相关的协会公告一起，为向其他行业提供服务的内部审计师提供指导。"内部审计师"是指协会会员、国际内部审计师协会职业资格的接受者或参加者，以及那些在内部审计定义范围内提供内部审计服务的人。

2. 适用性与执行

主要明确：职业道德规范既适用于提供内部审计服务的个人，也适用于提供内部审计服务的团体。

协会会员、国际内部审计师协会职业资格的接受者或参加者如果违背了职业道德规范，将根据协会的规章和管理规定予以评价和管理。在行为规则中没有提及的特殊行为，不妨碍其无法接受或丧失信誉，因此，会员、资格所有者或参加者对于有纪律的行为具有责任。

3. 道德原则

主要明确：本节第三个问题已经述及的，内部审计师应使用和信守以下道德原则，即诚信、客观、保密和胜任。

4. 行为规则

主要明确：内部审计机构和内部审计人员的道德行为规则是围绕诚信、客观、保密和胜任的基本道德原则进行的具体规定。

（1）诚信。

内部审计师应当诚实、勤奋并负责任地完成工作；应当按照法律及其职业要求，遵守法律和做出披露；不得故意参与非法活动，或参加有损于内部审计职业或其机构的行为；应当遵守并贡献于机构的合法道德目标。

（2）客观。

内部审计师不应参与可能妨碍或被认为妨碍其公正评价的一些活动或关系；不接受可能妨碍或被认为妨碍其职业判断的任何东西；应当揭示其知道的所有重要事实、如果不予解释可能歪曲对所复核活动的报告。

（3）保密。

内部审计师应当谨慎利用和保护在其职责中获取的信息；不应当为个人目的或任何有悖于法律或有害于机构的合法道德目的而利用信息。

（4）胜任。

内部审计师应当只从事它们具备必要技能和经验的服务活动；应当根据《内部审计实务标准》完成内部审计；应当持续地提高其服务的熟练程度、效率和质量。

（二）中国内部审计人员职业道德规范

为了规范内部审计人员的职业行为，维护内部审计职业声誉，根据《中华人民共和国审计法》及其实施条例，以及其他有关法律、法规和规章，中国内部审计协会于2013年5月对已有的内部审计人员职业道德规范进行了修订，并于8月发布了《第1201号——内部审计人员职业道德规范》。

此次修订以原《内部审计人员职业道德规范》为基础，吸收了《内部审计的独立性和客观性》准则和《内部审计人员后续教育》准则的部分内容，同时充分借鉴了国际内部审计师协会《职业道德规范》的有关内容，并参考其他行业的职业道德要求，对内部审计人员的职业道德进行了充实和完善。体例结构上也与其他准则保持一致，采用分章表述，分为总则、一般原则、诚信正直、客观性、专业胜任能力、保密和附则七个部分，对职业道德要求进行了较为详细的规定。

1. 对职业道德的概念界定

中国内部审计协会颁布的《第1201号——内部审计人员职业道德规

范》指出，内部审计人员职业道德是内部审计人员在开展内部审计工作中应当具有的职业品德、应当遵守的职业纪律和应当承担的职业责任的总称。

内部审计人员从事内部审计活动时，应当遵守职业道德规范，认真履行职责，不得损害国家利益、组织利益和内部审计职业声誉。内部审计人员违反职业道德规范要求的，组织应当批评教育，也可以视情节给予一定的处分。

2. 职业道德基本原则

这一部分内容在本节第三个问题已经述及。中国内部审计协会颁布的《第1201号——内部审计人员职业道德规范》在其"第二章　一般原则"中提出的基本道德原则包括诚信正直、客观、专业胜任能力和保密。

3. 诚信正直

主要明确：内部审计人员在实施内部审计业务时，应当诚实、守信，不应有下列行为：（1）歪曲事实；（2）隐瞒审计发现的问题；（3）进行缺少证据支持的判断；（4）做误导性或者含糊的陈述。

内部审计人员在实施内部审计业务时，应当廉洁、正直，不应有下列行为：（1）利用职权谋取私利；（2）屈从于外部压力，违反原则。

4. 客观性

主要明确：内部审计人员实施内部审计业务时，应当实事求是，不得由于偏见、利益冲突而影响职业判断。

内部审计人员实施内部审计业务前，应当采取下列步骤对客观性进行评估：（1）识别可能影响客观性的因素；（2）评估可能影响客观性因素的严重程度；（3）向审计项目负责人或者内部审计机构负责人报告客观性受损可能造成的影响。

内部审计人员应当识别下列可能影响客观性的因素：（1）审计本人曾经参与过的业务活动；（2）与被审计单位存在直接利益关系；（3）与被审计单位存在长期合作关系；（4）与被审计单位管理层有密切的私人关系；（5）遭受来自组织内部和外部的压力；（6）内部审计范围受到限

制；（7）其他。

内部审计机构负责人应当采取下列措施保障内部审计的客观性：（1）提高内部审计人员的职业道德水准；（2）选派适当的内部审计人员参加审计项目，并进行适当分工；（3）采用工作轮换的方式安排审计项目及审计组；（4）建立适当、有效的激励机制；（5）制定并实施系统、有效的内部审计质量控制制度、程序和方法；（6）当内部审计人员的客观性受到严重影响，且无法采取适当措施降低影响时，停止实施有关业务，并及时向董事会或者最高管理层报告。

5. 专业胜任能力

主要明确：内部审计人员应当具备下列履行职责所需的专业知识、职业技能和实践经验：（1）审计、会计、财务、税务、经济、金融、统计、管理、内部控制、风险管理、法律和信息技术等专业知识，以及与组织业务活动相关的专业知识；（2）语言文字表达、问题分析、审计技术应用、人际沟通、组织管理等职业技能；（3）必要的实践经验及相关职业经历。

内部审计人员应当通过后续教育和职业实践等途径，了解、学习和掌握相关法律法规、专业知识、技术方法和审计实务的发展变化，保持和提升专业胜任能力。内部审计人员实施内部审计业务时，应当保持职业谨慎，合理运用职业判断。

6. 保密

主要明确：内部审计人员应当对实施内部审计业务所获取的信息保密，非因有效授权、法律规定或其他合法事由不得披露。内部审计人员在社会交往中，应当履行保密义务，警惕非故意泄密的可能性。内部审计人员不得利用其在实施内部审计业务时获取的信息谋取不正当利益，或者以有悖于法律法规、组织规定及职业道德的方式使用信息。

第二节 内部审计准则

内部审计准则是内部审计职业发展的必然产物，是内部审计职业化的重要方面，同时也是推动内部审计职业规范化的重要力量。

一、内部审计准则概述

内部审计准则的制定、公布与实施，为保证内部审计质量、指导内部审计行为、评价内部审计工作业绩提供了基础。对于发挥内部审计为组织增加价值的作用、确保组织目标的实现、取得组织管理层与治理层的信任、巩固内部审计职业的社会地位、改善内部审计信息的沟通都将发挥重要的作用。

（一）内部审计准则的含义

内部审计准则是内部审计人员在实施内部审计工作时应当遵循的行为规范，也是评价内部审计工作质量的权威性规则。

内部审计准则的作用机制主要表现为自律性。内部审计准则的执行不是靠政府的强制力，而是靠内部审计职业界内部的力量。内部审计职业界对遵循技术规范的推动力在很大程度上需要依靠内部审计人员的自律，在审计人员进入内部审计职业界之前的职业教育和培训中，审计技术规范的内容和要求就应该是重要项目。在审计人员进入内部审计职业界之后，审计人员更应该将审计技术规范作为自身从思想上和操作上都始终自觉追求的行为准则。

虽然从总体上看，内部审计准则的作用机制更多地表现为自律，但从局部上看也存在他律的作用机制。内部审计人员在学习内部审计准则时，对内部审计准则的理解过程就是一种他律的作用机制，内部审计职业界为保证审计准则的有效实施而定期进行的质量外部评估，也是一种来自内部审计机构之外他律的作用机制。

（二）内部审计准则的作用

作为内部审计的行为规范，内部审计准则是内部审计职业界对内部审计行为提出的技术性要求，是内部审计人员在审计工作过程中必须遵守的操作标准，也是各利益相关方评价内部审计人员工作质量的重要依据。内部审计准则的作用表现在以下五个方面。

1. 为规范和指导内部审计工作提供依据

内部审计准则体现了内部审计理论的最新发展，是内部审计理论在实践上的具体化。内部审计准则为对内部审计实务操作提供了具体的技术规范，是内部审计人员在内部审计活动中必须遵循的执业标准。

2. 衡量内部审计工作质量的尺度

内部审计是一项特殊的专业服务，具有无形、同步、易逝等特点，服务质量的高低取决于每一个被审计单位的感受。因而，很难对具体审计结果进行直接的质量测定。对内部审计质量的统一社会评价主要依靠对内部审计人员和内部审计过程中的专业行为进行的评价，无疑内部审计准则提供了这种评价的尺度。

3. 确定和解脱内部审计责任的标准

内部审计准则规定了内部审计职业责任的最低要求。内部审计人员若违背了内部审计准则，不仅说明未能切实履行应尽的职责，还应对其所造成的后果承担必要的责任。另外，内部审计的职业责任体现在对审计结果所提供的合理保证上，内部审计准则明确界定了内部审计人员的责任界限，成为保护内部审计人员免受不公正指责的重要保证。

4. 有助于内部审计职业与各利益相关方的良好沟通

很多内部审计活动涉及复杂的专业行为。借助于内部审计准则，各利益相关方可以了解内部审计工作的基本内容和工作质量的基本标准。同时，通过让各利益相关方参与内部审计准则的制定，职业界也可以了解其对内部审计的需求及其变化。这种沟通还可以促进内部审计更好地满足各利益相关方的需要。

5. 完善内部审计机构内部管理的基础

内部审计机构要不断加强和完善其内部管理，改善内部审计的质量与效率，必须以科学、合理、明确的内部审计准则为基础。内部审计准则是内部审计人员的行为指南，是评价内部审计人员业绩的标准，是进行内部审计职业教育的根据。内部审计机构制定出各种内部管理和质量控制制度，目的是保证内部审计活动达到内部审计准则的要求。

另外，内部审计准则的颁布也为解决内部审计的争议提供了仲裁标准，为内部审计职业发展和后续教育确定了方向和努力目标。

综上所述，内部审计准则的作用已远远超出了内部审计业务工作的范围，某种意义上起到了促进整个内部审计事业发展的作用。内部审计准则在很大程度上反映了内部审计专业的水平，内部审计准则的建立和完善已经成为内部审计职业发展的重要方面。

二、内部审计准则的内容

内部审计准则是在总结内部审计人员的实践经验、适应时代需要的基础上，为保障内部审计的职业声誉而产生的。考察世界范围内部审计准则发展的历史和现状，可以发现各国的内部审计准则正在不断趋向统一，国际化已经成为内部审计准则发展的必然趋势。内部审计准则国际化的发展趋势源于社会需求的国际化、内部审计准则的技术特性以及国际内部审计组织的积极贡献。

（一）国际内部审计专业实务框架的内容

国际内部审计师协会的前身美国内部审计师协会于 1941 年在美国成立，1947 年颁布了《内部审计职责说明书》，1978 年又颁布了《内部审计实务标准》，经过多年的不断修订和完善，该实务标准已经成为具有国际权威性的、代表世界各国内部审计先进经验的、具有普遍指导意义的内部审计准则体系。

1. 国际内部审计专业实务框架的结构和内容

国际内部审计师协会对《国际内部审计专业实务框架》（IPPF）的最近一次修订是在 2012 年 10 月，修订后的准则自 2013 年 1 月 1 日开始实施。它是整合国际内部审计师协会发布的权威性指南的概念框架，由强制性的指南和强力推荐的指南两部分构成。遵循强制性指南建立的原则对于内部审计专业实务而言是必需的也是重要的。强制性指南包括三个组成部分：内部审计的概念界定、职业道德规范和国际内部审计专业实务标准。强力推荐的指南是通过正式的批准程序取得国际内部审计师协会认可的，它具体说明了在实务中对内部审计的概念界定、职业道德规范和国际内部审计专业实务标准的具体执行。强力推荐的指南包括立场公告、实务公告和实务指南三个部分。表 3 - 1 具体说明了《国际内部审计专业实务框架》的组成部分和各部分的主要内容。

表 3 - 1 《国际内部审计专业实务框架》的结构和内容

框架结构		内　容	
强制性指南	内部审计的概念界定	阐明了内部审计的基本宗旨、性质和工作范围。	参见第一章
	职业道德规范	阐明了开展内部审计活动的个人或机构需要遵循的原则和行为规范，表明了对执业行为的最低规范要求，而不是具体活动。	参见本章第一节

框架结构		内　　容
强制性指南	国际内部审计专业实务标准	内部审计在目标、规模、复杂程度和组织架构各异的组织内部开展工作，其所涉及的法律和文化环境多样，而其从业人员既可以来自组织内部，亦可以来自组织外部。虽然这些差异可能会影响各种不同环境下开展的具体内部审计实务，但是遵守标准是内部审计师和内部审计机构履行职责的基本要求。在法律或法规禁止其遵守标准的某些内容时，内部审计师或内部审计机构应当遵守标准的其他所有内容，并对无法遵守其中部分内容的情况予以披露。 　　标准的宗旨包括： 　　描述反映内部审计实务的基本原则； 　　为开展和推动各类具有增值效应的内部审计业务提供框架； 　　建立评估内部审计业绩的依据； 　　促进组织流程和运营的改善。 　　标准是原则导向的强制性要求，为内部审计的实施和推动提供了框架。 　　解释，对说明中涉及的术语和概念进行释义。 　　词汇表。 　　有必要将说明以及对它们的解释一起考虑，以正确地理解和应用标准。标准所使用的术语的特定含义在词汇表中给出了具体的说明，因此也是标准的组成部分。 　　标准的审核和发展是一个持续的过程。	属性标准：说明开展内部审计活动的组织和个人的特征。 1000—宗旨、权力和职责 　1010—在内部审计章程中确认"内部审计定义"、《职业道德规范》和《标准》 1100—独立性与客观性 　1110—组织上的独立性 　1111—与董事会的直接互动 　1120—个人的客观性 　1130—对独立性或客观性的损害 1200—专业能力与应有的职业审慎 　1210—专业能力 　1220—应有的职业审慎 　1230—持续职业发展 1300—质量保证与改进程序 　1310—质量保证与改进程序的要求 　1311—内部评估 　1312—外部评估 　1320—对质量保证与改进程序的报告 　1321—对"遵循《标准》"的应用 　1322—对未遵循情况的披露 工作标准：说明内部审计活动的性质，并提供衡量内部审计活动实施质量的准绳。 2000—内部审计活动的管理 　2010—计划 　2020—沟通与批准 　2030—资源管理 　2040—政策与程序 　2050—协调 　2060—向高级管理层和董事会报告 　2070—外部服务提供者与组织对内部审计的责任 2100—工作性质 　2110—治理 　2120—风险管理

续表

框架结构		内　容	
强制性指南	国际内部审计专业实务标准		2130—控制 2200—业务计划 　2201—制订计划时的考虑因素 　2210—业务目标 　2220—业务范围 　2230—业务资源的分配 　2240—业务工作方案 2300—业务的实施 　2310—识别信息 　2320—分析与评价 　2330—记录信息 　2340—业务的督导 2400—结果的报告 　2410—报告标准 　2420—报告的质量 　2421—错误与遗漏 　2430—对"遵循《标准》"的应用 　2431—对未遵循情况的披露 　2440—结果的发送 　2450—总体意见 2500—监督进展 2600—沟通对风险的接受
强力推荐的指南	立场公告	立场公告有助于各个感兴趣的方面，包括那些并未在内部审计职业工作的人们了解重大的质量、风险或控制问题，以及界定内部审计在其中扮演的角色和所承担的责任。	2013年1月发布的《有效的风险管理和控制中的三道防线》。 2009年1月发布的《内部审计在企业全面风险管理中的作用》。 2009年1月发布的《内部审计在内部审计活动的资源配置中的作用》。
	实务公告	实务公告帮助内部审计师应用内部审计的概念、职业道德规范和国际内部审计专业实务标准，并倡导对最佳实务的推动。实务公告主要涉及内部审计的方式、方法和需要考虑的因素，但是不包括详细的过程或程序。它们包括与国际、国内或者所处行业特定问题、特定类型的业务以及法律或监管问题相关的实务。	属性标准： 1000-1内部审计章程 1110-1组织上的独立性 1111-1与董事会的直接互动 1120-1个人的客观性 1130-1对独立性或客观性的损害 1130.A1-1评价内部审计师以前负责的运营 1130.A2-1内部审计对其他（非审计）职能的责任

框架结构		内　　容
强力推荐的指南	实务公告	1200－1 专业能力与应有的职业审慎 1210－1 专业能力 1210.A1－1 获取外部服务提供者为内部审计部门提供的支持或补充 1220－1 应有的职业审慎 1230－1 持续职业发展 1300－1 质量保证与改进程序 1310－1 质量保证与改进程序的要求 1311－1 内部评估 1312－1 外部评估 1312－2 外部评估：独立审定的自我评估 1312－3 私营部门外部评估组的独立性 1312－4 公共部门外部评估组的独立性 1321－1 对"遵循《标准》"的应用 工作标准： 2010－1 审计计划对风险和风险暴露的关注 2010－2 风险管理流程在内部审计计划制订中的运用 2020－1 沟通与批准 2030－1 资源管理 2040－1 政策与程序 2050－1 协调 2050－2 确认图谱 2050－3 依赖其他确认提供方的工作 2060－1 向高级管理层和董事会报告 2110－1 治理：定义 2110－2 治理：与风险和控制的关系 2110－3 治理：评估 2120－1 评估风险管理过程的适当性

框架结构		内　　容
强力推荐的指南	实务公告	2120－2 对内部审计活动的风险进行管理 2130－1 评估控制程序的适当性 2130. A1－1 信息的可靠性和完整性 2130. A1－2 评估组织的隐私制度 2200－1 业务计划 2200－2 运用自上而下、以风险为导向的方法确定内部审计业务评价的控制环节 2210－1 业务目标 2210. A1－1 业务计划中的风险评估 2230－1 业务资源的分配 2240－1 业务工作方案 2300－1 开展业务过程中对个人信息的使用 2320－1 分析程序 2320－2 深层原因分析 2330－1 记录信息 2330. A1－1 对业务记录的控制 2330. A1－2 准予接触业务记录 2330. A2－1 保存记录 2340－1 业务的督导 2400－1 报告结果的法律因素 2410－1 报告标准 2420－1 报告的质量 2440－1 结果的发送 2440－2 在报告渠道内外通报敏感信息 2440. A2－1 对外通报 2500－1 监督进展 2500. A1－1 后续程序
	实务指南	实务指南提供开展内部审计活动的详细指南。它们包括过程和程序、工具和技术、方案和逐步实施的方法，以及可交付成果的范例。 20 项一般指南 2 项针对公营部门的指南（即将发布） 17 项全球技术审计指南 3 项信息技术风险的评估指南

2. 2013 年修订的《国际内部审计专业实务框架》的主要变化

2013 年，国际内部审计师协会对《国际内部审计专业实务框架》中的《国际内部审计专业实务标准》进行修订的主要目的包括：（1）确保标准能够以最及时、最相关的方式体现职业的最新发展；（2）确保达到《国际内部审计专业实务框架》对标准至少三年进行一次审核的要求；（3）确保对《国际内部审计专业实务框架》的持续改进成为其持续发展的关键组成部分。

国际内部审计师协会本次对《国际内部审计专业实务框架》的修订主要体现在以下几个方面：

（1）进一步澄清遵循准则的责任。

为了进一步澄清遵循准则的责任，标准的引言中增加了下列措辞："标准适用于内部审计师个人和内部审计活动。所有的内部审计师都有责任遵循与个人的客观性、专业胜任能力和应有的职业审慎相关的标准。另外，内部审计师也负有遵循与他们的工作责任的履行相关的责任。首席审计官负有遵循准则的完全的责任。"

（2）增加了对质量保证和改进的重视。

修订后的准则增加了对质量保证和改进的重视，主要体现在：强调主动的内部质量评估和改进，建立了有关质量评估工作的执行和成果报送的实务，通过在审计报告中包括对遵循性的声明以支持外部质量评估从而改善内部审计等。

（3）澄清首席审计官就不能承受的风险进行沟通的职责。

修订后的标准将第 2600 号标准改成了《沟通对风险的接受》，规定如果首席审计官得出管理层已经承受了对于组织而言不能承受的风险的结论，他必须与高级管理层进行讨论。如果首席审计官确定事情仍然没有得到解决，必须将此事项与董事会进行沟通。对于管理层已经承受的风险的识别可以通过确认或咨询项目、作为以前项目的结果对管理层采取行动的监督过程或者其他的方式注意到。但是，首席审计官并不负责解决风险。

（4）明确对审计计划进行及时调整的要求。

标准要求首席审计官必须建立一个风险基础的计划，以确定内部审计活动的当务之急，并与组织目标保持一致。为了明确对审计计划进行及时调整的要求，修订后的标准进一步强调在没有框架的情况下，首席审计官应当在考虑了高级管理层和董事会提供的信息之后运用他或她的判断。在必要的情况下，首席审计官必须复核和调整计划以应对组织业务、风险、经营、方案、系统，以及控制的变化。

（5）强调对战略目标的风险覆盖。

为了强调对战略目标的风险覆盖，修订后的标准将组织战略目标的实现情况纳入对与组织治理、经营和信息系统相关的控制的充分性和有效性进行评价的内容之中，并置于评价内容的首位。具体的措施还包括内部审计对关键战略倡议的参与并占有一席之地，对组织关键战略风险进行应对，以及服务于信息技术开发团队等。

（6）对部分专业术语进行了全新的界定。

将委员会重新界定为"负有指导和/或监督组织活动和管理的最高治理层。通常包括一个独立的董事团队（诸如董事会、监督委员会或者理事会）。如果这样的团队并不存在，委员会也可以是组织的领导。委员会也可以是审计委员会，如果治理层将某些职责委托给审计委员会的话"。

将项目意见界定为"与项目的目标和范围所包含的那些方面相关的，对单个内部审计项目结果的评价、结论和/或其他说明"。

将总体意见界定为"由首席审计官提供的，用以在委员会层面应对组织的治理、风险管理和控制过程的对结果的总体评价、结论或其他说明"。

（二）中国内部审计准则的内容

中国内部审计协会自 2000 年开始着手制定中国内部审计准则，首批准则已于 2003 年 6 月正式施行，随后又陆续发布了七批审计准则。中国内部审计准则体系包括基本准则、具体准则和实务指南三个层次。基本准则对内部审计机构和内部审计人员的基本资格条件、工作方式和方法以及内部管理制度进行了基础性的概括规定。为便于这些概括性的规定能够得到内部审计机构和内部审计人员的更好理解和贯彻，内部审计准则体系还设定了具体准则和实务指南。具体准则详细地对基本准则中提及的各项原则性要求进行了具体的解释和说明，实务指南则选择了内部审计实务中经常实施的内部审计类型进行了更加有针对性的专项解释和说明。具体准则是根据基本准则制定的，实务指南则是根据基本准则和具体准则制定的，因此内部审计机构和内部审计人员可以通过阅读具体准则更加明确地理解基本准则的规定和要求，也可以通过阅读实务指南对各项具体的内部审计业务类型形成更加明确的操作指导。

2013 年，中国内部审计协会对内部审计准则进行了全面修订，并于 8 月发布了《中国内部审计准则》，自 2014 年 1 月 1 日起施行。修订后的中国内部审计准则由内部审计基本准则、内部审计人员职业道德规范和 20 个具体准则组成。

1. 中国内部审计基本准则

新修订的内部审计基本准则由原来的 27 条调整为 33 条，内容包括一般准则、作业准则、报告准则和内部管理准则。

一般准则对内部审计机构和内部审计人员的基本资格条件和工作方式进行了规范，是内部审计人员合理确定审计目标、设计审计程序、形成审计结论的前提保证。

作业准则是内部审计准则的核心，从如何根据审计目标了解被审计单位以充分识别和评估审计风险开始，到对评估的审计风险实施应对措施，即为既定的审计目标选择适当的审计证据，设计适当的审计程序，配置适当的审计测试，再到内部审计技术方法的具体运用和审计计划方案的具体实施，实现了对整个审计证据收集过程的技术性规范。

报告准则的规范重点在内部审计的结论上，规范了内部审计结论的表现形式，包括内部审计报告的编写要求和内容，也规范了内部审计人员在形成审计结论过程中的具体要求。

内部管理准则是对内部审计机构构建内部管理制度和质量控制体系的具体规范，其目的也在于确保内部审计目标的更好实现。

本次修订的主要内容包括：

（1）内部审计定义。

修订后的定义力求反映国际、国内内部审计实务的最新发展变化，与国际内部审计师协会对内部审计的定义接轨。与原定义相比，主要变化体现在：

一是关于内部审计的职能。相对于以往对内部审计的查错纠弊功能的认识，现代内部审计更强调价值增值功能。因此，根据我国近年来内部审计的发展，同时借鉴国际内部审计师协会的定义，此次修订将内部审计的职能改为"确认和咨询"，拓展了原定义中内部审计的职能范围。

二是关于内部审计的范围。修订后的定义将内部审计范围界定为"业务活动、内部控制和风险管理的适当性和有效性"，将原来的"经营活动"改为"业务活动"，体现了内部审计的业务范围不局限于以营利为目的的组织，还包含非营利组织。定义中增加了对"风险管理的适当性和有效性"的审查和评价，以体现内部审计对组织风险的关注。

三是关于内部审计的方法。修订后的定义增加了运用"系统、规范的方法"的规定，强调了内部审计的专业技术特征，体现内部审计职业的科学性和规范性，有助于内部审计人员和社会各界人士了解内部审计职业对技术方法和人员素质的要求。

四是关于内部审计的目标。修订后的定义将内部审计的目标界定为"促进组织完善治理，增加价值和实现目标"，进一步明确了内部审计在提升组织治理水平，促进价值增值以及实现组织目标中的重要作用。对内部审计目标的更高定位将进一步提升内部审计在组织中的地位和影响力，提升内部审计的层次。

（2）关于准则的适用范围。

为涵盖内部审计外包的情况，准则中增加了"其他组织或者人员接受本组织委托、聘用，承办或者参与的内部审计业务，也应当遵守本准则"的规定。

（3）调整的其他主要内容。

一是在一般准则中，增加了内部审计章程中应明确规定内部审计的目标、职责和权限的内容；增加了内部审计人员保密义务的内容。二是在作业准则中增加了内部审计人员应当全面关注组织风险，以风险为基础实施审计业务的内容；增加了内部审计人员关注组织舞弊风险，对舞弊行为进行检查和报告的内容；增加了内部审计人员为组织提供适当咨询服务及帮助组织增加价值的内容。三是在报告准则中不再保留后续审计的内容，内部审计机构可以根据具体情况依据后续审计的具体准则确定是否进行后续审计及所采用的审计程序。四是在管理准则中增加了内部审计机构与董事会或最高管理层的关系、内部审计机构管理体制，以及内部审计机构对内部审计实施有效质量控制等内容。

2. 中国内部审计具体准则

针对原有具体准则中存在的内容交叉、重复，个别准则不适应内部审计最新发展等问题，此次修订对准则体系结构进行了调整，对部分准则的内容进行了整合，并根据实际情况取消了部分准则。

此次修订将内部审计具体准则分为作业类、业务类和管理类三大类。作业类准则涵盖了内部审计程序和技术方法方面的准则，具体包括审计计划、审计通知书、审计证据、审计工作底稿、结果沟通、审计报告、后续审计、审计抽样、分析程序等九个具体准则；业务类准则包括内部控制审计、绩效审计、信息系统审计、对舞弊行为进行检查与报告等四个具体准则；管理类准则包括内部审计机构的管理、与董事会或者最高管理层的关系、内部审计与外部审计的协调、利用外部专家服务、人际关系、内部审计质量控制、评价外部审计工作质量等七个具体准则。

在上述分类的基础上，此次修订对准则体系采用了四位数编码进行编号。四位数中，千位数代表准则的层次，百位数代表准则在某一层次中的类别，十位数和个位数代表某具体准则在该类中的排序。新的编号方式借鉴国际内部审计准则的经验，体现准则体系的系统性和准则之间的逻辑关系，为准则未来发展预留了空间。

内部审计基本准则和内部审计人员职业道德规范作为准则体系的第一层次，编码为1000。其中内部审计基本准则为第1101号，内部审计人员职业道德规范为第1201号。

具体准则作为准则体系的第二层次，编码为2000。其中，内部审计作业类准则编号为2100，属于这一类别的九个具体准则编码分别为第2101号至第2109号；内部审计业务类准则编号为2200，属于这一类别的四个具体准则编码分别为第2201号至第2204号；内部审计管理类准则编号为2300，属于这一类别的七个具体准则编码分别为第2301号至第2307号。

实务指南作为准则体系的第三层次，编码是3000。

修订后的内部审计准则体系由基本准则、内部审计人员职业道德规范和20个具体准则构成，它们分别是：

第1101号——内部审计基本准则

第1201号——内部审计人员职业道德规范

第2101号内部审计具体准则——审计计划

第2102号内部审计具体准则——审计通知书

第2103号内部审计具体准则——审计证据

第2104号内部审计具体准则——审计工作底稿

第2105号内部审计具体准则——结果沟通

第2106号内部审计具体准则——审计报告

第2107号内部审计具体准则——后续审计

第2108号内部审计具体准则——审计抽样

第2109号内部审计具体准则——分析程序

第2201号内部审计具体准则——内部控制审计

第2202号内部审计具体准则——绩效审计

第2203号内部审计具体准则——信息系统审计

第2204号内部审计具体准则——对舞弊行为进行检查和报告

第 2301 号内部审计具体准则——内部审计机构的管理

第 2302 号内部审计具体准则——与董事会或最高管理层的关系

第 2303 号内部审计具体准则——内部审计与外部审计的协调

第 2304 号内部审计具体准则——利用外部专家服务

第 2305 号内部审计具体准则——人际关系

第 2306 号内部审计具体准则——内部审计质量控制

第 2307 号内部审计具体准则——评价外部审计工作质量

本章小结

内部审计在组织治理、风险管理和内部控制中的作用日益凸显，内部审计职业也越来越得到社会公众的认可和信赖。为了确保内部审计职业的规范化发展，对内部审计职业进行严格的规范至关重要。内部审计职业道德规范和内部审计准则就是内部审计职业规范体系的重要组成部分。

内部审计职业道德规范是对内部审计机构和内部审计人员的道德规范，主要包括职业道德基本原则和具体规则。基本原则是职业道德的理想标准，倡导所有的内部审计机构和内部审计人员应当尽可能向基本原则所要求的方向不断努力，具体规则是基于基本原则对内部审计机构和内部审计人员职业道德行为的最低要求，是必须遵守的道德标准。

内部审计准则是对内部审计机构和内部审计人员的行为规范，主要包括对内部审计人员资格条件的基本要求，对内部审计机构和内部审计人员在计划和实施内部审计工作并完成内部审计报告过程中的行为的具体要求，以及对内部审计机构内部管理的具体要求。

内部审计职业的所有从业机构和人员都应当严格遵循内部审计职业道德规范和内部审计准则，内部审计职业也必须建立确保内部审计规范体系得以有效遵循的各项监控和惩戒机制，并不断完善和修正内部审计职业道德规范和内部审计准则，以确保内部审计职业的规范化和良性发展。

第四章　内部审计的过程与方法

本章提要

　　内部审计活动是在复杂多变的法律和文化环境中实施的，是在目标、规模和结构完全不同的组织中开展的，也是由组织内部或外部的不同机构和人员执行的。在当今世界充满纷繁复杂风险的环境中，本已经身处巨大的差异化运作环境的内部审计职业更是面临了层出不穷的风险挑战。内部审计职业界及其从业人员必须认真考虑如何更好地在内部审计的计划、实施、报告以及后续追踪阶段合理地贯彻系统化的内部审计过程的设计思路，结合对风险的识别、评估和应对采取规范化的内部审计方法，强化对内部审计活动的规划、管理和控制，以提高内部审计的工作效果和效率，从而实现内部审计为组织增加价值的功能定位。本章共分两节，分别阐述了内部审计的过程和内部审计的方法。

第一节　内部审计的过程

　　合理科学地设计和实施内部审计过程是确保收集到充分适当的审计证据以对审计事项进行审查和评价，从而实现内部审计目标的主要措施。内部审计与组织关系的特殊性以及内部审计业务范围的多样性决定了内部审计所面临的风险种类和风险程度相比传统的财务审计还要更多更高。为此，在规划内部审计过程中，内部审计机构应当全面关注组织风险以及可能导致的审计风险。这就要求内部审计人员在规划内部审计的过程中广泛和综合地识别组织面临各种风险、科学合理地评估风险可能造成的不利影响及其可能性，并在此基础上采取有效和契合的措施。

一、内部审计的计划阶段

任何内部审计活动都必须在严谨规范的计划下实施，缺乏良好计划的内部审计工作很难实现其为组织增加价值的职能定位。内部审计计划是指内部审计机构及其内部审计人员为完成审计业务，达到预期的审计目的，对审计工作或具体审计项目做出的安排。

内部审计计划工作是通过内部审计机构编制内部审计计划实现的。按其编制层次划分，内部审计计划一般可以分为年度审计计划和项目审计方案。内部审计机构应当在对组织风险进行评估的基础上编制年度审计计划，并在具体审计项目实施前编制项目审计方案。内部审计机构可以根据组织的性质、规模，审计业务的复杂程度等因素决定审计计划层次的繁简。

（一）年度审计计划的编制

年度审计计划是对年度预期要完成的审计任务所做的工作安排，是组织年度工作计划的重要组成部分。内部审计机构应当在本年度编制下年度审计计划，并报经组织董事会或者最高管理层批准。内部审计机构负责人负责年度审计计划的编制工作。编制年度审计计划应当结合内部审计中长期规划，在对组织风险进行评估的基础上，根据组织的风险状况、管理需要和审计资源的配置情况，编制年度审计计划，确定具体审计项目及时间安排。

年度审计计划应当包括的基本内容有：年度审计工作目标，具体审计项目及实施时间，各审计项目需要的审计资源，后续审计安排。

内部审计机构在编制年度审计计划前，应当重点调查了解下列情况：

（1）组织的战略目标、年度目标及业务活动重点；

（2）对相关业务活动有重大影响的法律、法规、政策、计划和合同；

（3）相关内部控制的有效性和风险管理水平；

（4）相关业务活动的复杂性及其近期变化；

（5）相关人员的能力及其岗位的近期变动；

（6）其他与项目有关的重要情况。

内部审计机构负责人应当根据各具体审计项目的性质、复杂程度及时间要求，合理安排审计资源。

（二）基于组织风险评估的审计计划

内部审计机构和内部审计人员可以将有限的审计资源配置在最需要进行审计的领域，即存在较为严重的内部审计风险的领域，从而实现有限的内部审计资源的最有效和最高效的配置。为此，内部审计机构的负责人必须以风险为基础制订审计计划，并在制订审计计划时充分考虑组织的风险管理框架，包括管理层针对不同的业务或部门确定的风险偏好水平。如果组织尚未建立风险管理框架，内部审计机构负责人应当与组织的高级管理层和董事会进行沟通并做出判断。

任何组织都会面临各种各样将会对其带来不利影响的不确定性或风险。风险可以通过很多方式进行管理，包括接受、避免、转嫁或者控制。内部控制就是降低风险和不确定性所导致潜在不利影响的通常方法。内部审计机构的审计计划应当基于对可能影响组织的各种风险的评估予以设计。最根本的审计目标就是向管理层提供信息以减少与实现组织目标相关的不利后果，同时也是对管理层风险管理活动有效性的评价。

内部审计的计划领域应当涵盖组织战略计划的各个方面，组织的战略计划还不仅体现了组织对未来发展的规划，也反映了组织对风险的态度以及实现计划目标的困难程度。通过将内部审计计划与组织战略计划的各个方面进行整合，内部审计的计划领域就可以实现对组织整体战略目标和经营风险的集中关注，以为组织年度审计计划的制订指明方向。

二、内部审计的实施阶段

在实施阶段，内部审计人员应当根据年度审计计划确定的审计项目和时间安排，编制项目审计方案，选派内部审计人员开展审计工作，设计适当的审计方法，以获取充分适当的审计证据，揭示审计发现的事实、原因和后果，为形成审计结论和意见以及提出有价值的审计建议创造必要的条件和基础。

（一）编制项目审计方案

项目审计方案是对实施具体审计项目所需要的审计内容、审计程序、人员分工、审计时间等做出的安排。

审计项目负责人应当在审计项目实施前编制项目审计方案，并报经内部审计机构负责人批准。编制项目审计方案时，应根据被审计单位的下列情况：业务活动概况；内部控制、风险管理体系的设计及运行情况；财务、会计资料；重要的合同、协议及会议记录；上次审计结论、建议及后续审计情况；上次外部审计的审计意见；其他与项目审计方案有关的重要情况。

项目审计方案应当包括下列基本内容：被审计单位、项目的名称；审计目标和范围；审计内容和重点；审计程序和方法；审计组成员的组成和分工；审计起止日期；对专家和外部审计工作结果的利用；其他有关内容。

（二）编制与发送内部审计通知书

内部审计通知书是指内部审计机构在实施审计之前，告知被审计单位或者人员接受审计的书面文件。

审计通知书应当包括下列内容：审计项目名称；被审计单位名称或者被审计人员姓名；审计范围和审计内容；审计时间；需要被审计单位提供的资料及其他必要的协助要求；审计组组长及审计组成员名单；内部审计机构的印章和签发日期。

内部审计机构应当根据经过批准后的年度审计计划和其他授权或者委托文件编制审计通知书。内部审计机构应当在实施审计三日前，向被审计单位或者被审计人员送达审计通知书。特殊审计业务的审计通知书可以在实施审计时送达。

审计通知书送达被审计单位，必要时可以抄送组织内部相关部门。经济责任审计项目的审计通知书送达被审计人员及其所在单位，并抄送有关部门。

（三）内部审计的审前准备

为了更好地实施项目审计方案，内部审计机构和人员需要在进驻审计现场之前做好充分的审前准备。

1. 审前沟通

审前沟通是在内部审计项目的现场工作开始之前，审计组内部进行的项目初次沟通，审计组全体成员和外部专家可以通过审前沟通围绕即将开展的内部审计项目进行必要的交流。审前沟通的主要目的在于使审计组全体成员知晓本次审计项目的所有相关事宜，明确审计项目应当完成的主要工作，确定每项具体审计工作的分工和协调，以确保整个内部审计工作能够以讲求效率和效果的方式顺利实施。

进行审前沟通时，内部审计机构负责人和审计组组长应当首先说明与完成本次审计任务相关的所有重要事项，包括介绍被审计单位基本情况，上一次或以前年度审计的结果，组织管理层的特殊要求等。与此同时，进行审前沟通时，审计组组长还需要说明审计目标、范围和流程，就完成现场审计工作所需要的时间和预算进行必要的交流，确定是否需要外部专家的帮助以及需要被审计单位的配合，例如委派专门的联络员、提供审计所需要的资料、协助某些审计程序的实施，以及安排会议、会见或会谈等。

2. 审前资料收集

收集充分、全面的资料也是审前的一项重要工作，资料收集得越充分、越完整，现场审计工作越能够得到有效的进行。为此，审计组在实施项目审计方案之前，应当以各种可能的方式通过各种可能的渠道收集与被审计单位所处行业和经营性质相关的资料和信息，充分了解被审计单位的情况和特点，并对获取的各种资料和了解到的各种情况进行必要的分析和研究，识别和评估风险点，确定审计重点领域，进一步完善项目审计方案。

（四）召开审计进点会

审计进点会是审计组在进驻被审计单位之后与其管理层和相关人员的初次正式沟通。通过召开审计进点会可以促使被审计单位积极主动地配合审计工作，可以明确双方的职责，并实现信息的共享和误解的消除。

在审计进点会上，审计组应当向被审计单位管理层说明审计目标、工作范围、时间安排，要求提供的资料和协助。双方还可以就对审计具有重大影响的经营战略、经营情况、法律法规、管理状况、内部控制、信息系统等情况的变化进行共同讨论。

（五）现场观察与走访

审计进点会结束之后，审计组可以要求被审计单位管理层安排人员和时间带领审计组成员对被审计单位的经营场所，诸如办公地点、厂房车间、存货存放地点等进行走访。审计组应当充分利用走访的机会观察被审计单位的经营活动、内部控制和资产状况等。

（六）了解并测试内部控制

内部审计人员需要对被审计单位的内部控制获得初步的了解，以便充分合理地计划审计工作。内部审计人员在对内部控制进行了解时可以向被审计单位询问内部控制政策和程序，检查会计手册和会计制度流程图，还可以观察被审计单位有关活动及其运作情况，以了解被审计单位内部控制发挥作用的方式。审计人员对内部控制进行初步了解的主要目

内部审计职业教育系列丛书

的在于摸清被审计单位内部控制是否存在以及是否得到执行，而设计是否合理、运行是否有效是控制测试的主要关注点。

内部审计人员在获得对内部控制的初步了解之后，应根据内部控制的可信赖程度确定控制风险的初步水平，如果将控制风险的初步水平定为低于最高水平就需要执行控制测试。控制测试是为证实被审计单位内部控制政策和程序设计的适当性及其运行的有效性而执行的测试。审计人员可以采用检查凭证或文件、向被审计单位员工询问或观察控制程序的执行情况、重新执行某项控制程序等控制测试的具体程序。

（七）实施分析程序

分析程序是内部审计人员对被审计单位重要的比率或趋势进行的分析，包括调查异常变动以及这些重要比率或趋势与预期数额和相关信息的差异。内部审计人员执行分析程序的主要目的之一就是寻找审计线索、确定重点审计领域，因为异常的差异或不正常的关系往往预示着存在重大问题的可能性。

（八）实施实质性程序

实质性程序是直接针对审计目标而实施的程序，如针对交易类别的管理层认定和针对期末余额的管理层认定所执行的实质性审查和评价。在各种审计程序中，实质性程序是内部审计人员获取直接审计证据的测试类型，因此也是在每个审计项目中必须执行的程序。但是，由于实质性程序的成本是最高的，所以为了降低整体的审计成本，内部审计人员就必须寻求能够合理缩减实质性程序范围的方法，但是这种缩减应该建立在保证审计质量的前提下。

内部审计人员针对内部控制的测试可以发现内部控制不完善的环节，分析程序可以发现存在异常关系的领域，这些环节或领域存在重大缺陷或问题的可能性较大。因此，内部审计人员通过执行内部控制测试、分析程序可以找到审计线索、发现问题存在的迹象、确定重点审计领域，进而设计最合理的实质性程序的性质、时间和范围。内部审计人员就可以通过对各种审计程序的合理配置，达到在保证审计质量的同时降低审计成本和提高审计效率的总体目标。

三、内部审计的报告阶段

内部审计报告是内部审计机构和内部审计人员与关注审计过程和利用审计结果的各利益相关方进行沟通的主要方式。内部审计人员要注意顺应法律环境、商业环境以及组织环境的变化与要求，相应调整审计报告的撰写过程与方法。

（一）内部审计结果沟通

内部审计机构应当在内部审计报告正式提交之前，与被审计单位、组织的适当管理层进行认真、充分的沟通，听取其意见，保证审计结论的可靠性和审计建议的可行性。

1. 结果沟通的要求

内部审计的结果沟通是指内部审计机构与被审计单位、组织适当管理层就审计概况、审计依据、审计发现、审计结论、审计意见和审计建议进行的讨论和交流。内部审计人员编制审计报告前，应当就前述事项与被审计单位进行沟通，并将有关书面资料作为审计工作底稿归档保存。

进行内部审计结果沟通的目的是提高审计结果的客观性、公正性，并取得被审计单位、组织适当管理层的理解和认同。为此，内部审计机构应当建立审计结果沟通制度，明确各级人员的责任，进行积极有效的沟通。内部审计机构应当与被审计单位、组织适当管理层进行认真、充分的沟通，听取其意见。

内部审计结果沟通可以采取书面或者口头方式。对于诸如最终的审计结果等重要的审计事项，通常需要采取书面沟通的方式。书面沟通更利于明确各方的责任，复杂的内容和较大量的信息以书面的形式进行沟通可以获得更加清晰和明确的表达，也便于阅读者有充分的时间对沟通的内容进行研究和思考。书面沟通的方式还便于资料的归档保管。对于诸如阶段性的审计结果或者需要相关各方做出及时回复的审计事项，则可以采取口头沟通的方式。口头沟通可以得到快速的反馈，更便于内部审计人员及时澄清某些事实、弄清某些问题，方便下一步审计工作的开展。

2. 结果沟通的内容和方法

内部审计机构应当与被审计单位进行审计结果沟通，听取被审计单位对审计发现问题的解释，并了解他们对于审计结论和审计意见的看法。内部审计结果沟通主要围绕内部审计报告的内容进行，具体包括：审计概况、审计依据、审计发现、审计结论、审计意见和审计建议。

如果被审计单位对审计结果持有异议，审计项目负责人及相关人员应当进行核实和答复。如果能够得到被审计单位的理解和支持，也能够更加有助于审计结论和建议的最终落实。与此同时，内部审计机构负责人应当与组织适当管理层就审计过程中发现的重大问题及时进行沟通。由于组织适当管理层通常能够对审计中发现的问题采取纠正措施或者确保纠正措施得到执行，取得组织适当管理层的理解和支持是促进内部审计工作有效开展的保证。

在沟通之前，内部审计人员应当做好充分的准备，确定所要表达的信息内容，并考虑需要从对方获取哪些信息。同时，还应当选择适当的时间和地点，并根据沟通对象的特点，采取适当的沟通方式，以保证良好的沟通效果。内部审计机构与被审计单位进行结果沟通时，应当注意沟通技巧。进行结果沟通的内部审计人员应当能够清晰、完整地表达自己的想法，能够让对方充分理解自己所要表达的信息。同时，审计人员也应当认真听取对方的想法和意见，充分理解对方所传达的信息。

（二）内部审计报告

内部审计报告是内部审计机构和内部审计人员进行结果沟通的最常见和最通用的形式，能否编制内容翔实、条理清晰、结论明确和建议切实可行的内部审计报告是内部审计工作成败的重要标志。

1. 内部审计报告的概念和作用

内部审计报告是指内部审计人员根据审计计划对被审计单位实施必要的审计程序后，就被审计事项做出审计结论，提出审计意见和审计建议的书面文件。作为内部审计活动的最终成果，内部审计报告对被审计单位的经营活动和内部控制进行了评价，并且提出了改进建议。内部审计报告是内部审计活动成果的体现，是内部审计人员与被审计单位、组织管理层和其他相关各方进行沟通和交流的媒介，也是内部审计活动为组织增加价值、促进组织目标实现的重要手段。

内部审计人员应当在实施必要的审计程序并完成审计结果的沟通工作后，编制内部审计报告。内部审计报告应当以经过核实的审计证据为基础，客观公正地反映审计结论、意见与建议。如有必要，内部审计人员还可以在审计过程中提交期中报告，以便及时采取有效的纠正措施改善组织的业务活动、内部控制和风险管理。

2. 内部审计报告的质量要求

内部审计报告的质量是内部审计活动能否正常发挥作用的关键，也是内部审计价值的集中体现。审计报告的编制应当符合下列要求：一是实事求是、不偏不倚地反映被审计事项的事实；二是要素齐全、格式规范，完整反映审计中发现的重要问题；三是逻辑清晰、用词准确、简明扼要、易于理解；四是充分考虑审计项目的重要性和风险水平，对于重要事项应当重点说明；五是针对被审计单位业务活动、内部控制和风险管理中存在的主要问题或者缺陷提出可行的改进建议，以促进组织实现目标。

3. 内部审计报告的基本要素

内部审计报告的基本要素包括标题、收件人、正文、附件、签章和报告日期等。

（1）标题。内部审计报告的标题应当能够反映审计项目的性质，力求言简意赅并有利于归档和检索。标题中通常包括被审计单位的名称、审计事项（类别）、审计期间和审计报告字样。

（2）收件人。内部审计报告的收件人应当是对审计项目有管理和监督责任的机构或人员。收件人可能是被审计单位的适当管理层、董事会或其下设的审计委员会或者组织中的主要负责人、组织最高管理层、上级主管部门等。内部审计人员应当考虑组织的法人治理结构、管理方式的差异，根据具体情况确定适当的审计报告的收件人。

（3）正文。内部审计报告的正文是审计报告的核心内容，主要包括审计概况、审计依据、审计发现的问题、审计结论、审计意见和审计建议等内容。

（4）附件。内部审计报告的附件是对审计报告正文进行补充说明的文字和数字资料。附件应当包括针对审计过程、审计中发现问题所做出的具体说明、被审计单位的反馈意见等内容。例如，审计过程中相关问题的计算及分析程序；审计发现问题的详细说明；被审计单位及被审计责任人的反馈意见；记录审计人员修改意见、明确审计责任、体现审计报告版本的审计清单；需要提供解释和说明的其他内容等。

（5）签章。内部审计报告应当由主管的内部审计机构盖章，并由审计机构负责人、审计项目负责人以及其他经授权的人员签字。

（6）报告日期。内部审计报告的日期一般采用内部审计机构负责人批准送出日，但是在下列情形下则需要使用相关的日期：因采纳组织主管负责人的某些修改意见、内部审计人员在本机构负责人审批之后又发现被审计单位存在新的重大问题或者内部审计报告存在重大疏忽等。

（7）其他事项。内部审计报告应当声明内部审计是按照内部审计准则的规定实施的，若存在未遵循该准则的情形，应当做出解释和说明。内部审计报告中应当说明报告是针对被审计单位业务活动、内部控制和风险管理的适当性、合法性和有效性所做出的合理保证。

4. 内部审计报告的主要内容

内部审计报告的主要内容包括审计概况、审计依据、审计发现、审计结论、审计意见和审计建议。

（1）审计概况。审计概况是对内部审计项目总体情况的介绍和说明，一般应当包括审计目标、审计范围、审计内容及重点、审计方法、审计程序及审计时间等。

（2）审计依据。审计依据是实施内部审计所依据的相关法律法规、内部审计准则等规定，内部审计报告应当声明内部审计是按照内部审计准则的规定实施的，若存在未遵循该准则规定的情形，应当做出解释或说明。

（3）审计发现。审计发现是在对被审计单位的业务活动、内部控制和风险管理实施审计过程中所发现的主要问题的事实。内部审计报告应当对所发现的事实的具体情况、应遵照的标准、事实与标准的差异、已经或可能造成的影响以及产生原因做出说明。

（4）审计结论。审计结论是根据已查明的事实，对被审计单位业务活动、内部控制和风险管理所做的评价。内部审计人员提出的结论可以是对经营活动或内部控制的全面评价，也可以仅限于对部分经营活动和内部控制进行评价。如果必要，审计结论还应当包括对出色业绩的肯定。

（5）审计意见。审计意见是针对审计发现的主要问题提出的处理意见。审计意见的权威性取决于组织适当管理层对内部审计机构的授权。

（6）审计建议。审计建议是针对审计发现的主要问题，提出的改善业务活动、内部控制和风险管理的建议。例如，如果现有系统需要全部或局部改变，审计建议可以包括改进的方案设计、方案实施的要求、方案实施效果的预计以及未实施改进方案的后果分析等。

5. 编制内部审计报告应注意的事项

内部审计报告并没有固定的编制格式，不同组织的内部审计人员可以根据实际情况采用不同的审计报告编制方式。编制内部审计报告通常均需要注意以下事项。

（1）事实清楚、实事求是。内部审计报告的编制应当坚持事实清楚、实事求是的原则，不偏不倚地反映被审计事项的事实，对被审计对象形成客观、公正的审计结论。内部审计报告中的审计结论、审计意见和审

内部审计职业教育系列丛书

计建议的形成都不能受到任何偏见的干扰，应当反映原事实的本来面目。只有客观的内部审计报告才能得到被审计单位的信赖，也才能更有利于审计建议的有效贯彻和审计目标的切实实现。

（2）条理清晰、表达简明。一份内部审计报告中可能会包含很多信息和内容。内部审计报告的编制者应当对这些信息和内容进行合理的安排，做到条理清晰、主次分明。由于组织的高级管理层通常不会关注一些较小的或者风险不是很大的问题，内部审计报告的编制应当始终遵循重要事项优先的原则。在编制内部审计报告时应当首先说明审计的目的和依据，执行的具体审计程序，审查的主要资料和内容，经过汇总、核对与分析发现的主要问题，事项的严重程度，包括涉及的金额数量和违反的法规、制度及工作程序，当事人及主管领导的解释，对当前管理与控制状况的归纳，以及对存在的问题提出的改进建议等。

内部审计报告应当按照规定的格式及内容编制，做到要素齐全、格式规范，并全面完整地反映审计中所发现的重要问题，使阅读者对审计过程和结论形成完整的认识。

内部审计报告应当表述清晰、用词准确、简明扼要、突出重点、易于理解。在内部审计报告中尽可能避免不必要的过于专业性、技术性的复杂语言，只有使用简单明了的语言才能使内部审计报告更易于阅读者的理解和贯彻执行。

内部审计报告中的相关文字叙述要尽可能简洁明确。为了更好地说明问题，可以使用图表将复杂的数据及文档一目了然地展示给报告的使用者。

（3）科学归纳、合理提炼。如果在内部审计项目中发现了较多的问题，在编制内部审计报告时应当对这些问题进行归纳，提炼出重要的事项，并对重要事项予以清楚的阐述，避免简单罗列问题，从而造成内部审计报告在内容上杂乱无章，无法集中深入地揭示问题和剖析问题形成的原因，自然也就无法提出好的对策和建议，报告的阅读者也无法掌握审计问题的重点和类别，也不便于执行相关的整改措施。

内部审计报告必须以事实和数据说话，通过对发现问题的汇总与分析揭示问题，以寻找原因和界定事实。为此，内部审计报告中应当具体说明已经执行的具体审计程序以及收集到的具体数据和资料，例如可以注明抽查的数量及发现问题的数量和金额。内部审计报告的分析思路要开阔，不要仅局限在被审计项目之内，也不要仅限于组织内部，应当将审计数据放在更大的深度与广度中进行分析，通过多方位和多维度的对比分析可以获取更客观的结论。

（4）建议可行、便于整改。内部审计报告的重点在于针对审计中发现的问题提出合理的、切实可行的整改意见和建议。如果说审计是为了发现问题，那么整改建议就是为了解决问题，整改意见和建议的优劣直接影响到组织管理层对问题的整改速度和效果。编制内部审计报告提出改进建议时切忌针对性不强，分析问题及成因部分与整改建议之间缺乏相关性，整改建议泛泛而论，流于形式，缺少切实可行和便于操作的整改方案和具体措施。

6. 内部审计报告的编制、复核与报送

审计组应当在实施必要的审计程序后，及时编制审计报告，并征求被审计单位和人员的意见。被审计单位或人员对审计报告有异议的，审计项目负责人及相关人员应当核实，必要时应当修改审计报告。

审计报告经过必要的修改后，应当连同被审计单位和人员的反馈意见及时报送内部审计机构负责人复核。

内部审计机构应当将审计报告提交被审计单位和组织适当管理层，并要求被审计单位在规定的期限内落实纠正措施。

已经出具的审计报告如果存在重要错误或者遗漏，内部审计机构应当及时更正，并将更正后的审计报告提交给原审计报告接收者。

内部审计机构应当将审计报告及时归入审计档案，妥善保存。

四、内部审计的后续追踪阶段

内部审计的后续追踪是内部审计过程中不可或缺的重要阶段。通过后续追踪可以使内部审计对组织的建设性作用得到更加充分的发挥。内部审计可以采用多种方式开展后续追踪，其中内部审计机构开展专门的后续审计是一种非常重要的方式。这里重点介绍后续审计。

（一）后续审计的概念和作用

后续审计是指内部审计机构为跟踪检查被审计单位针对审计发现的问题所采取的纠正措施及其效果，而进行的审查和评价活动。内部审计人员应当进行后续审计，促进被审计单位对审计发现的问题及时采取合理、有效的纠正措施。

后续审计阶段是内部审计在审计过程上有别于外部审计的一个重要特征。内部审计是为了促进组织目标实现而实施的确认和咨询活动，进行结果沟通和出具审计报告并不是审计过程的完结，关注审计报告中所提问题是否得到有效解决、改善实务的建议是否得到贯彻执行才是更加重要的，也是内部审计为组织增加价值的作用得以发挥的关键所在。

（二）后续审计中的责任划分

被审计单位管理层的责任是对审计中发现的问题采取纠正措施。内部审计人员的责任是评价被审计单位管理层所采取的纠正措施是否及时、合理、有效。

内部审计机构可以在规定的期限内，或者与被审计单位约定的期限内实施后续审计。内部审计机构负责人可以适时安排后续审计工作，并将其列入年度审计计划。内部审计机构负责人如果初步认定被审计单位管理层对审计发现的问题已采取了有效的纠正措施，可以将后续审计作为下次审计工作的一部分。

当被审计单位基于成本或者其他方面考虑，决定对审计发现的问题不采取纠正措施并做出书面承诺时，内部审计机构负责人应当向组织董事会或者适当管理层报告。

（三）后续审计程序

根据后续审计的实际情况和具体要求，内部审计机构和内部审计人员应当设计适当的后续审计程序。

审计项目负责人应当编制后续审计方案，对后续审计做出安排。编制后续审计方案时应当考虑的因素主要包括：审计意见和审计建议的重要性；纠正措施的复杂性；落实纠正措施所需要的时间和成本；纠正措施失败可能产生的影响；被审计单位的业务安排和时间要求。

内部审计人员在确定后续审计范围时，应当分析原有审计意见和审计建议是否仍然可行。如果被审计单位的内部控制、风险管理或其他因素发生了变化，使原有的审计意见和审计建议不再适用时，应当对其进行必要的修订。

对于被审计单位已经采取纠正措施的事项，内部审计人员应当依据问题的重要性程度、已经获取的有关纠正措施执行情况的证据判断是否需要深入检查，必要时可以指出在下次审计中予以关注，以作为制订下次审计项目计划时需要考虑的因素。

内部审计人员应当根据后续审计的执行过程和结果，向被审计单位及组织适当管理层提交后续审计报告。后续审计报告可以简单地回顾审计发现的问题以及原来的审计结论和审计建议，重点说明被审计单位针对问题所采取的纠正措施的及时性和有效性，所存在的问题是否已经得到解决，或者尚未解决的原因及其对组织的影响等。

第二节　内部审计的方法

作为一项综合性的工作，单一的审计技术和方法显然无法满足内部审计目标要求。内部审计过程中，通常内部审计人员需要综合运用多种审计技术方法，结合特定审计环境确定具体审计方法。

一、内部审计的取证方法

只有采取适当的审计取证方法收集充分适当的审计证据，才能形成客观公正的审计结论。

（一）内部审计证据的类型和质量特征

审计证据是指内部审计人员在实施内部审计业务中，通过实施审计程序所获取的用以证实审计事项，支持审计结论、意见和建议的各种事实依据。

1. 内部审计证据的类型

内部审计人员应当依据不同的审计事项及其审计目标，获取不同种类的审计证据。审计证据可以划分为书面证据、实物证据、视听证据、电子证据、口头证据和环境证据等类型。

（1）书面证据。书面证据是内部审计人员获取的以书面文件为形式的证据类型，包括各种会议记录、章程协议、经济业务凭证、会计记录、报告和往来函件等。书面证据按照其获取的来源可以分为内部证据和外部证据。凡是经过被审计单位之外的独立第三方认可的书面证据都是外部证据，而由被审计单位自己编制形成的书面证据就是内部证据。由于外部证据具有独立的来源，因此也具有较高的可靠性；而内部证据的可靠性则取决于被审计单位内部控制的完善程度。

（2）实物证据。实物证据是内部审计人员通过观察或盘点等方法获取的、用以证明以实物形态存在的资产是否真实存在的证据类型。实物证据是验证被审计单位以实物形态存在的各种资产是否真实存在的最具有证明力的证据，例如，针对库存现金、有价证券、存货和固定资产等。同时，实物证据也有助于内部审计人员了解实物资产的状况以判断其计价的合理性，但是实物证据通常不能证明实物资产的所有权状况。

（3）视听证据。视听证据是内部审计人员获取的以录音、录像等影音形态存在的，能够证明被审计对象真实情况的证据类型。内部审计人员在收集视听证据时，应当关注视听证据的制作方法、制造时间、制作人、制作环境和存放方式与地点等情况。

（4）电子证据。电子证据是以数字形式保存在计算机存储器或外部存储介质中，能够证明被审计对象真实情况的数据或信息的证据类型。随着信息技术的飞速发展，以电子形式存在的审计证据越来越多，以往的很多书面证据已经不再采用纸质的文件，而是大量使用计算机和网络技术进行信息沟通。这些都使得内部审计人员收集审计证据的形式发生了根本上的改变，也要求内部审计人员加强对信息技术的充分了解，对不同形式的电子证据的可靠性做出恰当的判断。

（5）口头证据。口头证据是被审计单位人员或相关人员对内部审计人员的提问进行口头答复所形成的证据类型。口头证据的证明力相对较差，因为它们要受到被询问人主观偏好的影响较大，通常不能作为内部审计人员形成最终结论的直接证据。但是，口头证据具有成本较低、了解情况便捷和迅速等优点，有助于内部审计人员发现进一步审查的线索。内部审计人员用口头证据时需要特别注意询问和沟通的方式方法。

（6）环境证据。环境证据是反映对被审计单位产生影响的各种环境事实的证据类型。获取环境证据是内部审计人员充分了解被审计单位基本情况的重要手段，但是环境证据属于间接证据，通常不能作为内部审计人员形成最终结论的证据类型。环境证据包括被审计单位内部控制的完善程度、管理人员的素质、管理条件和管理水平等。

2. 内部审计证据的质量特征

内部审计人员获取的审计证据应当具备相关性、可靠性和充分性。相关性是指审计证据与审计事项及其具体审计目标之间存在实质性联系。可靠性是指审计证据真实、可信。充分性是指审计证据在数量上足以支持审计结论、意见和建议。审计项目的各级复核人员应当在各自职责范围内对审计证据的相关性、可靠性和充分性予以复核。

3. 影响审计证据获取的因素

影响审计证据获取的因素包括具体审计事项的重要性、可以接受的审计风险水平、成本与效益的合理程度，以及适当的抽样方法。

（1）具体审计事项的重要性。内部审计人员应当从数量和性质两个方面判断审计事项的重要性，以做出获取审计证据的决策。

（2）可以接受的审计风险水平。证据的充分性与审计风险水平密切相关。在审计证据的质量水平既定的情况下，可以接受的审计风险水平越低，所需证据的数量越多。

（3）成本与效益的合理程度。获取审计证据应当考虑成本与效益的对比，但对于重要审计事项，不应当将审计成本的高低作为减少必要审计程序的理由。

（4）适当的抽样方法。不同的抽样方法适用于不同的审计目标和被审计事项，内部审计人员在实施审计程序时要根据审计目标和被审计事项选择适当的抽样方法，以获取充分、相关、可靠的审计证据。

（二）内部审计证据的获取方法

内部审计的取证方法是审计人员获取审计证据的具体程序，是收集和评价与审计目标相关的审计证据的具体手段，审计取证方法的发展水平也是衡量审计工作水平的重要尺度。内部审计人员向有关单位和个人获取审计证据，可以采用审核、观察、监盘、访谈、调查、函证、计算和分析程序等取证方法。

1. 审核

审核是对书面资料的审阅和复核。内部审计人员审核书面资料的范围十分广泛，例如经济合同、计划预算、统计资料等，不限于会计资料。内部审计人员通过对书面资料的审核不仅可以获取直接证据，还可以获取间接证据，即通过审核寻找可能存在的问题和疑点，作为审计线索据以确定进一步审计的对象和方法，从而获取直接证据。内部审计人员审核书面资料时应当注意书面资料的真实性、完整性和合法性，诸如有无涂改或伪造的现象、是否符合国家有关的法律和规定、书面文件记载的经济事项是否真实合理，以及书面文件之间是否相互印证。

2. 观察

观察是内部审计人员对被审计单位的经营场所、实物资产和有关的经营活动或内部控制的执行情况进行的实地查看。通过观察，内部审计人员可以取得环境证据，以帮助其对被审计对象进行合理的判断。

3. 监盘

监盘是内部审计人员在盘点现场监督和观察被审计单位相关人员的盘点过程。在内部审计实务中，内部审计人员针对绝大多数的实物资产都是通过监督盘存来获取审计证据的。监督盘存要求内部审计人员必须亲临现场，由被审计单位的人员实施盘点，内部审计人员只对盘点的过程进行监督以判断清点结果的可靠性。在发现疑点或内部审计人员认为必要时应有计划地进行抽查复点。

4. 访谈

访谈是内部审计人员以口头询问的方式、面对面地向被审计单位内部有关人员询问有关的情况。在审计过程中，内部审计人员如果对某些情况了解不够清楚，或者对某些事项存在疑点，或者发现不正常情况需要进一步查实时，都可以与被审计单位有关人员进行访谈。内部审计人员在进行访谈之前，最好能事先拟出访谈提纲，并恰当地选择访谈对象。在进行访谈时，应该注意方式方法，态度要和缓，以取得对方人员的理解和支持。由于被访谈人员在回答问题时可能带有很大的主观倾向性，或存在不实事求是和有意隐瞒等行为，内部审计人员对访谈的结果应认真进行甄别，并做好充分的记录。

5. 调查

调查是内部审计人员对被审计事项的有关情况进行的了解。实施内部审计过程中，内部审计人员除了审核书面资料和证实客观事物外，还需要对被审计单位的经济活动及其活动资料以内或以外的某些客观事实进行内查外调，以判断真相、查找线索，或取得证据，这就需要内部审计人员深入实际进行审计调查。

6. 函证

函证是内部审计人员通过发函给有关的单位或个人，来证实与被审计单位有关的书面资料和经济活动的真实性。函证分为积极式函证和消极式函证两种形式。积极式函证要求被函证的对象对函证中的事项必须给予明确的回函答复。内部审计人员可以在函证信中载明要函证事项的具体情况，也可不载明具体事项而要求对方提供该事项的细节。载明细节时，核对工作是由被函证的对方进行的，内部审计人员无法控制；要求对方提供细节时，核对工作是由内部审计人员完成的，可以对核对工作进行控制。内部审计人员对于重要的事项应该采用积极式的函证。消极式的函证只要求被函证对象在对函证中事项有异议时才予以回函答复。内部审计人员在消极式的函证中应注明在某一期限之内未予复函即表示被函证单位对函询事项没有异议。由于在规定时间内没有回函的原因很多，比如并未收到函证信、收到但并未阅读、阅读但并未核对等等，所以消极式函证的可靠性要大大低于积极式函证。为降低审计成本，内部审计人员对于一般事项可以采用消极式函证。

内部审计人员应恰当地设计函证信，并严密控制函证的过程。函证信一般应以被审计单位的名义发出，但回函必须要求直接寄送内部审计人员。内部审计人员在发出函证信后要做好函证记录，在收到函证回函后也要立即记录函证结果，对于函证回函表明的重大差异应进行进一步的调查以确定原因，对于重要的事项而未收到回函的应再次发函，或采取其他的替代审计程序。

7. 计算

计算是为核实数字的正确性而对被审计单位经济业务凭证或会计记录中的数据进行验算或重新计算的过程。由于计算所获取的证据属于内部审计人员亲自获取的证据，因此通常被认为具有较高的可靠性。

8. 分析程序

分析程序是指内部审计人员通过分析和比较信息之间的关系或者计算相关的比率，以确定合理性，并发现潜在差异和漏洞的一种审计方法。

内部审计人员执行分析程序，有助于确认业务活动信息的合理性，发现差异，分析潜在的差异和漏洞，并发现不合法和不合规行为的线索。

内部审计人员通过执行分析程序，能够获取与下列事项相关的证据：被审计单位的持续经营能力；被审计事项的总体合理性；业务活动、内部控制和风险管理中差异和漏洞的严重程度；业务活动的经济性、效率性和效果性；计划、预算的完成情况；其他事项。

分析程序按其所分析的信息的存在形式划分，主要包括：财务信息和非财务信息；实物信息和货币信息；电子数据信息和非电子数据信息；绝对数信息和相对数信息。执行分析程序时，应当考虑信息之间的相关性，以免得出不恰当的审计结论。

内部审计人员应当保持应有的职业谨慎，在确定对分析程序结果的依赖程度时，需要考虑的因素有：分析程序的目标；被审计单位的性质及其业务活动的复杂程度；已收集信息资料的相关性、可靠性和充分性；以往审计中对被审计单位内部控制、风险管理的评价结果；以往审计中发现的差异和漏洞。

分析程序一般包括的基本内容有：将当期信息与历史信息相比较，分析其波动情况及发展趋势；将当期信息与预测、计划或者预算信息相比较，分析差异；将当期信息与内部审计人员预期信息相比较，分析差异；将被审计单位信息与组织其他部门类似信息相比较，分析差异；将被审计单位信息与行业相关信息相比较，分析差异；对财务信息与非财务信息之间的关系、比率的计算与分析；对重要信息内部组成因素的关系、比率的计算与分析。

分析程序主要包括比较分析、比率分析、结构分析、趋势分析、回归分析等具体方法。内部审计人员可以根据审计目标和审计事项单独或者综合运用以上方法。

内部审计人员需要在审计计划阶段执行分析程序，以了解被审计事项的基本情况，确定审计重点。内部审计人员需要在审计实施阶段执行分析程序，对业务活动、内部控制和风险管理进行审查，以获取审计证据。内部审计人员需要在审计终结阶段执行分析程序，验证其他审计程序所得结论的合理性，以保证审计质量。

内部审计人员应当考虑影响分析程序效率和效果的因素有：被审计事项的重要性；内部控制、风险管理的适当性和有效性；获取信息的便捷性和可靠性；分析程序执行人员的专业素质；分析程序操作的规范性。

内部审计人员执行分析程序发现差异时，应当采用的调查和评价方法有：询问管理层获取其解释和答复；实施必要的审计程序，确认管理层解释和答复的合理性与可靠性；如果管理层没有做出恰当解释，应当扩大审计范围，执行其他审计程序，实施进一步审查，以便得出审计结论。

（三）内部审计证据的处理

内部审计人员应当将获取的审计证据名称、来源、内容、时间等完整、清晰地记录于审计工作底稿中。采集被审计单位电子数据作为审计证据的，内部审计人员应当记录电子数据的采集和处理过程。

内部审计机构可以聘请其他专业机构或者人员对审计项目的某些特殊问题进行鉴定，并将鉴定结论作为审计证据。内部审计人员应当对所引用鉴定结论的可靠性负责。

对于被审计单位有异议的审计证据，内部审计人员应当进一步核实。内部审计人员获取的审计证据，如有必要，应当由证据提供者签名或者盖章。如果证据提供者拒绝签名或者盖章，内部审计人员应当注明原因和日期。

内部审计人员应当对获取的审计证据进行分类、筛选和汇总，保证审计证据的相关性、可靠性和充分性。在评价审计证据时，应当考虑审计证据之间的相互印证关系及证据来源的可靠程度。

二、内部审计的抽样方法

当内部审计机构的人员和时间资源有限却又需要面临较大数量的被

审计事项时，内部审计工作可以在审计目标允许的前提下采取抽样方法。

（一）审计抽样的概念和方法

审计抽样是指内部审计人员从被审查和评价的审计总体中抽取一定数量具有代表性的样本进行测试，以样本审查结果推断总体特征，并做出审计结论的一种审计方法。内部审计人员应当根据审计目标的要求和审计对象的特征，选择不同的审计抽样方法。

审计抽样分为统计抽样和非统计抽样两种。统计抽样是指以数理统计方法为基础，按照随机原则从总体中选取样本进行审查，并对总体特征进行推断的抽样方法。统计抽样主要包括发现抽样、连续抽样等属性抽样方法，以及单位均值抽样、差异估计抽样和货币单位抽样等变量抽样方法。非统计抽样是指内部审计人员根据自己的专业判断和经验抽取样本进行审查，并对总体特征进行推断的抽样方法。统计抽样和非统计抽样审计方法相互结合使用，可以降低抽样风险。

（二）制订审计抽样方案

内部审计人员应当依据审计目标制订审计抽样方案。审计抽样方案主要包括下列内容：

1. 审计总体

审计总体是指由审计对象总体的各个单位组成的整体。抽样总体的确定应当遵循相关性、充分性和经济性原则。

相关性是指抽样总体与审计对象及其审计目标必须相关，这样抽取审计总体中的项目进行审计才能实现审计目标，如果审计总体中并不包含为实现审计目标必须对其实施审计程序的被审计项目的话，抽样就无法实现审计目标。例如，如果审计目标是确定针对每次的发货是否均开具了销售发票，审计总体就应当选择所有的发货凭证，从发货凭证中选取样本追查有没有相应的销售发票；如果审计目标是确定是否存在将并未发货的商品计入销售收入的错报，审计总体就应当是所有的销售发票副本，从销售发票副本中抽取样本并追查有没有相应的发货凭证以确定商品是否已经发出。

充分性是指抽样总体能够在数量上代表审计项目的实际情况，由于审计抽样的运用已经是从总体中抽取部分样本进行检查，如果总体不够完整必然导致样本量的确定不够充分，从而直接影响审计结论的质量。例如，在针对应付账款的完整性目标实施函证程序时，总体就不应当仅包括应付账款期末有余额的项目，因为低估的错误更容易发生在期末余额为零的项目上，为此，此时的总体应当包括所有曾经有过业务往来的供货商。

经济性是指抽样总体的确定应当符合成本效益原则。如果总体的数量较少，而每个组成项目的金额很大或者性质很重要，就应当对全部的总体进行测试而节省进行抽样决策的成本。

2. 抽样单位

抽样总体中的项目应具备明显的、共同的可辨识标志，以利于抽样方法的实施。抽样单位是指从审计总体中所抽取并代表总体的各个单位，可以是实物项目，如一张凭证或者一个明细账户，也可以是货币单位，如将每一元金额作为一个抽样单位。

3. 样本

样本是指在抽样过程中从审计总体中抽取的部分单位组成的整体，抽取的样本应当具有代表性，具有与审计总体相似的特征，只有这样才能确保从样本特征推断总体特征的抽样误差被控制在可以接受的范围内。

4. 误差

误差是指业务活动、内部控制和风险管理中所存在的差异或缺陷。在审计抽样方案中必须对误差进行定义，定义误差的目的在于确定执行审计程序时识别误差的标准，并确保在推断误差时将且仅将所有与审计目标相关的条件包括在内。例如，在控制测试中，误差的表现形式是控制偏差，诸如没有授权签字或签字的人员在该领域没有权限；在实质性测试中，误差的表现形式是金额错报，诸如高估资产或收入的金额。

5. 可容忍误差

可容忍误差是指内部审计人员可以接受的差异或者缺陷的最大程度。例如，在控制测试中，可容忍误差是指可容忍偏差率，即内部审计人员设定的偏离规定的内部控制程序的比率；而在实质性测试中，可容忍误差是指可容忍错报，即内部审计人员设定的表明错报的货币金额。在保证程度既定时，内部审计人员确定的可容忍误差越小，所需要的样本量就越大。

6. 预计总体误差

预计总体误差是指内部审计人员预先估计的审计总体中存在的差异或者缺陷。预计总体误差越大，可容忍误差也应当越大；但预计总体误差不应超过可容忍误差。在既定的可容忍误差下，当预计总体误差越大时，所需的样本量就越大。

7. 可靠程度

可靠程度是指预计抽样结果能够代表审计总体质量特征的概率。内部审计人员可以使用百分比表示可靠程度，可靠程度与样本量呈正比关系，样本量越大，可靠程度越高。

内部审计人员应当根据审计重要性标准，合理确定预计总体误差、可容忍误差和可靠程度的水平。

8. 抽样风险和非抽样风险

抽样风险是指内部审计人员依据抽样结果得出的结论与总体特征不相符合的可能性。内部审计人员在选取样本时，应当对业务活动中存在的重大差异或缺陷风险，以及审计过程中的检查风险进行评估，并充分考虑因抽样引起的抽样风险及其他因素引起的非抽样风险，以防止做出不恰当的审计结论。

抽样风险主要包括误受风险和误拒风险。误受风险是指样本结果表明审计项目不存在重大差异或者缺陷，而实际上却存在着重大差异或者缺陷的可能性；误拒风险是指样本结果表明审计项目存在重大差异或者缺陷，而实际上并没有存在重大差异或者缺陷的可能性。

误受风险与审计效果有关，它将直接导致错误的和不可靠的审计结论，使审计工作质量下降。对此类风险最为有效的控制方法就是改进抽样方法，因为所选用的抽样方法越科学，其对抽样过程的精度限度就越高，抽样结果的可靠性程度也越高。误拒风险与审计效率有关，它将直接导致测试范围扩大，样本容量增加，使审计效率下降。对此类风险最为有效的控制方法就是扩大审查的样本规模，因为增大样本容量，可以提高样本对审计总体特征的代表性，从而使抽样结果更为有效。

非抽样风险是指由抽样之外的其他因素造成的风险，这些因素包括审计程序设计及执行不恰当、抽样过程没有按照规范程序执行、样本审查结果解释错误、审计人员业务能力低下等。非抽样风险一般难以量化，内部审计人员可以通过科学周密地设计审计程序和审计方法，并对审计工作进行适当的监督指导，来消除或减少非抽样风险。

9. 样本量

样本量是指为了能使内部审计人员对审计总体做出审计结论所抽取样本单位的数量。影响内部审计人员确定样本量的因素主要包括：

（1）审计总体。审计总体的规模越大，所需要的样本量越大。

（2）可容忍误差。可容忍误差增大，样本量将减少。

（3）预计总体误差。预计总体误差增大，样本量将增大。

（4）抽样风险。抽样风险越小，样本量越大。

（5）可靠程度。可靠程度增大，样本量将增大。

（三）选取样本

由于抽样就是根据样本特征推断总体特征，因此样本的代表性对于抽样结论的可靠性至关重要。选取样本的方法直接影响选出样本的代表性。不管使用统计抽样还是非统计抽样，在选取样本时都应当使总体中的每个抽样单元都有被选取的机会。统计抽样按照随机原则选样，总体中每个项目具有同等被选中的概率；非统计抽样按照职业判断选样，总体中某些项目可能具有比其他项目更高被选中的概率。

1. 随机数表选样法

随机数表选样法是利用随机数表选取样本项目的一种随机选样方法。随机数列也称乱数表，它是由随机生成的从 0 到 9 十个数字所组成的数表，每个数字在表中出现的次数是大致相同的，它们出现在表上的顺序是随机的。从随机数表中任选一行或一栏开始，按照一定的方向（上下左右均可）依次查找，符合总体项目编号要求的数字，即为选中的号码，与此号码相对应的总体项目即为样本项目，一直到选足所需的样本量为止。

2. 系统选样法

系统选样法又称等距选样法。使用系统选样法时，内部审计人员首先计算抽样间距，然后从第一个间距中选择一个随机起点，以随机起点作为开端，按照计算的抽样间距等距离地选取样本，在每个抽样间距中选取一个样本。抽样间距等于总体规模除以样本规模。

系统选样法具有简便易行的特点，但只有在总体的特征随机分布于总体中时，选择的样本才具有代表性。如果测试的特征在总体内的分布具有某种规律性，则选择的样本的代表性就可能较差。为克服系统选样法的这一缺点，可采用的办法一是增加随机起点的个数，二是在确定选样方法之前对总体特征的分布进行观察。如发现总体特征的分布呈随机分布，则采用系统选样法；否则可考虑使用其他选样方法。

3. 分层选样法

抽样总体中的项目应具备相同或相类似的性质，如果完全不同质的项目存在于一个总体中将影响抽样结果的可靠性。如果总体项目存在较大的变异性，内部审计人员可以考虑分层，将具有相同特征的项目分在一层，并在每个子总体中分别确定样本规模，分别推断总体，再综合考虑每层的推断错报对总体的影响。

4. 整群选样法

整群选样是将总体中各单位归并成若干个互不交叉、互不重复的集合，称之为群；然后以群为抽样单位抽取样本的一种选样方法。应用整群选样时，要求各群有较好的代表性，即群内各单位的差异要大，群间差异要小。整群选样实施方便、节省经费；但是由于不同群之间的差异较大，可能由此引起较大的抽样误差。

5. 任意选样法

在这种方法中，内部审计人员在选取样本时不采用结构化的方法，但也要避免任何有意识的偏向或可预见性，例如回避难以找到的项目或总是选择或回避每页的第一个或最后一个项目，从而试图保证总体中的所有项目都有被选中的机会。

（四）对样本执行审计测试

内部审计人员在选取样本之后，应当按照审计方案实施必要的审计程序，获取充分、适当的审计证据。

（五）评价样本

内部审计人员应当调查识别出的所有偏差或错报的性质和原因，并评价其对审计目标和其他方面可能产生的影响。

（六）根据样本评价结果推断总体特征

内部审计人员应当根据样本误差，采用适当的方法，推断审计总体误差。内部审计人员应当根据抽样结果的评价，确定审计证据是否足以证实某一审计总体的特征。如果推断的总体误差超过可容忍误差，应当增加样本量或执行替代审计程序。

（七）形成审计结论

内部审计人员应当评价样本结果以确定对总体相关特征的评估是否得到证实或需要修正，即判断总体是否可以接受。内部审计人员在上述评价的基础上还应当考虑误差性质、误差产生的原因，以及误差对其他审计项目可能产生的影响等。

本章小结

内部审计需要采取系统化、规范化的方法来对业务活动、内部控制及风险管理进行审查和评价，以提高效率，有效地促进组织目标实现。这一系统化、规范化的内部审计过程和方法是内部审计职业成功的根本。内部审计机构应当在计划阶段确定年度审计事项；在实施阶段编制和执行项目审计方案，收集充分适当的审计证据；在报告阶段形成客观公正、全面公允的审计结论和编制审计报告。对于在内部审计报告中提出的整改要求或进一步完善的建议，内部审计机构需要在后续审计阶段进行必要的追踪检查。内部审计是一项综合性的审计工作，单一的审计技术和方法无法满足其目标要求。内部审计人员需要综合运用多种审计技术与方法，并与特定审计环境相结合确定具体审计技术方法，以保证能收集到充分适当的审计证据，得出客观公正的审计结论，从而为实现内部审计目标发挥事半功倍的作用。

第五章　内部审计管理

本章提要

　　现代内部审计在帮助预防和发现舞弊、防范风险、加强管理和完善治理，进而增加价值方面发挥着越来越重要的作用。与组织中其他活动一样，内部审计作用的发挥有赖于良好的内部审计管理。本章共分三节，分别从内部审计机构管理、内部审计项目管理和内部审计人员管理三个方面，对内部审计管理的主要内容和方法进行了阐述。

第一节　内部审计机构管理

　　内部审计机构的管理，是指内部审计机构对内部审计人员和内部审计活动实施的计划、组织、领导、控制和协调工作。中国内部审计协会颁布的《第2301号内部审计具体准则——内部审计机构的管理》将内部审计机构的管理分为部门管理和项目管理，具体包括审计计划、人力资源、组织协调等六方面主要内容。本节将重点介绍内部审计机构设置、内部审计机构的职责权限和内部审计制度建设等内容，项目管理以及人力资源相关内容将在本章第二节和第三节进行阐述。

一、内部审计机构设置和职责权限

　　（一）我国政府部门、监管部门及中国内部审计协会对内部审计机构设置和职责权限的规定

　　本书第一章详细介绍了我国政府部门、监管部门、中国内部审计协

会（以下简称 CIIA）及各级内部审计协会对中国内部审计产生与发展的影响和作用，本节将重点介绍审计署、国务院国有资产监督管理委员会（以下简称国务院国资委）、中国银行业监督管理委员会（以下简称银监会）、中国保险监督管理委员会（以下简称保监会）等部门及 CIIA 对内部审计机构设置及职责权限的具体要求。

1. 审计署的相关规定

1985 年审计署发布了《审计署关于内部审计工作的若干规定》，明确了内部审计机构的主要任务、职权和程序。1989 年审计署发布《审计署关于内部审计工作的规定》，规定了根据管理需要设立独立的内部审计机构的单位及内部审计工作的业务要求，并于 1995 年和 2003 年进行了两次修订。2003 年修订后的《审计署关于内部审计工作的规定》要求：

（1）国家机关、金融机构、企业事业组织、社会团体以及其他单位，应当按照国家有关规定建立健全内部审计制度。法律、行政法规规定设立内部审计机构的单位，必须设立独立的内部审计机构。法律、行政法规规定设立内部审计机构的单位，必须设立独立的内部审计机构。法律、行政法规没有明确规定设立内部审计机构的单位，可以根据需要设立内部审计机构，配备内部审计人员。有内部审计工作需要且不具有设立独立的内部审计机构条件和人员编制的国家机关，可以授权本单位内设机构履行内部审计职责。

（2）内部审计机构负责对本单位及所属单位（含占控股地位或者主导地位的单位，下同）的财政收支、财务收支及其有关的经济活动，预算内、预算外资金的管理和使用情况，任期经济责任，固定资产投资项目进行审计；对本单位及所属单位内部控制制度的健全性和有效性以及风险管理进行评审；对本单位及所属单位经济管理和效益情况进行审计，以及法律、法规规定和本单位主要负责人或者权力机构要求办理的其他审计事项。

（3）内部审计机构可以要求被审计单位按时报送生产、经营、财务收支计划，预算执行情况，决算，会计报表和其他有关文件、资料；参加本单位有关会议，召开与审计事项有关的会议；参与研究制定有关的规章制度，提出内部审计规章制度，由单位审定公布后施行；检查有关生产、经营和财务活动的资料、文件和现场勘察实物；检查有关的计算机系统及其电子数据和资料；对与审计事项有关的问题向有关单位和个人进行调查，并取得证明材料；对正在进行的严重违法违规、严重损失浪费行为，做出临时制止决定；对可能转移、隐匿、篡改、毁弃会计凭证、会计账簿、会计报表以及与经济活动有关的资料，经本单位主要负责人或者权力机构批准，有权予以暂时封存；提出纠正、处理违法违规行为的意见以及改进经济管理、提高经济效益的建议；对违法违规和造成损失浪费的单位和人员，给予通报批评或者提出追究责任的建议。

2. 国务院国资委相关规定

2004年国务院国资委发布《中央企业内部审计管理暂行办法》，要求中央企业应当建立相对独立的内部审计机构，并配备相应的专职工作人员，有效开展内部审计工作，强化企业内部监督和风险控制。该暂行办法的具体要求包括：

（1）企业内部审计机构依据国家有关规定开展内部审计工作，直接对企业董事会（或主要负责人）负责；设立审计委员会的企业，内部审计机构应当接受审计委员会的监督和指导。企业所属子企业应当按照有关规定设立相应的内部审计机构；尚不具备条件的应当设立专职审计人员。

（2）内部审计机构负责制定企业内部审计工作制度，编制企业年度内部审计工作计划；按企业内部分工组织或参与组织企业年度财务决算的审计工作，并对企业年度财务决算的审计质量进行监督；对国家法律法规规定不适宜或者未规定须由社会中介机构进行年度财务决算审计的有关内容组织进行内部审计；对本企业及其子企业的财务收支、财务预算、财务决算、资产质量、经营绩效以及其他有关的经济活动进行审计监督；组织对企业主要业务部门负责人和子企业的负责人进行任期或定期经济责任审计；组织对发生重大财务异常情况的子企业进行专项经济责任审计工作；对本企业及其子企业的基建工程和重大技术改造、大修等的立项、概（预）算、决算和竣工交付使用进行审计监督；对本企业及其子企业的物资（劳务）采购、产品销售、工程招标、对外投资及风险控制等经济活动和重要的经济合同等进行审计监督；对本企业及其子企业内部控制系统的健全性、合理性和有效性进行检查、评价和意见反馈，对企业有关业务的经营风险进行评估和意见反馈；对本企业及其子企业的经营绩效及有关经济活动进行监督与评价；对本企业年度工资总额来源、使用和结算情况进行检查。

（3）内部审计机构有权参加企业有关经营和财务管理决策会议，参与协助企业有关业务部门研究制定和修改企业有关规章制度并督促落实；检查被审计单位会计账簿、报表、凭证，现场勘察相关资产，查阅有关生产经营活动等方面的文件、会议记录、计算机软件等相关资料；对与审计事项有关的部门和个人进行调查，并取得相关证明材料；对正在进行的严重违法违规和严重损失浪费行为，可做出临时制止决定，并及时向董事会（或企业主要负责人）报告；对可能被转移、隐匿、篡改、毁弃的会计凭证、会计账簿、会计报表以及与经济活动有关的资料，经企业主要负责人或有关权力机构授权可暂予封存；企业主要负责人或权力机构在管理权限范围内，应当授予内部审计机构必要的处理权或者处罚权。

2004 年国务院国资委发布《中央企业经济责任审计管理暂行办法》，对中央企业经济责任审计的工作组织、内容、程序和结果等进行了规定。2005 年国务院国资委下发《关于加强中央企业内部审计工作的通知》，对中央企业内部审计工作提出了具体的要求。2006 年国务院国资委为指导企业开展全面风险管理工作，发布了《中央企业全面风险管理指引》，强调了内部审计机构在风险管理方面，主要负责研究提出全面风险管理监督评价体系，制定监督评价相关制度，开展监督与评价，出具监督评价审计报告。2011 年国务院国资委发布《中央企业境外国有资产监督管理暂行办法》，要求境外企业应当通过法定程序聘请具有资质的外部审计机构对年度财务报告进行审计；暂不具备条件的，由中央企业内部审计机构进行审计。2012年国务院国资委和财政部联合发布了《关于加快构建中央企业内部控制体系有关事项的通知》，指出要按照内部控制建设与监督评价职责相分离的原则，明确内部审计或相关部门负责组织内部控制评价工作。同时要求企业内部审计或相关部门要组织开展对本集团内部控制的年度自评工作，尤其要加强对重点子企业、基层子企业和关键业务流程内部控制有效性的检查评价。

3. 其他部门和单位的规定

除了审计署和国务院国资委的规定外，针对金融保险业公司和上市公司，相关监管机构单独或联合发布了有关内部审计方面的规章制度。

2005年银监会发布《商业银行内部控制评价试行办法》，对商业银行内部审计设置做出要求。2006年发布《银行业金融机构内部审计指引》，对银行业金融机构内部审计机构和人员、职责、权限、质量控制、报告制度以及考核和问责等方面做出了规定：

（1）银行业金融机构的董事会负责建立和维护健全有效的内部审计体系。没有设立董事会的，由高级管理层负责履行有关职责。董事会应下设审计委员会。审计委员会成员不少于三人，多数成员应是非执行董事。审计委员会主席应由独立董事担任。没有设立董事会的，审计委员会组成及委员会负责人由高级管理层确定。

（2）银行业金融机构应建立审计全系统经营管理行为的内部审计机构，可设立一名首席审计官负责全系统的审计工作。首席审计官由董事会任命并纳入银行业金融机构高级管理人员任职资格核准范围，首席审计官岗位变动要事前向中国银监会报告。

（3）银行业金融机构应建立独立垂直的内部审计管理体系。审计预算、人员薪酬、主要负责人任免由董事会或其专门委员会决定。内部审计人员薪酬不低于本机构其他部门同职级人员平均水平。银行业金融机构内部审计人员原则上按员工总人数的1%配备，并建立内部岗位轮换制。

（4）银行业金融机构应以制度形式明确董事会、审计委员会、首席审计官和内部审计机构及人员职责。

（5）内部审计机构有权列席或参加与内部审计机构职责有关的会议；内部审计机构有权及时、全面了解经营管理信息，并就有关问题向审计对象和相关人员进行调查、质询、取证；内部审计机构认为必要时有权向董事会直接汇报审计发现；内部审计机构应具有处理建议权和必要的处罚权；内部审计机构对拒绝接受或不配合内部审计、拒绝提供或提供虚假资料、打击报复或陷害审计人员的，有权向上级报告，要求及时予以制止并做出处理。

2007 年保监会发布了《保险公司内部审计指引（试行）》，对内部审计机构和人员、职责和权限、工作机构和责任追究等方面做出了详细规定：

（1）保险公司应该建立与其治理结构、管控模式、业务性质和规模相适应的相对独立的内部审计体系；应当设立对董事会和高管层双重负责的审计责任人职位，审计责任人的聘解应当向保监会报告。

（2）保险公司应当建立独立的内部审计机构。内部审计机构的工作不受其他部门的干预或者影响。鼓励保险公司实行内部审计机构的集中化或者垂直化管理。

（3）保险公司应当配备足够数量的内部审计人员。专职内部审计人员原则上应当不低于公司员工人数的千分之五。保险公司员工人数不足一百人的，至少应当有一名专职内部审计人员。专职内部审计人员应当具有大专以上学历，具备相应的专业知识和工作能力。

（4）内部审计机构职责主要包括拟定公司内部审计制度，编制年度审计计划和审计预算；对公司及所属单位各项经营管理活动和财务活动的真实性、合规性进行监督、检查、评价；对公司及所属单位内部控制体系以及风险管理体系的健全性、合理性和有效性进行监督、检查、评价；对公司及所属单位负责人开展经济责任审计；对公司及所属单位经营效益等事项进行专项审计；对公司信息系统进行审计；对被审计单位整改情况进行后续审计；法律法规规定和公司要求的其他审计事项。

（5）内部审计机构可以要求被审计单位按时报送财务收支计划、预算执行情况、决算、会计报表和其他有关文件和资料；参加或者列席公司经营管理的重要会议，参加公司的相关业务培训；要求被审计单位提供有助于全面了解公司经营和财务活动的文件、资料、电子数据；有权进行现场实物勘查，或者就与审计事项有关的问题对有关单位和个人进行调查，取得证明材料；有权暂时封存可能被转移、隐匿、篡改、毁弃的会计和业务资料；制止正在进行的违法违规行为；对违反法律、法规、监管规定或者内部管理制度的单位和人员提出责任追究或者处罚建议；向董事会或者管理层提出改进管理、提高效益的意见和建议。

2012年保监会为规范保险稽查审计工作，提升稽查审计人员的能力和水平，发布了《保险稽查审计指引》，这一指引已作为保险机构内部稽核审计工作的基本规范。

围绕上市公司内部审计工作，中国证券监督管理委员会（以下简称证监会）和深圳证券交易所发布了相关的规定。

1997年证监会发布的《上市公司章程指引》中第一百五十二条规定"公司实行内部审计制度，配备专职审计人员，对公司财务收支和经济活动进行内部审计监督"；第一百五十三条规定"公司内部审计制度和审计人员的职责，应当经董事会批准后实施。审计负责人向董事会负责并报告工作"。

2002年证监会发布的《上市公司治理准则》中第五十四条规定"审计委员会的主要职责是：（1）提议聘请或更换外部审计机构；（2）监督公司的内部审计制度及其实施；（3）负责内部审计与外部审计之间的沟通；（4）审核公司的财务信息及其披露；（5）审查公司的内部控制制度"。

2004年深圳证券交易所为了规范中小企业板块上市公司信息披露，强化对中小企业板块上市公司信息披露的监管，发布了《深圳证券交易所中小企业板块上市公司特别规定》，规定第四条要求中小企业板块上市公司应当在股票上市后六个月内建立内部审计制度，监督、核查公司财务制度的执行情况和财务状况。2006 年深圳证券交易所发布了《中小企业板投资者权益保护指引》，对内部审计工作做出了规定。2007 年深圳证券交易所为进一步规范中小企业板上市公司内部审计工作，制定和发布了《中小企业板上市公司内部审计工作指引》，对内部审计工作很多方面做出了详细规定。

2008 年由财政部、证监会、审计署、银监会和保监会五部委联合发布的《企业内部控制基本规范》第十五条规定"企业应当加强内部审计工作，保证内部审计机构设置、人员配备和工作的独立性，内部审计机构应当结合内部审计监督，对内部控制的有效性进行监督检查。内部审计机构对监督检查中发现的内部控制缺陷，应当按照企业内部审计工作程序进行报告；对监督检查中发现的内部控制重大缺陷，有权直接向董事会及其审计委员会、监事会报告"。这一规范已于 2009 年 7 月 1 日在上市公司施行。

4. CIIA 的规定

CIIA 是内部审计职业的自律组织。从 2003 年开始，CIIA 陆续发布了《内部审计基本准则》《内部审计人员职业道德规范》、具体准则和内部审计实务指南。该套规范适用于各类组织的内部审计机构、内部审计人员及其从事的内部审计活动。2013 年，为了适应内部审计的最新发展，更好地发挥内部审计准则在规范内部审计行为、提升内部审计质量方面的作用，CIIA 对 2003 年以来发布的内部审计准则进行了全面、系统的修订，新准则自 2014 年 1 月 1 日起施行。

《第 1101 号——内部审计基本准则》（2013 年）规定：（1）组织应当设置与其目标、性质、规模、治理结构相适应的内部审计机构，并配备具有相应资格的审计人员；（2）内部审计机构应当建立合理、有效的组织结构，多层级组织的内部审计机构可以实行集中管理或者分级管理的方式；（3）内部审计机构应当接受组织董事会或最高管理层的领导和监督，并保持与董事会或最高管理层及时、高效的沟通。

上述规定和办法说明，内部审计机构的建立与完善不仅是组织提高管理水平、加强风险防控能力、促进实现组织目标的必要保障，更成为监管部门以及行业主管机构做出的强制性要求。

（二）我国企业内部审计机构设置的主要模式

2008 年，CIIA 对国有企业内部审计发展情况进行了调查，调查结果显示，我国国有企业基本都设置了内部审计机构，内部审计职能也在不断得到发展。国有企业内部审计在企业中的隶属关系包括：隶属于高级管理层、隶属于审计委员会、由董事会与高级管理层双重领导、由高级管理层与监事会双重领导、隶属于财务部门、与纪检监察合署办公。2012 年，CIIA 对国有企业内部审计典型经验进行了分析整理，分析结果显示：我国国有企业内部审计在吸收国外先进理念，并结合自身工作实际的基础上，开始由监督向监督与服务并重的方向转变；内部审计通过开展风险管理与内部控制审计、经济责任审计、效益审计、财务审计、工程与投资审计、信息化审计等业务，已经在风险管理、内部控制和公司治理中发挥着重要作用。

目前，我国多层级组织内部审计的组织结构主要采用以下四种模式：

一是分级管理模式，即集团公司及其所属各级法人单位，根据自身需要设置本单位内部审计机构，审计机构在行政上对本单位负责并报告工作，在业务上接受上一级审计机构的指导，以"分级管理，下审一级"的方式对所属单位进行审计监督。

二是垂直管理模式，即集团公司设置内部审计机构，并向下逐级派出审计机构（或审计专员），派出机构根据委派机构的要求对派驻单位实施审计监督，派出机构和人员纳入委派单位编制，对委派单位负责并报告工作。垂直管理是逐渐兴起的一种组织管理模式，银监会更是以制度规定的形式在商业银行广泛推行。

三是集中管理模式，即只在集团公司设置内部审计机构，所属单位均不设立审计机构，审计机构对集团公司管理层负责并报告工作，对各级成员单位实施审计监督、提供审计服务。

四是组合式管理模式，是上述模式的组合形式，如垂直和分级管理相结合的模式，即在总部设立审计机构（局），并下设审计分支机构（中心或分局）负责审计业务，其所属企业仍设审计机构，由总部和本单位高级管理层双重管理，以总部管理为主。

二、内部审计制度建设

组织应依据国家有关法律法规和公司章程建立健全内部审计工作制度，规范内部审计工作。制度的形式和内容取决于组织内部审计机构的规模、架构及其工作的复杂程度。本节将重点介绍内部审计制度体系框架和内部审计工作手册主要内容。

（一）内部审计制度体系框架

一般情况下，内部审计制度体系可包含三个层次，即内部审计章程、管理办法和实施细则。

内部审计章程是顶层文件，组织应在审计章程中对内部审计目标、内部审计机构的职责与权限、内部审计范围、内部审计标准等事项做出明确规定。内部审计章程是组织治理重要文件之一，具有广泛的约束力，是内部审计机构和审计人员进行审计活动的依据，它代表了董事会或最高管理层对审计监督和服务的授权，也是制定二、三层次制度的依据和基础。组织应对内部审计章程执行情况进行检查，对内部审计章程及时进行必要的修订，确保内部审计章程能够很好地指导审计工作。对内部审计章程的修订和执行情况进行检查，也是内部审计机构向董事会或最高管理层介绍治理和审计新观念的机会。

制度体系第二层是管理办法。内部审计机构通过制定并严格执行管理办法，确保内部审计机构运行过程中的一般性行政管理和审计项目业务工作得到控制和规范。管理办法是对内部审计章程的补充和细化，不能与内部审计章程相抵触。

制度体系第三层是实施细则或业务指引。内部审计机构可依据章程和管理办法，结合单位的实际情况，对审计实务工作中好的做法进行总结和提炼并相对固化，制定实施细则或业务指引，为审计人员在开展类似业务或工作时提供常规性的指导，提高审计工作效率和效果，确保审计工作质量。

（二）内部审计工作手册

内部审计机构亦可根据组织的性质、规模和特点，编制内部审计工作手册，以指导内部审计人员的工作。在内部审计工作手册中应包括内部审计机构的目标、权限和职责说明；内部审计机构的组织、管理及工作说明；内部审计机构的岗位设置及岗位职责说明；主要审计工作流程；内部审计质量控制制度、程序和方法；内部审计职业道德规范和奖惩措施；内部审计工作中应注意的事项等内容。

三、内部审计机构与相关各方的关系

内部审计是组织内控机制的重要组成部分，日常工作中不可避免要与组织内外相关机构和人员发生业务合作与交流，内部审计机构应树立良好的关系管理理念和意识，在确保独立性、客观性的前提下，正确处理好与相关各方的关系，取得相关各方的理解和配合。

（一）与董事会或者最高管理层的关系

内部审计机构应当接受组织董事会或者最高管理层的领导和监督，定期向其报告工作。在日常工作中，内部审计机构应注意建立并保持与董事会或者最高管理层进行双向沟通的有效渠道，一方面充分了解董事会或者最高管理层对内部审计的需求，确保内部审计活动能满足董事会或最高管理层的需要；另一方面及时向董事会或者最高管理层汇报审计发现的重要信息，适时提交审计报告，并定期向其汇报审计工作开展情况，积极寻求董事会或最高管理层对内部审计工作的理解与支持，以实

现董事会、最高管理层与内部审计在组织治理中的协同作用。

（二）与适当管理层及内部各职能部门的关系

内部审计是管理控制机制的组成部分，要为组织适当管理层和内部各职能部门提供确认和咨询服务，帮助他们发现和控制风险，同时，在某些情况下，又具有对他们的行为进行监督的职能，处理好与他们的关系，获取支持与配合，对审计工作有效开展十分重要。组织应通过机构设置尤其是报告关系的科学设置，帮助内部审计平衡好治理层与管理层的不同需求和冲突。内部审计人员应当积极、主动地与组织内相关管理层进行沟通，获取支持和帮助。内部审计机构应该就年度审计计划，征求适当管理层意见，以确定工作重点；通过向适当管理层咨询，了解内部控制环境；根据审计中发现的问题，及时向适当管理层提出审计意见和建议；在发出书面审计报告之前，征求适当管理层对审计结论、意见和建议的意见。

内部审计人员应与组织内其他职能部门建立并保持良好的关系，增强与其的业务交流与互动，通过多种形式共享审计成果。及时通报相关业务领域风险管理和内部控制存在的问题，对把握不准的问题积极同相关业务部门进行咨询、探讨，听取职能部门意见，寻求审计中发现问题的解决方法。审计结束后将审计报告和整改意见同时抄送相关职能部门，共同促进问题的整改。

（三）与被审计单位的关系

内部审计机构与被审计单位的接触最多，需要实施的沟通和协调也最多。处理好与被审计单位的关系，首先要注意应在尊重对方的情况下开展审计工作，以帮助对方的心态服务于被审计单位，获得被审计单位的理解、配合和支持。工作中，内部审计机构应主动与被审计单位就审计依据、审计发现、审计结论、审计意见、审计建议进行讨论和交流，听取被审计单位意见。当然，内部审计机构也要防止审计组成员与被审计单位关系过于密切，独立性受到威胁，影响审计工作的效果。

（四）与组织外部相关机构和人员的关系

内部审计人员应当与组织外部相关机构和人员之间建立并保持良好的人际关系，以获得更多的认同、支持及协助。内部审计机构应建立与国家审计机关、税务机关、监察机关和会计师事务所等部门和单位的协调沟通机制，帮助组织及时消除各种外部风险，维护组织合法权益。

第二节　内部审计项目管理

内部审计项目管理是指为保证在规定的时间、预算和质量目标范围内完成审计项目，内部审计机构对项目的全过程进行组织、指导、协调和控制的活动。中国内部审计基本准则及具体准则对内部审计项目管理的各项具体要求，请参见本书第四章。本节将从实务操作的视角，重点阐述在实施审计计划管理、成本管理、现场管理、项目质量管理、风险管理、档案管理和项目外包管理中应注意的关键环节。

一、审计计划管理

审计计划管理是通过审计项目计划对审计过程进行管理的相关活动的总称。

审计计划管理贯穿于审计项目实施的全过程，既包括制订年度审计计划和项目审计方案，也包括根据计划安排对审计项目实施进行的进度管理，以及审计项目实施情况的核查监督。

高质量的审计计划对于确保内部审计业务的成功是必不可少的。审计计划一般包括年度审计计划和项目审计方案。

年度审计计划是对年度预期要完成的审计任务所做的工作安排，是组织年度工作计划的重要组成部分。在确定年度审计计划时，应结合内部审计中长期规划，对组织风险管理及内部控制的效果进行评估，并充分考虑董事会或最高管理层的要求以及其他利益相关方的意见。年度审计计划应关注组织当前的难点、热点问题和组织在经营、程序、系统和业务方面的主要变化，确定的工作内容应与组织目标一致。内部审计机构在确定年度审计计划时还应考虑审计人员的变化和能力。年度审计计划应具有适当的灵活性，以便应对组织对内部审计机构计划外的要求。年度审计计划应经过必要的审批程序批准后执行，如需对计划进行调整，仍应按原审批程序获得批准后调整。

项目审计方案是对实施具体审计项目所需要的审计程序、人员分工及审计时间等做出的安排。审计项目负责人应当在审计项目实施前编制项目审计方案，并报经内部审计机构负责人批准。审计项目负责人在制订项目审计方案时要充分了解被审计单位的经营活动、内控设计及运行情况、组织财务状况、以前年度接受内外部审计和检查的情况等。项目审计方案应包括审计目标和范围、审计内容和重点、审计程序及主要审计方法、人员分工、时间安排等内容。项目审计方案应该目标明确、重点突出、切实可行。

为保证计划的落实和审计工作效率，内部审计机构应对年度审计项目计划执行情况进行全方位的检查监督，必要时还可以实行审计项目计划执行情况报告制度。此外，内部审计机构还应当定期评估年度审计计划和项目审计方案的制订和执行情况，提高审计计划管理的科学性。

二、审计项目成本管理

审计项目成本包括完成审计项目需花费的资金成本、人力成本、时间成本、机会成本等。审计项目成本管理的过程就是在项目实施过程中合理配置审计资源，力求以最小的成本最大限度地有效实现审计目标的过程。内部审计机构应制定项目预算，项目预算要明确该项目需要的内部审计人员数量和时间安排，培训费用、差旅费用、外聘专家或事务所的成本和其他成本费用。在编制预算时要考虑项目规模、内外部条件、项目复杂程度和时限控制要求等因素。当出现新情况时，可以对预算进行调整。内部审计机构应对审计组现场人员、外勤费用、工作量和进度等进行动态监控，并强化预算管理，增强审计人员成本管理意识，提高审计工作效率。内部审计机构应将审计项目成果、项目预算与实际投入的经费、人力、时间等成本指标进行对比分析，促进审计资源向重大项目和优秀成果倾斜。

三、审计项目现场管理

加强审计项目现场管理是确保审计项目质量的重要环节。在审计现场，应着重对审计组、审计进度、审计过程中的日常协调和沟通等内容进行管控，以保证项目质量，提高工作效率。

（一）审计组管理

内部审计机构应根据审计项目特点和要求，选派适当的人员组成审计组。如果现有审计人员不具备相应专业知识，内部审计机构还应该考虑通过外聘专家等方式弥补专业缺陷，控制审计风险。审计项目负责人由内部审计机构指定或竞聘上岗，审计组可实行审计项目负责人负责制。审计项目负责人根据总体审计目标，结合参审人员特点、专业和特长，对人员进行科学分工，明确职责和工作质量要求。审计组应按照合理高效的原则将具体审计事项分配给审计组成员，保证审计事项全面，同时尽量减少交叉重复。值得注意的是，审计组人数不是越多越好，应该适量，人数过多反而会降低审计人员的整体效率。

审计组应加强对组员的出勤率、思想状况等情况的动态管理，并注重团队文化建设，要求审计人员恪守职业道德，保持清正廉洁，不得在被审计单位报销任何私人费用，不得收受被审计单位（人员）的酬金或礼物。

根据审计项目情况，内部审计机构可选择对审计组采用扁平化组织管理模式或者层级组织管理模式，也可以采用混合组织管理模式。

（二）审计进度管理

审计组应在项目审计方案中明确项目时间安排和节点，妥善处理好项目进度与审计质量间可能出现的矛盾，避免片面追求进度或借故拖延。

审计组可在审计现场设立统筹安排审计事项的进度表，以便整体掌控项目进度。审计组应定期召开业务会议，在业务会上，审计组成员应汇报工作情况，以便于审计组了解并掌握工作进度，协调、沟通、解决问题。随着审计的深入，审计项目现场情况可能会不断变化，审计项目负责人应注意获取各方面信息，必要时对审计过程做出调整或重新组织审计资源，统筹安排好项目进度。

内部审计机构应对项目审计方案的实施进展情况进行动态监督或在线监督和控制，随时掌握审计组的工作动态，及时指导或解决审计工作中出现的新情况、新问题，纠正审计组与审计目标不相符的行为，保证项目进度和工作质量。

（三）审计现场风险管理

为规避审计风险，提高工作效率，审计人员在实施审计工作中，应积极而有效地采用适当的审计程序和方法，并根据不同的审计工作内容，合理选择和综合运用适当的审计技术。内部审计机构应鼓励审计人员研究改进和创新审计方法，并充分利用计算机审计技术。

审计人员要慎重对待审计取证过程，确保审计证据和证明材料是相关、可靠和充分的，避免审计事项因证据不足而影响到工作质量，形成审计风险隐患。

审计组应规范审计工作底稿的编制，底稿应当内容完整、记录清晰、结论明确，客观地反映项目审计实施情况，并能够反映审计人员工作轨迹和专业判断的过程。审计人员要做好审计过程、审计主要成果和查出重点问题的记录；审计方案中所列的重要审计事项、对审计结论有重要影响的审计事项都应在审计底稿中有所反映。内部审计机构应当建立审计工作底稿的分级复核制度，明确规定各级复核人员的要求和责任。审计工作底稿的复核工作应当由比审计工作底稿编制人员职位更高或者经验更丰富的人员实施。审计项目负责人对审计工作底稿的全面复核通常应在审计现场完成，以便及时发现和解决问题，争取审计工作的主动。

内部审计人员在编制审计报告时，必须认真仔细地审查工作底稿等材料，对审计证据的相关性、可靠性和充分性进行分析，实事求是地报告发现的问题，做到事实清楚、证据确凿。审计报告应征求被审计单位的意见，被审计单位对审计报告有异议的，审计项目负责人及相关人员应当核实，必要时对审计报告做出修改，以确保审计结论的可靠性和审计建议的可行性。内部审计机构应当建立健全审计报告分级复核制度，并明确规定各级复核人员的要求和责任。

（四）审计现场的沟通管理

审计沟通一定程度上决定和影响着项目质量。这里提到的审计现场的沟通包括审计组内部的沟通、审计组与内部审计机构负责人的沟通及审计组与被审计单位的沟通。

内部审计机构应当建立审计沟通制度，明确各级人员的责任。审计组内部要重视组员间的人际关系，相互协作、相互包容，对审计中发现的问题与遇到的情况要主动沟通，使审计过程中的信息能够及时有效地在组内传递。重要信息更应在组内进行充分沟通，群策群力分析线索，降低审计风险。审计组应注意与内部审计机构负责人的沟通，定期汇报审计项目实施进度和审计现场情况；对审计中发现的重大问题和审计线索，要及时与内部审计机构负责人沟通，听取意见并争取支持。内部审计机构负责人应该与组织适当管理层就审计过程中发现的重大问题及时进行沟通。

审计组应当就审计结果与被审计单位进行认真、充分的沟通，并听取其意见，对被审计单位有异议的地方，审计项目负责人及相关人员应当进行必要的核实和答复。审计组与被审计单位进行沟通，有助于提高审计结果的客观性、公正性，并取得被审计单位的理解和认同。审计组在与被审计单位沟通时应当注意沟通技巧，明确沟通的原则、内容、方式、方法和程序，避免审计人员由于沟通不当或在沟通时太过随意而影响到审计质量或审计人员的形象和威信。

四、审计项目质量管理

内部审计机构应该制定并实施质量管理制度和程序来控制内部审计项目质量。内部审计机构负责人对制定并实施系统、有效的质量控制制度和程序负主要责任；内部审计项目责任人对审计项目质量负责。内部审计机构负责人和审计项目负责人通过督导、分级复核、质量评估等方式对内部审计项目质量进行控制。在进行审计项目质量控制时，应充分考虑审计项目的性质及复杂程度，参与项目的内部审计人员专业胜任能力等因素。督导是内部审计质量控制的最基本内容，应从项目计划开始并贯穿于业务活动始终，有效的业务督导有助于及时发现现场审计工作存在的问题。内部审计机构应建立审计项目复核机制，明确各级复核人员的职责和工作重点，加强对审计工作底稿、审计报告的现场复核。

内部审计质量评估，是指由具备职业胜任能力的人员，以内部审计准则、内部审计人员职业道德规范为标准，同时参考风险管理、内部控制等方面的法律法规，对组织的内部审计工作进行检查和评价的活动。国际内部审计师协会于 20 世纪 80 年代开始推行内部审计质量评估。2013年 CIIA 发布了《第 2306 号内部审计具体准则——内部审计质量控制》，规定内部审计质量控制措施包括开展审计质量控制评估。2011 年，CIIA 成立了专门的质量委员会，召集各有关机构和人员研究和规划内部审计质量评估工作。2012 年，CIIA 正式发布《内部审计质量评估办法（试行）》和《中国内部审计质量评估手册（试行）》。《内部审计质量评估办法（试行）》规定，内部审计质量评估包括内部评估和外部评估两种形式，由组织根据情况选择实施。内部评估由组织内部的人员实施，可以由内部审计、人力资源、内部控制、风险管理等部门的人员参与。外部

内部审计职业教育系列丛书

评估由 CIIA 或者其认定的机构实施。内部审计质量评估的内容主要包括：内部审计准则和内部审计人员职业道德规范的遵循情况；内部审计机构结构及运行机制的合理性、健全性；内部审计人员配置及专业胜任能力；内部审计业务开展及项目管理的规范程度；各利益相关方对内部审计的认可程度和满意程度；内部审计增加组织价值、改善组织运营的情况。2012 年，CIIA 首开先河对中铁大桥局集团有限公司内部审计质量进行了现场评估，这是 CIIA 开展的第一个内部审计质量外部评估项目，标志着我国内部审计质量外部评估工作进入了新的阶段。2013 年，CIIA 又先后完成了对北京汽车集团有限公司、太平洋保险集团（股份）有限公司和中国工商银行内部审计局上海分局的内部审计质量外部评估。

除接受外部评估外，外部评估可为董事会和最高管理层、外部审计以及其他依赖于内部审计工作的人们提供独立的审计质量保证。外部评估应该每五年或者更少年份进行一次。

内部审计机构负责人应按照组织管理层的要求，并结合实际情况，开展审计质量内部自我评估，其评估结果可以作为考核评估组织内部审计工作质量和做出相关决策的依据。

五、审计项目档案管理

内部审计机构应当建立审计档案管理制度，加强对审计项目工作底稿的归档、保管、查询、复制、移交和销毁等环节的管理，妥善保存审计档案。内部审计机构对已办结的内部审计事项，应当按照国家档案管理规定建立审计档案。应归入项目审计档案的文件材料包括：立项性文件材料，如审计通知书、审计项目方案；证明性文件材料，如审计证据（含承诺书）、审计工作底稿；结论性文件材料，如审计报告、审计报告征求意见书、复核意见书和其他备查文件材料。

审计组确定的立卷责任人应当及时收集审计项目的文件材料。审计终结后，立卷责任人对审计项目形成的全部文件材料按立卷方法和规则进行归类整理，经审计项目负责人或审计机构负责人复查，并经档案管理机构或者档案工作人员检查后，依照有关规定进行编目和装订。内部审计机构应当按照有关规定向档案馆移交审计档案。

严格限制无关人员对审计档案的接触。借阅审计档案，仅限定在审计机构内部，内部审计机构以外的部门或单位有特殊情况需要查阅审计档案或者要求出具审计档案证明的，须经该内部审计机构负责人或单位主管领导批准。审计档案的销毁应遵守档案管理规定。

六、审计项目外包管理

将全部或部分内部审计职能以某种形式外包，是近年来许多内部审计机构为提高工作效率而采取的一种措施。从国际范围来看，内部审计外包模式主要有：提供外包服务的机构承担全部内部审计职能，直接向组织的最高管理层汇报；提供外包服务的机构负责全部的内部审计业务，但由组织内部审计机构负责管理外包工作，向组织的最高管理层汇报；某些特定审计项目聘请外包机构开展。

组织在选择审计项目外包时，应充分考虑由于外包机构缺乏对组织情况的了解、外部审计人员惯于从外部审计的角度进行内部审计、外部审计项目组人员调整频繁有可能影响到审计进度和质量等弊端所带来的审计风险。

组织应建立受聘外包机构准入资格控制和择优淘汰制度，规范和严格执行公开竞标机制，对外包机构的独立性、客观性和专业胜任能力进行评估。组织还应与外包机构签订合同，明确业务范围、外包机构的责任、工作质量要求和审计结果的知悉范围。

内部审计机构应当在董事会或最高管理层的支持和监督下，做好与外部审计的协调工作。内部审计机构要根据适当的标准对外部审计工作质量进行客观评价，加强对外部审计工作质量的监督与考核，并做好外部审计聘用、更换和报酬支付的监督。内部审计机构做出对外部审计工作质量评价结果之前，应当征求组织内部有关部门和人员的意见。内部审计机构应当合理利用外部审计成果，做好与外部审计的协调，在编制年度审计计划和项目审计方案时，考虑双方的工作，以确保充分、适当的审计范围，最大限度减少重复性工作。

第三节 内部审计人员管理

内部审计人员应具备一定的专业胜任能力，具有良好的专业能力、适当的知识结构、融洽的人际关系和优良的素养，通过持续职业发展来增加知识、提高技能和其他能力。对人员的后续教育、考核激励等管理活动，有助于提升内部审计人员专业胜任能力。

一、内部审计人员应具备的专业胜任能力

内部审计人员的专业胜任能力决定了内部审计帮助组织实现目标的成效。内部审计人员不仅应具备足以胜任当前工作的专业知识和业务能力，熟悉内部审计准则、财务会计制度，而且应具备风险管理、治理和控制等方面的专业能力，熟悉本组织的经营活动和内部控制，能发现组织经营过程中存在的或潜在的问题，提出解决问题的建议。内部审计人员还必须遵守职业道德规范，正直、客观、有责任心。

我国政府部门及行业监管部门对内部审计人员应具备的职业素质和能力也做出了明确规定。审计署要求：内部审计人员办理审计事项，应当严格遵守内部审计职业规范，忠于职守，做到独立、客观、公正、保密。国务院国资委要求企业内部审计人员应当具备审计岗位所必备的会计、审计等专业知识和业务能力；内部审计机构的负责人应当具备相应的专业技术职称资格。银监会要求：银行业金融机构内部审计人员应具备相应的专业从业资格；内部审计人员应具备大专以上学历，掌握与银行业金融机构内部审计相关的专业知识，熟悉金融相关法律法规及内部控制制度；内部审计人员至少应具备两年以上金融从业经验；审计项目负责人员至少应具有 3 年以上审计工作经验，或 6 年以上金融从业经验；内部审计人员应具有正直、客观、廉洁、公正的职业操守，且从事金融

业务以来无不良记录。保监会要求：保险公司审计责任人应当具备大学本科以上学历，从事审计、会计或者财务工作五年以上，熟悉金融保险业务，具有在企事业单位或者国家机关担任领导或者管理职务的任职经历；保险公司专职内部审计人员应当具有大专以上学历，具备相应的专业知识和工作能力。CIIA 规定：内部审计人员应当遵守职业道德，以应有的职业谨慎态度实施内部审计业务；内部审计人员应当具备相应的专业胜任能力，并通过后续教育加以保持和提高；内部审计人员应当具备建立良好人际关系的意识和能力。

内部审计人员的专业胜任能力还表现在具备并保持应有的职业审慎，合理使用职业判断，以应有的审慎态度执行内部审计业务。内部审计人员还应具有适应能力、理解能力和决断能力，具有协商技巧和协调能力，能够处理好人际关系，这些能力对于有效开展内部审计同样是至关重要的。

二、内部审计人员后续教育

内部审计人员应当通过后续教育和职业实践等途径，学习和掌握相关法律法规、专业知识、技术方法和审计实务的发展变化，保持和提升专业胜任能力。后续教育应当区分内部审计机构负责人、审计项目负责人和审计人员等层次，突出重点、按需施教。

培训是审计人员更新知识和能力建设的重要途径。组织要完善岗位培训和职业培训相结合的培训制度，根据本单位的特点以及内部审计人员的基本素质制订切实可行的培训计划，为内部审计人员提供培训学习的机会。同时，自学是内部审计人员后续教育的重要补充方式。审计人员可以采用自学课程、研读专业杂志、参加课题研讨和专业会议等多种方式加强自身的学习。

职业实践是审计人员提升专业能力的最佳课堂。审计人员应该参加不同层次、不同领域的审计实践活动，通过参加不同复杂程度、不同审计内容和由不同督导人员监督的各种类型的审计业务，积累工作经验，增强审计思维的敏锐性。内部审计机构也可通过导师帮带、挂职锻炼等形式，帮助审计人员通过审计实践锻炼而不断提升其专业胜任能力。

三、内部审计人员的考核与激励

我国政府部门及行业监管部门对内部审计人员的考核与激励形式做出了明确规定。审计署规定对认真履行职责、忠于职守、坚持原则、做出显著成绩的内部审计人员，由所在单位给予精神或者物质奖励；对滥用职权、徇私舞弊、玩忽职守、泄露秘密的内部审计人员，由所在单位依照有关规定予以处理；构成犯罪的，移交司法机关追究刑事责任。国务院国资委要求企业对于认真履行职责、忠于职守、坚持原则、做出显著成绩的内部审计人员，应当给予奖励；对于滥用职权、徇私舞弊、玩忽职守、泄露秘密的内部审计人员，由所在单位依照国家有关规定给予纪律处分；涉嫌犯罪的，依法移交司法机关处理。银监会规定董事会应建立激励约束机制，对内部审计相关各方的尽职、履职情况进行考核评价，建立内部审计工作问责制度，明确内部审计责任追究、免责的认定标准和程序。同时，银监会规定董事会应对具有以下情节的内部审计机构负责人和直接责任人追究责任：未执行审计方案、程序和方法导致重大问题未能被发现；对审计发现问题隐瞒不报或者未如实反映；审计结论与事实严重不符；对审计发现问题查处整改工作跟踪不力；未按要求执行保密制度；其他有损银行业金融机构利益或声誉的行为。保监会规定保险公司内部审计人员应当严格遵守审计职业道德规范；滥用职权、徇私舞弊、隐瞒问题、玩忽职守、泄露秘密的，应当依照国家和公司有关规定给予处分；涉嫌犯罪的，依法移交司法机关处理。保险公司董事长、总经理和审计责任人在组织实施内部审计工作中有重大失职行为的，保监会将依照相关规定给予处罚。保险公司对坚持原则、忠于职守、认真履行职责并做出显著成绩的内部审计人员，应当给予奖励。

组织应建立健全内部审计人员考核激励机制，明确业绩评价的政策、方法和考核标准，全面评价审计人员的工作能力和发展潜力，制定科学合理的奖惩激励措施，物质奖励与荣誉激励相结合、榜样激励与感情激励相结合，促进内部审计人员提升综合业务能力。

除了常规考核外，内部审计机构可对审计人员工作状况等进行定期或不定期的评估，提醒并帮助审计人员注意自己的工作状况，了解需要改进的地方。内部审计机构对审计人员进行评估应考虑业绩因素和个性因素，业绩因素包括工作量、工作质量、完成审计工作的复杂程度、工作能力、书面和口头表达能力、自上次评估以来是否有进步、参加继续教育情况等内容；个性因素包括创造性、判断力、说服能力、工作态度和与他人一起工作的能力等内容。通过对审计人员进行定期的评估，内部审计机构可为审计人员不断改进和提高业绩提供帮助。

四、外部专家和特约审计员的管理

组织可建立内部审计工作的外部资源补充机制，充分使用好外部专家资源和审计力量。利用外部专家的服务或聘任特约审计员有助于内部审计机构获取相关、可靠和充分的审计证据，防范审计风险，并改善审计组的专业结构。

外部专家是指在某一领域中具有专门技能、知识和经验的人员或者单位。内部审计人员在执行业务过程中，如果审计工作涉及其不具备专业知识的领域，从职业谨慎性的角度出发，应利用外部专家的服务。在聘请外部专家时，内部审计机构应该对外部专家的独立性、客观性和专业胜任能力进行评价，并考虑其专业资格、专业经验与声望。内部审计机构可建立并维护专家智库，对外部专家实施动态管理。

特约审计员是指由内部审计机构定期聘任、参与审计项目实施并能圆满完成审计任务的各类专业人员。组织聘请具备较高专业素质、良好的职业道德，具有丰富审计或相关工作经验的人员担任特约审计员，作为审计组成员，参加审计项目的实施。特约审计员可以调整和改善审计组的专业结构，缓解审计需求与人手不足的矛盾。

组织应对外部专家或特约审计员的选聘方式、工作程序、管理办法、职责权利和义务做出规定，建立并落实外部专家和特约审计员管理的协商制度、通报制度和工作例会制度，充分发挥外部专家和特约审计员的特点和优势，保证他们能够充分发挥参谋咨询、监督和桥梁纽带作用。

五、内部审计职业化建设

国际内部审计师协会是内部审计职业的国际性组织，作为行业管理的最高层次，国际内部审计师协会对内部审计职业化发展的贡献主要有三方面：一是发布了《国际内部审计专业实务框架》，为全球范围内的内部审计人员及有关各方提供统一、权威的内部审计专业标准体系，并建立了持续审核机制，对标准体系进行全面审核，适时做出调整或更新；二是颁布职业道德规范，阐明开展内部审计活动的个人或机构需要遵循的原则和行为规范，表明了对职业行为规范的最低要求，促进了内部审计职业道德文化的发展；三是进行国际注册内部审计师资格认证注册，为合格的申请者提供他们具有与当前内部审计实务相关的能力和知识，并同意遵守《职业道德规范》的证明。

CIIA 是我国内部审计职业的自律性组织，各地根据需要和法定程序设立具有独立法人资格的地方内部审计协会，依照法律和章程履行职责，并接受审计机关的指导、监督和管理。CIIA 结合我国实际，制定了中国内部审计准则，为树立内部审计良好的职业形象、维护内部审计工作的权威，还专门制定了《内部审计人员职业道德规范》。建立与国际内部审计惯例相衔接，与独立审计和政府审计准则相协调的中国内部审计准则，有助于实现我国内部审计的制度化、规范化和职业化。

内部审计通过应用系统的、规范的方法向组织提供各类服务，已经逐步成为一个以职业标准为基础的专业，内部审计职业化就是指把内部审计工作视为一种独立职业，其管理机制、任职资格、组织模式、业务流程、作业标准、审计质量等都按职业化的标准加以要求。内部审计职业化，不仅有利于增强内部审计的独立性，也有利于吸引优秀人才的加入，有利于内部审计的规范化发展。以下措施将有助于内部审计职业化发展：鼓励内部审计人员加入职业组织，积极参加职业组织活动，增强职业意识，提高职业能力；在执业过程中严格遵守职业道德和审计业务规范，保持诚信、客观、保密和胜任，提升职业公信度；内部审计机构自身加强与国际内部审计师协会等行业协会的交流与合作，积极学习和借鉴先进的内部审计理念、技术、方法和职业管理经验，关注并遵循内部审计专业实务框架等国际专业标准要求。

本章小结

　　内部审计机构的管理活动围绕保持内部审计的独立性和客观性、审计项目的有效实施而开展，最终目标是保证内部审计能够"促进组织完善治理、增加价值和实现目标"。组织在设置内部审计机构时，应充分考虑其自身性质、规模及内部治理结构。内部审计在组织中的地位，应足以保证其履行审计职责，并能保持独立性和客观性。组织在确定内部审计的职责时，应与内部审计的工作目标相匹配。内部审计机构在职责范围内开展工作和报告结果时，组织应该赋予其免受干预，能够完全、自由和不受限制地接触组织所有活动、记录、财产和人员的权限。内部审计机构应以现有的审计资源为基础，整体谋划，整合组织内部资源，协调利用外部资源，系统安排审计项目，加强审计成本控制，规范审计程序，保证审计工作质量。组织在确定内部审计机构人员编制时，应考虑组织的规模、业务量和复杂程度，并在可能的情况下配备具有信息技术、工程等其他相关专业知识的人员。内部审计人员应当遵循内部审计人员职业道德，具备相应的专业胜任能力，并通过后续教育保持和提高其专业胜任能力。内部审计职业化发展，不仅有利于内部审计独立性和客观性，提升内部审计权威性，也将有助于内部审计为组织提供增值服务，帮助组织实现目标。

第六章 内部控制审计

本章提要

近些年来，随着组织内部控制和风险管理的加强，监管机构对管理层建立健全有效的内部控制的要求日益严格，内部审计工作的重心已经由传统的财务审计逐步向内部控制、风险管理和组织治理领域转移。内部控制审计作为内部审计的重要业务类型，已经成为组织实现对内部控制进行监督的常规方式，在帮助管理层强化内部控制建设、防范组织各种风险、提高管理水平等方面发挥了积极作用。本章共分四节，分别简要介绍内部控制审计的内涵与发展、内部控制审计的目标和内容、内部控制审计的方法，以及内部控制审计中应注意的问题。

第一节 内部控制审计概述

本书第二章已经对内部控制的概念及发展进行了简要介绍。随着组织对内部控制认识的逐步深化，内部控制审计的工作重点也逐步发生变化，从最初运用内部控制测评来确定审计的重点和范围，扩展到对内部控制设计和运行的有效性进行审查评价，从而更好地发挥内部审计在促进组织改善内部控制和风险管理方面的作用。

一、内部控制审计的内涵

内部审计工作中的内部控制审计，是指内部审计机构对组织内部控制设计和运行的有效性进行的审查和评价活动。

内部控制是组织提高经营管理水平和风险防范能力，实现可持续发展的基础。内部审计机构对组织内部控制进行审计监督，是优化内部控制自我监督机制的一项重要制度安排，是健全有效的内部控制的重要组成部分，也是内部审计更好地发挥其在风险管理和公司治理中的作用、实现自身价值的需要。

内部控制审计是伴随着组织和内部审计职业对内部控制认识的逐步深化而发展起来的。最初，内部审计关注的是与会计事项相关的内部控制，其目的是对财务活动进行日常监督，帮助组织建立健全财务内部控制，也帮助内部和外部审计师在内部控制测评的基础上进行审计抽样，降低审计风险和审计成本。20世纪50年代前后，内部审计实务界开始关注管理，将审计重点从财务账簿转向业务活动和控制，以提高经营管理效率，相应地，内部审计机构对内部控制进行审查和评价的目标从服务于财务审计扩展到为提高业务活动和控制的效率服务。20世纪70年代以后，内部审计由为管理部门提供帮助扩展到为组织服务，这就要求内部审计站在整个组织的立场上评价和分析问题，对组织内部控制系统进行检查评价。20世纪90年代以后，内部控制整合框架和相关规范的提出，极大地改变了内部控制审计的内外部环境，内部审计要关注与组织目标实现相关的所有风险，因此内部控制审计发展到以风险评估为基础，根据风险发生的可能性和对组织单个或者整体控制目标造成的影响程度，确定审计的范围和重点。

内部控制审计按照其范围划分，可以分为全部内部控制审计和专项内部控制审计。全部内部控制审计是针对组织所有业务活动的内部控制，包括控制环境、风险评估、控制活动、信息与沟通、内部监督五个要素所进行的全面审计；专项内部控制审计，是针对组织内部控制的某个要素，某项业务活动或者业务活动的某个环节的内部控制所进行的审计。无特别说明的情况下，本章将以全部内部控制审计为例进行论述。

二、对内部控制审计的要求

(一) 内部审计职业规范对内部控制审计的要求

内部控制审计作为内部审计实现其职能的重要途径，在国际、国内内部审计职业界已经取得了共识，并在相关职业准则或规范中得到充分体现和具体规定。

早在 1971 年第 3 号"内部审计师责任说明书"中，国际内部审计师协会（IIA）就将内部控制评价作为内部审计的主要职责。在 2011 年 1 月修订的《国际内部审计专业实务框架》中，IIA 明确指出，内部审计部门或人员应通过评价控制的效率和效果、促进其持续改善等工作，帮助组织维持有效的控制系统。

中国内部审计协会颁布的《第 1101 号——内部审计基本准则》指出，内部审计通过审查和评价组织的业务活动、内部控制和风险管理的适当性和有效性，以促进组织完善治理、增加价值和实现目标。这表明在我国，对内部控制进行审查评价是内部审计实现其职能的重要方式之一。《第 2201 号内部审计具体准则——内部控制审计》则对内部审计机构实施内部控制审查和评价工作的原则、内容、程序和方法等进行了详细的规定。

(二) 外部环境对内部控制审计的要求

近些年来，内部控制审计得到迅猛发展。这不仅源于组织自身对于内部控制重要性、内部审计在内部控制体系中作用的认识逐步深化，也在很大程度上源于组织外部环境对建立健全有效内部控制期望的增长和监管要求的不断强化。

21 世纪初，安然、世通等舞弊事件极大动摇了投资者对资本市场的信心，同时也暴露出内部控制缺陷导致的严重危害。为强化上市公司责任，美国国会于 2002 年 7 月发布了《萨班斯－奥克里斯法案》（SOX），其中第302号和第404号条款明确要求上市公司管理层对公司财务报告内部控制进行自我评价并对外披露评价报告，同时要求担任公司年报审计的注册会计师对管理层的评价进行鉴证并出具报告。

我国从20世纪90年代后期开始也逐步重视组织内部控制建设。1999年10月修订后的会计法提出各单位应当建立、健全本单位内部会计监督制度。2006年上交所和深交所分别发布了《上市公司内部控制指引》，强化上市公司内部控制建设和相关信息披露。

2008年，财政部、证监会、审计署、银监会和保监会联合发布了《企业内部控制基本规范》，标志着企业内部控制规范体系建设取得重大突破。执行该规范的上市公司或非上市公司，应当对本公司内部控制的有效性进行自我评价，披露年度自我评价报告，并可聘请具有证券、期货业务资格的会计师事务所对内部控制的有效性进行审计。规范还要求"内部审计机构应当结合内部审计监督，对内部控制的有效性进行监督检查。内部审计机构对监督检查中发现的内部控制缺陷，应当按照企业内部审计工作程序进行报告；对监督检查中发现的内部控制重大缺陷，有权直接向董事会及其审计委员会、监事会报告"。2010年，上述五部委又联合发布了《企业内部控制配套指引》，标志着中国企业内部控制规范体系基本建成。该指引要求自2011年1月1日起首先在境内外同时上市的公司施行，自2012年1月1日起扩大到在上海证券交易所、深圳证券交易所主板上市的公司施行；在此基础上，择机在中小板和创业板上市公司施行；同时，鼓励非上市大中型企业提前执行。

上述监管规章和指引既要求组织加强内部控制，也对各类主体实施上市公司内部控制审计提出了相关要求。其中，由内部审计机构实施的内部控制审计，已经成为组织对内部控制进行内部监督评价的具体形式，推动了组织对内部控制进行有效的评价和改善，从而帮助组织完善治理、增加价值和实现目标。

三、内部控制审计与内部控制评价、注册会计师内部控制审计及内部控制测评的联系和区别

现阶段对组织内部控制进行审查评价的主体既包括组织内部有关部门、内部审计机构，也包括注册会计师。同时，内外部审计师在实施财务报表审计等其他类型的审计中，也会开展内部控制测评，即对与财务报表有关的内部控制进行测评。内部审计机构开展的内部控制审查评价工作，在工作目标、重点和方式方法方面有其自身的特点。

（一）与内部控制评价的联系和区别

内部控制评价，又称为内部控制自我评价。我国《企业内部控制评价指引》对内部控制评价的定义是：企业董事会或类似权力机构对内部控制的有效性进行全面评价、形成评价结论、出具评价报告的过程。

内部审计机构开展的内部控制审计与内部控制自我评价的联系体现在：工作目标均是审查和评价组织内部控制的设计和运行的有效性；具体审查评价的内容均是围绕着控制环境、风险评估、控制活动、信息与沟通、监督等内部控制要素来确定；工作程序基本一致。此外，公司董事会或者类似权力机构往往授权内部审计机构负责内部控制评价的具体组织实施工作，此时工作的主体也是一致的。

内部审计机构开展的内部控制审计与上述内部控制自我评价的区别体现在：

一是责任主体不同。内部控制审计是一种内部审计行为，是根据公司内部审计的总体计划实施的，其责任主体是内部审计机构；而内部控制评价是一种管理行为，其责任主体是企业董事会，它是企业董事会或者类似权力机构实施的自我评价。当然，很多情况下，董事会或者下属的审计委员会会将内部控制自我评价的工作委托内部审计机构实施，但是此时，该项工作的最终责任主体依然是董事会，而非内部审计机构，即企业董事会对内部控制评价报告的真实性负责。

二是实施的强制性不同。外部监管机构对内部审计机构实施内部控制审计并无强制性要求，内部控制审计往往是根据组织内部治理层和管理层的要求，结合内部审计机构的工作重点和任务进行安排。而对于上市公司，实施内部控制自我评价是一种强制性要求。无论是美国的萨班斯法案，还是我国的《企业内部控制基本规范》《企业内部控制配套指引》等，都对上市公司管理层对内部控制有效性进行自我评估提出了明确要求。

三是遵循的规则不同。内部控制审计遵循的是《中国内部审计准则》，而内部控制自我评价遵循的是《企业内部控制基本规范》《企业内部控制评价指引》等要求。2008年，财政部等五部委联合发布的《企业内部控制基本规范》第四十六条要求，企业应当结合内部监督情况，定期对内部控制的有效性进行自我评价，出具内部控制自我评价报告。2010年，五部委联合发布了《企业内部控制评价指引》，对内部控制自我评价应遵循的原则、评价内容、评价程序、缺陷认定等进行了详细规定，为企业开展内部控制自我评价提供了一个共同遵循的标准，为参与国际竞争的中国企业在内部控制建设方面提供了自律性要求。

四是工作成果体现不同。内部控制审计的工作成果，体现在内部控制审计报告上，该报告属于企业内部文件，由内部审计机构提交给企业内部适当层级。而内部控制评价的工作成果体现在内部控制评价报告上，该报告报经董事会或类似权力机构批准后，要对外披露或者报送相关部门，《企业内部控制评价指引》还规定企业应当以12月31日作为年度内部控制评价报告的基准日，内部控制评价报告应于基准日后4个月内报出。

（二）与注册会计师开展的内部控制审计的联系和区别

我国《企业内部控制评价指引》对注册会计师开展内部控制审计提出了要求，将内部控制审计界定为：会计师事务所接受委托，对特定基准日的内部控制设计与运行的有效性进行审计。

内部审计职业教育系列丛书

　　注册会计师开展的与内部审计机构开展的内部控制审计的联系体现在：均是针对企业内部控制开展的审计活动，都是为了提升内部控制设计和运行的有效性、促进内部控制目标的实现；审计客体均为企业内部控制，要以内部控制设计和运行的实际情况为基础开展工作，要围绕内部控制要素确定具体审查评价内容；同时，注册会计师可以利用内部审计机构内部控制审计的结果来相应减少注册会计师的工作量，而且很多企业也通过加强内部审计机构的内部控制审计工作，降低注册会计师实施内部控制审计的成本。

　　但是，内部审计部门实施的内部控制审计与注册会计师实施的内部控制审计有着本质的区别，主要体现在：

　　一是性质不同。由内部审计机构实施的内部控制审计，其本质上是企业对内部控制的内部监督行为；由注册会计师实施的内部控制审计，则本质上是对企业内部控制的外部监督行为，是一种独立、客观的鉴证业务。

　　二是强制性不同。外部监管机构对内部审计机构实施内部控制审计并无强制性要求。而对于上市公司而言，聘请注册会计师实施内部控制审计是强制性要求。例如，我国《企业内部控制配套指引》明确指出"执行《企业内部控制基本规范》及企业内部控制配套指引的上市公司和非上市大中型企业，应当对内部控制的有效性进行自我评价，披露年度自我评价报告，同时应当聘请会计师事务所对财务报告内部控制的有效性进行审计并出具审计报告。上市公司聘请的会计师事务所应当具有证券、期货业务资格；非上市大中型企业聘请的会计师事务所也可以是不具有证券、期货业务资格的大中型会计师事务所"。

　　三是遵循的规则不同。内部审计机构实施内部控制审计，遵循的是内部审计准则。而注册会计师实施内部控制审计，遵循的是《企业内部控制基本规范》《企业内部控制审计指引》《中国注册会计师鉴证业务基本准则》和中国注册会计师审计准则等要求。

　　四是审计侧重点不同。虽然二者针对的都是内部控制的设计和运行，但是注册会计师实施的内部控制审计工作更加关注与财务报告公允性相关的内部控制和重要性程度高、风险较大的领域或者环节。

五是实施的频率不同。内部审计机构实施内部控制审计，并没有每年一次的强制性要求，也并不针对某个特定基准日，通常是根据管理层的需要和内部审计工作计划实施。而注册会计师实施的内部控制审计是对特定基准日内部控制设计与运行的有效性进行审计，每年需要进行一次，并由会计师事务所出具审计报告对外报出。

六是工作成果体现不同。内部审计机构实施内部控制审计后，应当向企业的适当管理层报告审计结果。审计报告应说明审查和评价内部控制的目的、范围、审计结论、审计决定及对改善内部控制的建议，并应当包括被审计单位的反馈意见。而注册会计师在完成内部控制审计工作后，要出具内部控制审计报告，审计报告中要对被审计单位财务报告内部控制发表审计意见，意见包括四种类型，即标准内部控制报告、带强调事项段的无保留意见内部控制审计报告、否定意见内部控制审计报告和无法表示意见内部控制审计报告，对于非财务报告内部控制的重大缺陷，注册会计师还应当在审计报告中提示投资者、债权人和其他利益相关者关注。

（三）与审计过程中的内部控制测评的联系和区别

内部控制测评是指内部审计人员通过调查了解被审计单位内部控制的设计和运行情况，并进行相关测试，对内部控制的健全性、合理性和有效性做出评价，以确定是否依赖内部控制和实质性程序的性质、范围、时间和重点的活动。内部控制测评并非一种独立的审计业务类型，而是一种审计技术方法，广泛运用于外部审计和内部审计。

内部控制测评与内部控制审计的工作对象均是被审计单位内部控制的设计和运行情况，也会采用许多相同的方法，如询问、穿行测试、实地观察、重复执行等。有些情况下，内部审计部门出于提高效率、整合资源等考虑，会将内部控制审计与财务报表审计等整合进行，这时内部

内部审计职业教育系列丛书

138

审计人员对内部控制进行测试，就能够同时实现两种目标：一是获取充分适当的审计证据，支持内部控制审计中对内部控制有效性的审计结论；二是获取充分适当的审计证据，支持财务报表审计中对控制风险的评估结果。

二者的区别主要体现在：

一是主要目标不同。内部控制审计的主要目标是评价内部控制设计和运行的有效性，从而帮助内部控制目标的实现；而内部控制测评的主要目标是确定相关内部控制是否可以依赖、评估控制风险水平，从而确定实质性程序的性质、范围、时间和重点。

二是工作结果不同。内部审计部门实施了内部控制审计之后，应当向适当管理层报告审计结果，而内部控制测评只是一项审计业务工作的一个部分，内部审计人员实施内部控制测评之后，往往不必单独出具审计结果报告。

第二节　内部控制审计的目标和内容

建立健全有效的内部控制是组织健康发展的有力保障，对内部控制进行审计，根本目标是为了保证内部控制目标的实现。内部控制审计的目标服务于内部控制的目标，决定着内部控制审计的内容。本节将着重讨论内部控制审计的目标和内容。

一、内部控制审计的目标

内部控制是组织为实现一定目标所采取的一系列政策和程序，内部控制审计是健全有效的内部控制的重要组成部分。从根本上说，内部控制审计的最终目标与内部控制的目标是一致的，即合理保证组织运营管理的合法合规、资产的安全、信息的真实完整、提高经营效率和效果，进而促进组织实现发展战略。

具体业务层面，内部控制审计是通过实现以下几个直接目标，促进组织改善内部控制、风险管理和治理，促进目标实现，进而为组织增加价值。

一是健全组织的内部控制。内部控制审计通过对组织整体的内部控制各个要素，或者是某个要素、某项业务活动或者业务活动的某个环节的内部控制进行审查评价，来发现相关内部控制的空白点、薄弱点，提出改进内部控制设计的建议，从而健全内部控制。

二是优化组织的内部控制。内部控制审计通过综合考虑组织内外部环境条件的变化，结合已有内部控制的设置情况，提出修改完善或者设计新的内部控制方面的建议，以使得组织的内部控制不断完善，不断适应环境条件的变化。

三是督促组织内部控制的执行。内部控制审计通过检查内部控制执行情况，做出相应的评价，针对执行不恰当、怠于执行的情况及时提出意见建议，督促组织内部控制的有效执行。

当然，除了上述直接目标外，内部控制审计还可以为管理层出具内部控制自我评价报告提供基础。

二、内部控制审计的内容

内部控制审计主要审查和评价的是组织内部控制设计和运行的有效性。

所谓内部控制设计有效，是指组织适当地设计了能够预防、纠正或者发现重大错弊的控制措施，组织内部控制全面、完整，符合国家有关内部控制的基本要求。

所谓内部控制运行有效，是指组织已经设置的内部控制得到了有效运行，能够帮助组织实现其目标。

内部控制由控制环境、风险评估、控制活动、信息与沟通、监督等五个要素构成，对内部控制设计和运行有效性的评价，也包括这样五个方面的内容：

（一）控制环境

控制环境是各种准则、程序和架构的集合，为整个组织执行内部控制提供基础。董事会和高级管理层设定了组织高层对内部控制重要性的基调。管理层强调对组织中各个层级的期望。控制环境对于整个内部控制具有非常广泛的影响。

内部审计人员应当关注组织的控制环境要素是否能够满足以下原则：一是组织承诺遵循诚实正直和道德伦理；二是董事会承诺独立于管理层，并对内部控制的完善和执行效果进行监督；三是为了实现组织目标，管理层配合董事会的监督，建立了架构、报告程序和适当的责权划分；四是组织承诺吸引、发展并留住那些符合组织目标、有胜任能力的人员；五是组织要求相关人员承担其在实现组织目标过程中对内部控制的责任。

内部审计人员对控制环境要素审查的重点包括：

1. 组织架构

组织架构是指组织按照国家有关法律、法规、股东（大）会决议、组织章程，结合本组织实际情况，明确董事会、监事会、经理层和组织内部各层级机构设置、职责权限、人员编制、工作程序和相关要求的制度安排。组织架构可以分为治理架构和内部机构。

内部审计人员应当关注组织架构设计与运行中的下列风险：一是治理结构形同虚设，缺乏科学决策、良性运行机制和执行力，可能导致组织经营失败，难以实现发展战略；二是内部机构设计不科学，权责分配不合理，可能导致机构重叠、职能交叉或缺失、推诿扯皮，运行效率低下。

具体来说，内部审计人员审查组织架构时应当关注以下内容：

（1）组织架构的设计是否符合国家有关法律法规的规定，是否明确了董事会、监事会和经理层的职责权限、任职条件、议事规则和工作程序，确保决策、执行和监督相互分离，形成制衡；

（2）是否形成了重大决策、重大事项、重大人事任免以及大额资金支付业务等的集体决策或联签制度；

（3）是否按照科学、精简、高效、透明、制衡的原则，合理设置了内部职能机构，并明确职责体现了不相容职务分离的要求；

（4）是否对其治理结构和内部机构设置进行了梳理，保证其运行的合理性和有效性；

（5）是否建立了科学的投资管控制度；

（6）是否定期对组织架构设计及运行的效率和效果进行评估，对存在的缺陷进行优化调整。

2. 发展战略

发展战略是指组织在对现实状况和未来趋势进行综合分析和科学预测的基础上，制定并实施的长远发展目标与战略规划。

内部审计人员应当关注组织制定与实施发展战略中的下列风险：一是缺乏明确的发展战略或发展战略实施不到位，可能导致组织盲目发展，难以形成竞争优势，丧失发展机遇和动力；二是发展战略过于激进，脱离组织实际能力或偏离主业，可能导致组织过度扩张，甚至经营失败；三是发展战略因主观原因频繁变动，可能导致资源浪费，甚至危及组织的生存和持续发展。

具体来说，内部审计人员审查发展战略时应当关注以下内容：

（1）是否在制定发展目标时进行了充分调查研究、科学分析预测和广泛征求意见；

（2）是否依据发展目标制定战略规划；

（3）董事会是否下设战略委员会或指定相关机构负责发展战略管理工作，其职责和议事原则是否明确；

（4）是否根据发展战略制订年度工作计划、编制全面预算；

（5）是否对发展战略的实施情况进行监控和定期分析。

3. 人力资源

人力资源是指组织组织生产经营活动而录（任）用的各种人员，包括董事、监事、高级管理人员和全体员工。

内部审计人员应当关注人力资源管理领域的下列风险：一是人力资源缺乏或过剩、结构不合理、开发机制不健全，可能导致组织发展战略难以实现；二是人力资源激励约束制度不合理、关键岗位人员管理不完善，可能导致人才流失、经营效率低下或关键技术、商业秘密和国家机密泄露；三是人力资源退出机制不当，可能导致法律诉讼或组织声誉受损。

具体来说，内部审计人员审查人力资源时应当关注以下内容：

（1）组织是否根据人力资源总体规划，结合生产经营实际需要，制订了年度人力资源需求计划，完善人力资源引进制度；

（2）人力资源选聘程序是否符合职位要求，是否公开、公平；

（3）是否依法与员工签订劳动合同；

（4）是否建立了培训等人才培养的长效机制；

（5）是否建立了人力资源的激励约束机制和绩效考核制度；

（6）是否制定了定期轮岗制度；

（7）是否建立健全了员工退出制度。

4. 社会责任

社会责任是指组织在经营发展过程中应当履行的社会职责和义务，主要包括安全生产、产品质量（含服务，下同）、环境保护、资源节约、促进就业、员工权益保护等。

内部审计人员应当关注组织履行社会责任方面的下列风险：一是安全生产措施不到位，责任不落实，可能导致组织发生安全事故；二是产品质量低劣，侵害消费者利益，可能导致组织巨额赔偿、形象受损，甚至破产；三是环境保护投入不足，资源耗费大，造成环境污染或资源枯竭，可能导致组织巨额赔偿、缺乏发展后劲，甚至停业；四是促进就业和员工权益保护不够，可能导致员工积极性受挫，影响组织发展和社会稳定。

具体来说，内部审计人员审查组织履行社会责任情况时应当关注以下内容：

（1）是否建立了严格的安全生产管理体系、操作规范和应急预案，强化安全生产责任追究制度；安全生产措施是否到位、责任是否落实。

（2）是否建立了严格的产品质量控制、检验制度及售后服务制度。

（3）是否建立环境保护与资源节约制度，认真落实节能减排责任，积极开发和使用节能产品，发展循环经济，降低污染物排放，提高资源综合利用效率。

（4）是否依法保护员工的合法权益。

5. 组织文化

组织文化是指组织在生产经营实践中逐步形成的、为整体团队所认同并遵守的价值观、经营理念和组织精神，以及在此基础上形成的行为规范的总称。

内部审计人员应当关注加强组织文化建设的下列风险：一是缺乏积极向上的组织文化，可能导致员工丧失对组织的信心和认同感，组织缺乏凝聚力和竞争力；二是缺乏开拓创新、团队协作和风险意识，可能导致组织发展目标难以实现，影响可持续发展；三是缺乏诚实守信的经营理念，可能导致舞弊事件的发生，造成组织损失，影响组织信誉；四是忽视组织间的文化差异和理念冲突，可能导致并购重组失败。

具体来说，内部审计人员审查组织文化建设时应当关注以下内容：

（1）是否根据自身发展战略和实际情况培育了具有自身特点的组织文化；

（2）董事、监事、经理和其他高级管理人员是否发挥了主导和模范作用；

（3）组织文化是否渗透到组织的生产经营全过程，得到了全员的遵守；

（4）是否定期对组织文化进行评估，对存在的问题采取措施加以改进。

（二）风险评估

风险评估包含了识别和评估实现组织目标过程中面临的各种风险的动态过程，因此该要素是组织确定如何管理风险的基础。风险评估的前提是确定组织内部各个层级的目标。管理层将目标分为经营、报告和遵循等类别，并加以详细描述，以便能够识别和分析与实现这些目标相关的风险。管理层还要考虑这些目标对于组织的适应性。风险评估还要求管理层考虑外部环境的变化造成的影响，这些影响可能会使一些内部控制无效。

内部控制审计中，内部审计人员应当关注组织的风险评估要素是否能够满足以下原则：一是组织足够清晰地明确了目标，以便识别和分析与实现这些目标相关的风险；二是组织识别了与实现其目标相关的各种风险，并对这些风险加以分析，从而为风险管理奠定基础；三是组织考虑了在评估与实现目标相关的风险过程中存在舞弊的可能性；四是组织识别并评估了可能对内部控制产生重大影响的各种变化。

内部审计人员对风险评估要素审查的重点包括：

1. 组织战略和总目标的沟通

组织只有确立了既定的战略和目标，才能实施有效的控制。组织的战略和目标是由组织的理念及其所追求的价值决定的。组织的风险评估就是对组织战略目标实现中出现的风险进行评估。组织战略和总目标的沟通保证了风险评估在组织内部的贯彻。

在评价组织战略和总目标的沟通时，内部审计人员应当审查：

（1）组织目标是否适当，是否与组织的战略、环境相适应，总目标能否传达到相关层次；

（2）具体策略和业务流程的目标与整体目标是否保持协调；

（3）明确影响整体战略实施的关键因素；

（4）各级管理人员能否参与目标制定，并明确相关责任。

2. 风险评估过程

风险评估过程是组织风险评估的实施。风险评估过程包括风险识别、评估风险的重大性、评估风险发生的可能性以及确定需要采取的应对措施。

具体来说，内部审计人员应当审查的内容包括：

（1）组织风险识别的机制是否完备；

（2）组织是否建立起评估风险的方法；

（3）组织风险分析是否通过正式的分析程序。

3. 对变化的管理

组织始终处于不断变化的环境中，组织的运营和控制必须不断适应环境的各种变化。因此，组织的风险评估不是一个静态过程，而是一个持续的、及时识别变化并应对变化的动态过程。

内部审计人员在审查对变化的管理时，关注的主要内容包括：

（1）是否建立了识别和应对可能对组织产生重大且普遍影响的变化的机制；

（2）组织风险管理部门是否建立了某种流程，以识别经营环境发生的重大变化；

（3）组织会计部门是否建立了流程，以适应会计准则的重大变化，当组织业务操作发生变化并影响交易记录流程时，是否及时通知会计部门。

（三）控制活动

控制活动是组织通过政策和程序所采取的行动的总称，这些政策和程序有助于确保管理层有关降低影响目标实现风险的指令落到实处。控制活动存在于组织的各个层级、业务活动的各个阶段，以及整个信息环境。它们既可以是预防性的，也可以是发现性的；既可能采取手工方式，也可能采取自动化方式。常见的控制活动包括授权审批、验证、核对、绩效考评等等。职责分离在内部控制的设计和执行过程中被广泛使用，在无法做到职责分离的情况下，管理层则会选择其他一些替代活动。

内部控制审计中，内部审计人员应当关注组织的控制活动要素是否能够满足以下原则：一是组织选择并设计了能够将影响目标实现的风险降低至可接受水平的控制活动；二是组织选择并设计了能够支持目标实现的针对信息技术的一般控制活动；三是组织通过制定需要的政策和将政策付诸实施的程序来部署控制活动。

内部审计人员对控制活动的审查，主要关注组织实施的以下方面控制措施。

1. 不相容职务分离控制

不相容职务分离控制要求组织全面系统地分析、树立业务流程中所涉及的不相容职务，实施相应的分离措施，形成各司其职、各负其责、相互制约的工作机制。

具体来说，针对不相容职务分离控制，内部审计人员应当关注：

（1）可行性研究与决策审批是否相分离；

（2）业务执行与决策审批是否相分离；

（3）业务执行与审核监督是否相分离；

（4）会计记录与业务执行是否相分离；

（5）业务执行与财产保管是否相分离；

（6）财产保管与会计记录是否相分离。

2. 授权审批控制

授权审批控制要求组织按照授权审批的相关规定，明确各岗位办理业务和事项的权限范围、审批程序和相应职责。组织内部各级管理人员必须在授权范围内行使职权和承担责任；业务经办人员必须在授权范围内办理业务。完善的授权审批控制有助于明确权利和义务，层层落实责任、层层把关，最大限度避免风险发生。

具体来说，针对授权审批控制，内部审计人员应当关注：

（1）授权控制是否具有充分的依据，做到了依事不依人，授权者对下级的授权是否在自己的权限范围内，是否建立了针对授权的监督保障机制；

（2）是否存在越权审批、随意审批的情况；

（3）审批和授权是否采取了适当的书面形式。

3. 会计系统控制

会计系统控制是指利用记账、核对、岗位职责落实和职责分离、档案管理、工作交接程序等会计控制方法，确保组织会计信息真实、准确、完整。健全有效的会计系统控制要求组织严格执行国家统一的会计准则制度，加强会计基础工作，明确会计凭证、会计账簿和财务会计报告的处理程序，保证会计资料真实完整。

具体来说，针对会计系统控制，内部审计人员应当关注：

（1）组织管理层是否依据具体情况选择了适当的会计准则和相关会计制度；

（2）会计政策的选择是否适当，变更会计政策是否有合理的理由；

（3）会计估计的确定是否合理；

（4）文件和凭证控制措施是否健全，是否对经济业务进行适当记录并且对相关凭证进行连续编号；

（5）会计档案的保管是否妥当；

（6）是否依法设置了会计机构，配备了合格的会计人员；

（7）是否建立了适当的会计岗位制度。

4. 财产保护控制

财产保护控制要求组织建立财产日常管理制度和定期清查制度，采取财产记录、实物保管、限制接近、定期盘点、账实核对等措施，确保财产安全。

具体来说，针对财产保护控制，内部审计人员应当关注：

（1）是否建立了财产档案，全面及时地反映财产的增减变动；

（2）是否建立了对财产的实物保管制度，严格限制未经授权人员接触资产；

（3）是否建立了定期或者不定期的财产盘点清查制度。

5. 预算控制

预算控制要求组织实施全面预算管理制度，明确各责任单位在预算管理中的职责权限，规范预算的编制、审定、下达和执行程序，强化预算约束。

内部审计人员应当关注预算管理中的下列风险：一是不编制预算或预算不健全，可能导致组织经营缺乏约束或盲目经营；二是预算目标不合理、编制不科学，可能导致组织资源浪费或发展战略难以实现；三是预算缺乏刚性、执行不力、考核不严，可能导致预算管理流于形式。

具体来说，针对预算控制，内部审计人员应当关注：

（1）组织是否建立和完善了预算编制工作制度，明确编制依据、编制程序、编制方法等内容，确保预算编制依据合理、程序适当、方法科学，全面预算是否按照相关法律法规及组织章程的规定报经审议批准，并以文件形式下达执行；

（2）预算执行是否严格，确需调整预算的，是否履行严格的审批程序；

（3）是否建立了严格的预算执行考核制度，对各预算执行单位和个人进行考核，切实做到有奖有惩、奖惩分明。

6. 运营分析控制

运营分析控制要求组织建立运营情况分析制度，经理层综合运用生产、购销、投资、筹资、财务等方面的信息，通过对比分析、比率分析、趋势分析、因素分析、综合分析等办法，定期开展运营情况分析，发现存在的问题，及时查明原因并加以改进。

具体来说，针对运营分析控制，内部审计人员应当关注：

（1）组织采用的运营分析方法是否恰当；

（2）是否根据发现的问题查找原因；

（3）是否在分析问题、查找原因的基础上提出改进的措施。

7. 绩效考评控制

绩效考评控制要求组织建立和实施绩效考评制度，科学设置考核指标体系，对组织内部各责任单位和全体员工的业绩进行定期考核和客观评价，将考评结果作为确定员工薪酬以及职务晋升、评优、降级、调离、辞退等的依据。

具体来说，针对绩效考评控制，内部审计人员应当关注：

（1）考核主体与客体是否恰当；

（2）考核评价的目标是否明确；

（3）考核评价指标是否科学合理；

（4）考核评价标准是否适当；

（5）考核评价方法是否科学合理；

（6）考核结果是否公正。

8. 合同管理控制

合同管理控制是指组织通过梳理合同管理的整个流程，分析关键风险点，采取有效措施，将合同风险控制在组织可以接受范围内。

内部审计人员应当关注合同管理控制中的下列风险：一是未订立合同、未经授权对外订立合同、合同对方主体资格未达要求、合同内容存在重大疏漏和欺诈，可能导致组织合法权益受到侵害；二是合同未全面履行或监控不当，可能导致组织诉讼失败、经济利益受损；三是合同纠纷处理不当，可能损害组织利益、信誉和形象。

具体来说，针对合同管理控制，内部审计人员应当关注：

（1）组织是否建立了分级授权的合同管理制度；

（2）是否实行统一归口管理；

（3）各业务部门作为合同的承办部分是否明确职责分工；

（4）是否建立健全了合同管理考核与责任追究制度，开展合同后评估。

（四）信息与沟通

信息对于组织通过落实内部控制责任来支持其目标实现非常必要。管理层从内部或者外部获得或者生成并利用相关的、高质量的信息来支持内部控制的其他组成部分发挥作用。沟通则是持续性的，是提供、分享和获得必要信息的过程。内部沟通是信息在组织内部自上而下、自下而上传递的方式，它可以使员工从管理层接收到必须严肃对待控制责任这样明确的信息。外部沟通有双重作用，它既能够将相关的外部信息传递到组织内部，也可以为外部各方提供符合其要求和期望的信息。

内部控制审计中，内部审计人员应当关注组织的信息与沟通要素是否能够满足以下原则：一是组织获得或生成并利用相关的、高质量的信息来支持内部控制发挥作用；二是组织在内部沟通为支持内部控制发挥所必需的信息，包括内部控制目标和责任；三是组织与外部各方沟通能够影响内部控制发挥作用的事项。

对信息与沟通要素进行审查时，内部审计人员应当分别考虑信息与沟通两个方面的内容。

信息分为内部信息和外部信息。内部信息包括管理层建立的记录及报告经营业务与事项，维护资产、负债和所有者权益的办法与记录。外部信息包括市场占有率、法律法规和顾客反馈等信息。信息产生于组织信息系统，信息系统产生包含有关运营、财务和合规性的信息，帮助管理层经营和控制公司。

沟通应当使员工了解其职责，并能保持其对财务报告的控制。它包括使员工了解其在会计系统中的工作，如何与他人联系，如何向上级报告例外情况。沟通的方式主要有组织规章制度、财务制度、备查簿以及口头交流和管理示例等。

内部审计人员对信息与沟通要素审查的重点包括：

1. 内部信息传递

（1）内部报告系统是否功能安全、内容完整；

（2）向适当人员提供的信息是否充分、具体和及时，使之能够有效履行其职责；

（3）是否明确内部信息传递的内容、保密要求及密级分类、传递方式、传递范围以及各管理层级的职责权限等，对不恰当事项和行为是否建立了沟通渠道。

2. 信息系统

（1）信息系统的开发及变更是否与组织战略计划相适应；

（2）管理层是否提供适当的人力和财力以开发必需的信息系统；

（3）是否建立了严格的用户管理制度；

（4）是否建立了系统数据定期备份制度；

（5）是否对信息系统进行了安全策略的保护。

3. 财务报告

（1）是否按照国家统一的会计准则制度规定进行会计记录和财务报告的编制；

（2）是否定期进行收入、费用、成本、资产、负债、现金流量等的财务分析，并传达给有关管理层。

（五）监督

持续评估、个别评估以及二者的结合可以确保内部控制的五个要素符合一定的控制原则，设置齐备并发挥作用。纳入组织各个层级业务工作的持续评估可以提供各种及时的信息。而定期实施的个别评估，则根据风险评估、持续评估的有效性，以及管理层其他方面的考虑而变化。评估之后，通过与政策制定者、规则制定机构、管理层或者董事会的标准进行比较，来获得一些发现，并与管理层和董事会沟通控制缺陷。

内部控制审计中，内部审计人员应当关注组织的监督要素是否能够满足以下原则：一是组织通过选择、设计并执行持续的或者个别的评估，来查明内部控制各组成部分是否健全并发挥作用；二是组织及时地向有责任对内部控制采取纠正措施的各方，包括高级管理层和董事会，评估并沟通内部控制的缺陷。

内部审计人员对监督要素审查的重点包括：

（1）组织对经营业绩是否进行监督；

（2）组织是否进行定期的内部控制评价；

（3）组织管理层是否会采纳监督人员的建议，及时纠正控制运行中的偏差；

（4）组织是否建立协助管理层进行监督的职能部门（特别是监事会、审计委员会和内部审计部门等）。

第三节　内部控制审计的方法

内部审计人员在实施内部控制审计时，可以结合实际情况，综合采用个别访谈、调查问卷、专题讨论、穿行测试、实地查验和抽样等各种审计方法，收集能够证实内部控制设计和运行有效性的充分适当的审计证据。

一、个别访谈法

个别访谈法是指内部审计人员与被审计单位某管理人员或者其他相关人员单独面对面地直接进行交谈，以获取有用信息的方法。主要用于了解组织内部控制的设计和运行现状，在调查了解企业整体层面和具体业务层面的内部控制过程中被广泛运用。

个别访谈法具有很好的灵活性和适应性，对内部审计人员获取广泛信息，发现重要业务事项、高风险领域、内部控制薄弱环节等非常有用。运用这一方法时应当注意以下问题：

一是确定访谈对象。选择的访谈对象应包括管理人员与非管理人员，尤其是那些管理者想极力掩盖问题的单位，更应重视对非管理人员的询问。

二是设计好访谈提纲。内部审计人员应当围绕访谈目标和已经掌握的情况，提前设计好访谈提纲，询问的内容应该明确、具体，让访谈对象易于理解、便于回答。

三是把握访谈技巧。包括注意访谈对象的行为举止，先询问经验性问题，不要表明内部审计人员的观点等。内部审计人员可以向多个访谈对象询问同一个问题，获取相互印证的证据，从而提升证据的可靠性。

四是做好访谈记录。内部审计人员应对访谈内容认真做好记录，简明准确，并取得访谈对象的确认。

二、调查问卷法

调查问卷法是指内部审计人员按照内部控制设计和运行的一般要求，考虑理想的控制模式，将需要调查的全部内容以提问的方式列出并制成固定式样的表格，然后交由被审计单位回答，以此来了解和测试内部控制的一种方法。调查问卷法适用于从总体上了解内部控制，不太适合具体业务层面的内部控制调查，也难以单独通过调查问卷结果形成审计评价结论。

调查问卷法的优点是调查范围明确，问题突出，容易发现被审计单位内部控制中存在的缺陷和薄弱环节；设计合理的标准调查问卷表，可广泛适用于同类型单位，从而减少内部控制审计的工作量；调查问卷可由若干人分别同时回答，有助于保证调查效果。该方法的缺点是反映问题不全面，仅限于被调查事项的范围；调查问卷如果仅要求做出"是"或"否"的回答，难以反映被评价事项的具体情况和存在问题的程度；标准格式的调查问卷缺乏弹性，难以适用于各类型被审计单位，有时往往会因"不适用"的回答太多而影响调查效果。

运用调查问卷法时应当注意以下问题：

一是合理确定调查对象和范围。调查结果的可靠性与调查对象数量和回收到的问卷多少正相关。因此，在项目资源可行和必要的情况下，应抽取尽可能多的能够代表总体的样本进行调查。如果将样本分层，结果会更好。调查对象应尽可能包括被审计单位不同层级的员工（从高层管理者到底层员工）。

二是科学设计调查问卷。调查问卷设计得是否得当是该方法运用得当的关键。调查问卷要有明确的主题，重点突出、结构合理、逻辑性强，问题通常采用先易后难、先简后繁、先具体后抽象的排列顺序，题目尽量通俗易懂、简单易答，并将问卷长度控制在一定范围内。

三是确定调查的时间和频率。调查问卷法可能花费大量时间。调查对象需要时间回答问题，如果他们不作答，则有必要采取进一步行动并获取更多反馈。同样，统计调查结果，特别是包含开放式问题的答案时，也会花费很多时间。

四是考虑调查的模拟测试。通过模拟测试，再对问卷进行必要的修改，将会提高回答率并得到更可靠有效的结果。

三、专题讨论法

专题讨论法是指内部审计人员通过召集被审计单位内部或者外部的专业人员，就内部控制设计或运行中的具体问题进行分析讨论的方法。专题讨论法既可以作为内部控制审计评价的手段，也可以作为认定内部控制缺陷的途径。

专题讨论法有利于集思广益，深入研讨相关主题，找出解决问题或者评价问题的办法。某一座谈者的发言，能对其他参加者提供启发，对讨论主题在看法、感情、态度等方面做出连锁反应，表达出自己的想法和认知。

专题讨论法一般根据事先准备好的讨论项目或讨论顺序进行。在具体操作时，除由 1~2 位主持人主持讨论外，还可用录音机或摄像机等记录讨论内容，以备会后分析。

内部审计人员运用专题讨论法时应注意以下几个问题：

一是选择适当的参会人员。参加讨论会的人员应当具备与所要讨论专题相关的知识和经历，能够就该专题展开讨论。

二是讨论会主持人应注意控制会场气氛、把握讨论节奏，引导参会人员按照既定程序、围绕专题发言，既不要让发言者偏离主题，又不要使他们感到受限制而不愿畅谈感想。

三是讨论会主持人要尽量使每位参会者都能发言，且每人发言次数尽可能平均。

四、穿行测试法

穿行测试法是指在内部控制系统中任意选取一笔交易作为样本，追踪该交易从最初起点一直到最终在财务报表或其他经营管理报告中反映出来的过程，即该流程从起点到终点的全过程，以此来了解整个业务流程状况，识别出其中的关键控制环节，评估相关控制设计与运行的有效性。例如，为了审查采购内部控制设计和运行的有效性，内部审计人员可以选取一笔或若干笔材料采购业务，依据"请购单→订货→签订合同→验收入库→库存保管→核准发票→付款→记账"的业务流程，对整个采购程序进行详细检查，以确定材料采购各个环节的实际执行情况是否与其所了解的内部控制一致。

穿行测试法既可以帮助内部审计人员熟悉和理解业务流程，判断识别容易发生错报的关键点，也可以验证确认的控制（包括关键控制和一般控制）是否被有效执行，执行后能否有效防范风险。

穿行测试法的关键在于选取适当的样本。内部审计人员应当注意，样本应由内部审计人员自己确定，样本一经确定就不要更换。样本应贯穿业务流程全过程，应针对交易的不同性质、不同审批权限抽取不同的样本，同时，结合制度规定的每种情况，在每种情况中各抽取一种进行测试，样本材料获取可以从财务资料中选取，也可以从其他业务部门取得。

五、实地查验法

实地查验法是观察法的一种具体形式，是指内部审计人员对被审计单位进行实地考察，如对财产进行盘点、清查，对存货出、入库等控制环节进行现场查验，以检查设定的控制措施是否得到严格执行的一种方法。实地查验法主要针对业务层面的内部控制。

该方法适合测试实物控制、职务分离等不留线索的控制，比如内部审计人员实地察看存货仓库，判断仓储物资是否按要求的储存条件贮存，除存货管理部门及仓储人员以外的其他部门和人员是否可以接触存货等；

内部审计职业教育系列丛书

也可以测试诸如材料验收、门卫检查等控制措施执行的到位程度，比如内部审计人员实地观察材料的验收程序，检查相关人员是否按内部控制规定的程序执行。

内部审计人员最好采用突击的形式执行实地查验程序，从而取得比较理想的效果。实地查验过程中，可以由被审计单位管理人员（或协调人）陪同，介绍有关制度，内部审计人员结合实际来判明相关内部控制的优劣状况和有效程度。

六、抽样法

抽样法是指针对具体的内部控制业务流程，按照业务发生频率及固有风险的高低，从确定的抽样总体中抽取一定比例的业务样本，对业务样本的符合性进行判断，进而评价业务流程控制运行的有效性。

采用抽样法应注意以下问题：

一是确定样本对象。样本对象是审计检查的具体对象，同一事项其留有痕迹的样本往往有多种选择，在检查时如何确定样本对象，需要一定的职业判断。样本对象应是与检查对象最直接相关的记录；应选择比较容易检查的样本记录；选择的样本对象总体应该完整，不能出现样本漏项现象；样本对象能够反映其原始面貌及痕迹，被审计单位难以进行修改、修饰。

二是确定抽查的样本量。样本量的确定是一个技术难题，适当的样本量既能减少工作量，提高效率，又能规避重大审计风险，达到审计目标。确定样本量时应当考虑的原则包括：简单易行、便于操作；科学测算，审计风险受控；统筹考虑、兼顾行业，在集团层面考虑并结合行业差异确定标准样本量；考虑效率与效果的有机结合。

三是确定样本抽取方法。抽样分为统计抽样、非统计抽样以及二者相结合的抽样方法。检查中将统计抽样与非统计抽样结合使用比较适当，一般内部审计人员运用随机抽样法，对于有丰富经验的内部审计人员，运用分时段、分层选样方法。

第四节　内部控制审计中应注意的问题

本节将重点论述内部控制审计中应当注意的三个问题，包括内部控制审计的两个层面，如何认定内部控制缺陷，以及如何对信息系统内部控制进行审计。

一、内部控制审计的两个层面

完整的内部控制框架应当包括组织整体层面的内部控制和具体业务层面的内部控制。因此，内部审计机构或内部审计人员实施内部控制审计时，应当从组织整体层面和具体业务层面两个层面来对内部控制设计和运行的有效性进行审查和评价。

（一）组织整体层面的内部控制审计

组织整体层面内部控制审计主要审查和评价的是对组织有普遍性影响的内部控制的设计和运行的有效性。

内部审计人员通过对组织整体层面内部控制的审计，可以综合评价组织整体内部控制的现状、问题和发展趋势，并为组织管理层从内部控制的视角提供相关经营活动的信息和改善相关经营的契机；可以加强内部控制信息在整个组织中的沟通，促进公司治理、预算管理等制度安排的协同以及功能的互补，并在内部控制方面为其他部门和机构提供咨询及建议；可以促使组织所有部门及全体人员认识和理解建立内部控制的重要性；还可以发现组织整体层面内部控制之中可能存在的不足，而这些不足可能直接导致具体业务流程方面的内部控制缺陷。此外，组织整体层面内部控制审计的结果，可以帮助内部审计人员在对具体业务活动内部控制开展审计时确定审计方向、明确审计重点提供依据。

1. 组织整体层面内部控制审计的内容

组织内部控制由控制环境、风险评估、控制活动、信息与沟通、监督五个要素构成。这五个要素相互关联，其中，控制环境是其他控制要素的基础，没有良好的控制环境，再健全的内部控制措施也不可能有效执行；在设计控制活动时，必须对组织可能面临的风险进行详细的分析和管理；风险管理和控制活动必须借助于信息与沟通；内部控制的设计和执行必须要受到有效的监督。

内部审计人员对组织整体层面内部控制的审计，主要涉及上述五个要素中的四个，即控制环境、风险管理、信息与沟通、监督。控制活动虽然与这四个要素密切相关、相互作用，但是这些具体的控制活动更多的是与组织具体业务层面的控制相联系，是组织具体业务流程控制目标得以实现的保证，难以与组织具体业务流程相分离，因此将与具体业务层面控制联系比较紧密的控制活动要素划归到组织具体业务层面的内部控制审计中。

2. 组织整体层面内部控制审计的程序

组织整体层面内部控制审计可以分为三个步骤：

一是调查了解组织整体层面内部控制的每一个要素，将各个要素的具体构成要素进行分解和界定，形成内部控制测试的计划。

二是依据测试计划进行内部控制测试，评价各个具体控制要素内部控制设计和运行的有效性。

三是依据测试结果对组织整体层面的内部控制进行评价。

3. 组织整体层面内部控制审计的方法

内部审计人员通常可以运用以下程序了解组织整体层面内部控制：一是询问适当人员，二是观察控制的运行，三是检查相关文件。

对组织整体层面内部控制进行了解和测试，其方法在性质、时间和范围上都可能因组织的规模、业务复杂程度和以往审计经验不同而有所差异。通常，内部审计人员可以通过检查相关文件（如管理层月报、中期财务报表、会议纪要等）来证实董事会、经理层的陈述，但需要注意的是，与组织整体层面内部控制相关的审计证据可能不以文件形式存在，这在不太复杂的组织更为常见，这种情况下，内部审计人员应当更多地通过询问和观察来实施组织整体层面内部控制的审计。

（二）组织具体业务层面的内部控制审计

组织内部控制活动，更多地体现在产、供、销等具体业务活动中，对内部控制设计和运行有效性的审查和评价，除了要从组织整体层面进行把握外，还要从具体业务层面进行把握，这样才能进一步获得充分适当的审计证据，得出更加科学合理的审计结论，为组织内部控制的进一步完善提供更加有益的建议。

1. 组织具体业务层面内部控制审计的内容

组织具体业务层面内部控制审计的内容主要是相关业务的控制活动。组织所处行业不同，业务活动也存在很大差异。以传统生产型企业为例，企业具体业务层面的内部控制主要包括：销售与收款循环内部控制、采购与付款业务循环内部控制、生产与存货业务循环内部控制、工薪与人事循环内部控制、货币资金内部控制、投资与投资循环内部控制等等。针对各个业务循环的内部控制，都可以分为具体的控制活动目标、控制方式和业务控制流程等几个方面。

2. 组织具体业务层面内部控制审计的程序

组织具体业务层面内部控制审计的程序可以分为以下几个步骤：一是调查了解某个业务循环内部控制的具体情况；二是通过绘制流程图、进行文字说明等方式对调查了解情况进行记录，必要时执行穿行测试以验证对业务循环内部控制调查了解的记录是否与实际情况一致；三是执行内部控制测试；四是对内部控制设计和运行的有效性进行评价。

3. 组织具体业务层面内部控制审计的方法

内部审计人员在实施组织具体业务层面内部控制审计时，特别是在实施控制测试时，常用的审计方法包括询问、观察、检查和重新执行等。

二、内部控制缺陷的认定

内部控制缺陷是内部控制在设计和运行过程中存在的漏洞，这些漏洞将不同程度地影响内部控制的有效性，影响控制目标的实现。由于衡量内部控制有效性的关键步骤是查找内部控制在设计或者运行过程中是否存在重大缺陷，因此对内部控制缺陷的评估与认定是内部控制审计的重点。

（一）内部控制缺陷的定义和分类

如果某项控制的设计或者运行不能及时预防、发现或纠正财务报表错报、业务经营中的错误等，则表明内部控制存在缺陷。如果组织缺少用以及时预防、发现或纠正财务报表错报和业务经营错误的必要控制，也表明存在内部控制缺陷。

1. 按照内部控制缺陷的成因分类

按照内部控制缺陷的成因，可以将内部控制缺陷分为设计缺陷和运行缺陷。

设计缺陷是指组织缺少为实现控制目标所必需的控制措施，或现存控制设计不当，即使正常运行也难以实现控制目标。

运行缺陷是指设计有效（合理而适当）的内部控制由于运行不当（包括由不恰当的人执行、未按设计的方式运行、运行的时间或频率不当、没有得到一贯有效运行等）而影响控制目标的实现所形成的内部控制缺陷。

存在设计缺陷和运行缺陷，都会影响内部控制的有效性。

2. 按照内部控制缺陷的严重程度分类

按照内部控制缺陷的严重程度，可以将内部控制缺陷分为重大缺陷、重要缺陷和一般缺陷。

重大缺陷是指一个或多个内部控制缺陷的组合，可能导致组织严重偏离内部控制目标。

重要缺陷是指一个或多个内部控制缺陷的组合，其严重程度和经济后果低于重大缺陷，但仍有可能导致组织偏离内部控制的目标。

一般缺陷是指除重大缺陷、重要缺陷以外的其他缺陷。

3. 按照缺陷影响的内部控制目标分类

按照缺陷影响的内部控制目标分类，可以将内部控制缺陷分为财务报告内部控制缺陷和非财务报告内部控制缺陷。

财务报告内部控制缺陷是指内部控制缺陷可能导致内部控制无法及时预防、发现或者纠正财务报表的错报，即可能导致影响组织财务报告相关的内部控制目标的实现。

非财务报告内部控制缺陷指内部控制缺陷可能导致内部控制无法及时预防、发现或者纠正除财务报表错报之外的其他业务经营错误，即可能导致影响组织非财务报告相关的内部控制目标的实现。这类缺陷包括战略内部控制缺陷、经营内部控制缺陷、合规内部控制缺陷、资产内部控制缺陷等等。

(二) 内部控制缺陷的认定标准

对内部控制缺陷的认定是对内部控制缺陷的重要程度进行识别和确认的过程，即判断一项缺陷属于重大缺陷、重要缺陷还是一般缺陷的过程。内部控制的缺陷，尤其是重大缺陷，代表着内部控制的薄弱环节，是组织健全完善内部控制的重点，对于这些缺陷，内部审计人员应当在内部控制审计报告中加以反映，并提出改善相关内部控制的建议。在内部审计人员实施后续审计时，应当对已经认定为重大缺陷的控制的改进情况进行重点关注。

以下将区分财务报告内部控制缺陷和非财务报告内部控制缺陷，分别阐述内部控制缺陷的认定标准。

1. 财务报告内部控制缺陷的认定标准

财务报告内部控制缺陷的认定标准直接取决于由于该内部控制缺陷的存在，可能导致的财务报告错报的重要程度。这种重要程度主要取决于两个方面的因素：一是该缺陷是否具备一定可能性导致内部控制不能及时预防、发现并纠正财务报告错报；二是该缺陷单独或连同其他缺陷可能导致的潜在错报的金额大小。

基于上述考虑，如果一项内部控制缺陷单独或者连同其他缺陷具备一定可能性，导致不能及时预防、发现或者纠正财务报告中的重大错报，就应当将其认定为重大缺陷。如果一项内部控制缺陷单独或连同其他缺陷具备一定可能性，导致不能及时预防、发现或者纠正财务报告中错报的金额虽然为达到和超过重要性水平，但仍应引起董事会和管理层的重视，就应当将该项缺陷认定为重要缺陷。除了上述缺陷外的内部控制缺陷，应认定为一般缺陷。

需要说明的是，内部控制缺陷的严重程度并不取决于是否实际发生了错报，而是取决于该项控制不能及时预防、发现或纠正潜在错报的可能性。即只要存在这种可能性，不论组织财务报告是否发生了错报，都应认定财务报告内部控制存在缺陷。

2. 非财务报告内部控制缺陷的认定标准

非财务报告内部控制缺陷的认定具有涉及面广、认定难度较大的特点，因此很难形成统一的认定标准。组织可以根据自身的实际情况，参照财务报告内部控制缺陷的认定标准，合理确定非财务报告内部控制缺陷的定量和定性认定标准。

定量标准（即涉及金额的大小）既可以根据缺陷造成的直接财产损失的绝对金额制定，也可以根据缺陷的直接损失占本组织资产、销售收入或利润等的比例确定。

定性标准（即涉及业务性质的严重程度）可以根据其直接或潜在负面影响的性质、范围等因素确定。

（三）内部控制缺陷的认定程序

内部审计人员对内部控制缺陷的认定是一个持续的职业判断过程，以下程序可供内部审计人员借鉴：

（1）分析某一审计发现是属于偶然孤立事件还是系统性重复发生事件，如果是后者，初步判断该审计发现是否属于内部控制缺陷。

（2）判断某项内部控制缺陷属于财务报告内部控制缺陷还是非财务

报告内部控制缺陷。

（3）如果属于财务报告内部控制缺陷，则判断该项缺陷是否存在合理的可能性导致财务报告错报，并运用重要性水平判断该项缺陷（或者缺陷的汇总）可能导致的错报是否对财务报告造成重大影响。

（4）无论财务报告内部控制缺陷还是非财务报告内部控制缺陷，都要判断是否存在有效运行的可以预防或发现重大错报或者重大错误的补偿性措施，如果存在，则不能认定是重大或重要缺陷。

（5）如果不存在补偿性措施，则要综合各种定性和定量的认定标准，判断缺陷（或汇总缺陷）的重要程度是否足以引起管理层和治理层的重视，从而认定是否属于重大缺陷或重要缺陷。

三、信息系统内部控制审计

随着信息技术的迅猛发展，信息系统正广泛深入地应用到组织管理的各个方面，使得包括内部控制在内的诸多管理活动在形式上发生了重大变革。信息系统大大提升了信息质量和管理活动效率，但是同时，信息系统本身以及依托于信息系统的业务活动也会产生巨大的风险。例如信息系统环境下，口令授权方式代替传统授权方式，口令一旦失控会给组织带来巨大损失；电子信息处理缺乏可视痕迹，信息系统的整合使得错误的发生产生辐射影响等。为了防止这些风险，内部审计人员要特别考虑如何实施基于信息系统的内部控制审计。

以下分别从一般控制和应用控制两个方面来简述信息系统内部控制审计应注意的问题。

（一）信息系统一般控制审计

信息系统一般控制审计的内容是对整个信息系统具有普遍影响的控制。内部审计人员首先要对信息系统的一般控制进行调查了解，并在此基础上进行一般控制的测试和评价。

1. 对信息系统一般控制的调查了解

内部审计人员对于信息系统一般控制进行调查了解的目的，在于掌握有关信息系统组织架构的情况、资源规划和使用的安排以及安全和应急计划等政策程序。对于信息系统一般控制的了解，可以帮助内部审计人员初步评估系统控制是否恰当，是否需要进行下一步更为详细的控制测试和评价。

通常，内部审计人员可以通过如下工作了解信息系统一般控制的基本情况：

（1）通过与信息系统管理者初步讨论，取得信息系统环境的信息；

（2）审阅组织机构图，确定恰当的职责分离是否确实存在，与信息系统管理员探讨可能存在的部门冲突；

（3）取得关键信息系统人员的岗位说明书，审阅这些说明书中是否包含了充分适当的任职资格、任务界定以及工作职责，确保安排专人负责信息系统安全和信息系统控制；

（4）询问是否安排有关人员更新相关政策和流程，对员工实施信息系统培训，监督员工对信息系统控制的遵循；

（5）确保新系统开发或程序生成系统的重大改进都采用了规范的方法，并在每个阶段得到正式批准；

（6）审阅信息系统预算和实际支出及实际取得的绩效之间的差异，分析产生差异的原因；

（7）根据信息系统设备的配置和软件参数的变更，审核运行和维护网络的程序是否发挥作用，确保分配和维护网络配合的程序定期执行，并在恰当的变更管理控制之下。

2. 对信息系统一般控制的测试和评价

在对信息系统一般控制有了初步了解之后，内部审计人员需要对信息系统一般控制进行测试和评价。这些控制测试涉及系统操作的各个方面，比如系统编程、通信控制和数据库管理，并需要对程序库、数据库等进行控制测试。

由于信息系统一般控制的测试和评价需要信息系统的审计技术和经验，因此需要由熟悉信息系统控制和程序的内部审计人员完成。

通常，信息系统一般控制测试和评价的内容主要包括以下方面：

（1）检查信息系统主要设备的放置环境的安全可控；

（2）检查信息系统主要操作设备的程序安全性和物理安全性；

（3）检查信息系统设备的维护记录，确保物理控制和环境控制得到定期检测与维护；

（4）检查软件生成作业程序，实际与计划生成作业是否吻合；

（5）检查操作系统编程时是否使用了优先级代码；

（6）检查操作人员是否不得执行编程任务或者运行未经授权的作业；

（7）检查信息系统日志文档，评价信息系统的不当使用情况；

（8）检查所有信息系统突发事件的处理行为都得到恰当的记录并已提交给相应的管理者审核；

（9）判断系统是否能够自动记录所有系统行为，即所有运行的任务和作业、所有程序的返回、程序的非正常终止、操作员输入的命令和数据都被记录；

（10）检查计算机行为日志是否定期审核，信息系统是否能够检测出未记录的行为并进行记录；

（11）检查信息系统人员是否负责审核输出控制，评价这些控制审核是否得到执行。

（二）信息系统应用控制审计

1. 信息系统应用控制审计对象的选择

尽管信息系统的所有关键应用控制都应当定期进行审计，但是一般情况下，内部审计部门没有精力和资源对所有信息系统应用控制进行定期审计。因此内部审计人员应当选择一些较为重要的应用控制进行审计。

信息系统应用控制审计对象的确定应当建立在对信息系统一般控制审计的基础上。此外，内部审计人员还应考虑以下几个方面的要求：

内部审计职业教育系列丛书

一是管理层的要求，比如管理层可能发现在销售分析报告中不断出现数据错误，怀疑是数据源错误造成的，因此会要求内部审计人员对涉及销售的应用控制进行审计。

二是新应用程序实施前的要求，很多情况下，管理层要求内部审计人员在新软件投入使用之前参与审计该应用程序，以评价该程序的效果。

三是相关法规的要求，如果相关法规要求组织实施内部控制评价，而管理层授权内部审计部门实施，那么作为组织整体内部控制评价的一部分，内部审计人员应当对相关信息系统应用控制进行审计。

2. 信息系统应用控制的测试与评价

确定了信息系统应用控制审计对象以后，内部审计人员就需要了解应用程序的目标、所使用的系统技术方法以及和该应用程序相关的其他自动化过程或重要处理过程。在此基础上，内部审计人员应对应用程序实施穿行测试，以更好地理解其运作机理和控制运行方式。

（1）确定应用控制审计的目标。这些目标包括：是否所有交易都能在应用程序的输出文档或者报告中追踪到；程序是否发挥作用，从而筛选程序处理错误，改正或清除错误，或者进行恰当的重新处理；如果该应用程序接受来自其他程序的输出，或者向其他程序提供输入，则需要对中间过程的交易和记录数进行控制；应用程序中的金额或者数字是否准确计算；应用程序是否遵循了有关法规或会计准则；如果应用程序在运行中使用了表格数据，这些表格文本是否可变、安全并定期更新；应用程序是否受到恰当的实务或者逻辑安全控制的保护；是否提供开发人员或者用户层面的应用程序文本，以描述关键的处理过程；关键文本的备份程序是否恰当并发挥作用，以应对突发事件，是否定期测试应急计划；应用程序的处理性能是否符合其他信息系统的相关标准。

（2）了解应用程序的关键要素。内部审计人员可以从以下文本中获取相关信息：一是系统开发方法初始化文本；二是功能设计说明书；三是程序更改历史记录；四是用户文本；五是过去审计工作底稿。

（3）执行应用程序的穿行测试。穿行测试的主要目的是验证内部审计人员对应用程序的认识和了解是否属实，同时，也可以通过样本初步测试应用控制。

穿行测试的基本步骤包括：

一是总体理解应用程序及其输入和输出，以及需要手工干预的步骤。

二是对于有大量步骤需要手工进行的应用程序，选择一个交易样本，按照正常的生产循环进行操作，同时需要记录交易的数字等信息。

三是每个步骤中都观察所选交易的处理过程，注意该作业的下一个系统业务，以及进一步的系统输出或者因为有意识的错误而被驳回的处理。

四是追踪所选的交易在整个应用程序中的每一步，注意有无异常情况。

五是与管理人员讨论发现的异常情况或者意外难题，记录内部控制状态。

虽然穿行测试可以部分确认应用程序是否按照预先设定运行，但是这种方法不能取代对应用控制的进一步测试。

（4）信息系统应用控制的测试与评价。内部审计人员测试和评价信息系统应用控制的主要内容包括：

一是核对关键文本。内部审计人员可以运用计算机辅助审计技术（CAAT）测试数据文本是否和打印出的报告结果一致，并利用 CAAT 软件重新计算关键文本数值。

二是测试关键应用程序的运算。运用交易样本，确定结果与合计数是否和预期一致。

三是运行适用于审计的特殊更新。准备好一套涉及应用程序各个方面的测试交易，然后运行特殊的更新，审查控制程序的更新结果，以及处理过程的正确性。

四是计算交易总额。使用交易总额的运算处理程序，独立核实总额的正确性。

五是应用系统的逻辑安全性测试。审核嵌入应用程序的安全设置水平，确定相关人员是否得到适当授权。

六是文本控制。对关键文本记录的控制进行测试，以确定更新处能够追溯到源头。

七是未经授权的改动。通过计算总字数和其他控制方法，确定使用的程序库是否和文本记录中的一致。

八是应急计划条款。依照审计风险的不同，对应急计划的设置进行审核，特别要注意新的应急状况的测试结果。

本章小结

内部审计工作中的内部控制审计，是指内部审计机构对组织内部控制设计和运行的有效性进行的审查和评价活动。随着组织内外部对加强内部控制和风险管理需求的不断提高，内部控制审计已经日益成为一种重要的内部审计业务类型。与内部控制评价、注册会计师内部控制审计以及内部控制测评等对内部控制进行检查评价的活动相比，内部控制审计在工作目标、重点和方式方法等方面，都具有自身特点。

内部控制审计服务于内部控制目标的实现，通过健全、优化组织的内部控制并督促其执行，来促进组织完善内部控制，促进组织目标的实现，进而为组织增加价值。内部控制审计主要审查和评价的是内部控制设计和运行的有效性，其审计内容包括控制环境、风险评估、控制活动、信息与沟通、监督等控制要素。

内部审计人员在实施内部控制审计时，可以结合实际情况，综合采用个别访谈、调查问卷、专题讨论、穿行测试、实地查验和抽样等各种方法，充分收集能够证实内部控制设计和运行有效性的审计证据。在审计过程中，内部审计人员还应注意：从组织整体和具体业务两个层面来对内部控制设计和运行的有效性进行评价；要采用适当的标准和程序，合理认定内部控制缺陷。此外，内部控制审计人员还应掌握对于信息系统一般控制和应用控制进行审计的技术方法。

第七章　风险管理审计

本章提要

　　推进全面风险管理是组织运营的重要内容。为了更好地实现为组织增加价值的目标，内部审计机构将组织的风险管理作为重要关注内容，自觉地将风险管理工作及其效果纳入视野，风险管理审计逐渐成为内部审计机构开展的一项重要业务。本章共分四节，分别介绍了风险管理审计的含义、目标、内容和方法，以及内部审计机构开展风险管理审计应注意的问题。

第一节　风险管理审计概述

　　近些年来，内部审计越来越多地关注组织风险管理活动及其效果。虽然从理论上看，风险管理审计并不是内部审计特有的功能，但实践中由于内部审计机构接触组织管理流程的便利性，以及服务于组织整体战略目标的要求，对风险管理情况进行审查和评价在内部审计领域得以蓬勃发展，最终成为内部审计的业务内容。

一、风险管理审计的含义

　　风险管理审计在我国起步较晚，是在国家有关主管部门和内部职业组织的积极推进下迅速发展起来的。从 2003 年开始，国有企业开始尝试进行企业风险管理和内部控制风险评价工作，该项工作主体以内部审计机构为主。国务院国资委《关于 2009 年中央企业开展全面风险管理工作有关事项的通知》的颁布和《2009 年中央企业全面风险管理报告（模板）》的推出，使原来在企业内部逐渐开展的风险管控工作迅速上升到程序化的高度，客观上也加速了内部审计机构风险管理审计的全面深入开展。

随着风险管理审计实践的不断发展和研究的深化，内部审计专业组织和学者对风险管理和风险管理审计进行了深入研究和讨论，对风险管理审计进行了定义。本书将结合这些定义，对风险管理的含义进行综合分析。

国际内部审计师协会制定的《国际内部审计实务标准框架》第 2120 号要求"内部审计活动必须评估风险管理过程的有效性，并为其改善做出贡献"，并明确指出，确定风险管理过程是否有效是内部审计师对下列事项进行评估后的判断：组织目标支持组织的使命并与其保持一致；重大风险得到识别和评估；选定适当的风险应对方案，并符合组织的风险偏好；获取相关的风险信息并在组织内部及时沟通，以便员工、管理层和董事会履行其相关职责。

美国的特雷德韦委员会的发起组织委员会（以下简称 COSO 委员会）2013 年 5 月 14 日出版的《内部控制整合框架（Internal Control – Integrated Framework）》认为，每个组织都面临着来自内外部的各类风险。风险是潜在事件发生并对组织实现其目标产生负面影响的可能性。风险评估包括了根据组织要实现的目标，动态和反复的识别和评估风险的过程。将整个组织范围的影响目标实现的风险同已经建立的风险容忍度一同考量后，风险评估就为决定如何对风险进行管理打下了基础。较之以前版本，新的 COSO《内部控制整合框架》高度强调了风险对于内部控制有效性的决定性作用。该框架提出，一个有效的内部控制体系将影响组织目标实现的风险降低到可接受的水平，无论这些风险与一个、两个或三个类别的目标相关。这一提法，事实上将通过内部控制加强风险管理的有效性风险作为内部控制的主要目标，突出了内部控制是风险管理的重要手段的本质。

综上，内部审计中的风险管理审计，是指组织的内部审计机构采用系统化、规范化的方法，对该组织的风险管理过程的适当性和有效性进行的审查和评价活动。内部审计关注的风险管理，既包括风险识别和分析，也包括风险评估和溯源，还涉及针对组织风险采取的应对措施等各个方面。因此，内部审计机构和内部审计人员要开展风险管理审计，必须了解风险管理的最佳实务，与通过测试和评价获取的具体情况对比分析，从而找到差距以及产生差距的原因，为组织加强风险管理提出改进意见。

二、风险管理审计与风险导向审计、内部控制审计的联系和区别

（一）风险管理审计与风险导向审计的联系和区别

由于名词上的相近，风险管理审计与风险导向审计（也称风险基础审计）常常被混为一谈，甚至在一些理论研究中，也有人将这两个概念混淆。风险管理审计和风险导向审计都是在全球各组织日益重视并加强风险管理的大背景下应运而生的，但是前者是指内部审计机构针对所在组织的风险管理过程的适当性和有效性进行审查和评价活动，而后者则是20世纪80年代以来，审计组织，特别是注册会计师，为了提高审计效率和降低审计风险，继账项基础审计和制度基础审计两种模式后发展起来的一种新的审计取证模式，它强调将审计风险评估和分析贯穿运用于审计全过程。两者既有联系又有区别。

风险管理审计和风险导向审计的联系主要体现在：

一是审计时都要关注组织的风险管理框架，即风险管理方针、策略和风险评价指标体系等。

二是审计内容基本上都包含对组织风险范围的确定、风险识别、风险评价、风险管理措施和方法、风险处理等方面进行审核。

三是都可以为组织的战略决策提供信息，为组织实现战略目标服务，

为组织增加价值。

风险管理审计和风险导向审计的区别主要体现在：

一是含义不同。风险管理审计是内部审计机构通过对组织风险识别、风险程度的评价等工作的审计，评价风险政策的合理性、措施的适当性以及执行的有效性；而风险导向审计是审计机构和审计人员为了提高内部审计工作的质量和效率，降低审计风险，测试组织的风险战略和风险管理，根据测试结果，决定其他相应审计的范围、性质、程度和时间。

二是侧重点不同。在风险管理审计中，内部审计人员站在组织战略管理的高度，运用系统思维，通过对风险管理措施、方法、程序的审计，结合内部控制、财务、绩效的审核结果，对风险管理现状及效果进行专业判断，提出审计评价与建议，它侧重于对组织的风险管理活动进行确认和咨询；而风险导向审计通过对组织风险的测试确定审计人员实施实质性程序的程度，目的是提高审计效率和质量，降低审计风险，它侧重于实现既定的审计目标。

三是服务对象不同。风险管理审计作为一种具体审计业务，主要服务于组织高级管理层和董事会；而风险导向审计作为一种审计取证模式，直接服务于审计机构和审计人员。

（二）风险管理审计与内部控制审计的联系和区别

基于组织价值增值的风险管理审计与内部控制审计都需要对组织内部控制以及控制风险予以了解、测试和评价，二者联系颇多，主要体现在内部控制的设计和执行应该针对风险管理的要求，而风险的有效管理很大程度上依赖于内部控制的设计和执行。因此，两种审计在有些方面是互相渗透的，目的都是增加组织价值。特别是 COSO 组织发布 2013 年新的《内部控制整合框架》后，内部控制和风险管理进一步融合，联系更加紧密。

两者的区别主要体现在：

一是从审计出发点来看，风险管理审计侧重审查风险管理政策与组织经营战略方针的一致性；内部控制审计侧重组织经营管理的横向、纵向的制约与协调。

二是从审查目标来看，风险管理审计主要审查组织风险管理政策设计的适当性、执行的有效性以及风险损失处理的合理性；内部控制审计主要是审查内部控制设计的健全性、适当性和执行的有效性。

三是从审计重点来看，风险管理审计的重心从组织的下层转向组织的上层，主要集中在高管层之上，包括组织的公司治理、战略决策等；内部控制审计的重点集中在高管层之下。风险管理审计关注从组织经营活动的事后效果转向了事前的规划、目标、战略。

三、内部审计在风险管理中的职责

风险管理是高级管理层和董事会的重要职责。要实现组织的业务目标，管理层应当保证拥有健全且运转良好的风险管理过程，董事会则在这些过程的适当性和有效性方面发挥监督作用。董事会可能指示内部审计机构通过检查、评估、报告和/或提出改进管理层的风险过程的适当性和有效性的建议，来协助其完成监督职能。

如果组织没有正式的风险管理过程，内部审计机构负责人应当向管理层和董事会正式说明他们理解、管理和监督组织风险的职责。

内部审计机构负责人应当理解高级管理层和董事会期望内部审计在组织的风险管理过程中所要发挥的作用，且这种理解应当体现在内部审计机构和董事会章程中。在组织的风险管理过程中，内部审计的职责定位要在所有相关部门和个人之间进行协调。

当然，在实施风险管理审计过程中，内部审计机构和内部审计人员必须避免对风险进行直接管理，比如帮助管理层确定风险偏好、实施风险管理过程，代替管理层决定风险应对或者以管理层的名义实施风险应对，以免承担任何管理层的责任。

第二节 风险管理审计的目标和内容

风险管理审计的目标和内容不能脱离内部审计的总体目标和基本内容。但与财务审计、绩效审计相比，风险管理审计关注的对象不同，由此带来审计的具体目标、策略和方法也会发生相应变化。

一、风险管理审计的目标

内部审计的目标在于帮助组织实现目标。风险管理审计的目标可以分为总体目标和具体目标两个层面。

从根本上说，风险管理审计的总体目标与风险管理的目标是一致的，即帮助组织实现与其使命一致的战略目标、提升组织资源使用的效果与效率的营运目标、合理保证业务报告和财务报告可靠性的报告目标，以及遵循法律法规的合规目标，从而增加组织价值。

风险管理审计具体目标包括：

（一）审查组织风险管理架构的健全性和完整性

内部审计工作的目的是促进组织风险管理架构的建立和完善，进而提升组织风险管理能力，实现组织的经营目标。因此，审查组织风险管理架构的健全性和完整性就成了内部审计工作的首要目标。内部审计机构要通过风险管理审计，积极支持组织内部控制及风险管理体系建设，帮助所在部门或单位升级和完善现行内部控制和风险管理体系。

（二）审查组织风险管理体系运行的有效性

内部审计机构针对组织现存风险管理体系，不仅要评估其风险识别、风险评估、风险应对等各个环节管理制度是否健全，手段是否具备，措施是否得当，还要评估其运行效果是否能达到预期，整个体系运转是否可持续。通过一系列的评估，达到查漏补缺，促进组织风险管理体系完整和持续运行的目标。

（三）审查和评价组织风险管理的效果及其报告

内部审计对于组织风险管理工作同样要做出及时评价和反馈。通过审计工作，内部审计机构不仅要对组织财务状况、内部控制、管理绩效做出评价，还应当专门对组织风险管理工作做出评价。近年来，我国越来越多的国有企业根据主管部门的要求编写企业年度风险管理报告，内部审计机构也按要求对于风险管理报告是否完整、准确、恰当承担起监督责任（部分企业内部审计和风险管理职能归口于同一部门，内部审计机构开展此项工作则更为方便）。

二、风险管理审计的主要内容

如上所述，风险管理包括组织整体及职能部门（项目单位）两个层面。内部审计人员既可对组织整体的风险管理工作效果进行审查与评价，也可对职能部门（项目单位）的风险管理情况进行审查与评价。

从组成整体层面上看，风险管理审计应当关注以下五个方面的内容。

（一）风险管理机制的健全性及有效性

风险管理机制是组织进行风险管理的基础，良好的风险管理机制是组织风险管理有效的前提。因此，内部审计机构或内部审计人员应从以下方面，确定组织风险管理机制的健全性及有效性。

1. 审查风险管理组织机构的健全性

组织必须根据规模大小、管理水平、风险程度以及生产经营的性质等方面的特点，在全体员工参与合作和专业管理相结合的基础上，建立一个包括风险管理负责人、一般专业管理人、非专业风险管理人和外部的风险管理服务等规范化风险管理组织体系。该体系应根据风险产生的原因和阶段不断地进行动态调整，并通过健全的制度来明确相互之间的责、权、利，使组织的风险管理体系始终是一个有效的整体。

2. 审查风险管理程序的合理性

组织风险管理机构应当采用适当的风险管理程序，以确保风险管理的有效性。

3. 审查风险预警系统的存在及有效性

组织进行风险管理的目的是避免风险、减少风险，因此，风险管理的首要工作是建立风险预警系统，即通过对风险进行科学的预测分析，预计可能发生的风险，并提醒有关部门采取有力措施。组织的风险管理机构和人员应密切注意与本组织相关的各种内外因素的发展变化趋势，从对因素变化的动态分析中预测组织可能发生的风险，进行风险预警。

（二）风险识别的适当性及有效性

风险识别是指对组织面临的，以及潜在的风险加以判断、归类和鉴定风险性质的过程。内部审计人员应当实施必要的审计程序，对风险识别过程进行审查与评价，重点关注组织面临的内、外部风险是否已得到充分、适当的确认。

组织常见的外部风险是指外部环境中对组织目标的实现产生影响的不确定性，其主要来源于以下因素：（1）国家法律、法规及政策的变化；（2）经济环境的变化；（3）科技的快速发展；（4）行业竞争、资源及市场变化；（5）自然灾害及意外损失；（6）其他因素。

组织常见的内部风险是指内部环境中对组织目标的实现产生影响的不确定性，其主要来源于以下因素：（1）组织治理结构的缺陷；（2）组织经营活动的特点；（3）组织资产的性质以及资产管理的局限性；（4）组织信息系统的故障或中断；（5）组织人员的道德品质、业务素质未达到要求；（6）其他因素。

内部审计人员对风险识别过程的审计，主要是通过实施必要的审计程序，对风险识别过程进行审查与评价，重点关注组织面临的内、外部风险是否已得到充分、适当的确认。具体包括：

（1）审查风险识别原则的合理性。组织进行风险评估乃至风险控制的前提是进行风险识别和分析，风险识别是关键性的第一步。

（2）审查风险识别方法的适当性。识别风险是风险管理的基础。风险管理人员应在进行实地调查研究之后，运用各种方法对尚未发生的、潜在的及存在的各种风险进行系统归类，并总结归纳出组织面临的风险。风险识别方法所要解决的主要问题是，采取一定的方法分析风险因素、风险的性质以及潜在后果。

需要注意的是，风险管理的理论和实务证明，没有任何一种风险识别方法是万能的。内部审计人员进行风险识别方法的适当性审查和评价时，必须注重分析组织风险管理部门是否将各种方法相互融通、相互结合地运用。

（三）风险评估方法的适当性及有效性

内部审计人员应当实施必要的审计程序，对风险评估过程进行审查与评价，并重点关注风险发生的可能性和风险对组织目标的实现产生影响的严重程度这两个要素。同时，内部审计人员应当充分了解风险评估的方法，并对管理层所采用的风险评估方法的适当性和有效性进行审查。

内部审计人员应当对管理层所采用的风险评估方法进行审查，并重点考虑以下因素：（1）已识别的风险的特征；（2）相关历史数据的充分性与可靠性；（3）管理层进行风险评估的技术能力；（4）成本效益的考核与衡量等。

内部审计人员在评价风险评估方法的适当性和有效性时，则应当遵循以下原则：（1）定性方法的采用需要客观分析相关部门或人员的意见，以提高评估结果的客观性；（2）在风险难以量化、定量评价所需数据难以获取时，一般应采用定性方法；（3）定量方法一般情况下会比定性方法提供更为客观的评估结果。

（四）风险应对措施的适当性和有效性

内部审计人员应当实施适当的审计程序，对风险应对措施进行审查。

根据风险评估结果采取的风险应对措施主要包括以下几个方面：（1）回避。即采取措施避免进行可产生风险的活动；（2）接受。由于风险已在组织可接受的范围内，因而可以不采取任何措施；（3）降低。采取适当措施将风险降低到组织可接受的范围内；（4）分担。采取措施将风险转移给其他组织或保险机构。

内部审计人员在评价风险应对措施的适当性和有效性时，应当考虑以下因素：（1）采取风险应对措施之后的剩余风险水平是否在组织可以接受的范围之内；（2）采取的风险应对措施是否适合本组织的经营管理特点；（3）成本效益的考核与衡量等。

（五）风险管理环境

风险管理环境最主要的因素是管理当局及所有执行者对风险管理的态度、胜任能力及管理理念。

1. 管理当局对风险管理的态度

主要内容包括：管理当局是否强调宣传风险管理的重要性，是否认真组织和领导风险管理制度的设计工作，是否实施风险管理内部审计，是否组织和安排按照风险审计建议进行整改，等等。

2. 风险管理制度执行者的态度和素质

主要内容包括：执行风险管理的所有管理人员与职工是否充分认识到风险管理的重要性，实施风险管理对整个组织运营管理的意义；有无胜任风险管理的专业知识和专业技能；有无较强的工作责任心和诚实的态度。

3. 有无与组织性质、规模相适应的风险管理理念

组织风险管理理念是组织如何认知整个经营过程（从战略制定和实施到组织日常活动）中的风险为特征的组织共有的信念和态度。如组织实行稳健的风险管理理念，对于高风险投资项目就会采取谨慎介入的态度。

4. 有无根据组织性质、规模确定其风险接受程度

风险接受程度是指组织在追求目标实现过程中愿意接受的风险程度。

一般来讲，可将风险接受程度分为三类："高""中"和"低"。组织可以从定性角度考虑风险接受程度。

三、对常见高风险业务的风险管理审计

在我国目前的组织治理结构和经营环境条件下，各类组织，特别是国有企业，高风险业务领域呈趋同状态。投资、物资采购、市场营销、企业资源计划（ERP）系统的实施和环境保护成为公认的高风险业务领域。以下将重点阐述对这些具体业务层面的风险管理实施审查与评价的主要内容。

（一）投资业务风险管理审计

投资业务风险管理审计的内容主要包括：

1. 评估投资风险管理政策的合理性，控制政策风险

组织根据投资目的、遵照投资原则，对投资项目进行可行性研究。内部审计要关注投资是否由适当的部门提出；是否经财务、市场、生产、研发等方面专家论证可行后，交管理当局审批；是否根据公司章程授权分别由总经理、董事会或股东会做出相应的投资决策。

2. 评估具体投资项目决策过程中的风险评估是否充分，风险取向是否符合组织战略

此阶段主要对投资项目的可行性研究过程开展审计，通过评估项目的可行性研究来控制投资决策风险。要关注组织投资管理部门在实施项目投资之前，是否对备选方案的未来现金净流量的现值、收益率、回收期、机会成本等方面进行测算、比较，测算所得税和折旧对投资的影响，是否选择与基准指标值要求相符的备选方案。内部审计要对投资项目可行性评价基准指标的科学性、准确性进行分析和评判。同时，通过恰当的预测手段，评估项目的运营过程，控制运营风险。

3. 评估投资项目治理中的风险控制措施是否完备

对于股权投资，内部审计机构应关注组织是否区别控股与非控股情

况派出董事长、总经理、财务总监等管理人员参与生产经营或参与重大决策；对于债权性投资，投资管理部门是否适时了解投资项目情况，并及时向管理当局报告；是否分析了实际财务指标与基准指标的偏离，原因是什么，如何管理，对组织有哪些连带影响，以及投资项目税务筹划的合理性等。

（二）物资采购业务风险管理审计

物资采购业务是传统的高风险领域，因为采购必然导致组织最重要的资源——现金的流出。物资采购业务风险管理审计的内容主要包括：

1. 审计组织采购业务风险控制体系是否完备

一笔采购业务涉及采购、验收、保管、付款和记录多个业务环节和岗位。为保证采购确为组织生产经营所需并符合组织利益，收到的商品安全完整，价款及时准确地支付给供应商，内部审计人员应重点关注物资采购工作的职责分工，特别是采购、验收、付款和记录是否由不同的职能部门和人员负责。此外，还应关注一旦违反内部牵制制度发生舞弊事件后的处理机制、程序及措施的健全性及有效性，同时要评估信息传递程序，控制违规操作风险。

2. 审计物资采购业务中的信息传递内部控制是否能满足消除重大风险、控制一般风险的目的

主要包括授权程序是否完备，文件和记录的使用是否纳入管理，独立检查机制是否建立并正常运行等。

3. 审计物资采购业务对于以下这些风险的控制

采购计划安排不合理，市场变化趋势预测不准确，造成库存短缺或挤压，可能导致生产停滞或者资源浪费；供应商选择不当，采购方式不合理，招标投标或定价机制不科学，授权审批不规范，可能导致采购物资质次价高，出现舞弊或遭受欺诈；采购验收不规范，付款审核不严，可能导致采购物资、资金损失或信用受损。

（三）市场营销业务风险管理审计

市场营销业务的风险常常可以扩大为组织整体风险，因而加强市场营销业务风险管理特别重要。内部审计机构对市场营销业务风险管理进行审计的内容主要有：

1. 评估市场部门制定的营销政策是否切合当前环境，能否有效避免控制政策失误风险

内部审计机构应该审核、分析组织营销风险管理方针和策略的制定背景，确认其是否与组织在同行业中的地位、自身的发展方向、产品的市场需求以及防守型、稳健型或积极型营销策略一致。

2. 评估主要客户信用风险的控制手段是否健全，是否运行良好，能否有效控制坏账风险

内部审计人员要关注组织每年是否对客户的经营状况、经营成果进行分析，是否对比应收账款年末数与年初数的变化情况，既不为了提高销售额而不顾客户的信用等级盲目销售，也不一味地考虑信用等级限制销售，在符合组织领导风险偏好的基础上制定出科学合理的营销策略。还要关注对于已经发生的坏账，组织是否制定了必要和合理的处理措施。此外，还应评估营销人员自身能力和素质，控制舞弊风险。

3. 评估市场部门及其主要营销人员风险取向是否符合组织战略，风险是否得到充分揭示

市场营销部门的风险取向把握和营销人员自身的道德和心理素质问题，极易造成营销业务中出现舞弊或错误，从而为营销活动带来风险。内部审计人员应对营销部门和营销人员的管理、培训、考核等进行分析、评价，并从中发现风险因素，提出改进建议。

（四）ERP环境下的风险管理审计

对ERP系统实施后的风险管理审计内容主要有：

1. ERP 环境中风险管理体系的完整性

无论从系统实施还是从系统运行看，ERP 都是一个风险巨大的系统，必须建立严密的风险管理机制。内部审计人员要特别关注由于新 ERP 系统对业务流程的再造可能带来风险管理机制不全的风险。对 ERP 环境下组织风险管理的审计，首先必须对风险管理机制进行审查，审查组织及其下属单位在新的业务流程中是否建立了恰当可行的风险管理机制，风险的识别、评价和应对机制的适应性和有效性如何，实际运行情况怎样，是否有利于组织管理的持续改善等。审计中还应当专门对业务流程、关键控制点、系统监控等方面的风险管理机制进行重点审计，评估业务流程，控制信息失真风险。

2. ERP 环境中相关业务流程风险控制的有效性

ERP 系统是建立在对业务流程进行优化重组基础之上的，打破了原有的权力分配模式，系统上线后能否按既定的模式运行以及运行效果如何，关系到系统运行的成败。另外，由于上线时间紧迫，实施时设定的业务流程不一定最佳；即使当时是最佳的业务流程，也会因为上线后运行环境的变化而有进一步优化的必要。只有经常对业务流程进行审计，才能使组织业务始终运行于相对较优的流程环境之中。对业务流程的风险管理审计大体包括：应该在系统中运行的业务是否全部通过系统运行；信息是否及时录入系统；录入的信息是否真实、准确；系统运行是否正确，有无系统错误；流程是否通畅，有无缺陷或舞弊的可能，能否进行进一步的优化；识别、评价和应对流程风险的效果如何等。

3. 对 ERP 系统关键控制点上主要经营风险的控制开展实质性审查

关键控制点业务流程开展实质性审查的目的是控制经营风险。ERP系统一般是由采购、仓储、生产、销售、财务、设备管理、人力资源等多个模块高度集成起来的，每一模块都有相应的关键控制点，对组织的生产经营起着至关重要的作用。因此，对关键控制点的风险管理审计应作为审计重点。审计时应主要关注：是否对关键控制点进行了识别，识别是否全面；是否建立了关键控制点的风险评价体系；是否建立了关键控制点的预警机制和应对机制；关键控制点的识别、评价、预警和应对机制的适应性和有效性如何；控制方法和手段是否可进一步优化；有无控制不严或失控的现象和可能等。

4. 对ERP系统是否设置自我风险监控功能进行评估，控制重大问题风险

ERP系统由于采用了业务流向数据流的转化，方便了业务和绩效的动态监控，这本身就是对风险的控制手段之一。对重要环节和重大事项的动态监控能大大降低组织整体的风险，即使偶然出现异常，也会因及时的动态监控而发现问题并采取相应的应对措施以减少损失。内部审计人员应该审查和评价组织及其下属单位是否利用ERP系统进行了业务和绩效的动态监控、监控点及其风险如何识别和评价、监控的权威性及其效果如何、发现问题的处理方式以及应对风险的效果如何、有无监控盲区或监控不力的区域、监控结果的利用情况如何等。

5. 对信息系统软硬件故障风险进行评估

ERP系统硬件和软件都有产生故障的可能，软件功能的完备与否也是系统运行的风险之一，其中，ERP系统与其他系统的连接是影响系统运行的关键因素。要保证ERP系统正常运行，降低经营风险，对ERP系统以及与其相连接的其他信息系统的审计也必不可少，这包括对系统的开发与设计、系统的控制、功能的划分、软件程序和硬件配置、备份模式及效果、故障处理方案及风险应对措施、系统风险识别与评价体系等进行审计。此外，审计人员还应评估控制人员不当风险，检查是否有与系统良好运行相适应的系统维护和操作人员，观察这些人员是否具有完成本岗位工作的责任心。对关键控制点和系统监控岗位上的人员以及关键的系统维护人员的审计，则要审查和评价系统人员是否经过培训并取得相应资格，是否有识别和应对本岗位风险的能力，在本岗位控制和风险管理的实际效果如何等。

（五）环境保护风险管理审计

对组织或项目环境保护风险管理开展审计的内容主要有以下两个方面：

1. 评估环保监督管理制度体系建设

内部审计人员要检查组织是否下达环保考核指标和下属单位负责人目标责任制，组织负责人是否与下级单位负责人签订环保责任状，将环保指标作为组织考核指标，层层分解，逐级检查考核，落实环保问责制，防止监督不到位形成的制度风险。

2. 评估组织自身建设项目的立项与审批中的环保风险因素

内部审计人员要关注建设项目是否严格执行环评、可行性研究、初步设计的环保会签制度，是否实行计划、基建、开发、环保等部门的分工负责制，投资的所有建设项目，是否均按照建设项目管理程序，进行了"环评"，切实把好环保关，不让污染严重和治污措施不严的项目上项。此外还应评估易发事项，控制日常风险。

第三节　风险管理审计的方法

通用于各内部审计业务的传统审计方法，如审核、观察、监盘、访谈、调查、函证、计算、分析程序等，都适用于风险管理审计工作。同时，由于风险管理审计面对的审计客体有其特殊性，仅使用常规的审计方法收集审计证据难以保证审计人员对业务部门的风险识别、风险评估和风险防范等工作的充分了解和审查，难以为审计意见提供必要的保证。因此，审计人员应当对风险管理业务本身常用的技术方法进行深入学习，必要的时候，要采用这些技术方法履行风险管理工作的"重新执行"程序。

一、传统审计方法在风险管理审计中的应用

审核、计算、分析程序等传统审计方法，在风险管理审计中的应用是十分广泛的。反过来也可以说，风险管理审计采用的主要方法，仍然是这些传统审计方法，即审核、观察、监盘、访谈、调查、函证、计算、分析程序等。在风险管理审计中，内部审计人员需要获取充分适当的证据以确认组织风险管理过程的主要目标是否都得到了实现，并依此形成关于组织风险管理过程是否适当的意见。在收集这些证据的过程中，内部审计人员主要采用的传统审计方法包括：

（一）审阅

审阅资料是运用最广泛的审计方法，审计人员要收集并研究、检查与组织开展的业务有关的当前情况、发展趋势、行业信息以及其他恰当的信息资源，确定是否存在可能影响组织的风险，以及用以解决、监督与再评估这些风险的相关控制程序。

（二）检查

检查组织政策和董事会会议记录以确定组织的经营战略、风险管理理念和方法、风险偏好以及风险接受水平，检查管理层、内部审计人员、外部审计人员以及其他方面以前公布的风险评估报告。

（三）访谈

访谈是风险管理审计中经常应用的审计方法。风险管理是一个动态的过程，对其进行审计时，要更多地关注"活"的情况。审计人员需要与行政经理和业务部门经理交谈，确定业务部门的目标、相关的风险以及管理层开展的降低风险的活动以及控制和监督活动。

（四）分析程序

分析程序是风险管理审计的十分重要的方法。审计人员发现风险管理中的薄弱环节，通常都是经过趋势、对比、钩稽等数据分析方法发现异常状况，然后再对导致异常状况的原因进行深入分析来实现的。同时，审计人员也经常使用分析程序来评估管理层的风险分析是否全面，评估为纠正风险管理过程中发现的问题而采取的措施和提出的改进建议的完整性。

二、风险管理体系建立情况的审计方法

在整个风险管理审计中，了解、完善和改进组织的风险管理体系是审计的关键环节，也是内部审计为组织提供增值服务的主要方式。风险管理体系建立情况审计的主要方法和步骤一般包括：

一是研究一般性风险。内部审计人员一般从会计师事务所和咨询公司、保险顾问、行业协会、其他网站信息等来源获得一般性风险清单。

二是识别组织特有风险。不同的组织风险不同，虽然研究一般性风险为创建风险库提供基础，但内部审计人员应当采用调查问卷等方式让组织的各层级管理人员参与头脑风暴过程，找到组织特有的风险，修正一般性风险，建立起适合组织的风险库。

三是定义各类风险。用"原因和结果"的形式定义风险，但定义要简明，且使用组织熟悉的语言，以便形成一种通用的风险语言。

四是链接风险与战略。每个风险都必须被放在"它能对战略产生怎样的影响"的环境中进行讨论，找到风险与组织战略和组织经营目标的关联。如果一个风险不能够与战略目标、经营目标、财务目标或价值观联系起来，就说明这个风险没有被恰当地定义，或者甚至与组织不相关。风险与战略的链接过程具有反复性，刚开始时人们会发现风险与多个目标相关，但经过深入分析后可能会排除一些较弱的相关性，以修改或增加、删除一些风险。然而，通过深入理解这些风险的特征和相互关系，

人们将在每个风险的评估过程中更加突出与战略强相关的重点风险。

五是建立一个风险模型。风险模型的作用是根据性质把风险分类，它为审计中需要用到的风险识别和评估方法看起来异质的风险制定了结构，这个结构可以使人们更容易地理解风险，更便利地进行组织风险管理和相关的培训。理论和实务中人们探讨了不同的组织风险模型，但审计人员应当注意，没有一个模型是最优的，因此必须参照多个模型来帮助组织建立起适合每个组织的特有的风险模型。

三、常见的风险评估方法

常见的风险评估方法包括 PEST 因素分析、SWOT 分析法、风险坐标图法、关键风险指标分析法、蒙特卡罗分析法、生命周期分析法、VaR 模型分析法等，具体参见表 7 - 1。

这些方法在一次风险管理审计不可能全部用到，但审计人员应当熟知各类方法的主要步骤、适用范围、结果类型，以便在对风险评估工作进行审计时，能迅速判断组织风险管理所用的风险评估方法是否恰当，所做结论是否可靠。

表 7 - 1　常见风险评估方法表

风险评估方法	说　明	影响因素			能否提供定量结果
		资源与能力	不确定性与程度	复杂性	
头脑风暴法及结构化访谈	一种收集各种观点及评价并将其在团队内进行评级的方法。头脑风暴法可由提示、一对一以及一对多的访谈技术所激发。	低	低	低	否
德尔菲法	一种综合各类专家观点并促其一致的方法，这些观点有利于支持风险源及影响的识别、可能性与后果分析以及风险评价。需要独立分析和专家投票。	中	中	中	否

续表

风险评估方法	说　　明	影响因素			能否提供定量结果
		资源与能力	不确定性与程度	复杂性	
情景分析	在想象和推测的基础上，对可能发生的未来情景加以描述。可以通过正式或非正式的、定性或定量的手段进行情景分析。	中	高	中	否
检查表	一种简单的风险识别技术，提供了一系列典型的需要考虑的不确定性因素。使用者可参照以前的风险清单、规定或标准。	低	低	低	否
预先危险分析（PHA）	PHA 是一种简单的归纳分析方法，其目标是识别风险以及可能危害特定活动、设备或系统的危险性情况及事项。	低	高	中	否
失效模式和效应分析（FMEA）	FMEA 是一种识别失效模式、机制及其影响的技术。 有几类 FMEA：设计（或产品）FMEA，用于部件及产品；系统 FMEA；过程 FMEA，用于加工及组装过程；还有服务 FMEA 及软件 FMEA。	中	中	中	是
危险与可操作性分析（HAZOP）	HAZOP 是一种综合性的风险识别过程，用于明确可能偏离预期绩效的偏差，并可评估偏离的危害度。它是用一种基于引导词的系统。	中	高	高	否
危险分析与关键控制点（HACCP）	HACCP 是一种系统的、前瞻性及预防性的技术，通过测量并监控那些应处于规定限值内的具体特征来确保产品质量、可靠性以及过程的安全性。	中	中	中	否
保护层分析法	保护层分析，也被称作障碍分析，它可以对控制及其效果进行评价。	中	中	中	是
结构化假设分析（SWIFT）	一种激发团队识别风险的技术，通常在引导式研讨班上使用，并可用于风险分析及评价。	中	中	任何	否

风险评估方法	说　明	影响因素			能否提供定量结果
		资源与能力	不确定性与程度	复杂性	
风险矩阵	风险矩阵（Risk Matrix）是一种将后果分级与风险可能性相结合的方式。	中	中	中	是
人因可靠性分析	人因可靠性分析（HRA）主要关注系统绩效中人为因素的作用，可用于评价人为错误对系统的影响。	中	中	中	是
以可靠性为中心的维修	以可靠性为中心的维修（RCM）是一种基于可靠性分析方法实现维修策略优化的技术，其目标是在满足安全性、环境技术要求和使用工作要求的同时，获得产品的最小维修资源消耗。通过这项工作，用户可以找出系统组成中对系统性能影响最大的零部件及其维修工作方式。	中	中	中	是
业务影响分析	分析重要风险影响组织运营的方式，同时明确如何对这些风险进行管理。	中	中	中	否
根原因分析	对发生的单项损失进行分析，以理解造成损失的原因以及如何改进系统或过程以避免未来出现类似的损失。分析应考虑发生损失时可使用的风险控制方法以及怎样改进风险控制方法。	中	低	中	否
潜在通路分析	潜在通路是指能够导致出现非期望的功能或抑制期望功能的状态，这些不良状态的特点是具有随意性。潜在通路分析是一种设计工具，用于将各功能独立处理的解决方案的设计。	中	中	中	否
因果分析	综合运用故障树分析和事件树分析，并允许时间延误。初始事件的原因和后果都要予以考虑。	高	中	高	是
风险指数	风险指数可以提供一种有效的划分风险等级的工具。	中	低	中	是

续表

风险评估方法	说　　　明	影响因素			能否提供定量结果
		资源与能力	不确定性与程度	复杂性	
故障树分析	始于不良事项（顶事件）的分析并确定该事件可能发生的所有方式，并以逻辑树形图的形式进行展示。在建立起故障树后，就应考虑如何减轻或消除潜在的风险源。	高	高	中	是
事件树分析	运用归纳推理方法将各类初始事件的可能性转化成可能发生的结果。	中	中	中	是
决策树分析	对于决策问题的细节提供了一种清楚的图解说明。	高	中	中	是
Bow－tie法	一种简单的图形描述方式，分析了风险从危险发展到后果的各类路径，并可审核风险控制措施。可将其视为分析事项起因（由蝶形图的结代表）的故障树和分析后果的事件树这两种方法的结合体。	中	高	中	是
层次分析法（AHP）	定性与定量分析相结合，适合于多目标、多层次、多因素的复杂系统的决策。	中	任何	任何	是
在险值（VaR）法	基于统计分析基础上的风险度量技术，可有效描述资产组合的整体市场风险状况。	中	低	高	是
均值-方差模型	将收益和风险相平衡，可应用于投资和资产组合选择。	中	低	中	是
资本资产定价模型	清晰地阐明了资本市场中风险与收益的关系。	高	低	高	是
FN曲线	FN曲线通过区域块来表示风险，并可进行风险比较，可用于系统或过程设计以及现有系统的管理。	高	中	中	是

风险评估方法	说　明	影响因素			能否提供定量结果
		资源与能力	不确定性与程度	复杂性	
马尔可夫分析法	马尔可夫分析通常用于对那些存在多种状态（包括各种降级使用状态）的可维修复杂系统进行分析。	高	低	高	是
蒙特卡罗模拟法	蒙特卡罗模拟用于确定系统内的综合变化，该变化产生于多个输入数据的变化，其中每个输入数据都有确定的分布，而且输入数据与输出结果有着明确的关系。该方法能用于那些可将不同输入数据之间相互作用计算确定的具体模型。根据输入数据所代表的不确定性的特征，输入数据可以基于各种分布类型。风险评估中常用的是三角或贝塔分布。	高	低	高	是
贝叶斯分析	贝叶斯分析是一种统计程序，利用先验分布数据来评估结果的可能性，其推断的准确程度依赖于先验分布的准确性。贝叶斯信念网通过捕捉那些能产生一定结果的各种输入数据之间的概率关系来对原因及效果进行模拟。	高	低	高	是

第四节　风险管理审计中应当注意的问题

由于开展风险管理审计所用知识和方法与常规的财务审计、经济责任审计、绩效审计有所不同，内部审计机构和内部审计人员在开展风险管理审计中要注意把握一些关键问题，确保审计工作不越位、不脱节，提高审计工作效率。

一、风险管理审计与组织治理结构模式的适应性

风险管理审计关注的是组织的战略和绩效，是对组织整体风险管理

的有效性进行审查和评价，从组织管理层所进行的风险管理活动的角度识别并评价风险。

在决定是否开展以及如何开展风险管理审计时，内部审计人员要充分把握组织总体发展态势，把握组织发展瓶颈，并具体了解以下情况：

（1）组织战略、经营及价值目标、经营行为，以及实现该目标及其经营行为的主要固有风险；

（2）组织的风险管理策略；

（3）组织的风险管理措施及效果；

（4）风险敞口管理的有效性。

在了解上述事项的基础上，要始终把握一个原则，即风险管理审计应当是对治理结构相对健全、经营业务持续、内部管理结构稳定的组织开展的，对于初创期、飞跃期、衰亡期的组织，组织自身的风险管理体系存在不完善、变动迅速或实质性消亡现象，内部审计机构开展风险管理审计一方面难度较高，另一方面则可能出现审计成果不够显著的现象，也影响审计资源的使用效率，可以暂缓开展。

二、内部审计机构从事风险管理审计的边界

在内部审计机构承担风险管理审计任务的过程中，有些组织把风险管理系列工作全部交由内部审计机构负责，这显著提高了内部审计重要性、凸显了其核心地位，但也可能导致内部审计机构工作任务过重、承担职责过多等困难，更重要的是可能会导致混淆管理责任、会计责任与审计责任之间的界限，造成内部审计失去应有的独立性，长期来看还将影响内部审计结论的权威性和有效性。

内部审计机构应当注意，有六种风险管理活动是不适合由内部审计机构负责的，具体是：确定风险偏好，强制实施风险管理过程，管理层对风险的确认，决定风险应对，以管理层的名义实施风险应对，承担风险管理责任等。之所以将这些工作与内部审计职责视为不相容职责，主要是因为这些工作涉及组织风险管理工作的核心内容，对组织经营成败

有较大影响，是管理当局的当然职责范围，不应当交由内部审计机构独立开展，否则就容易损害内部审计机构受托于资产所有者（董事会、股东、国有资产出资人代表等）的相对独立性。

另外，我国企业，特别是我国国有企业的全面风险管理工作整体上还处于起步阶段，相关职能部门、岗位以及职责并没有得到合理配置，有关人员对全面风险管理工作的内容、责任方及相应责任水平也没能给予充分的认识，如果把风险管理系列工作集中到内部审计机构，由于组织高级决策机构、监督机构、管理机构不能对组织全面风险管理有充分的理解，对自身在组织全面风险管理中应负的责任不清楚，必然影响组织全面风险管理工作的开展与执行。同时，新的工作任务将对内部审计人员专业知识提出挑战，责任与压力重叠，内部审计人员和机构面临的压力将增大。在职责不清的情况下，审计评价将面临无标准可循的窘境，这加大了审计工作自身的风险。

三、风险管理审计的组织方式

风险管理审计作为一种内部审计业务类型，既可以单独开展，也可以结合其他内部审计业务开展。

国际内部审计师协会在其 2011 年 1 月修订的《国际内部审计专业实务标准》第 2120 中要求：

内部审计机构必须评估下列与组织治理、运营及信息系统有关的风险：一是财务和运营信息的可靠性和完整性，二是运营的效果和效率，三是资产的安全，四是对法律、法规及合同的遵循情况。

该标准还要求，内部审计机构必须评估发生舞弊的可能性以及所在组织如何管理舞弊风险；在开展咨询业务时，内部审计人员必须关注与业务目标相关的风险，并警惕其他重大风险的存在；内部审计人员必须将开展咨询业务过程中了解到的风险情况，运用于评估组织的风险管理过程。

这些要求涵盖了内部审计在财务审计、管理审计、合规性审计、咨询业务和风险管理业务中应当关注的事项。事实上，这是将风险管理审计理解为在各类审计和咨询业务开展中，对于风险管理事项的特别关注。

在针对组织风险管理过程开展的专项的风险管理内部审计中，风险管理审计则包括组织整体及职能部门两个层面。由于组织目标层次的多样性，组织面临的风险也包括各个层面的内容。风险管理不能仅针对影响组织整体目标、高层目标以及战略远景目标的风险进行，还必须针对影响各种经营目标、短期目标、部门目标的风险进行。组织目标是自上而下分解到不同层次去的，低层目标的实现是高层目标实现的基础。因此，组织各个层面的风险都是必须控制和管理的对象。风险管理必然包括组织整体及职能部门两个层面，不同层面的管理风险的责任在于不同的管理层。因此，内部审计人员既可以针对组织整体风险管理进行审查与评价，也可以针对职能部门的风险管理开展业务层面风险管理过程的审查与评价。

本章小结

风险管理审计是组织的内部审计机构采用系统化、规范化的方法，对该组织的风险管理过程的适当性和有效性进行审查和评价活动。

风险管理审计的目标分为总体目标和具体目标两个层面。风险管理审计的总体目标与风险管理的目标是一致的，即通过确保组织目标的实现而为组织增加价值。风险管理审计具体目标包括审查组织风险管理架构的健全性和完整性、审查组织风险管理体系运行的有效性、审查和评价组织风险管理的效果及其报告等三个方面。

在开展风险管理审计时，还有一些特殊问题需要引起重视，主要有三个方面：一是风险管理审计与组织治理结构模式的适应性，二是内部审计机构从事风险管理审计的边界，三是风险管理审计的方式。

第八章　舞弊审计

本章提要

    近年来发生的重大公司管理舞弊案，使舞弊及舞弊审计受到审计职业界和社会公众的高度关注。内部审计人员对组织的业务和控制比较熟悉，在某种程度上可能更容易发现舞弊问题。本章首先对包括舞弊动因在内的舞弊内涵进行解析，继而对舞弊审计的概念、特点和意义进行了简要分析，特别对内部舞弊审计和注册会计师舞弊审计的区别，以及舞弊审计与内部审计其他工作的关系进行了辨析。在此基础上，从员工舞弊审计和管理层舞弊审计两个维度分析舞弊审计的内容，从通用方法和特殊方法两个层面介绍舞弊审计的方法。最后，就舞弊的报告、舞弊审计与内部控制、计算机舞弊审计等需要关注的问题进行了阐释。

第一节　舞弊审计概述

    舞弊审计并不是一个新概念。审计自产生之初便与反舞弊有着密切联系。从古埃及法老时代起到 20 世纪初，查找会计系统的舞弊一直是审计的基本职能。近年来发生的重大公司管理舞弊案，使舞弊及舞弊审计受到审计职业界和社会公众的高度关注。与此同时，资产舞弊审计也成为审计职业界的热点之一。在美国，针对资产侵占、财务报表舞弊等现象的屡屡发生，还专门成立了注册舞弊检查师协会，建立了注册舞弊检查师考试制度。在发现舞弊方面，内部审计人员较之外部审计师更有优势。根据该协会的调查数据，约有1/5的舞弊案件是由内部审计发现的。

一、舞弊的概念、分类和动因

了解了舞弊及其动因，才能很好地开展舞弊审计。因此，追本溯源，舞弊审计当从舞弊说起。

（一）舞弊的概念

社会公众、法律界和审计职业界对舞弊概念的认知并不相同。《现代汉语词典》对舞弊的解释是"用欺骗的方式做违法乱纪的事情"。据此看来，舞弊可小可大，涉及社会生活的诸多方面，如考试舞弊、比赛舞弊、经营舞弊、政治舞弊等等。基于法律视角的舞弊定义[①]包括"通过对真相的明显歪曲或者有意隐瞒重大事实来诱导他人按其意图做出行为""不顾后果地歪曲事实来劝诱他人做出某项行为""通过对某重要事实的虚假陈述或隐瞒来诱使某些人放弃某种价值"。舞弊的法律定义专门用于民事和刑事诉讼领域，对审计机构未必适用，审计师通常遵循职业准则的规定。

正如美国注册会计师协会在其第99号审计准则公告中所说："审计人员不必对一个公司是否存在舞弊做出法律意义上的决定，而应关注是否存在使公司财务报表产生重大错报的舞弊行为。"可见，基于审计视角的舞弊概念外延通常小于法律意义的舞弊概念。《国际内部审计专业实务标准》对舞弊的定义是"指任何以欺骗、隐瞒或违背信用为特征的非法行为。这些行为不依靠暴力或胁迫。个人或组织为获取金钱、财产或服务，为避免付款或提供服务，或为获得个人或组织私利等目的都有可能舞弊"。《中国注册会计师审计准则第1141号——财务报表审计中对舞弊的考虑》对舞弊的定义是"指被审计单位的管理层、治理层、员工或第

---

① 参见《舞弊风险评估》第4页（莱昂纳德·W·佛纳，2009）和《索耶内部审计》第954页（劳伦斯·B·索耶等，2005）。

三方使用欺骗手段获取不当或非法利益的故意行为"。我国《第 2204 号内部审计具体准则——对舞弊行为进行检查和报告》将舞弊定义为"组织内、外人员采用欺骗等违法违规手段，损害或谋取组织利益，同时可能为个人带来不正当利益的行为"。

从上述基于审计视角的舞弊定义来看，舞弊具备如下特点：一是舞弊的主体可能是组织内部的人员，也可能是组织外部的人员；二是舞弊的手段是欺骗；三是舞弊的目的是获取不当利益；四是舞弊的动机是有意识的；五是舞弊的结果是给受害者造成损失。

（二）舞弊的分类

对舞弊进行分类，能够加深我们对于舞弊的认识，便于分析和查找舞弊。

按舞弊者与组织的关系，可将舞弊分为内部舞弊和外部舞弊。内部舞弊主要是由内部经营管理者或业务人员所从事的舞弊；外部舞弊主要是指供应商、顾客、竞争者等外部利益主体所从事的损害组织利益的舞弊行为，如供应商提供劣质商品、索取高价，顾客虚假支付、骗取商品，竞争者窃取商业机密等。组织内部和外部人员也可能勾结起来从事舞弊活动，如采购人员与供应商相勾结，使公司高价采购货物，公司成本增高而个人从中受益。

按组织舞弊行为主体的不同，可将舞弊分为员工舞弊和管理层舞弊。员工舞弊是指组织的非管理层凭借靠近"一线"易于接近资产的优势，利用职务便利非法获取组织资产或其他个人利益的行为。这种舞弊通常可能涉及伪造单据、越权处理、共谋等行为，内部控制设计或执行方面的漏洞是这类舞弊发生的环境条件。管理层舞弊是管理层蓄谋的舞弊行为，可能表现为发布带有误导性或严重歪曲事实的财务报告[①]来欺骗投资

---

① COSO 在 1999 年所做的研究显示，在所研究的财务报表舞弊案例中，有 83% 的案例涉及首席执行官或首席财务官。

者、债权人、政府及社会公众等外部利益相关者，也可能表现为利用职权谋取私利损害本单位利益。管理层舞弊比员工舞弊更为隐蔽，通常不受内部控制约束，所造成的损失也更为巨大。美国注册舞弊检查师协会（ACFE）2012 年度报告显示，虚假财务报告在职务欺诈案件中的占比虽然最低，约为 8%，但其所致损失的中位数却达 1000000 美元，远高于滥用资产和腐败所带来的损失。谋取私利侵占资产的管理层舞弊，常常牵涉相关联的第三方。

按舞弊行为对象的不同，可将舞弊分为侵占资产舞弊和财务报告舞弊。侵占资产舞弊的目的是占有组织资产，包括贪污、盗取、挪用等行为。行为人多数是非管理层的雇员，不过管理层也可能实施此类舞弊，如设立"小金库"。财务报告舞弊是管理层欺骗投资者、债权人等外部利益关系人的舞弊行为。侵占资产舞弊和财务报告舞弊的主要区别在于，前者通常是雇员欺骗管理层，后者通常是管理层欺骗财务报告的外部使用者。

按舞弊的性质，我国《第 2204 号内部审计具体准则——对舞弊行为进行检查和报告》将舞弊分为损害组织经济利益的舞弊和谋取组织经济利益的舞弊。损害组织经济利益的舞弊，是指组织内、外人员为谋取自身利益，采用欺骗等违法违规手段使组织经济利益遭受损害的不正当行为。具体包括下列情形：收受贿赂或者回扣；将正常情况下可以使组织获利的交易事项转移给他人；贪污、挪用、盗窃组织资产；使组织为虚假的交易事项支付款项；故意隐瞒、错报交易事项；泄露组织的商业秘密；以及其他损害组织经济利益的舞弊行为。谋取组织经济利益的舞弊，是指组织内部人员为使本组织获得不当经济利益而其自身也可能获得相关利益，采用欺骗等违法违规手段，损害国家和其他组织或者个人利益的不正当行为。具体包括下列情形：支付贿赂或者回扣；出售不存在或者不真实的资产；故意错报交易事项、记录虚假的交易事项，使财务报表使用者误解而做出不适当的投融资决策；隐瞒或者删除应当对外披露的重要信息；从事违法违规的经营活动；偷逃税款；以及其他谋取组织经济利益的舞弊行为。

（三）舞弊的动因

理解舞弊动因有助于舞弊的防范与发现。对于舞弊产生的原因，国外比较成熟的规范性理论包括冰山理论①、舞弊三角理论②、GONE 理论③和舞弊风险因子理论④。归纳起来，舞弊的动因大致可以分为三类。

一是实施舞弊的动机或压力。舞弊者具有舞弊的动机是舞弊发生的首要条件。例如，企业高管的报酬与公司股价或财务业绩挂钩可能促使管理层实施舞弊；员工的经济压力或工作压力可能促使员工侵占资产。

二是实施舞弊的机会。舞弊者需要具有舞弊的机会，舞弊才可能成功。舞弊的机会一般源于内部控制在设计或运行上的缺陷。例如组织对资产管理松懈；管理层凌驾于内部控制之上并可操纵会计记录。

三是为舞弊行为寻找借口的能力。借口是舞弊发生的重要条件，借口使舞弊者能够对其舞弊行为合理化，从而在做出舞弊行为后能够心安理得。例如，侵占资产的员工可能认为组织对自己的待遇不公；编制虚假财务报告的管理层可能认为造假是出于集体利益而非个人私利。

二、舞弊审计的概念、特点和意义

舞弊现象的普遍性和重要性使舞弊及其审计问题受到社会公众的广泛关注。内部审计机构开展舞弊审计，主要以查错纠弊为目的，对舞弊行为实施监督。为了更好地理解基于内部审计视角的舞弊审计，同时也

---

① 冰山理论（G·杰克·波罗格纳和罗伯特·J·林德奎斯特）把导致舞弊行为的因素分为两大类：露出海平面的冰山一角是人人看得见的客观存在，属于舞弊的结构部分，包括组织内部管理问题；潜藏在海平面以下的部分包括态度、感情、价值观念等更为主观个性化的内容，属于舞弊的行为部分。

② 舞弊三角理论（W·史蒂夫·艾伯伦奇特）认为企业舞弊的产生需要三个条件——压力、机会和借口，缺一不可。三个因素中只要其中一个足够强烈，即使其他两个因素较弱也可能诱发舞弊。

③ GONE 理论（博洛亚等）把舞弊的诱因分为四种：贪婪、机会、需要和暴露（被发现的可能性和惩罚性质、程度）。

④ 舞弊风险因子理论（G·杰克·波罗格纳等）认为舞弊风险因子由一般风险因子和个别风险因子组成，一般风险因子包括舞弊的机会、舞弊被发现的可能性、舞弊者受惩罚的性质和程度，个别风险因子包括道德品质、动机等。

内部审计职业教育系列丛书

因为不同视角的舞弊审计具有一些共性特点，在此采取从一般到特殊的分析路径，介绍舞弊审计的概念、特点和意义。

（一）舞弊审计的概念

对于舞弊审计的概念，各国审计准则都未明确界定。

从注册会计师审计的角度来看，舞弊审计是只有当舞弊行为可能导致财务报表出现重大错报时，注册会计师运用其职业判断和职业怀疑予以发现并揭示。注册会计师在财务报表审计中的责任，在于按照审计准则的规定实施审计程序，获取财务报表在整体上不存在重大错报的合理保证，无论该错报是由舞弊还是错误导致。

从舞弊专项审计的角度来看，舞弊审计是对舞弊风险的全面应对，是将审计程序应用于所有的业务循环，当舞弊尚未发现或内部控制存在缺陷尚不能揭示舞弊发生时，主动搜寻舞弊的存在。舞弊专项审计不仅需要识别和评估舞弊风险，还需进行舞弊调查，通常也涉及司法行动的协助和内部控制的建议。

从内部审计的角度看舞弊审计，舞弊审计是内部审计人员采用检查账簿和实物资产、调阅资料、座谈、观察等方法，以查错纠弊为目的，对舞弊行为实施的监督活动。舞弊审计通常是在内部管理失控或获得舞弊线索的情况下实施，这些线索主要来源于其他审计发现。

（二）舞弊审计的特点

相对于传统的财务审计，舞弊审计具有自己的特点①，表现在思维方法、审计切入点、审计目的、审计程序和方法等四个方面。

1. 审计思维方法方面

传统财务审计是一个从一般到特殊的演绎推理过程，根据会计准则

---

① 美国注册会计师协会在其第 82 号审计准则公告中列举了财务审计和舞弊审计的区别，包括审计目标的区别、审计动因的区别、对管理者价值的区别、证据来源的区别和证据充分性的区别。

和审计准则，抽取样本数据，根据实际情况对照准则，得到具体发现，进而得出审计结论。舞弊审计则是一个从特殊到一般的思维过程，审计人员通过执行特定程序和技术收集证据，从疑点开始审查，用证据说明疑点，最后得出结论，将特定舞弊行为揭穿。

2. 审计切入点方面

传统财务审计的切入点是以内部控制为基础，以防范审计风险为目标，关注会计数据的错报是否超过重要性水平。舞弊审计首先考虑的是行为动机、舞弊机会及控制的薄弱环节，关注的是例外事件和古怪的事情。一般说来，财务数据是传统财务审计证据的主体，舞弊审计的证据往往更为宽泛，不仅来源于财务数据，更多可能来源于非财务数据。

3. 审计目的方面

传统财务审计的目的在于发现偏离会计准则的重大差异事项，对财务报表整体是否公允表达发表意见。若审计人员严格按照审计准则实施审计程序，尽到应有的职业谨慎，即使没有发现被审计单位的舞弊行为，审计人员一般也不需承担责任。舞弊审计的目的在于调查揭露故意歪曲事实与侵占资产的舞弊行为，确定舞弊损失的金额及问题的影响程度和范围。

4. 审计程序和方法方面

传统财务审计严格按照既定审计准则，从调查了解内部控制、内部控制测试、实质性测试等环节进行审计取证。若在实施必要审计程序后，仍不能获得所需审计证据，审计人员可发表保留意见或无法表示意见。舞弊审计需要站在舞弊者的角度思考问题，寻找内部控制的薄弱环节，很多时候舞弊审计是一种直觉判断过程，但舞弊审计必须做到有证据，不能仅凭推理设想，一旦发现舞弊行为的蛛丝马迹，需要严密取证，获取比传统财务审计证明标准更高的证据。

（三）舞弊审计的意义

舞弊审计的一般目标不仅包括揭示舞弊，而且包括防止舞弊，这也正是舞弊审计的意义所在。揭示舞弊可以使组织及时止损，防止舞弊则对组织发展具有建设性意义。

对内部审计而言，除弊、兴利及增值是一定阶段的共存目标。防弊是兴利与增值的基础，只有做好查错防弊，才能进一步实现兴利与增值；兴利与增值是一致的，兴利是增值的外在表现，增值是兴利的内在要求。舞弊审计对于除弊的重要性无须赘言。舞弊审计对兴利和增值目标的实现也具有重要意义。一方面，舞弊行为的揭示可以使组织清除"毒瘤"，得以轻装上阵；另一方面，舞弊审计所提供的内部控制以及其他管理建议可以帮助组织堵塞现有的漏洞，改进存在的缺陷，化解舞弊动因，使组织在更加健康的环境中运行发展，体现内部审计为组织增加价值并改善组织运营的目标。

三、内部舞弊审计与注册会计师舞弊审计

从反舞弊的角度看，注册会计师审计是公司控制舞弊行为发生的重要环节。但现代注册会计师审计的主要目标是财务报告公允性的审核验证。从成本效益角度考虑，注册会计师承担舞弊审计责任的意愿不足：一方面，由于舞弊审计要求采用特殊的审计程序和技术，开展舞弊审计必然导致成本上升；另一方面，审计期望差距的存在使社会公众认为原先的审计费用已涵盖舞弊审计服务，客户没有理由额外支付审计费用。同时，侵占资产舞弊本身不一定对财务报告的验证产生重大影响，注册会计师在对财务报告进行审核的时间范围内往往不能同时开展侵占资产舞弊行为审计。但是，注册会计师必须考虑舞弊所带来的审计风险，考虑舞弊行为可能导致财务报表出现的重大错报。此外，注册会计师丰富的审计经验有利于提高舞弊审计效率。

相对注册会计师审计而言，内部审计人员预防和发现财务报表舞弊的有效性不受时间预算的约束，不受因管理政策、过程审验及控制测试范围扩大所带来的高成本的限制。内部审计人员对组织的业务和控制比较熟悉，在某种程度上可能更容易发现舞弊问题。内部审计的舞弊审计工作质量取决于内部审计人员的独立性和专业胜任能力。在治理结构完

善的公司中，审计委员会直接向董事会报告，可以为内部审计人员在舞弊行为追查过程中保持有效性和客观性提供合理保证。此外，作为组织内部人员，内部审计人员揭露本组织的舞弊可能需要承担相当大的风险①。

四、舞弊审计与内部审计其他工作的关系

内部审计的职能多种多样。尽管有些内部审计部门主要关注财务会计和财务控制环境，但有些内部审计部门则有更细致的日程安排，要求掌握更广泛的技能。如图 8 - 1 所示，图形左边给出内部审计职能的传统使命和技能。逐渐向右移动，职能越来越多样化，越来越复杂，并与技能集合相匹配，共同构成内部审计人员的工作任务和使命，组织对内部审计的期望也越来越高。内部审计的工作范围，从严格集中于财务审计向组织内部的一个多功能顾问实体转变，并专注于价值强化。内部审计的着力点随着组织的需求和管制规定的变化而变化。

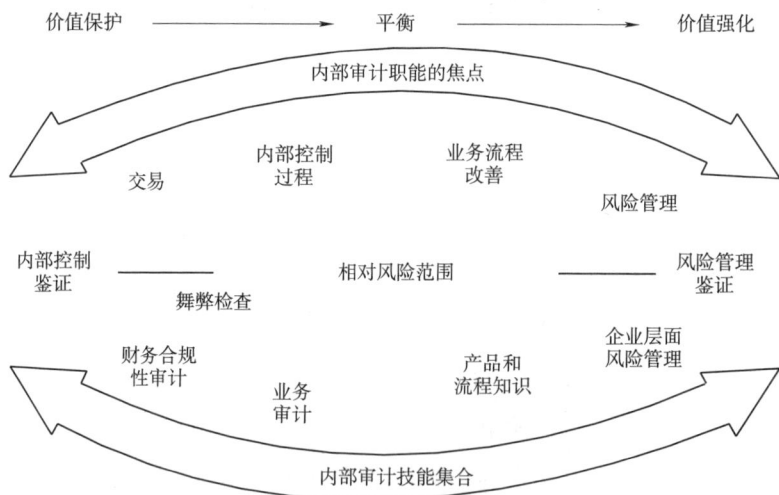

图 8 - 1　内部审计的职能与技能

资料来源：《法务会计调查指南》第 133 页。

---

① 美国世通公司内部审计人员辛西亚·库伯发现并揭发舞弊的过程当属经典案例。

内部审计人员审核账户、交易及其背后的会计系统基础和风险控制。如果查出控制缺陷，他们会向管理层提出适当方案。在业务流程方面，内部审计人员时刻注意查找缺陷和更好的工作方式，并提供建议。在图8－1弧线的最右端，内部审计人员变成一个功能越来越多的顾问——应对和管理各种类型风险的专家并负责企业风险管理的全部使命①。图8－1中从左到右的移动并不意味着内部审计的基本职能随着更高级业务的加入而被忽视。这种移动是累加的，即在保持原来对交易和控制基本关注的同时增加技能和职能。

舞弊检查属于相对传统的内部审计职能，处于财务审计与业务审计技能区域。舞弊检查代表内部审计人员的一项传统任务，内部审计人员在交易审计和内部控制评估过程中发挥遏制舞弊的职能。从国外情况来看，近些年对内部审计舞弊检查的需求大大增加，舞弊检查的职能日益受到重视。

第二节　舞弊审计的目标和内容

舞弊审计目标是舞弊审计活动的既定方向和要达到的预定结果，决定着舞弊审计的具体内容。舞弊审计的内容是舞弊审计目标的具体化，是舞弊审计目标得以实现的抓手。内部审计对舞弊关注的侧重点与注册会计师不同，本节关于舞弊审计目标和内容的介绍皆立足于此。

一、舞弊审计的目标

舞弊审计目标可以分为一般目标和具体目标。舞弊审计的一般目标

---

①　这种高水平的内部审计模式一般被认为是通用电气（GE）模式，该公司的内部审计人员一直是业务流程工程师、最佳管理实施者和成本削减员。他们覆盖了图中从左到右的全部职能。GE的400名内部审计师中大约有300名拥有MBA学位，1/3以上的内部审计师受过六西格玛培训。为了应对GE的多样化业务，公司内部审计小组囊括了在塑料行业、化工行业、生命科学和其他领域具有专门知识的审计师。

可以简单地概括为揭示舞弊和防止舞弊，这既是对舞弊审计的一般要求，也表明了舞弊审计与财务审计的不同。在财务审计中，揭示舞弊只是在证明财务报表公允性过程中所发生的中间环节。同时，出于成本和能力限制，财务审计目标通常不包括防止舞弊。对舞弊审计而言，揭示舞弊是舞弊审计的主要目的和出发点，防止舞弊目标则为舞弊审计开拓了更广阔的空间。

对内部审计来说，舞弊审计的具体目标包括：一是搜寻员工舞弊标志并寻找证据，向管理层报告；二是关注管理层舞弊线索，根据具体情况采取相应措施；三是通过检查和评估内部控制的有效性和充分性、检查评估组织经营中的潜在风险因素来防止舞弊的发生。

为了实现舞弊审计的目标，审计人员需要采取必要的行动。乔治·曼宁为舞弊检查人员设计了一个通用的方案，包括：收集行业数据；财务分析；检查内部控制；收集证据；评估；报告发现的情况。对于员工舞弊审计和管理层舞弊审计而言，这一通用方案的侧重点不尽相同。下面将针对不同类型的舞弊，分析舞弊的表现形式以及舞弊审计的具体内容。

二、舞弊审计的主要内容

基于内部舞弊审计的具体目标，考虑根据舞弊行为主体的不同来确定舞弊审计的内容。舞弊审计的内容主要包括两大类，即员工舞弊审计和管理层舞弊审计。

（一）员工舞弊

员工舞弊是组织员工利用内部控制的各种漏洞，采用涂改或伪造单据账册及其他手段贪污、盗窃或挪用组织财产的行为。侵占资产是最常见的员工舞弊类型。

美国注册舞弊检查师协会（ACFE）将资产侵占的类型分为现金侵占和存货及其他资产侵占两大类，如图 8-2 所示。

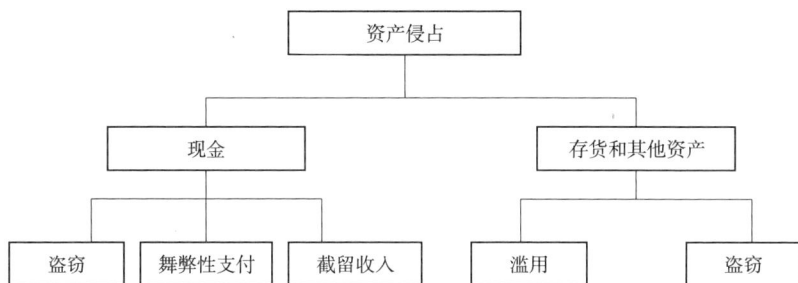

图8-2 资产侵占的类型

资料来源：美国注册舞弊检查师协会（ACFE）2012年度报告。

1. 现金侵占

现金侵占包括现金盗窃、截留收入和舞弊性支付三种类型。

现金盗窃舞弊是指盗窃已入账的资金，可能发生在收款和存款环节。收款环节的现金盗窃包括直接从收银机里盗取现金、代表组织收款入账但拿走现金。存款环节的现金盗窃机会存在于将收入现金存入银行之前。

截留收入是指员工在销售收入或应收账款被记入会计账簿之前将其盗走。所有参与现金收取过程的员工都有截留现金的机会，包括销售人员、柜员以及其他直接向客户收取现金的人员。截留收入手法通常可分为四类：一是销售收入不入账；二是低估销售收入和应收账款；三是盗窃寄来的支票；四是短期截留收入，即延迟入账。

舞弊性支付的基本类型包括重复付款舞弊、多方收款人舞弊和虚假支付舞弊。重复付款舞弊是指向同一供应商开出两张或多张相同支票，其中一张付给供应商，其他则被舞弊者侵吞。员工可能单独实施舞弊，也可能与供应商的员工串通。多方收款人舞弊是指对同一项债务两次或多次支付给不同的供应商，其中一名收款人真正提供了产品或服务，其他收款人是捏造的或是舞弊共谋者。虚假支付舞弊包括向真实存在的或虚构的供应商支付虚假的项目、材料或服务款项，向虚构的雇员支付报酬或虚构工时、业绩指标多付薪酬。

对于现金盗窃的舞弊审计内容包括：

一是审查组织相关控制活动的建立和实施，主要包括：职责分离情况，理想的状况是现金收入、现金清点、银行存款、银行存款余额调节表编制、现金支出等职责均相互分离；实施强制性工作轮换或强制性休假制度；适当运用突击盘点现金程序；使用连续编号的凭证；定期分析备用金的使用情况；运用分析程序以发现值得关注的变化或可能出现不良倾向的职能领域。

二是对现金收入和记录流程进行深入分析，确保现金收入的安全。审计人员应关注相关内部控制的健全有效，确保以下控制目标的实现：确保每天的收入全部存入银行；确保已记录的应收款项交易附有支持性文件或凭证，且交易中包含的所有信息均须验证，如金额、日期、摘要等；确保库存现金的安全；现金日记账余额应与库存现金余额相符；确保由专人复核现金收入数与存款单；由处理现金收入和应收账款以外的人员将记账凭证、日记账和银行存款单及银行对账单进行复核。

三是针对销售收入、销货成本、销货退回及折让之间的关系实施分析程序。这一程序能够使公司发现不恰当的退款和折扣。在相关范围内，销售收入与退回、折让之间应当存在线性关系，除非存在其他合理解释，如制造过程的变化或价格变化，否则这种线性关系的任何变化都可能意味着存在舞弊行为。同样，对销货退回及折让与存货的实际流动情况进行分析，也可揭露舞弊行为。销货退回应导致存货的数量发生改变，即使退回的商品已经受损，如果仅有销售退回记录而无相应存货增加记录，则分析程序可以发现相关项目之间比例关系的异常，进而追查是否存在现金盗窃舞弊。

四是定期对现金日记账和银行存款日记账进行复核和分析。如果舞弊者不能通过篡改原始凭证来隐匿舞弊，就有可能虚构账簿记录。对于现金日记账和银行存款日记账中的贷记分录进行分析，追查可疑分录，如借记销售收入和坏账准备等记录。

五是针对收银机业务实施专门检查，主要包括：严格监督接触收银机的员工，确保访问密码的安全；由收银员以外的员工编制盘点表，并与收银机的现金总额进行核对；及时、完整地将收银机记录和现金提交适当的负责人。此外，审计人员应知晓并监督常用的舞弊隐匿手法，如虚假的作废处理、毁坏或篡改收银机发票等。

对于截留收入的舞弊审计内容包括：

一是审查组织相关控制活动的建立和实施，主要包括：销售、收款和记录等职责分离；交易记录及时、完整，明细要素齐全；采取适当措施以确保对账簿记录系统的接触受到限制；对总分类账和明细分类账实施独立调节和验证；由独立于出纳和应收账款职责的人员处理客户的投诉。

二是针对销售业务实施分析程序。例如，对明细销售账户进行纵向和横向分析，分析账户变化，可能发现隐匿、低估收入等截留收入问题。审计人员还可以通过比率分析查找截留收入舞弊的线索，比如计算应收账款周转率并观察其变化。对存货盘亏情况进行分析，也可能发现截留收入的账外销售情况。

三是对现金、银行存款和存货记录进行审阅和分析。审计人员应特别关注应收账款的注销记录，丢失、被盗或过时产品的注销记录，应收账款的借方对应科目不是银行存款或现金的账簿记录。通过检查这些记录，可能发现截留收入的舞弊行为。

对于舞弊性支付的舞弊审计内容包括：

一是审查组织相关控制活动的建立和实施，主要包括：遵循适当的职责分离，例如批准采购申请、执行采购、验收、付款职责应相互分离，支票的开具和准备、印鉴的保管、银行存款余额调节表的编制、应付账款的记录等职责应由不同的人员完成；招聘程序能够确保避免雇用具有可疑背景的人员；将空白支票和已使用支票存放于安全的地方，并仅限于授权人员接近；制定遗失或被盗支票的立即报告制度，以及注销账户未使用支票的销毁制度；定期检查包括薪酬费用在内的费用报告；定期检查付款程序，以确保相关文件记录的完整性和准确性；定期执行银行存款调节程序和检查程序；定期检查内容、地址、供应商等交易要素异常的应付账款记录。

二是针对采购与存货水平实施分析程序。通过比较采购额和存货总量，组织可能会发现舞弊者伪造购买组织从未收到的商品。对组织来讲，证实从未接受过的服务更加困难。因此，很多舞弊者会选择开具"咨询服务"一类的账单来实施虚假支付舞弊。审计人员对此类发票应予以关注。审计人员还可按照供应商对采购进行月度分析和年度分析，以发现异常情况。

三是对银行对账单和银行存款余额调节表进行分析。为此，审计人员还可考虑要求银行提供截止日前后若干天的对账单或对银行进行函证。审计人员应检查银行对账单可能存在的篡改，根据银行对账单的余额或银行存款余额调节的未达账项，追踪至截止日前后若干天的对账单和银行函证单，确保在适当的会计期间记录，查找可能存在的现金舞弊。

四是对支票存根要素、支票背书和支票管理情况进行检查。对于支票上可疑的收款人，审计人员应检查相应的支持文件或凭证；对于与银行对账单核对时发现的支票可疑付款日期，应进一步检查相关明细记录和支持文件或凭证；对被退回支票，审计人员应关注其是否经过背书，将被背书人与预定收款人进行核对，必要时追查被背书人的详细情况；对于作废支票，审计人员应检查银行对账单与账簿记录，确保作废支票未被处理；审计人员还应调查供应商关于未付款的投诉，检查预付款的真实性和相关记录的适当性。

五是对费用账户进行分析并对费用报销进行详细检查。审计人员可以比较当期与前期的支出金额，比较实际费用和预算费用，以发现可能存在的异常变动。审计人员对费用报销应定期进行检查，在熟悉公司报销政策的基础上对费用报销明细表进行详细检查。

六是针对可能存在的虚假薪酬支付进行检查和分析。审计人员应关注某些重复或遗漏，比如身份证号的相同或相似，相同的员工银行账号，少数员工经常加班的记录，员工没有被扣减个人所得税等；审计人员还可对与业绩挂钩的薪酬与相关业绩实施分析程序，以验证薪酬的合理性。

2. 存货和其他资产侵占

员工侵占存货和其他资产的方式包括滥用和盗窃。

滥用涉及未经授权而使用公司财产的行为，也称为借用或挪用。滥用资产的成本很难量化。有时滥用的成本可能是微不足道的，例如将公司的工具带回家，之后完好归还。有时滥用的成本可能是巨大的，例如员工在工作期间使用公司设备经营自己的副业，一方面公司在生产力方面遭受损失，另一方面公司还可能丧失业务客户。而且，所谓"借用"的资产最后也可能未被归还。

资产的偷盗行为通常更受关注。盗窃资产的方式很多，从随手拿走组织资产的简单偷窃，到伪造文件和账簿的复杂手法。相对复杂的手法包括资产领用和转移、采购和接收、虚假发货等。资产领用和转移手法使组织资产从一个地点转移到另一个地点，从而使侵占变得更为便利。舞弊者利用资产领用或转移的内部文件获得接近这些资产的权力，在转移过程中将资产据为己有。例如，员工夸大完工所需物料数量，然后偷走多出的部分。采购和接收手法指组织采购的资产被舞弊者侵占。例如，员工接收货物时少记录收到的货物数量，然后侵占未纳入记录的货物。虚假发货手法是舞弊者创制虚假的发货文件和销售文件，使被盗窃的存货看起来是被销售出去了。

对于存货和其他资产侵占的舞弊审计内容包括：

一是审查组织相关控制活动的建立和实施，主要包括：对采购申请、验收报告、领料单、发运文件、永续盘存记录等有关文件进行连续编号控制；存货或其他资产的申请、验收、发出、报废、变卖等职责分离；由独立于采购和仓储职责且具备相关资产知识的人员执行独立检查；具备物理防护、非授权人员不得接触、安保布局等实物保护措施。控制活动存在缺陷，既是发生舞弊的风险诱因，也是防范舞弊需要改进的地方。

二是针对销货成本及其明细项目实施分析程序。例如，若销货成本随销售数量不成比例地增加，并且采购价格、采购数量和质量没有发生改变，那么销货成本不成比例增长可能就是由舞弊行为造成的，如期末存货由于被盗而减少，或编制虚假分录计入销货成本以隐藏盗用行为等。对销货成本的明细项目执行分析程序，可指明进一步审查的方向。此外，审计人员也可通过分析存货周转率的变化查找可能存在的存货盗窃舞弊。

三是检查相关文件记录。永续盘存记录里未被解释的分录可能意味着存在盗用损失。审计人员应关注永续盘存记录里无法用销售发票、损毁或清理批准文件等原始文件或凭证予以解释的存货减少；同时，还应关注永续盘存记录里无法用验收报告等原始文件或凭证予以解释的存货增加。此外，围绕发运文件，关注销售与发运文件的匹配情况，即是否存在与销售无关的发运文件，或存货出库是否都有发运文件，这样也可能发现存货被盗用的线索。

四是实地盘点存货。实地盘点存货有时会发现存货盗用情况。但是，审计人员需要注意，存货的短缺除了盗用以外还有其他解释，比如损耗等，因此发现短缺后不能武断断定存在盗用，需要进行进一步分析查证。此外，如果用来发现存货舞弊的唯一方法是年末实物盘点，那么审计人员应清楚，舞弊者可能利用一整年的时间来设计隐藏方法以应付潜在的检查。

（二）管理层舞弊

管理层舞弊是管理层蓄谋的舞弊行为，可能表现为发布带有误导性或严重歪曲事实的财务报告[1]来欺骗投资者、债权人、政府及社会公众等外部利益相关者，此时属于所谓谋取组织经济利益的舞弊（按照《第2204号内部审计具体准则——对舞弊行为进行检查和报告》的分类）；也可能表现为利用职权谋取私利损害本单位利益，此时属于所谓损害组织经济利益的舞弊（按照《第2204号内部审计具体准则——对舞弊行为进行检查和报告》的分类）。管理层舞弊往往比员工舞弊更为隐蔽，而且

---

[1] COSO 在 1999 年所做的研究显示，在所研究的财务报表舞弊案例中，有 83% 的案例涉及首席执行官或首席财务官。

可能直到公司遭到不可挽回的损失才被发现。管理层舞弊有三个典型特征：一是通常不受内部控制的约束；二是谋取组织经济利益的舞弊通常以财务报告舞弊为手段；三是谋取私利侵占资产的舞弊行为往往被复杂业务交易所掩盖，且经常牵涉关联第三方。

审计人员应首先理解并确认可能导致管理层舞弊的压力来源。这些压力可能是内部的，也可能来自外部。例如，高级管理人员想要证明自己的能力，需要做出超过上年度的业绩以获得大额奖金或升职机会，实现公司上市或满足投资者预期，为与组织利益存在冲突、但己方能借此获取私利的利益相关者服务等。

审计人员应熟悉预示管理层舞弊发生的信号征兆。例如，对于一贯延迟的报告，审计人员应进行调查并对延迟的理由进行研究，延迟可能是舞弊者为了堵塞数字漏洞造成的。又如，有规律地承担下属职责的高级管理者，不遵守组织指令或程序的分支机构管理层，管理层成员家庭成员从事与本单位业务相关的经营活动，过于复杂的重大交易，不具备交易基础的交易对手方，信访资料和外界舆论等，都是需要审计人员引起注意的信号。对于某些财务数据之间、财务数据与非财务数据之间的不平衡关系或异常变动，审计人员也应予以关注，比如销售收入大增，但是销售人员的佣金却没有相应增长，可能意味着管理层虚构销售收入。审计人员恰当运用财务报表分析方法，包括纵向分析、横向分析和比率分析，可以发现报表项目之间的相互关系及其重大变化。对于某些项目之间的可疑关系和异常变动，审计人员应进一步查找确定原因。

对于财务报告舞弊，审计人员应特别关注被审计单位收入确认方面的舞弊风险[①]。基于复式记账中的配比原则，被审计单位当期可能会出现高估收入/资产或低估费用/负债从而达到虚增本期利润的效果，或者低估收入/资产或高估费用/负债从而达到虚减本期利润的效果。更具体的

---

① COSO 的一份研究报告显示，在 1987～1997 年期间提供虚假财务报告的美国公司中，有一半采取提前确认收入或虚构收入的手法。

手法如下：（1）提前确认收入（往往意味着资产的提前确认）；（2）虚构收入（往往同时表现为虚增资产）；（3）利用非持续性业务夸大收入；（4）将当期费用推迟至以后期间确认（可能表现为费用的资本化或负债低估）；（5）将当期收入推迟至以后期间确认（往往意味着负债高估或资产低估）；（6）将未来费用提前至当期确认（可能体现为不当注销资产或计提预计负债）。

从时间维度上来看，上述六种手法可以归为两大类："做大当期净收入"——包括（1）（2）（3）（4），其中前三种直接针对收入，（4）则针对与收入配比的费用；"做大未来收入"——包括（5）和（6），其中（5）直接针对收入，（6）针对与收入配比的费用。

从造假方式来看，无论是针对收入和费用，还是本期和以后期间，造假都包括明目张胆的无中生有和谨慎隐蔽的数字游戏。当年银广夏的虚构客户就属于典型的明目张胆的无中生有。相较而言，由于会计天生存在估计，会计准则本身包含主观判断的"灰色"地带，避开"有无"之毕露锋芒而游走于"多少"之弹性区间，谨慎的数字游戏不仅隐蔽性强，而且也较难被审计人员驳倒。

管理层到底是做大当期收入还是做大未来收入？是采取明目张胆还是谨慎隐蔽？这个选择恐怕还需归因到"舞弊三角"理论，即舞弊的发生往往需要具备动机/压力、机会、借口三个条件。动机方面，为了实现上市、满足投资者预期从而维持或提高股价、获得激励、完成预算等目标，企业管理层多会做大当前收入，出于维持盈利稳定、当期少缴所得税、当期多记损失以便未来轻装上阵等考虑，管理层多会做大未来收入。机会方面，如果实施舞弊的机会很容易获得，如宽松的市场监管和混乱的内部控制，则管理层更可能采取明目张胆的方式进行造假。借口涉及组织文化、个体心理和商业环境，比如公司高层对舞弊的奖赏、财务人员的无条件服从和忠诚、企业可以通过暂时舞弊渡过难关的想法、认为收入调节不算什么大事别人也会如此的理念。借口不一定非有不可，但是有了借口，收入确认舞弊可以变得心安理得理所当然。

收入确认舞弊的三个维度如图8-3所示。审计人员如果能从时间维度、方法维度、原因维度三个层面审视收入确认问题，则对可能存在的收入确认舞弊当有比较准确的把握。

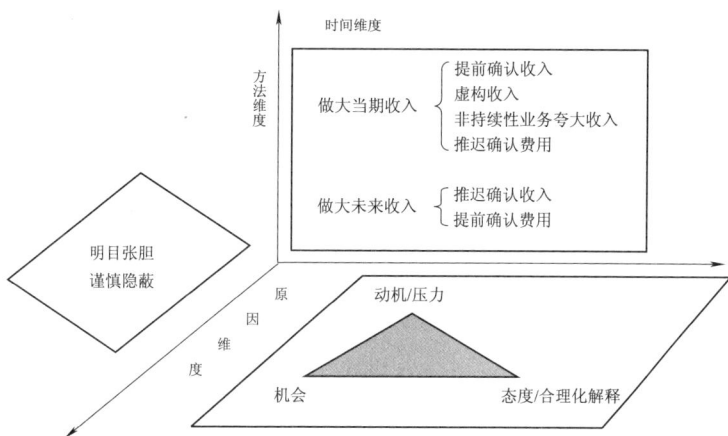

图8-3　收入确认舞弊的三个维度

审计人员还应清楚的是，增加传统的内部控制并不能有效地防范财务报表舞弊，因为高级管理人员往往能使其职权凌驾于大多数内部控制之上。在防范财务报表舞弊方面，需要采取不同的方式。基于舞弊动因的三要素，减少财务报表舞弊的一般方法包括：减少实施财务报表舞弊的压力，比如避免设定无法实现的财务目标，确保薪酬体系的合理公平；减少实施财务报表舞弊的机会，比如建立统一、明确、没有例外条款的会计程序，建立保密的报告机制以沟通不恰当行为；减少将财务报表舞弊合理化的借口，比如在组织内部树立诚信的价值观念，确保管理层按照组织倡导的做法行事。

对于利用职权谋取私利损害本单位利益的舞弊行为，审计人员应重点关注：管理层成员个人从事营利性经营活动和有偿中介活动，或者在本企业的同类经营企业、关联企业和与本单位有业务关系的企业投资入股；管理层成员在职时或离职后接受、索取本企业的关联企业、与本单位有业务关系的企业，以及本单位管理和服务对象提供的物质利益；管理层成员以明显低于市价的价格向请托人购买或者以明显高于市价的价格向请托人出售房屋、汽车等物品，以及以其他交易形式非法收受请托人财物；管理层成员委托他人投资证券、期货或者以其他委托理财名义，未实际出资而获取收益，或者虽然实际出资，但获取收益明显高于出资应得收益；管理层成员利用企业上市或者上市公司并购、重组、定向增发等过程中的内幕消息、商业秘密以及企业的知识产权、业务渠道等无形资产或资源，为本人或配偶、子女及其他特定关系人谋取利益；管理层通过隐匿收入、虚列支出、转移资产、违规收取回扣等方式设立"小金库"；管理层对重大投资项目的招标投标、转分包和重大采购合同的订立等事项进行干预；管理层在股权收购、资产收购、重大资产处置等资本运作事项中存在高价收购和低价转让等现象。

在设法减少利用职权谋取私利损害本单位利益的舞弊行为方面，应特别注意安排适当的公司治理或组织监督协调机制，一方面减少此类舞弊行为发生的机会，另一方面尽力使管理层成员利益与组织利益一致，从而减轻管理层成员实施此类舞弊的压力。同时，注意建立积极诚信公开透明的组织文化，遴选具有诚信记录和良好职业经历的人员进入管理层，加强管理层成员的道德修养，减少将此类舞弊行为合理化的借口。

第三节　舞弊审计的方法

舞弊审计涉及审计学、心理学、经济学、统计学、侦查学、法学等诸多学科，舞弊审计方法体系是管理技能、内控技能、计算机信息处理技能及沟通协调等技能的集合。舞弊审计方法不应拘泥于传统的审计方法，而应将舞弊审计的实际环境与常规审计方法和其他学科的有益成果有机结合起来，形成满足舞弊审计职能要求的方法。

一、舞弊审计方法概述

舞弊审计方法就是收集能够证明舞弊审计结论的证据的方法。审计人员根据舞弊审计的目标和要求，选择使用恰当的舞弊审计方法，有助于提高工作质量和效率。由于舞弊的多样性，舞弊审计方法也体现出多样性的特点。检查、观察、盘点、调查、函证、验算、分析程序等常规审计方法往往不能满足要求。审计人员需要根据舞弊审计项目的具体情况灵活采用适当的审计方法，才能恰当地收集、评价、分析审计证据，实现舞弊审计目标。

舞弊审计方法日益体现出与现代科技方法相融合的趋势。首先，在舞弊审计实践中，心理学的应用非常重要，审计人员通过巧妙运用心理学原理，可以及时利用和化解各种矛盾，突破审计工作障碍，把握主动权。其次，自 1966 年美国首次报道计算机舞弊案件以来，随着信息技术尤其网络技术的发展，计算机舞弊案件在各个国家都呈上升趋势。计算机环境下进行舞弊审计，使审计人员面临更多的风险，计算机科学在舞弊审计中的应用不可忽视。最后，经济学在舞弊审计中的应用也越来越广，将经济学的诸多原理用于舞弊审计研究和实践，可以帮助审计人员更好地理解舞弊的深层动因和风险因素。除此而外，其他一些现代科技手段，如侦查学、统计学等在舞弊审计中的应用也日趋广泛。

将舞弊审计与财务审计的方法进行对比，或许有助于我们理解舞弊审计方法的要义所在。舞弊审计方法与财务审计方法有不同的侧重点，具体表现在：一是舞弊审计审查的内容是与目标有关的一切事项，对过去、现在和未来事项的重视程度相同，而财务审计是典型的事后审计，只重视过去的事项；二是舞弊审计重视细节，往往通过蛛丝马迹发现异常，任何证据都不能因其太小而被忽视，财务审计则遵循重要性原则；三是舞弊审计要探寻舞弊产生的模式，财务审计是对财务报表整体发表意见，通常不会专门关注舞弊问题，只是在执行常规审计程序的过程中可能发现对财务报表产生重大影响的舞弊，财务审计本身并不关注舞弊如何发生；四是舞弊审计重视直觉和推理，审计人员实施舞弊审计时应当像侦探那样思考，善于根据情势判断下一步应采取的行动，而财务审计更重视审计程序的计划与执行；五是舞弊审计方法运用的重点是查问题，舞弊审计技术方法的开发基于查找舞弊，舞弊审计人员通常不关注总体而更关心具体的样本，财务审计技术方法的运用则主要是为了确定被审计事项的总体合理性。

二、通用舞弊审计方法

舞弊审计经常采用一些财务审计方法，如顺查、逆查、函证、监盘、分析程序等。还有一些财务审计中使用不多但在舞弊审计中比较重视，或在舞弊审计中的使用不同于常规财务审计的方法，如访谈、文件审阅、咨询、抽查等。

（一）访谈或询问

直接对被调查者进行访谈或询问对舞弊审计很重要，审计人员往往可以从中获得启发和线索。舞弊会被掩盖，但不意味着没有线索，通过询问很可能发现线索。审计人员应掌握巧妙的提问技巧，有针对性地设计提问，设法从询问对象或访谈对象口中得到需要的信息。舞弊调查是一个敏感的话题，审计人员应把握好询问的时机。一般而言，审计人员一开始可以问一些轻松的问题，然后逐渐询问敏感的问题，并将询问或访谈过程和结果记录于审计工作底稿。审计人员应明确管理层也可能实施舞弊行为。在评价管理层对询问所做出的答复时，审计人员应保持职业怀疑态度，确定何时有必要通过其他信息对管理层的答复加以印证。如果管理层答复与其他信息不一致时，审计人员应决定采取适当措施予以应对。

（二）文件审阅

书面检查是搜索舞弊证据的一部分。审计人员应核实所获书面文件的真实可靠。比如，是否存在涂改、签名是否真实、书信是否经过授权拆封等。对于被调查者提供的书面文件，审计人员务必明确文件的制作人和授权人是谁，审计人员获得文件的途径对文件的效力是否有影响，

内部审计职业教育系列丛书

218

文件由谁打印，电子文件的流转包括哪些环节等。文件审阅的重点应集中在舞弊者试图隐瞒的书面文件上。内部舞弊通常会通过伪造交易凭证如订购单、销货发票、贷项通知单、验收凭证等加以隐瞒。审计人员对于被销毁、遗失、修改或存有错误、不完整的记录应多加留意，查明原因。

（三）分析程序

分析程序有助于审计人员识别影响财务报表的异常交易、事项、金额、比例和趋势，进而可能捕捉到舞弊迹象。审计人员基于自身对企业控制环境的了解，将财务信息与前期类似信息、同行业类似信息、预期结果进行比较，建立会计项目之间内在联系的分析模式，同时分析财务信息与非财务信息之间的关系。例如，经营活动现金流量与营业利润的比率表现异常，可能预示收入虚增；比较坏账核销与可比行业数据，可以提供截留、挪用现金的可能性；会计记录的销量与生产统计数据之间非预期或无法解释的关系，可以揭示虚构销售的可能性。执行分析程序有时受制于分析资料的可获得性。审计人员应当把分析程序的结果和审计人员搜集的其他用来识别舞弊的证据结合起来考虑。

（四）利用外部专家意见

舞弊审计可能涉及大量审计人员不熟悉的领域，对于审计人员来说，掌握丰富的知识是必要的，但咨询专家通常是更可行也更经济的做法，比如高科技行业、建筑行业等专业性较强的领域。此外，舞弊审计还可能与法律诉讼相联系，向法律专家咨询也是不可或缺的。

（五）抽查

在舞弊审计中，不仅抽查的对象和目的与财务审计不同，抽查方法也不同。财务审计多使用随机抽样，而舞弊审计多使用判断抽样，因为审计人员的灵感和判断在舞弊审计中是非常重要的。

三、舞弊审计的特殊方法

舞弊审计有时被分为两个阶段，即主动性调查阶段和反应性调查阶段。在主动性调查阶段，审计人员需要充分持续地搜寻舞弊标志。在反应性调查阶段，审计人员需要对主动性调查阶段发现的迹象性证据做出反应，寻找证实性证据。打个比方，主动性调查行为就像医生仅仅因为病人处于特殊的风险类别而检查病人是否有恶性症状，即使病人看起来健康无碍。如果发现可疑肿块，医生就会针对肿块进行具体检查，恰如启动反应性调查。主动性调查阶段查找舞弊标志或征兆过程中，审计人员往往会会采用一些特殊的方式方法，如红色预警标志法、制造错误法、统计分析法等。

（一）红色预警标志法

红色预警标志法是寻找和分析舞弊信号的重要方法。这种方法的实质是在总结以往舞弊情况发生的基础上，整理归纳相关经验，指出舞弊发生概率较高的条件或标志，以警示舞弊发生的可能性，并说明舞弊的特征和基本状况。红色预警标志并非表明舞弊一定存在，但它们被认为是在舞弊情况下可能普遍存在的情形，因此审计人员必须予以关注。

就潜在的红色预警标志而言，在此有必要重温舞弊三角的概念，即舞弊的产生需要三个条件：压力/动机、机会和借口。透过这三大类风险的每个小类可以观察到各种特殊的、潜在的红色预警标志[①]。

1. 压力/动机

评估组织是否可能存在导致重大错报的动机或压力时，审计人员应考虑的风险因素包括：威胁企业盈利或财务稳定性的环境；管理层达到或超过第三方（如投资者和债权人）预期的过度压力；企业业绩对管理

[①] 红色预警标志也可以按照其他维度进行分归纳。比如扎比霍拉哈·瑞扎伊所著《财务报表舞弊：预防与发现》就从组织结构、财务状况、企业和行业环境三个方面对财务报表舞弊的红色预警标志进行了归纳，见本章附录。

层个人财务状况的影响（如与公司业绩挂钩的绩效奖励、股票期权）；董事会或高层管理者对部门管理层施加的过度内部压力；公司上市或债务评级的压力；无法满足债务协议或并购协议的要求（如与股价捆绑的债务契约）等。评估组织是否存在导致侵占资产的动机或压力时，审计人员应考虑的风险因素包括：可能刺激个人侵占资产的个人财务困境；组织与个别员工的负面关系可能引起的憎恨和背叛。

2. 机会

评估组织是否可能存在导致重大错报的机会时，审计人员应考虑的风险因素包括：公司所在行业的性质、公司业务和交易的性质，会计政策的持续性和激进性；公司与客户和供应商之间的关系及其所处的市场地位，具备主导或支配地位的能力可能导致不公允交易；在决定收入或费用水平、评估资产或负债时需要做出判断的程度；公司治理结构中审计委员会、非执行董事和监事会等部门对高层管理者的监督程度及其有效性；组织或集团结构的复杂性和稳定性；总体控制环境的有效性，包括内部控制制度、信息技术、会计人员的连续性和有效性，以及会计记录和报告系统的有效性。评估组织是否存在导致侵占资产的动机或压力时，审计人员应考虑的风险因素包括：存货、固定资产或其他资产的价值、需求、盈利性、流通性、便携性；保护资产的控制措施在涉及和执行方面的有效性。

3. 借口

归类为借口的风险因素通常最难以捕捉且不可计量。最基本的，借口是组织文化、员工的心理以及两者交互项的函数。同时还要考虑更广泛的商业环境，比如行业或整体经济的困难时期会使某些人易于将舞弊合理化。

评估组织是否可能存在导致重大错报的借口时，审计人员应考虑的风险因素包括：组织价值观的沟通与强化程度；忽视舞弊风险或应对措施无效；预算的制定或通报缺乏现实性；管理层不断尝试使用不适当的会计与披露政策；管理层对冒险行为或为达目标不择手段的行为给予奖励；管理层与审计人员沟通困难、施加不合理的时间压力和取证约束等。评估组织是否存在导致侵占资产的借口时，审计人员应了解将自身行为合理化的一些常见情况。例如，这种情况只是暂时的——不会有人知道，不会有人受到损害，下个月就会好转；管理层漠不关心——管理层并不约束此类行为，管理层不采取监控措施，对于已知内控缺陷也不纠正，这不算是问题；我只是拿走我应得的——我错过提拔，组织对我不公平，我很快会被解雇。

上述警示内容的完整性和准确性受红色预警标志制作者的经验、专业知识、工作深度和广度等相关因素的影响。建立红色预警标志后，审计人员必须针对具体情况从多角度、多层面进行分析。使用这种方法有助于审计人员估计舞弊的可能性、性质和领域，能够锁定易受侵占的资产范围并评估其被侵占的可能性。同时，审计人员对识别和解释潜在红色预警标志可能遇到的困难，要有心理准备，要清醒地认识到以下几点：一是舞弊风险因素并不等同于舞弊证据；二是舞弊风险因素是模棱两可的，比如复杂的组织结构可能标志舞弊风险，也可能只是合理的组织特征；三是舞弊风险因素数量和舞弊风险水平之间不存在线性关系，一般来说，舞弊风险因素越多，舞弊的总体风险越大，但在某些关键领域，即使舞弊风险因素不多，也要予以关注；四是孤立的舞弊风险因素意义有限，审计人员需考虑某个特定风险因素与其他某个或多个因素的关联程度；五是某些舞弊风险因素很难察觉，特别是与个人思维状态、个人财务状况、个人私生活有关的情况。

（二）制造错误法

内部审计人员在实施舞弊审计时，制造真正的错误以观察其能否通过控制系统，以此评估控制系统的缺陷和易受舞弊破坏的一些环节。使用这种方法时，审计人员将自己定位为舞弊者，尝试策划各种计划以逃避内部控制实施舞弊。需要注意的是，使用此法的审计人员应事先告知值得信赖的适当人员，模拟舞弊即将实施。这种方法的优点是能够使组织中可能存在的舞弊变得一目了然。这种方法要求审计人员在实施舞弊审计时不能仅仅停留于报表、账簿、凭证、档案文件等内部资料的检查，还应到现场去实际观察、调查和访谈。

（三）统计分析法

根据大样本数据得出的一些统计学定律或组织内部的一些统计分析结果也可以用来发现舞弊线索。例如，根据班弗特定律，在随机排列的数据中，以数字1开头的数据多于以数字2开头的数据，以数字2开头的数据多于以数字3开头的数据，依此类推。事实上，班弗特定律精确预测了各类财务数据具有如下特质，即以数字1开头的数据约占30%，而以数字9开头的数据仅占4.6%。据此，当把10000张发票开头数字的分布与班弗特定律分布比较时，若发现70%的发票是以数字8或9开头，则有可能存在舞弊。

审计最初因查错防弊而产生，但是发展变化的外部环境、日新月异的科技变革使现时的舞弊审计早已不同于当初的纠弊查错。审计人员必须在遵守执业准则和职业道德的前提下，不断研究、探索新方法、新经验，才能更好地开展舞弊审计，及时发现各种舞弊行为，并积极予以纠正，做到防患于未然。

第四节　舞弊审计中应注意的问题

发现舞弊绝非易事。在舞弊审计中，审计人员需要运用各种方法最大限度地发现和预防舞弊。除了把握好舞弊审计的目标和内容、掌握并运用舞弊审计的方法以外，审计人员在程序、理念和具体问题的处理上应具有灵活性和创造力。特别是在舞弊的报告、内部审计与内部控制的关系、计算机舞弊审计方面，审计人员应给与足够的关注，确保舞弊审计的效率和效果。

一、舞弊的报告

《第2204号内部审计具体准则——对舞弊行为进行检查和报告》指出："舞弊的报告是指内部审计人员以书面或者口头形式向组织适当管理层或董事会报告舞弊检查情况及结果。"该条规定对舞弊报告的层级、形式和时间做出基本规定。就报告层级而言，舞弊报告的提交对象应是适当的管理层，通常向组织的管理层或董事会报告，报告的层次至少应比舞弊涉及层次高一级。就报告形式而言，可以是书面形式也可以是口头形式。就报告时间而言，可以在检查工作结束后提交，也可以在检查工作进行过程中提交。采取口头报告形式和在检查过程中进行报告，目的是及时让适当管理层知晓目前所发现的情况，以便管理层决定是否采取和采取何种措施来遏制舞弊行为。准则以举例的方式说明在舞弊检查过程中需要向适当管理层进行报告的情形：可以合理确信舞弊已经发生，并需深入调查；舞弊行为已导致对外披露的财务报表严重失实；发现犯罪线索，并获得应当移送司法机关处理的证据。完成舞弊检查工作后，一般应提交正式的书面报告。

内部审计人员应当从舞弊行为的性质和金额两方面考虑其严重程度，出具相应的审计报告。报告的内容应包括：舞弊行为的性质、涉及人员、舞弊手段及原因、检查结论、处理意见、提出的建议及纠正措施。基于成本效益原则，对不同性质和金额的舞弊行为的处理通常有所区别。性质轻且金额小的舞弊行为，对组织造成的危害较小，可以不特别指出，一并纳入常规审计报告；对性质严重或金额较大的舞弊行为，应单独出具专项审计报告。若该舞弊行为涉及公众利益，极可能引发法律后果，则应取得法律专业人士的帮助。舞弊审计专项报告可以提交组织法律顾问进行审查，以保证报告内容的合法性，最大限度降减低舞弊审计风险。

二、舞弊审计与内部控制

这里需要澄清两个问题，一个是内部舞弊审计与内部控制的关系问题，另一个则是内部审计人员应否参与内部控制设计的问题。

除那些仅为确保组织会计系统完整性而设计的内部控制以外，还有一些内部控制是专门针对舞弊设计的。许多内部审计人员认为组织依靠专门针对舞弊的内部控制是绝对必要的，因为舞弊范畴繁杂庞大，内部审计人员在与舞弊者斗争的过程中处于不利地位。在绝大多数组织中，舞弊者相比审计人员具有一个明显的优势，就是他们能够选择进行舞弊的时间和地点，一般情况下，舞弊者能够选择使其优势最大化的舞弊目标领域。相反，内部审计人员面临对舞弊者关于舞弊时间和地点的选择一概不知的尴尬处境，并且面临资源约束。此时可行的方法是求助于内部控制，因为它增加了发现舞弊者的可能性。若舞弊者正欲实施舞弊，则内部控制也增加了制止舞弊的可能性。也许能够采取的最简单、最有效的舞弊内部控制就是审计人员实实在在地出现在审计现场，一些审计人员称之为"现场监督"。这种方法可以警告并制止潜在的舞弊者。人们发现，有时审计人员甚至不需要为发现舞弊做任何实质性的主动性舞弊确认工作，他们只需出现在特定领域的现场，就可以警告那些潜在舞弊者，使其明白舞弊行为不是没有风险的。在此意义上可以说，专门针对舞弊的内部审计有效性的衡量，从来都不应以"真实的舞弊是否被发现"作为判断标准。

一些内部审计人员试图使自己与内部控制设计独立开来，认为其在评价内部控制的过程中需要保持客观性。有相当数量的人支持这种看法。然而，也有人赞成内部审计人员应该同时参与内部控制的评估与设计。相比于习惯上作为内部控制系统监护者的财务、会计人员，审计人员对公司的管理具有更加综合的知识，特别是拥有查错纠弊经验的审计人员，他们具备设计内部控制的良好基础。相应地，内部控制系统监控者也鼓励内部审计人员参与内部控制的设计和评估。事实上，一些公司要求新设计的内部控制程序在执行之前需经过审计专家的评论与批准。

三、计算机舞弊审计

随着组织管理信息系统和会计信息系统的普及，以及网络经济、电子商务等新型交易方式的出现，审计人员所面临的审计环境逐渐过渡到全面的计算机处理环境。计算机及技术对审计人员是一把双刃剑，既对审计人员提出了挑战，使审计面临了更多的风险，也可能成为审计人员提高审计效率和效果的利器。审计人员在实施计算机舞弊审计时，应注意以下三个方面：

一是事前审计计算机系统。审计人员应事前检查计算机系统的基本状况，如系统的硬件配置和管理结构、系统软件的选用范围、网络结构、职能分工等。同时，要对系统的授权、使用和系统自身建立的内部控制的严密性和合规性进行评价。

二是加强对信息系统内部控制的测试。审计人员应对系统的程序、数据、文件进行测试，根据测试结果进行评价和鉴定。如确认输入资料的正确性、完整性，计算机处理过程的合规性等。进行审计测试时，应考虑采用"测试数据法"或"受控处理法"。"测试数据法"是将测试数据或模拟数据分别由审计人员进行手工核算和被审查系统处理，比较处理结果，做出评价。"受控处理法"是选择一定时期的实际业务数据分别由审计人员和被审查系统处理，比较处理结果，做出评价。

三是聘请专家开发辅助审计软件。这样，审计人员可以直接在系统中进行数据转换、数据查询、抽样、检查、分析程序等测试，充分发挥计算机舞弊审计的优势，有效发现舞弊行为。

本章小结

基于审计视角的舞弊概念外延通常小于法律意义的舞弊概念。舞弊的动因大致可以分为三类：一是实施舞弊的动机或压力，二是实施舞弊的机会，三是为舞弊行为寻找借口的能力。相对于传统的财务审计，舞弊审计具有自己的特点，表现在思维方法、审计切入点、审计目的、审计程序和方法等方面。

舞弊审计的一般目标可以简单地概括为揭示舞弊和防止舞弊。舞弊审计的内容是舞弊审计目标的具体化，是舞弊审计目标得以实现的抓手。舞弊审计的内容可分为员工舞弊审计和管理层舞弊审计。员工舞弊是组织员工利用内部控制的各种漏洞，采用涂改或伪造单据账册及其他手段贪污、盗窃或挪用组织财产的行为。侵占资产是最常见的员工舞弊类型，包括现金侵占和存货及其他资产侵占两大类。管理层舞弊是管理层蓄谋的舞弊行为，可能表现为发布带有误导性或严重歪曲事实的财务报告来欺骗投资者、债权人、政府及社会公众等外部利益相关者；也可能表现为利用职权谋取私利损害本单位利益，这种谋取私利侵占资产的舞弊行为往往被复杂业务交易所掩盖，且经常牵涉关联第三方。对于财务报告舞弊，审计人员应特别关注收入确认方面的舞弊风险。对于利用职权谋取私利损害本单位利益的舞弊，审计人员应特别关注管理层与关联企业、竞争企业以及与本单位有业务关系的企业之间可能存在的利益输送，以及管理层在重大投资、重大采购、重大资本运作事项中存在的干预行为及其利益动机与结果。

除常用的财务审计方法外，舞弊审计有一些特殊的方式方法，如红色预警标志法、制造错误法、统计分析法等。舞弊审计要求审计人员在程序、理念和具体问题的处理上应具有灵活性和创造力。特别是在舞弊的报告、内部审计与内部控制的关系、计算机舞弊审计等方面，应给予足够关注，确保舞弊审计的效率和效果。

本章附录——财务报表舞弊的红色预警标志

扎比霍拉哈·瑞扎伊所著的《财务报表舞弊：预防与发现》将财务报表舞弊的可能征兆归为三类：一是组织结构，二是财务状况，三是企业和行业环境。

1. 组织结构的红色预警标志

——高度集权的高层管理团队。

——专制的管理层。

——占支配地位的内部董事会。

——董事会中内部人和有财务利益的成员比例较高。

——无效的董事会。

——审计委员会不存在或无效。

——文化素养不高、不能胜任的审计委员会。

——公司内部利益冲突。

——不负责任的公司治理。

——不恰当的"高层基调"。

——过于复杂的组织结构。

——超大且分散化经营的公司。

——频繁的组织变迁。

——高级管理层的频繁更替。

——关键人员的快速更替。

——没有经验的管理团队。

——管理层监督的缺失。

——董事会缺乏监督。

——过量的或不适当的绩效薪酬。

——与盈利或股价目标联系在一起的高级管理人薪酬。

——缺乏充分有效的内部控制结构。

——公司行为准则缺失。

——无效的领导。

——人事评估的缺失。

——关键职位上的人员无经验或激进的人事安排。

——外部审计师的频繁更换。

——内部审计功能无效。

————审计委员会和外部审计师之间缺乏沟通或沟通无效。

————审计委员会和内部审计人员之间没有会面或不经常会面。

————内部审计人员与外部审计师之间缺乏合作与协调。

————管理层不愿与外部审计师合作或考虑外部审计师的建议。

————管理层和外部审计师之间经常发生争吵。

————管理层向审计师施加不适当的压力。

————回应审计调查时管理层表现推脱和逃避。

————管理层曾对监管者或外部审计师撒谎或逃避监管。

————管理层从事审计意见购买。

————管理层对监管机构表现出极大的不尊重。

————使用多个法律顾问。

————处于特定目的使用多个不同的银行。

————在报告管理层违背公司政策方面缺乏机制或机制无效。

————公司财产是管理层个人财富的重大部分。

————管理层工作受到不良业绩的威胁。

————管理层对财务报告的激进态度。

————高层管理人员个性异常。

————经理人有渎职记录。

————管理层在商业团体内部声誉不佳。

————对关键经理人的过度信任。

————公司被一两个激进的个人控制。

————关键经理人道德水平低下。

————关键经理人具有强烈贪欲。

————高层经理人一意孤行。

————对内部控制和管理政策的松懈态度。

————对服从法律和规则的松懈态度。

——疏于关注细节。

——着力于掩盖暂时的糟糕境况。

——关键经理人具有推倒控制系统的强烈欲望。

——无法要求高层经理人一次至少休假一周。

2. 财务状况的红色预警标志

——销量急剧下降反映出的盈利质量恶化。

——不现实的盈利预期。

——不现实的增长目标。

——过于复杂和非同寻常的商业交易。

——不正常的快速增长。

——不正常的结果或趋势。

——大量投资的结果或趋势。

——缺乏足够的营运资本。

——过于强调一两个产品、客户或交易。

——多余的生产能力。

——极高的债务。

——基于新业务或新产品线的高速扩张。

——信用紧张、高利率、获得信用的能力下降。

——通过当期盈利而不是债务或权益进行财务扩张的压力。

——应收账款回款困难。

——盈利质量和数量不断恶化。

——长期财务损失。

——现金短缺但盈利很高。

——持续的经营危机。

——存在为支持高股价和满足盈利预期而报告高盈利的迫切需要。

——重大诉讼。

——现金短缺或现金流持续为负。

——多项重大投资损失。

——公司或所在行业经历意外或急剧的市场份额或盈利下降。

——不现实的预算压力。

——重大的表外负债或或有负债。

——不寻常的重大合同承诺。

——收入显著减少或费用显著增加引起的盈利恶化。

——补充担保以满足债务协议的需要。

——高度竞争的全球市场。

——关于公司持续经营能力的重大怀疑。

——难以审计的重大交易。

3. 企业和行业环境的红色预警标志

——投资于不稳定的行业。

——监管者正在进行调查。

——快速的技术变革风险。

——行业疲软或下降。

——高利率和外汇风险敞口。

——行业内的不利经济环境。

——不寻常的激烈竞争。

——高度计算机化的运作。

——在股票交易所的停牌或退市。

——审计时被要求进行调整的分录众多。

——随意运用的会计政策。

——不充分的会计信息系统。

——重大的关联交易。

——根据职业判断决定的重大账户余额。

——产品或行业处于衰退期。

——经营结果与行业表现不一致。

——极度乐观的运营和财务预算。

——利润最大化是公司的使命。

——公司员工尤其是高级经理人的高流动性。

——不利的法律环境。

——内部交易证据。

——多元化进程中的大量并购。

——需要特殊专家技能才能估价的大额存货和其他资产。

第九章　绩效审计

本章提要

　　绩效审计是近年来内部审计领域普遍开展的审计业务类型。多年的实践证明，绩效审计在促进组织改善管理，提高资源利用效益、增加组织价值等方面发挥了积极作用，成为组织内部健全风险管理、提高治理水平、实现组织目标的重要手段。本章共分四节，分别介绍绩效审计的基本概念和特征，企业经营审计、管理审计及公共部门绩效审计的目标和主要内容，绩效审计的方法，以及绩效审计工作中应关注的问题。

第一节　绩效审计概述

　　20 世纪 50 年代，世界经济迅速发展，市场竞争日益加剧，企业规模不断扩大。一方面，为在激烈的市场竞争中保持有利地位，企业管理者将战略眼光聚焦在经济效益上，迫切需要内部审计人员对企业经营管理的合理性和各项政策、措施的执行效果等实施审计，以确保经营目标的实现；另一方面，内部审计人员来自于企业内部，对企业生产经营过程、所处的环境和经营目标有深刻的理解，其审计范围能够延伸到企业广泛的经营管理领域，使之有可能对企业的经营管理活动提出全面的评价和建议。

　　同一时期，在公共服务领域，主张政府积极干预经济运行的凯恩斯理论成为第二次世界大战结束后西方经济学的主流思想，公共支出规模随之扩大，为公共部门开展绩效审计提供了经济基础。随着新公共管理运动的兴起，对公共部门"问责"和对公共支出"问效"又成为绩效审计发展的政治推动力。在社会公众对责任和绩效的强烈关注中，公共部门的内部审计也将工作重心向绩效审计转移。

一、绩效审计的概念

关于绩效审计的概念，目前尚无统一的认识。常见的称谓还有"3E"审计、价值为本审计、经营审计、管理审计等。

美国审计署在 2003 年修订的《政府审计准则》中将绩效审计定义为："绩效审计就是客观、系统地检查证据，以实现对政府组织、项目、活动和功能进行独立评价的目标，从而强化公共责任，为实施监督和采取纠正措施的有关各方决策提供信息。"该准则进一步明确，"绩效审计包含的目标十分广泛，这些目标包括，对项目的效果和结果、经济性和效率性、内部控制、法律和其他规定的遵循情况进行评估"。

我国《第 2202 号内部审计具体准则——绩效审计》中将绩效审计概括为"内部审计机构和内部审计人员对本组织经营管理活动的经济性、效率性和效果性所进行的审查和评价。经济性，是指组织经营管理过程中获得一定数量和质量的产品和服务及其他成果时所耗费的资源最少；效率性，是指组织经营管理过程中投入资源与产出成果之间的对比关系；效果性，是指组织经营管理目标的实现程度"。

上述定义虽表述不同，但都界定了绩效审计的目标主要是评价经济性、效率性和效果性，即目前一般公认的"3E"。经济性、效率性和效果性之间存在辩证关系，内涵上互相交叉关联，审计实务中对三者的评价可以有所侧重，但不能够机械地分割开来。

二、绩效审计的特点

与传统的财务审计和合规性审计相比，绩效审计的特点主要体现在：

（一）目标的灵活性

绩效审计以财务审计和合规性审计为基础，其目标是在确定被审计单位（或项目）财务收支真实合规的基础上，进一步评价其经营管理活动是否适当和有效，是否实现了经济性、效率性和效果性。绩效审计既可以针对经济性、效率性和效果性进行全面的审查评价，也可以只针对其中一个或两个方面进行审查评价，目标具有综合性和灵活性的特点。

（二）内容的广泛性

绩效审计的内容既可以针对企业、单位整体的绩效情况，也可以仅评价其某一项经营管理活动的效益。这些活动既包括侧重于人、财、物利用效率的管理活动，也包括侧重于产、供、销的市场经营活动，内容十分广泛。

（三）方法的多样性

由于审计目标的灵活性和审计内容的广泛性，绩效审计方法也体现出多样性的特点。除常规审计方法外，绩效审计中还会大量运用现代经济管理技术和方法，如经济活动分析、管理会计、统计测量、经济预测等领域所使用的技术和方法。

（四）成果的建设性

绩效审计报告通常需要指出被审计单位在经营管理方面存在的不足和可改进之处，并提出改善和提高绩效的建议。与财政财务收支真实合法性审计相比，绩效审计成果的建设性更加突出。

第二节　绩效审计的目标和内容

一般来说，绩效审计主要关注经济性、效率性和效果性即"3E"。我国《第 2202 号内部审计具体准则——绩效审计》指出，根据实际情况和需要，绩效审计可以同时对组织经营管理活动的经济性、效率性和效果性进行审查和评价，也可以只侧重某一方面进行审查和评价。

经济性是指从事一项活动时耗费资源的最小化，即关注投入和整个运转过程中的成本，只有以较低的价格获得同等质量的资源时才能够实现经济性。

效率性是指投入的资源和产出的产品、服务或其他成果之间的关系，即对某一项目或活动而言，在使用人、财、物和信息资源时，是否在一定量的投入下取得产出最大化，或者取得一定量的产出时实现投入最小化。

效果性是指目标实现的程度和从事一项活动时所期望取得的成果与实际取得的成果之间的关系，即关注既定目标是否实现。

企业与公共部门在组织目标、业务活动内容、绩效评价标准等方面存在较大差异，本节将分别阐述对这两类组织开展绩效审计的具体目标和内容。

一、企业绩效审计的目标和内容

企业价值的增加离不开有效的经营管理，经营与管理既有区别又相互联系。企业经营是对外的、扩张性的，涉及顾客、市场、行业、环境等问题；而管理则是对内的、收敛性的，强调对内部资源的整合和建立秩序，涉及制度、人才、激励等问题。经营与管理又相互依存、相互发展，忽视管理的经营无法持续，忽视经营的管理则是僵化、没有活力的；企业管理需要服务于企业的经营，管理因经营而生存，经营因管理而发展。

本章按照企业内部开展绩效审计的侧重点不同，将企业绩效审计划分为经营审计和管理审计。经营审计谋求最大限度地利用现有资源，充分挖掘人、财、物的潜力；管理审计则谋求通过改善管理素质，提高管理水平来增进绩效。如前所述，企业的经营与管理活动相互依托、相互促进，内部审计人员在对企业经营活动开展绩效审计的同时必然会关注相关管理职能的发挥情况。因此，实务工作中经营审计与管理审计往往在内容上有交叉。

（一）经营审计

经营审计是指对经营活动的经济性、效率性和效果性进行确认和评价的过程，其目的在于通过检查和证明经营责任的履行情况，促进其改善经营，提高经济效益。经营审计的具体目标主要包括：一是审查分析企业的经营水平，评价其经营能力；二是审查业务经营计划和目标的合理性，评价其完成情况及影响因素；三是审查各生产要素的利用情况及对经营活动的保证程度，评价生产要素利用的经济性、有效性；四是审查业务经营各环节的组织与管理，找出影响经济效益的环节和因素，分析挖掘潜力的途径。

经营审计的对象是企业供产销活动及生产力诸要素运动的过程，关注的重点是劳动消耗、资源占用和产品产出的情况。下面以制造企业为例，分别就企业的供应业务、生产业务、生产成本和销售业务四个方面阐述经营审计的主要内容。

1. 供应业务审计

采购供应业务是企业再生产的前提和基础。为了保证企业生产经营活动的持续进行，采购业务必须要科学计划、合理组织，以确保供应及时、储备合理，既能满足生产所需，又能节约资金占用。制造企业的原材料需求量大、占用资金多、周转速度快，因此成为企业供应业务审计的主要对象。其审计内容主要包括：

（1）采购计划编制及其执行情况的审查。

审查采购计划的编制。检查采购计划中所列的物资品种、性能、规格和质量等是否符合生产经营计划的需要；审查计算物资需用量的方法是否得当，计划采购量的确定是否恰当；审查采购计划所确定的期初、期末储备与其他保险储备是否合理，能否保证生产的应急所需，能否保证生产正常有序进行；审查采购计划中所确定的材料价格、采购费用是否合理，材料计划成本与产品成本计划的相关指标是否保持一致。

审查采购计划的完成程度。将审查核实的材料物资实际购进数与采购计划数进行对比，审查超额完成或未完成计划的情况。审查时应选择数量多、金额大或者影响较大的采购事项作为重点审查对象。审查采购计划完成的质量，审查时将采购的实际时间、质量、数量、品种和生产所需的实际时间、质量、数量、品种分别进行比较，以了解采购与生产需求是否衔接，还要注意查证是否有廉价购进劣质材料的情况。审计人员还应了解材料物资的性能和用途，通过材料的价值分析，在不影响产品质量的前提下，提出材料替代、改进生产工序、降低产品成本的建议。

审查采购成本。材料物资的采购成本由进价和采购环节发生的运杂费及其他采购费用组成。审查时，在确认采购成本构成项目及计算正确性的基础上，重点检查实际采购成本与计划采购成本、上期采购成本相比是否下降；实际采购费用率（即本期采购费用总额与本期物资采购总量的比率）与计划、上期实际或者同行业先进水平相比是否合理。审计人员在分析采购成本变动的原因时，要注意综合考虑采购数量、结算方式、运输方式、订货的紧急程度、材料质量等对材料采购成本的影响。

（2）采购合同的审查。

审查合同的可行性。即审查合同所订购的材料，是否符合物资采购计划的要求和生产部门的需要，是否符合生产进度安排和经营需要，以防止停工待料或库存材料的呆滞积压。

审查合同的合法性。在重大合同签订前，内部审计人员可以通过参与前期工作，对供货方的法人资格、信誉状况以及履约能力等情况进行调查。合同签订后，应审查合同是否有供货方的法定代表人或委托代理人的签章，内容是否符合合同法规定的条件，订购的品名、规格、数量、价格、质量、包装、交货方式、付款条件、违约责任等是否具体、明确，有无疏漏，买卖双方承担的责任是否公平合理。

审查合同的执行情况。通过审查，检查并验证供货商的信誉及履约能力，为以后选择供货商提供参考资料。审查的内容主要包括：检查物资的到达时间是否符合合同要求，有无拖延交货；检查物资到达后是否及时验收入库，对验收不合格的是否恰当处置；检查仓储记录、购货发票等内容是否符合实际情况，是否履行了必要的审核程序。

（3）采购方式及采购数量的审查。

审查采购方式是否有效。企业物资采购的方式主要有市场购买、合同采购、函电邮购等。审查时，审计人员将各种可能的采购方式与所选用的采购方式进行比较，通过成本效益分析，确定最佳采购方式。通常要综合考虑以下因素：是否符合单位实际，费用是否最低，时间上是否有保证，质量是否满足要求等。

审查采购批量是否合理。审计人员可以借助经济订货批量模型来判断采购批量的合理性。就一定时期而言，企业生产所消耗的物资是一定的，既可以一次全部购入，也可以分批分次采购。通常确定批次及采购量大小时，要同时考虑储存成本和每批物资的订货成本。能够使全年订货成本和储存成本之和达到最低的每次采购的数量，称为经济订货批量，其计算公式如下：

$$Q = \sqrt{2RD/K}$$

其中：Q 为经济订货批量；

R 为每次订货成本；

D 为物资年需要量；

K 为每单位物资的年储存成本。

对采购数量进行审计时，可将实际采购数量与计算得出的经济订货批量进行对比，审查实际采购数量是否合理，并计算费用差异，找出适合企业的最佳采购数量，以节约采购成本。

（4）物资储备情况的审查。

审查物资储备定额的合理性。物资储备定额是指为保证生产的正常进行，使企业经营管理取得最佳经济效益而制定的物资储备品种结构和数量标准。物资储备定额包括最高储备定额、最低储备定额、季节性储备定额。审查时主要关注定额制定方法是否科学，计算方法是否正确，所确定的定额是否既能保证生产的需要，又能减少储备量、节约资金。

审查物资储备计划完成情况。将实际储备量与定额储备量进行比较，如果实际储备量超过最高储备定额，则表明物资储备过多造成积压；如果实际储备量低于最低储备定额，则表明储备不足，存货短缺，对生产造成影响。审查时如发现超储积压物资，还要查明是否及时采取了处置措施，以及措施是否有效。

（5）仓库设置及管理情况的审查。

审查仓库的设置。审查仓库的位置和内部空间布局是否有利于物资流转，是否有利于提高仓库面积的利用程度和仓库作业效率；仓库的建筑材料是否能保证储备物资的安全，防盗、防火、防潮等措施是否合理；仓库的设备投资是否达到最低要求。

审查仓库的利用。审查仓库内的规划是否合理，物资在仓库内是否分区段存放，并按不同种类、规格设置柜、架、箱等分别存放；物资的堆放方法是否科学合理，是否便于收发，便于检验、装运和盘点；计算仓库面积利用率（即已利用的面积与仓库总面积的比率），评价仓库是否得到有效利用。

审查仓库管理制度。审查出入库制度、定期盘点制度、安全保障制度、分类管理制度、责任追究制度是否得到严格执行。

2. 生产业务审计

生产过程是将投入转化为产出的过程。企业在消耗一定经济资源的基础上，如果产出具备成本低、品质好、交货时间短、生产弹性大等特点，那么企业就能够实现较好的经济效益；反之，企业经济效益就会较差。生产业务绩效审计主要包括对生产计划的审查和生产组织和工艺流程的审查。

（1）生产计划的审查。

审查生产计划的制订。企业制订生产计划必须依据"以销定产、以产促销"的原则。对于计划编制的依据，审计人员应检查生产计划是否与市场预测情况相符，是否符合企业的长远计划对当年提出的任务要求；生产计划是否具有弹性，能否灵活应对由于市场变化可能带来的风险，能否优先保证客户合同的履行；生产计划是否能有效利用现有资源，最适当地配置企业的生产能力，包括设备能力、技术能力、员工素质、物资供应、生产组织保障等因素，实现企业的利润目标。

审查生产计划的平衡情况。包括：审查生产能力与生产任务是否平衡，即比较分析企业生产设备所能生产的一定种类产品的最大产量与生产任务之间的关系，如果生产任务大于生产能力，则说明生产能力不足，反之，则生产任务不足；审查劳动力与生产任务是否平衡，即通过对各部门、各生产环节劳动力的需求量进行全面测算，检查劳动力对完成计划的保证程度；审查物资供应与生产任务是否平衡，即检查物资供应是否能保证生产需要，对缺口物资是否及时采取措施落实；审查财务资源与生产任务是否平衡，重点检查运营资金需求量的确定是否能满足生产需要，是否根据企业的经营目标确定成本控制目标，并依此确定财务计划和资金计划，并采取增收节支措施，节约资金成本，实现财务收支的平衡。

审查生产计划完成情况。包括：审查产量（产值）计划完成情况，将实际产量（产值）与计划产量（产值）进行对比，检查生产任务的完成情况，并分析原因；审查品种计划完成情况，判断是否存在因品种安排不当或经营策略不正确等导致品种计划未能如期完成的情况；审查质量计划完成情况，通过计算合格品率、产品等级率、等级系数等指标衡量产品质量，分析产品质量不达标的原因。

（2）生产组织和工艺流程的审查。

审查生产过程的连续性。主要关注：一是生产过程的各个生产单位布置是否合理，是否符合工艺流向，相互之间是否保持尽可能短的距离；是否尽可能地减少或消除迂回、往返交叉运输，而使物流通畅。二是生产计划安排是否合理，上下工序是否相互衔接；生产现场控制是否得力，发现问题是否及时调整；设备管理和质量控制体系是否健全，生产过程是否因设备故障或质量问题而中断。三是生产技术准备和生产服务工作是否到位，以减少由于等待材料、工具和图纸等所带来的时间损失。

审查生产过程的均衡性。主要关注：一是企业是否依靠生产作业计划合理安排各生产环节的生产活动，协调好生产与生产技术准备、基本生产与辅助生产之间的关系。二是对各级生产作业的安排是否能确保它们在每一段时间内都充分负荷，并均衡地生产产品，有无"前松后紧"的不均衡现象。三是生产作业信息的反馈是否及时，管理层能否准确掌握各部门的生产和工作进度，能否及时处置生产过程中出现的矛盾和问题，排除各种干扰和破坏均衡生产的因素，保证各生产环节、各职能部门、员工个人都能按照计划规定的数量和质量要求，准确地完成自己应该完成的工作。

审查生产过程的适应性。审查企业的生产过程对市场的变动是否具有较强的应变能力，企业生产过程的组织形式是否灵活多样，能够进行恰当的调整，以满足生产不同产品的要求。为提高生产系统适应性，理论和实务界陆续提出了一系列新理论和新方法，如成组技术、精益生产、柔性生产系统、准时生产制、物料需求计划、制造资源计划、企业资源计划、敏捷制造等。审查时应关注企业在生产中所应用的方法是否恰当，效果是否理想。

审查生产过程的及时性。审查企业是否在必要的时间，按照必要的数量，生产出必要的产品。及时性强调生产的速度和节拍。"节拍"是反映一个产品用多少时间生产出来的指标，可以用"每天标准工作时间"除以"日产量"来计算。审查时应关注企业是否采取了适当的措施来检查和评价生产过程的及时性，生产的速度和节拍是否符合实际需要，使企业取得最佳经济效益。

审查专业分工的合理性。主要审查企业专业分工是否合理；在负荷不平衡时，对原有分工是否及时调整，调整是否合理；对于少数专业化程度较高、品种较少的企业，是否把分配机台（个人）的任务固定下来，实行所谓定人、定机、定指标的"三定"方式。

审查生产技术工艺的经济性、合理性。主要审查技术要求是否合理；是否充分利用了已有的技术工艺；零部件的制造和装配是否方便、可行，所选用的材料是否经济合理等。对生产工艺的审查除了要关注技术上的适用性外，还应该关注经济上的可行性。

3. 产品成本审计

生产成本是企业为生产一定数量产品或提供劳务而发生的各项费用，是反映企业生产水平、技术水平和经营管理水平的重要指标。如果企业事前未制定出产品成本的标准，没有落实成本控制责任；事中未实施严格的成本控制，降低资源消耗；事后未进行成本核算和分析，寻找问题和差距，则必将导致企业产品成本提高，影响企业的经济效益。产品成本审计是堵塞漏洞、挖掘潜力、降低成本、提高经济效益的一种有效方法。产品成本审计的主要内容包括：

（1）产品成本计划的审查。

审查目标成本的确定方法。目标成本的确定可以根据目标利润和目标产销量来计算，也可以根据上年实际成本水平并考虑本年成本降低因素加以确定，还可以根据同行业实际平均成本和本企业自身条件调整确定。审查时应关注企业采用的方法是否具有先进性、可行性。

审查单位标准成本的构成。产品的计划成本是用单位产品标准成本乘以相应产量计算得出的。单位产品标准成本的构成要素一般包括料、工、费三项。对于单位产品直接材料标准成本的审查应从单位产品耗费材料的价格和用量两方面进行；对于单位产品直接人工标准成本的审查应从工资率和产品的工时标准两方面进行；而对于单位产品制造费用标准成本的审查则应从费用分配率标准和工时标准两方面进行，重点是关注制造费用分配率标准的确定是否合理。

审查主要产品成本计划完成情况。将产品实际成本与计划成本进行对比，计算成本变动幅度，对成本变动幅度较大的产品，按其成本项目计算成本差异，分析产生差异的原因，确定相关责任人，以达到控制成本、费用支出的目的。产品成本差异来源于材料成本差异、人工成本差异和制造费用差异。材料成本差异由价格差异和用量差异综合构成。对于材料实际价格高于计划价格所形成的不利价格差异，审计人员可以从采购的数量、可利用的现金折扣、紧急订货、运输工具、材料质量、进货地点等方面进一步分析产生价格差异的原因。对于材料的实际耗用量超出计划耗用量的情况，审计人员可以从生产工人的技术熟练程度、生产工人对工作的责任心、生产设备的完好程度、材料的质量和规格是否符合规定要求、产品质量控制等方面进一步分析产生用量差异的原因。人工成本差异由工资率差异和人工效率差异综合构成。实际工资率超出计划工资率越多，人工工资率的不利差异就越大。审计人员可以从劳动等级变更、临时使用高工资率劳动力、部门所属的劳动力过剩、劳动制度变更等方面进一步分析产生工资率差异的原因。实际工时超出计划工时越多，人工效率的不利差异就越大。审计人员可以从生产工人的技术熟练程度、生产工艺过程是否改变、生产辅助条件是否到位、原材料的质量和规格是否符合要求、生产设备的完好程度等方面进一步分析产生人工效率差异的原因。制造费用按是否随产品产量变动而变动分为变动制造费用和固定制造费用。变动制造费用差异的审查可以参照直接材料和直接人工的审查方法进行，将变动制造费用的差异分解为耗费差异和效率差异两部分。固定制造费用差异则由预算差异和能量差异构成。

（2）产品质量成本的审查。

审查产品质量成本的构成。产品的质量成本来自两个方面：一是企业为确保产品质量和实施全面质量管理而支出的费用，包括预防成本（如质量培训费、质量奖励费、质量改进措施费用等）和检验费用（如材料及成品检验费、工序检验费、设备检测维修费、检验管理费等）；二是由于产品质量未达到规定标准而造成的损失，包括产品出厂前的内部质量损失（如废品损失、返修费用、复检费用、减产损失以及因质量事故而造成的停工损失）和产品售出后的外部质量损失（如折价损失、保修费用、退换费用、索赔费用、诉讼费用等）。对产品质量成本构成的审查，主要应关注质量成本包含的内容是否全面、准确，以及质量成本构成的变化是否正常。

审查质量成本计划完成的情况。可以通过计算各构成项目占质量成本总额的比重，进行此指标实际数值与计划数值的比较分析，也可以计算"质量成本变动率"指标，检验构成质量成本的四个项目的比例是否趋向合理。

审查最佳质量成本的确定和管理。在质量成本构成的四个项目中，检验费用和预防费用随着质量要求的提高而逐渐增大，当质量达到一定水平后，若再要求提高，质量管理费用会急剧上升；而内、外部的质量损失则正好相反，随着质量的提高，质量损失会逐渐下降。当质量达到一定水平后，尽管大幅度增加检验费用和预防费用，但质量损失的下降速度反而会逐渐减慢。因此，在产品质量上必然存在一个理想点，当产品质量确定在这一点时，产品的质量总成本最低。实际工作中，审计人员可以根据统计资料和经验估计来确定和评价企业的最佳质量成本。一般步骤是：先根据历史统计资料和科学的经验估计，找出在一定的产量下，实现不同产品合格品率指标所发生的质量总成本，再根据测算出的质量总成本，找出其中最低的一点，该点即为"最佳质量成本点"，其所对应的质量水平为"最佳质量水平"。

（3）产品成本控制的审查。

审查责任成本的执行情况。主要关注：责任成本的核算是否贯彻可控的原则，即成本、费用的发生是否属于该责任中心的责权范围，是否可以直接加以操控；内部转移价格的制定是否科学，为避免责任划分不清以及功过转嫁等问题，产品和劳务的内部转移价格一般应采用按产品或劳务的计划成本计价；业绩评价是否与奖惩挂钩，以提高责任中心节约成本费用的积极性，促使全体员工为实现经营目标尽职尽责。

审查质量成本的控制情况。对于产品的质量成本应在产品整个生命周期进行全过程的成本控制。审计人员应当审查在产品设计、制造和使用的整个生命周期中质量成本控制措施的履行情况。设计阶段的控制措施通常包括：对产品的质量要求进行市场调查，对质量成本进行预测分析；根据预测资料对最佳质量成本进行决策；严格审核设计任务书，达到控制预防费用，提高设计水平的目的；严格把好试制、检验关，凡经鉴定不合格的产品，绝不投产。制造阶段的控制措施主要包括：制订质量成本计划，确定控制目标；按照最佳质量成本设计生产组织和工艺流程；确定合理的质检方式。使用阶段的控制措施主要包括：对质量成本实施反馈控制，对照目标找出差距；改善销售、发货、运输以及售后服务等工作的质量，降低使用阶段的质量成本；根据使用阶段的具体情况，加强对设计和制造两个阶段的质量成本控制。

4. 销售业务审计

销售环节实现了企业生存和发展的必需收益，是实现企业经济效益的重要环节。销售计划、销售工具、销售价格和销售活动等因素都会影响企业经济效益的实现程度。进行销售业务的绩效审计具有重要意义，其内容主要包括：

（1）销售计划的审查。

审查销售预测。销售预测是制订销售计划的前提和基础，其审查的重点是销售预测方法的使用是否恰当、计算是否准确。销售预测应采用定量预测与定性预测相结合的方法。定量预测包括趋势预测法、因果预测法和目标销售量确认法等具体方法；定性预测则包括专家判断法、销售人员意见综合判断法和经理人员意见综合判断法等具体方法。

审查销售计划的制订。销售计划包括销售量计划和销售收入计划，销售计划的科学与否，取决于对销售数量和销售价格的预测是否合理。审查时主要关注：企业是否进行了市场调查，是否根据调查结果进行了合理的市场预测；计划销售量与生产计划中的计划需要量是否一致；与上期的实际销售量相比，本期的计划指标是否先进；计划销售价格是否遵循物价政策，是否有利于产品扩大市场销售，是否有利于增强竞争力；计划价格的制定是否考虑了产品在市场上可能产生的价格波动，并留有适当余地。

审查销售计划的完成情况。将销售收入的实际总金额与计划总金额进行比较，检查产品销售收入计划是否完成，并运用因素分析法检查影响计划完成的原因。

（2）销售合同的审查。

审查控制制度的执行情况。除检查企业法律部门是否对合同条款的合法性进行审核外，还应重点关注企业是否建立并严格执行了合同的财务审核制度，具体包括：合同的审批权限是否明确；合同审核的业务流程是否清晰合理；合同签订过程中是否实施了必要的财务审核，如审核数量、价格条款是否满足企业盈利的需要，付款条件、期限和方式是否符合控制经营风险的要求等；合同履行过程中是否实施了财务监控；合同修改、解除和终止的审批权限和流程是否明确。

审查销售合同的执行情况。通过计算分析销售合同数量完成率和产品销售合同完成率等指标评价销售合同完成情况。对于已签订但未履约的合同，应查明具体原因，及时采取措施，避免或减少因承担违约责任而导致的损失。

（3）销售价格的审查。

审查定价程序。制定产品价格，不仅要考虑产品生产和销售过程中所发生的成本费用，还应立足于企业外部环境，考虑消费者的满意程度以及竞争对手的反应。审查时应关注定价程序的科学性。科学的定价程序是：根据定价目标，在估计产品的潜在需求量以及预测竞争者对市场反应的基础上，预估市场占有率，然后选择达成销售目标的价格策略，并制定定价政策，最终确定产品价格。

审查市场占有率的预测。市场占有率是建立在市场潜力预测与竞争者的实力分析的基础上，结合企业前期销售额增长率和市场占有率等指标，对计划期内的市场占有率进行合理推测和估计。销售额增长率说明产品销售的趋势，审查时，应将本期销售额增长率与前期销售额增长率进行比较，以此来确定产品的销路是否扩大。市场占有率是本企业产品销售量占同类产品销售总量的比率，它的大小说明本企业产品受欢迎的程度，从而反映出企业产品销路的好坏。审查时，应将本期的市场占有率与前期市场占有率以及同行业先进水平进行比较，看其是否增长及增长速度如何，以此来判断市场占有率有无提高的可能以及提高的程度。

审查定价策略。定价策略的确定，除需借助数学模型进行定量分析外，还需依靠自身的实践经验和判断能力进行定性分析，并做到快速反应、灵活应变。对定价策略的审查，主要检查企业是否考虑顾客需求、竞争对手、经营目标、产品类型的不同，以采取适当的定价策略。

审查定价方法。产品定价需要依据需求和成本等信息，审查时应重点关注信息的可靠性以及方法的适当性。对于需求信息，企业定价时必须分析需求的价格弹性，即了解市场需求对价格变动的反应。需求在很大程度上为企业确定了一个最高价格限度，而成本则决定着价格的底数。常用的产品定价方法包括完全成本加成定价法、变动成本加成定价法、最优售价确定法等，审查时应关注企业采用的定价方法是否先进合理。

（4）销售活动的审查。

审查销售工具及其效果。销售工具包括广告、销售促进和人员推销等。审查时，一方面应关注管理当局是否考虑了每种销售工具的优势、顾客的购买心理以及产品的生命周期等，合理地选择确定销售工具；另一方面应关注每种销售工具的成本效益，分析所选用的销售工具是否达到成本效益最大化。

审查营销费用的使用效益。营销费用是企业营销过程中产生的销售和管理费用。通过计算营销费用节约（超支）额、营销费用比率、营销费用利润率、营销费用弹性系数等指标，观察指标自身数值的大小，然后参照同行业数据以及本企业以往的数据水平，以此评价营销费用使用效益的优劣及其变动的原因。

审查销售服务质量。销售服务包括售前、售中和售后服务三方面。审计时，对于售前服务主要审查企业向用户提供的产品介绍资料是否恰如其分，所介绍的产品性能和质量是否真实可靠；对于售中服务主要审查企业是否提供送货上门、代办运输、安装调试、操作指导等服务，交货时间、地点是否尽可能满足用户的需要；对于售后服务主要审查提供

内部审计职业教育系列丛书

的维修服务是否及时，质量是否符合要求，是否定期或不定期走访客户，了解产品使用情况，服务业务记录是否健全，是否随时向用户提供必要的零配件等。

（5）销售利润的审查。

审查目标利润。目标利润是企业计划期内要实现的利润目标。对目标利润进行审查，应确认商品产值、变动费用和固定费用是否合理准确。商品产值是企业在计划期内生产的可供销售的产品与工业性劳务的价值，它应该包括用自备原材料生产的产成品与对外出售的半成品价值、用订货者原材料生产的产成品的加工价值、对外承做的已完工的工业性劳务的价值。变动费用是指在产品生产和销售过程中发生的随业务量增减变动而变动的成本费用，如原材料成本、直接人工、包装材料、销售佣金等。固定费用是指在产品生产和销售过程中保持固定不变、不随业务量变动的成本费用，它是为企业提供一定的生产经营条件、保证正常的生产经营能力而发生的成本费用。企业通常采用预算控制的办法来确定和管理固定费用。

审查利润计划的完成情况。重点是对销售利润的完成情况进行审查。可采用比较分析的方法，将产品销售利润的实际数值与计划数值进行比较，确定利润的变动额。还可以计算利润变动率，将实际利润变动率与计划利润变动率进行比较，分析利润增长或下降的幅度是否达到计划要求。

审查分析销售利润变动的原因。产品销售利润受销售量、销售价格、销售成本、销售费用、销售税率、品种结构等因素的影响。审查时要特别关注受企业主观因素影响的销售量、销售品种结构以及销售成本三者变动的原因。

（二）管理审计

管理审计是指对管理活动的经济性、效率性和效果性进行确认和评价的过程，其目的是通过评价管理工作的质量水平以及管理机构、人员的素质和能力，促进加强管理，提高经济效益。其审计目标可以具体分解为以下几个方面：一是审查管理活动的经济性、效率性和效果性，评价其受托管理责任的履行情况；二是审查管理职能的确定和履行情况，评价管理职能的发挥程度，挖掘改进管理的潜力；三是评价管理人员素质现状，发现管理人员素质的弱点，促进优化管理团队；四是审查管理部门设置和运行情况，促进优化整体结构，提高整体功能。

现代管理理论中较有代表性的观点认为，管理的基本职能包括计划、组织、领导和控制四个方面，本部分将围绕管理的基本职能简要阐述管理审计的主要内容。同时，本部分还将选取企业管理实务中的人力资源管理，阐述对其开展审计的主要内容。

1. 计划职能审计

广义的计划是指管理者制订计划、执行计划和检查计划执行情况的全过程；狭义的计划是指管理者从各个抉择方案中选取未来最适宜的行动方针，包括选定方案和制订达成方案的行动。计划不仅是最基本的一项管理职能，而且是实施其他管理职能的基础。计划职能审计的主要内容有：

（1）计划制订原则的审查。

审查计划的制订是否遵循了统筹的原则，即经统筹规划，在全面安排的基础上，为组织未来的发展制定适宜的目标和方案；审查计划的制订是否遵循发展原则，即是否随环境的变化而及时调整；审查计划的制订是否遵循可控的原则，即计划执行的结果是否能够加以考核，以实施有效的控制；审查计划的制订是否遵循重要性原则，即制订计划过程中，是否对目标进行分析，分清主次，确保影响全局的主要目标能够充分实现。

（2）计划制订步骤的审查。

审查对内外部环境的分析。审查是否进行了充分的市场调查，判明了自身所处的地位；审查是否对内部条件进行了充分研究，是否对未来和自身适应能力做出恰当估计。

审查企业目标的确定。审查多目标之间是否协调，如确定目标时是否考虑了经济效益目标与社会责任目标、数量目标与质量目标、企业整体目标与职工利益目标之间的相互协调；审查是否对目标的风险性进行了充分估计，将风险损失控制在最低程度。

审查备选方案的拟订。审查是否对可供选择的方案进行了认真的研究和考察，是否在条件允许的情况下，尽可能地提出多个可行方案，以备选择。

审查对备选方案的分析评价及方案选定。审查是否评估了所有解决问题的方案，并考虑了各方案中的限定因素或战略因素；做出抉择时是否进行了必要的实验和分析推敲，而非简单凭经验办事；决策的过程是否民主，是否充分征求并考虑了相关各方的意见。

审查经营计划和预算的编制。审查是否根据所选定的方案制订了有利于贯彻执行的具体经营计划，并编制了综合预算和具体的费用预算。

（3）计划执行情况的审查。

审查计划目标的落实。审查经营总目标是否层层分解落实，经营计划反映的内容是否完整、全面。

审查对计划执行的控制。审查每一项具体目标是否有计量其实现程度的标准和方法，能否为评价和考核计划执行情况提供依据；是否存在能够确保计划执行的控制手段；计划执行过程中产生的信息能否及时传达给计划的控制者；计划控制者能否对计划执行过程中出现的偏差及时发现并予以纠正；计划执行的结果能否及时反馈给决策者，为未来决策提供参考。

2. 组织职能审计

组织职能是为了有效地配置企业可以调配的生产要素，实现组织目标，按照一定的规则、程序，系统设置岗位和职责来完成资源配置的过程。组织职能对于发挥集体力量、合理配置资源、提高劳动生产率具有重要作用。组织职能审计的主要内容有：

（1）组织结构设计的审查。

审查组织结构的设计是否遵循了统一协调、精简和权责一致的原则；审查组织结构类型的选择是否与企业的经营规模、技术复杂程度相适应；

审查整体组织结构的设计是否合理，是否满足公司治理的要求；审查机构设置是否有利于有效履行管理职能，是否有利于企业战略目标的实现。

（2）组织运行有效性的审查。

审查各职能部门是否相互独立、不相容职务是否相互分离；部门和个人的职责范围是否明确，是否按等级层次进行授权管理，是否有利于信息的传递；组织机构是否具有弹性，以适应经营目标和经营环境的变化；有无职务虚设、机构重叠、职责权限冲突导致效率低下、开支成本增加的问题。

（3）组织内部协调关系的审查。

审查各职能部门或分支机构及其岗位的分工是否明确、职能配备是否合理；上下级管理层之间是否建立了明确合理的报告关系，管理跨度和幅度是否合理；企业各部门之间是否建立了协调机制，如部际会议制度、委员会制度等。

3. 领导职能审计

领导是领导者及领导活动的简称。一个组织要想生存下去并取得成功，就需要有效的领导。领导职能是整个管理过程中其他职能得以实现的推动力量。领导职能审计的主要内容有：

（1）领导素质的审查。

审查领导者的素质与修养主要包括领导者的认识和行为、领导者的个人品质和修养、领导群体的整体素质等。

（2）授权管理的审查。

审查对利润中心、成本中心、费用中心的授权方式是否合理，是否遵循了责、权、利相统一的原则；授权是否恰当，是否有适当的控制。是否根据明确的隶属关系进行授权，所授权责是否明确具体；领导层对下级的各项指示是否简明清晰，对问题的处理是否及时。

（3）激励机制的审查。

审查企业是否建立了系统的激励机制，物质激励、精神激励、竞争激励等措施是否符合实际；审查激励机制是否充分考虑了员工的个体差异，实行差别激励的原则；审查企业管理层是否建立与员工的全方位激励沟通机制；审查企业是否将激励制度化，激励与约束是否相辅相成；审查激励措施是否有效，是否建立了合理的人才流动制度。

（4）信息沟通机制的审查。

审查领导作为信息的传播者、监听者、发言者和谈判者，在管理的各个层次中是否起到上情下达、下情上达的作用，信息沟通的方式是否有效，是否有助于组织的决策和控制。

4. 控制职能审计

控制是指为实现组织目标，以计划为标准，由管理者对被管理者的行为、活动进行的检查、监督、调整等管理活动。控制职能处于管理的中心地位，对整个管理系统的活动具有约束和指导作用，它不仅能有效地预防或发现错误、弊端和风险，还有利于组织有秩序、高效率地经营，实现组织的目标。控制职能审计的主要内容包括：

（1）控制设计的审查。

审查企业是否根据组织规模、经营特征和业务特点设计内部控制系统，控制措施是否符合成本效益原则。

（2）控制目标的审查。

审查企业是否选择关键的业务活动、资源作为控制目标，控制过程能否有效地保证管理计划的实现，能否有效地促进各种资源的使用。

（3）控制方法的审查。

审查企业是否根据控制目标采取科学合理的控制方法，内部控制的方法是否有利于对偏离正常轨道的差异及时加以纠正。

（4）控制监督的审查。

审查企业对控制的执行状况是否有专职的部门检查；这些部门在企业中所处的地位如何；人员配备是否合理。

5. 人力资源管理审计

人力资源管理是指运用科学的方法，在企业战略的指导下，以人力资源战略规划和职位分析为基础，对企业人力资源的获取、培训与开发、考核与激励、保障与奖励进行计划、组织、协调和控制，以实现企业目标与员工价值的过程。人力资源管理审计的主要内容有：

（1）人力资源规划的审查。

审查人力资源规划程序。审查企业是否依据组织的总体发展战略和经营环境制订人力资源规划；是否对企业现有的人力资源数量、质量、结构、分布状况进行了核查；是否对市场需求、产品和服务要求、技术革新和管理变革、可用的财务预算等因素进行分析，以预测人力资源的需求；对内、外部人力资源供给的预测是否合理。

审查岗位工作分析活动。工作分析是指对企业各类岗位的性质、任务、职责、劳动条件和环境，以及员工承担本岗位任务应具备的资格条件所进行的系统分析和研究，并制定出岗位规范、工作说明书等劳动人事文件的过程。主要审查工作分析的内容是否全面，工作分析的方法是否合理，分析结果的表述是否清晰准确。

（2）员工招聘与培训的审查。

审查员工的招聘和选用。审查员工招聘的职责划分是否明确；是否根据组织的人力资源规划制定人员选拔、录用政策；是否拟订具体的招聘计划并报组织领导批准；编写职务分析报告、发布招聘宣传广告等准备工作是否充分；申请表筛选、考试、甄选等程序的选择和实施是否能有效满足员工招聘的需要；是否通过内外部等多种渠道搜寻企业所需要的人才。

审查员工培训。审查培训计划的制订是否服从或服务于企业的整体发展战略；培训的内容是否能够让员工掌握必要的知识技能，以完成规定的工作，最终为提高企业经济效益服务；培训的形式和方法是否有效，投入与产出是否满足成本效益原则；培训的组织管理是否有效，如是否合理分析培训需求，培训课程是否经过精心设计，是否对培训效果进行及时总结等。

（3）员工绩效考评的审查。

审查绩效考评是否公开民主。审查人力资源部门是否提前制定绩效考核办法，事先明确考核的目的和对象，确定考核的内容、时间和方法。

审查绩效考评的客观性和公正性。审查绩效考核的技术准备是否充分，考评标准是否经过审核；考评方法和工具是否经过精心设计和选择；考评人员是否经过适当培训；考评信息资料的收集是否全面完整、真实可靠。

审查考评结果的反馈和运用。审查考评的结果是否及时反馈给员工，以促进员工行为和态度的改变；审查考评的结果是否被及时应用到员工奖励、职务晋升和培训教育等方面。

（4）薪酬设计与管理的审查。

审查薪酬的设计。审查薪酬政策的制定是否充分考虑了企业内部和外部的影响因素，是否体现了"对内具有公平性、对外具有竞争力的原则"。

审查薪酬的结构与形式。审查基础薪酬、奖励薪酬、附加薪酬及福利等在总体薪酬中所占的比重是否合理，是否体现多元化原则。

审查薪酬的激励作用。审查薪酬制度是否得到员工的认可或满意，是否发挥了应有的激励功能。

二、公共部门绩效审计的目标和内容

公共部门是公共资金的直接管理者和主要使用者，其绩效水平决定了所提供公共产品和服务的数量和质量，关系到社会经济发展和公众福利水平的改善。在公共部门内部开展绩效审计，对于提高公共支出效益、促进经济社会全面发展具有十分重要的意义。

公共部门不以营利为目的。公共部门内部开展的绩效审计往往以评价其资金管理和使用的经济性、效率性和效果性为核心。由于目前我国公共部门在管理和使用公共资金过程中，不同程度地存在一些违法违规问题，开展绩效审计还应从揭露违法违规、损失浪费、资产流失等影响公共资金使用效益的突出问题入手，深入分析原因，提出完善制度和改进管理的建议。

公共部门绩效审计的总体目标应关注公共资金管理和使用的合规性、经济性、效率性和效果性，具体包括以下几个方面：

一是审查公共部门在管理和使用公共资金过程中制定的管理制度及相关经济、业务活动是否符合国家现行政策、法律、法规、规章和制度的规定。

二是审查公共部门是否以最小的公共资金投入取得既定的产出效益，是否存在严重损失浪费。

三是审查公共部门是否在既定的公共资金投入下取得最大的产出，即是否以较低劳动耗费和资源占用，提供了较高的公共产品和服务的数量和质量。

四是审查公共部门资金的投入是否达到了既定目标，即评价政府项目和政策的目标实现程度。

五是审查公共部门职责履行情况，是否按照要求尽职尽责地以正确的方式做了该做的事。

下面主要针对资金管理和使用情况审计和职责履行情况审计做一简要介绍。

（一）资金管理和使用审计

我国公共部门管理和使用公共资金所形成的支出一般分为两类：一类是基本支出，是公共部门为保障其机构正常运转、完成日常工作任务而发生的支出，分为人员经费和日常公用经费两部分；另一类是项目支出，是在基本支出之外，为完成其特定行政工作任务或事业发展目标所发生的支出。我国预算管理法规中将预算支出项目按性质分为基本建设类项目、行政事业类项目和其他类项目。下面按照不同支出类别分别讨论公共部门资金支出绩效审计的内容。

1. 基本支出审计

基本支出绩效水平反映部门日常行政支出和行政成本的高低。基本支出绩效审计应主要审查部门按照定员定额标准，即根据其单位性质、职能、业务范围和工作任务下达的人员配置标准和实际资产量，使用人员经费与公用经费的经济性、效率性和效果性情况。检查人员经费和公用经费开支是否有损失浪费，是否有不必要或重复的开支，管理机制和业务流程是否以低成本运营，是否在确保组织正常运转条件下成本仍有压缩空间。重点关注会议费、接待费、交通费、差旅费等费用超标准、超规模、奢侈浪费等问题。

2. 项目支出审计

（1）基本建设类项目支出审计。

基本建设类项目是指按照国家关于基本建设管理的规定，用基本建设资金安排的项目。项目资金量大，公共性强，审计应主要关注项目建设、运营、管理和产出的经济性、效率性、效果性情况。具体内容包括四个方面：

一是基本建设程序执行情况。主要是按基本建设程序的要求，从报批手续的完备程度及批准权限入手，审查项目履行基本建设程序情况，促进基建项目按规定程序顺利实施，避免发生决策上的失误，减少项目成本，在实施程序上保证项目效益的实现。

二是项目建设管理控制活动开展情况。主要审查项目组织管理制度是否健全，实施是否有效；建设工期的控制是否适当，是否按计划建成或按合理工期实施；工程造价的控制是否有效，资金的使用是否节约，是否存在高估冒算工程造价问题；工程质量是否达到设计标准，是否存在偷工减料和质量隐患。

三是项目建设和投产运营的经济效益情况。主要以可行性研究报告为基础，分析项目的财务状况、负债情况和偿债能力，审查项目建成后是否能正常投产运转，是否达到预期的经济效益指标。

四是资产闲置和损失浪费情况。审查不能正常投产运转的项目支出，检查由于决策失误、可行性研究偏离实际、规划布局不当、总体设计不配套、建设管理不善、运营条件不具备等原因造成资产闲置和损失浪费问题。

（2）行政事业类项目支出审计。

行政事业类项目是公共部门用行政事业费开支的项目。行政事业类项目的效益水平反映了部门和机构履行公共行政职责，完成其特定的行政工作任务或事业发展目标的能力。行政事业类项目绩效审计应关注以下四方面内容：

一是项目立项过程和申报程序。审查项目立项是否经过科学的决策程序，是否与国家方针政策、公共资金支持的范围和方向相符，是否与本单位职责范围、工作发展规划相符，是否有利于促进本单位完成行政工作任务和实现事业发展。审查项目论证是否充分，项目实施单位是否聘请专家或委托中介机构对立项依据的充分性、项目目标的合理性、组织实施能力与条件、预期经济效益和社会效益、项目风险、资金筹措等情况进行了充分的评估。审查项目申报程序是否完备，项目单位是否按规定程序和要求，报送项目申报书、可行性研究报告、支出预算等。

二是项目的实施情况。主要依据项目实施方案、合同和立项批复的目标和内容等，审查项目实施进度，分析未按规定进度实施的原因。审查项目内容调增调减情况，分析对项目实施成本和产出效益的影响。审查项目的质量，分析项目技术的科学性和先进性，以及是否恰当满足需要。

三是项目资金支出的经济性和效率性。审查项目单位是否按批复的项目计划和支出预算使用项目资金，是否存在滥支乱用问题。审查项目资金支出的内部控制是否健全有效，管理是否存在漏洞。审查是否按实施进度和合同规定及时支出项目资金，有效保证资金的使用效率。审查是否存在重大损失或不必要的开支，是否以较低的成本完成工作任务。审查项目建成后结余资金的数量，分析形成结余的原因和对项目资金绩效的影响程度。

四是项目实施结果的效益水平。审查项目实施效果是否达到了项目申报书中确定的各项指标，如有差距，分析产生差距的具体原因。审查项目单位完成项目计划任务，实现预期目标，促进行政工作和事业发展情况。审查项目验收和总结情况，相关部门对项目实施按规定进行绩效考评情况。审查分析项目实施产生的社会效益、环境效益等情况。

（3）其他类项目支出审计。

其他类项目是指除上述两类项目之外的项目。主要包括用科技三项费用、农业综合开发、政策性补贴、对外援助、支援不发达地区支出等资金安排的项目。对于这类项目支出应着重关注资金使用的经济效益和社会效益。如对应用性科研资金的绩效审计，应重点关注取得的科研成果，获取的授权专利，以及专利成果转化为现实生产力，实现的产值、利润和社会效益情况。审查分析专项资金支出结构增减变化和使用效率等因素对行业发展的影响，发现专项资金管理体制存在的突出问题。

在对公共资金管理和使用情况进行审计时，必然要涉及国有资产的管理和使用情况的审查和评价，从某种程度上说，国有资产的管理和使用情况是公共资金使用效益的延伸。在公共部门绩效审计中，对国有资产管理和使用情况主要从以下方面进行审查：

一是国有资产管理的有效性。重点审查公共部门国有资产的取得渠道，办理资产清查、产权登记情况；建立健全国有资产管理制度，加强监督检查情况；实行资产管理部门统一登记、管理，财务部门统一建账、核算，定期清查盘点的情况等。

二是国有资产使用效益。重点审查公共部门是否依法、有效使用国有资产，及时收回出租、出借的资产和相关收益，避免国有资产长期闲置、损失浪费或以各种名目侵占国有资产，造成收益流失。

三是国有资产处置的效果。审查公共部门是否按规定权限和程序处置国有资产，是否擅自调拨、变卖、报损、报废以及将非经营性资产转为经营性资产，特别是在机构变动过程中是否存在私分、转让、转借、调换或变卖国有资产情况；处置国有资产时，是否依法对资产进行评估，是否低价转让国有资产，造成国有资产流失；是否对国有资产处置收入及非经营性资产转为经营性资产的占用费等进行严格管理，是否依法收缴国有资产处置收益并按规定使用，防止收益流失或损失。

（二）职责履行情况审计

不同的公共部门承担的公共职责不同，实现的目标各异，对其职责履行情况开展绩效审计应结合各单位的特点。从一般意义上讲，公共部门的职责履行是对政府和公众承担的基本责任，这种责任的实现程度是公共资金管理和使用是否具有效果的最终体现。对公共部门职责履行情况进行检查，主要从以下方面进行：

1. 职责履行程度

审查职责履行的全面性，防止履行职责过程中的缺位和相关公共管理目标落空；审查履行职责的合法性，防止超越职责范围，不依照法定职责办事；审查职责履行的充分性，防止既定任务不能在限期内完成，影响公共管理目标落实到位。

2. 信息畅通程度

审查信息的准确性，无论是自身履行职责的信息，还是所获取的相关信息，都必须客观、准确，不能误导信息的使用者；审查信息传递的及时性，一方面及时向政府报送重要信息，以便政府掌握情况，做出宏观决策，一方面向下级或同级机构传递信息，做到信息共享；审查信息的公开性，是否按照法律规定和政府要求，推动政务公开，向社会公布相关信息，并接受公众的监督。

3. 公众满意程度

公共部门需要全心全意满足公共需求，创建安全、公平、和谐的社会，创造生存和发展的良好环境，提高社会福利水平。公众满意程度越高，公共部门活动效果越明显。

4. 公共部门活动的影响

审查公共部门所开展的活动是否有利于完善管理制度，加强和改进管理，是否有利于促进其他部门有效履行职责，从而推动政府整体工作效能增强。审查公共部门的活动是否有利于推动经济社会发展，有利于提高人民群众的生活水平，促进环境保护和可持续协调发展。

第三节 绩效审计的方法

绩效审计在审计目标、范围、内容等方面突破了传统的财务审计和合规性审计，形成了一套独有的方法体系，本节主要介绍绩效审计项目的选择和确定的方法、绩效审计评价标准的确定方法以及实施绩效审计所运用的专门方法等三方面内容。

一、选择和确定绩效审计项目的方法

选择和确定绩效审计项目成为开展绩效审计工作的首要环节。绩效审计项目选择得正确与否，很大程度上决定了绩效审计的成败，也决定了审计工作能否发挥应有的作用。

绩效审计的对象包括以下几个层次：一是对组织全部经营管理活动的经济性、效率性和效果性进行全面审计，审查和评价组织整体的综合绩效；二是对组织部分经营管理活动的经济性、效率性和效果性进行审计；三是对组织实施某一具体项目或使用某一专项资金的经济性、效率性和效果性进行审计；四是针对上述对象在经济性、效率性和效果性等三方面选择某一个或两个方面进行重点审查和评价。一般而言，内部审计机构不应追求对组织进行全面审计，更多的应是针对某一业务、某一环节或某一类突出问题进行专项审计。

（一）选择和确定绩效审计项目的原则

根据绩效审计工作的特点和要求，选择和确定绩效审计项目应遵循以下原则：

1. 重要性原则

重要性是指选择的审计事项涉及的财务规模相对较大或对组织影响较大。通常情况下，被审计对象的财务规模越大，财务的重要性越高，可能通过改进得到的增值额也越高。除了从财务规模的角度衡量重要性外，审计人员在选择绩效审计项目时，还应选择那些社会普遍关注的、组织管理层关心的、决定组织未来发展的关键问题作为审计事项。遵循重要性原则，能够使绩效审计项目最大限度地引起利益相关方的重视，从而实现增进效益的目标。

2. 增值性原则

增值性是指选作绩效审计对象的事项本身应具有一定的改进空间，能够通过审计促进组织完善治理、增加价值。组织的价值增值体现在多方面，包括促进提高被审计事项的经济性、效率性或效果性；促进被审计单位或项目实现更有效的计划、控制和管理；有利于明确被审计对象的经济责任，提高绩效信息的透明性、准确性等。只有当被审计对象存在绩效低下的可能性，才具有对其开展绩效审计的必要性。具体而言，对那些可能发生严重损失浪费、效率低下、制度不完善、控制薄弱的项目要优先选择开展绩效审计。

3. 可行性原则

可行性是指选定的审计项目应是现有审计条件下审计机构能力所及的。具体包括：一是审计经费保障和审计人员数量、素质等审计资源承受能力与审计项目规模大小、复杂程度相配比；二是具备顺利实施该项审计任务的政治、法律、社会、技术等审计环境基础；三是被审计对象对评价标准的认同程度和对绩效审计工作的理解程度。选择绩效审计项目时，必须充分考虑该项目可供选择的评价标准是否相对全面、完备，是否能够得到社会、专家和被审计对象的认可。

（二）选择和确定绩效审计项目的步骤

内部审计机构在选择和确定绩效审计项目时，可以先确定备选项目，在综合考虑相关因素的基础上，对备选项目进行筛选、平衡，最终确定绩效审计项目。

1. 初步确定备选的审计项目

内部审计机构可以把组织管理层关注的经营管理活动、财务审计中了解的风险较高的领域、信访信件等反映的需要详细审查和分析的事项、本机构认为可以开展绩效审计的项目等作为绩效审计的备选项目。

2. 收集与备选项目有关的信息

信息来源及内容主要包括：从被审计单位获得的信息，如被审计单位的年度报告、业务计划、相关信息系统及数据、会计账簿等；从外部有关组织和机构获得的信息，如媒体报道、监督机构的文件或报告、学术研究报告、专业报纸杂志的相关信息等；从审计机构本身获得的信息，如以前年度审计报告、审计档案等。

3. 对备选项目进行量化分析

根据收集的相关信息，对每个备选项目进行量化打分。需要注意的是，打分的过程是一个专业判断的过程，每一个审计机构在确定审计项目时重点考虑的因素可能会有所不同，评分时可以根据实际情况，具体设计每个因素应该占的权重，从而使打分的过程更加科学、合理。

4. 确定绩效审计项目

对备选项目的打分结果进行汇总、排序，按照分数高低对备选项目进行排序，将分数高的项目确定为绩效审计项目或者优先安排项目。审计机构还可将优先安排的审计项目向管理层及相关部门报告，根据反馈意见对审计项目进行调整和补充。

二、确定绩效审计评价标准的方法

绩效审计评价标准是审计人员衡量、评价被审计对象绩效水平的尺度，是提出审计意见、做出审计结论的依据。确定科学合理、切实可行的绩效审计评价标准，是开展绩效审计的必备条件。与财务审计不同，绩效审计评价标准不是在法律、法规中事先确定的，而是需要审计人员根据审计对象的性质和审计目标进行选择和确定。选择和确定适当的绩效审计评价标准是绩效审计工作的重点，也是难点之一。

（一）绩效审计评价标准的特征

根据我国《第 2202 号内部审计具体准则——绩效审计》，绩效审计评价标准应当具有如下特征：

第十二章可靠性，指在相同的环境和条件下，不同的评价人员运用同样的标准能够得出同样的结论。

第十三章客观性，指审计评价标准应该客观公正，不受任何单位和个人偏见或分歧的影响。

第十四章可比性，指与针对其他类似机构或活动的绩效审计中应用的标准一致，且与以前针对被审计对象开展的绩效审计所应用的标准一致。

（二）绩效审计评价标准的来源

绩效审计评价标准的来源主要包括：

1. 有关法律法规、方针、政策、规章制度等的规定

绩效审计必须将国家的法律法规、方针、政策作为首要的评价标准，并以此来衡量被审计对象的效益是否符合国家宏观调控的要求，是否有利于国民经济的持续稳定发展，是否保证了企业的长远利益。只有在遵循国家的法律法规、方针、政策下取得的效益，才是真正的效益。

2. 国家部门、行业组织公布的行业指标

行业标准是同一行业内为大家普遍认同的标准，主要包括两类：一类是具有强制性的行业标准，如水利、电力和公路行业的质量和环保标准，有关部门制定的国家机关办公用房面积标准、公务用车配备标准等；一类是具有指导性的标准，如国务院国资委定期公布的企业综合绩效评价指标标准值等。

3. 组织制定的目标、计划、预算和定额等

这类标准是针对被审计对象的实际情况制定的，具有较强的可比性。审计人员应确定被审计单位制定的标准与审计目标的相关性，应注意审

核标准本身的先进性、合理性。

4. 同类指标的历史数据和国际数据

历史数据可以是历史上曾达到的先进水平，也可以是上期的实际水平。使用这一标准可以评价效益的升降程度。如果历史数据的时间跨度较大，在使用时应剔除不可比因素的影响，如物价变动等。国际数据是国际上已达到或公认的水平，也可以是国际先进水平。使用这一标准可以评价与国际同行业的差距，评价国际竞争能力。

5. 同行业的实践标准、经验和做法

同行业的相关数据可以是同类先进组织或单位已达到的水平或者行业的平均水平。使用行业水平可以评价被审计对象的效益在行业内部的优劣程度。使用这一标准应事先确定数据的来源是否权威、可靠，有无代表性。

6. 科学测定的经济数据

这类标准主要用于评价新产品及新工艺的经济效益。由于新产品、新工艺的效益没有相应的历史资料可以比较，同时期、同行业也无同类指标可以参考，因此需要借助科学技术测定的经济数据来对其效益进行评价。

(三) 确定绩效审计评价标准的原则

财务审计以有关法律、财经法规和制度为标准，以公认会计准则为准绳，而绩效审计的评价标准不仅要依据公认会计准则和相关法律法规规定，而且更多的是采用被审计单位预先设定的绩效目标、行业标准、公认的最佳实务标准等一些非法律形式的文件。由于这些标准具有一定的灵活性和多样性，因此审计人员在确定绩效审计评价标准时应注意采用以下原则:

1. 最大限度地寻求公认的评价标准

审计人员在选择绩效审计评价标准时要首先关注标准的权威性，优先选择法律法规、规章制度，及有关部门、机构或组织通过一定程序制定的、能够评价相关活动绩效的政策、规定。一般而言，权威标准能够得到大家的公认。但在审计过程中，并不是所有标准都有明确具体的规定，审计人员可能难以找到法定的标准。在这种情况下，审计人员要尽可能地寻求能够得到社会公认的标准，如同行业公认的一般标准、专家意见等。如果审计人员确实无法找到明确的评价标准，则应当运用一些普遍适用的公理和原则作为依据进行分析，通过罗列审计事实、进行客观分析等方法，使审计结论和意见更具有客观性。

2. 将定量标准与定性标准相结合

好的评价标准应当是具体的、可衡量的。一般来说，定量评价标准比定性评价标准更为精确，也更有说服力，审计人员应尽可能地使用定量标准对审计事项做出衡量和判断。但有时受多种条件和因素限制，审计人员难以寻找到可靠的、可以量化的评价标准，这时审计人员应借助定性评价标准。在确定定性评价标准时，审计人员要根据被审计对象的特点量身设计，采用多种参照坐标和视角，通过调查问卷、专家咨询等多种方式，将法规要求、预定目标、利益相关者的要求等纳入评价维度，以提高评价标准的适用性。精心设计的定性评价标准也能达到与定量评价标准同样的效果。

3. 加强与利益相关方的沟通

内部审计机构和内部审计人员在确定绩效审计评价标准时，应当与组织管理层沟通，在双方认可的基础上确定绩效审计的评价标准。对于拟采用的评价标准，审计人员要充分征求被审计对象的意见，取得被审计对象的认可和理解。由于绩效评价标准具有灵活性和多样性，采用不同的评价标准得出的审计结论可能截然不同，因此，审计人员需要在审计报告中说明评价标准的来源，反映绩效评价标准的选择、确定及沟通过程等重要信息，包括必要的局限性分析，以便报告使用者充分理解报告的内容。

三、绩效审计的专门方法

内部审计机构和内部审计人员应当依据重要性、审计风险和审计成本，选择与审计对象、审计目标及审计评价标准相适应的绩效审计方法，以获得相关、可靠和充分的审计证据。绩效审计的技术方法多种多样，除了常规的审阅、观察、访谈等方法，还包括管理会计、信息论、统计学、规划论、计量经济学等学科中的一些特殊方法。这里仅对几项主要方法做简要说明。

1. 数量分析法

数量分析法是指对经营管理活动相关数据进行计算分析，并运用抽样技术对抽样结果进行评价的方法。数量分析法包括线性规划法、网络分析法、回归分析法、经济批量法等。

（1）线性规划法。

线性规划法是解决多变量最优决策的方法，可以在各种相互关联的多变量约束条件下，解决或规划一个对象的线性目标函数最优的问题，即给予一定数量的人力、物力和资源，分析如何应用才能得到最大经济效益。线性规划法一般采取三个步骤：第一步，建立目标函数；第二步，加上约束条件；第三步，求解各种待定参数的具体数值。内部审计人员可以利用线性规划法评价组织在既定条件下资源投入是否达到最优。

（2）网络分析法。

网络分析法是一种组织生产和进行计划管理的科学方法。它的基本原理是利用网络分析制订计划并对计划予以评价，通过网络图的形式描绘出项目包含的各种活动的先后次序，表明每项活动的时间和相关的成本，并区别轻重缓急进行协调，以对资源加以合理的安排和利用，达到以最少的时间和资源消耗完成整个系统的预定计划目标，取得最好的经济效益。内部审计人员通常在审查经济性和效率性时，采用网络分析法审查被审计对象是否以最少的时间、最低的成本完成最多的任务或取得最大的利润。

（3）回归分析法。

回归分析法是处理变量之间相互关系的一种数理统计方法。这种方法是先从变量的统计资料中找出其因果关系，建立变量之间的回归方程式，将回归方程作为预测模型，根据自变量在预测期的数值变化来预测因变量的数值。回归分析依据其所考察的经济变量中自变量因素的多少可以分为一元回归分析、二元回归分析和多元回归分析。回归分析依据所配回归线的形式，又分为线性回归分析和非线性回归分析。

（4）经济批量分析法。

经济批量分析法是指根据单位产品支付费用最小原则确定批量的方法，又称"最小费用法"。生产批量的大小对生产费用影响较大。批量大，可以减少设备调整费用，而在产品费用却相应增大；批量小，虽可以减少在产品费用，但却要增大设备调整费用。经济批量分析法是确定批量和生产间隔期时常用的一种以量定期方法。具体来看，批量与生产费用之间存在着函数关系，批量主要通过两方面因素影响生产费用：一是生产准备费用，这部分费用随生产批次增减而变化；二是保管费用，即在产品在存储保管期间所发生的费用，如仓库管理费用、资金呆滞损失、存货损耗费用等。这些费用与批量大小和存储时间长短有关。

2. 比较分析法

比较分析法是通过分析、比较数据间的关系、趋势或者比率取得审计证据的方法。比较分析简便易行，是绩效审计中最为常用的定量分析方法，它可以广泛地运用于经济性、效率性和效果性评价。

在比较分析中，用于比较的数据可以是绝对数，也可以是相对数；可以是实际数据与计划数据相比较，也可以是不同时间（如当期与上期）、空间（如不同国家、不同地区）或者不同项目的相同指标或者数据相比较，还可以与先进水平、平均水平、有关政策、项目目标、项目实施方案等进行比较。在实际运用中，通常是将审计发现的情况与相关的评价标准进行比较。

无论采用何种比较分析的方法，审计人员都要注意数据间的可比性问题，即要保证相比较的各种指标在含义、内容、计算口径和计算基础等方面的一致性。

3. 因素分析法

因素分析法是指将综合经济指标分解为相互联系的若干因素，并分析这些因素对综合指标变化的影响方向和影响程度的方法。这种方法将综合指标分解为相互联系的若干因素，运用数学方法依次用各因素的标准值替代实际值，分析计算各个因素对综合指标的影响程度，从中找出最主要的影响因素。该方法适合于寻求综合问题的各种成因，并评价这些因素的影响程度。

绩效审计重在分析研究，因素分析法是一种有效的分析工具。特别是在对问题原因进行分析时，若面临可能影响问题的因素比较多，相互关联性强，运用该方法能提供比较好的量化渠道，逐一分析各种因素的影响程度。

4. 量本利分析法

量本利分析法是分析一定期间内的业务量、成本和利润三者之间变量关系的方法。它是一种定量分析方法，是在成本性态分析的基础上，通过对成本、业务量和利润三者关系的分析，建立数学化的会计模型和图式，进而揭示变动成本、固定成本、销售量、销售单价和利润等诸多变量之间的内在规律性联系，为利润预测和规划、会计决策和控制提供有价值的会计信息。

量本利分析的主要内容包括盈亏临界点分析、影响利润的各因素分析、不同生产方式盈利性对比分析以及为实现目标利润应采取的措施分析等。内部审计人员利用量本利分析法可以评价企业的盈利状况和经营业绩，研究销售数量、销售价格、销售成本的变动对利润的影响程度，预测企业的利润，提出实现目标利润、增加利润的审计建议。

5. 专题讨论会

专题讨论会是通过召集组织相关管理人员就经营管理活动特定项目或者业务的具体问题进行讨论的方法。专题讨论会可用于绩效审计的不同阶段，尤其是在对初步调查的结果和有关审计结论做出判断时，审计人员经常会召开专题讨论会，其目的是讨论问题、分析观察到的现象，以及可能采用的衡量方法，公开辩论有关立场的正反两方面，以使审计人员获取专业领域的知识，达成统一的立场和观点。

6. 标杆法

标杆法是对经营管理活动状况进行观察和检查，通过与组织内外部相同或相似经营管理活动的最佳实务进行比较的方法。标杆法被广泛用于组织建立绩效标准、设计绩效过程、确定度量方法及管理目标等方面。标杆法的核心是确定标杆，即最佳的实践标准，并将其作为绩效管理目标和绩效评价标准。通常，这种标杆可以分为外部标杆和内部标杆两类。

绩效审计中，审计人员可以学习和借鉴标杆法的原理，通过将被审计对象的绩效与其他单位或项目的绩效（最佳实践标准）进行系统的对比分析，来评价其绩效水平。这时所运用的标杆法实际上是比较分析法的一种特殊形式，即将被审计对象的各项指标与一个特殊的标准，即最佳实践标准进行比较。因此，确定适当的最佳实践标准是审计人员运用标杆法的关键步骤。标杆法适用于存在先进的实务能够作为标准，对存在最佳实务的组织事先进行过详细周密的考察，并且能够确定需要对照或借鉴的事项。

7. 调查法

调查法是凭借一定的手段和方式（如访谈、问卷调查），对某种或者几种现象、事实进行考察，通过对搜集到的各种资料的分析处理，进而得出结论的方法。调查的目的是从特定群体中系统地获取信息。这种方法一般建立在抽样的基础之上，获取信息的方式是非交互式的，因此需要对调查内容进行精心设计，并对反馈资料进行科学的整理分析，从而推断总体、形成结论。

在绩效审计中，问卷调查法被广泛运用。该方法的优点是便于收集大量第一手资料，扩大审计调查覆盖面，减少审计成本，形成比较充分的审计证据。缺点是使用问卷调查法的效果容易受调查问卷的设计水平及受调查人或单位重视程度的影响。

8. 成本效益（效果）分析法

成本效益（效果）分析法是通过分析成本和效益（效果）之间的关系，以每单位效益（效果）所消耗的成本来评价项目效益（效果）的方法。该方法是审计人员进行效率性评价的常用分析方法之一。

运用成本效益（效果）分析法的优点是：可以通过收集数据和信息将无形的成本效益（效果）货币化，直观地衡量被审计对象的成本效益情况；使用该方法时可以根据需要考虑货币的时间价值、风险和不确定因素的影响，比较科学。该方法的缺点是：如果被审计对象的成本和效益不能以货币金额准确计量或者估计，该方法的使用就会受到限制；不能考虑过多复杂的因素或者评价过于复杂的项目；衡量成本和效益时需要进行比较复杂的调整，容易受到人为操纵；科学地确定折现率和评估相关风险比较困难。

9. 数据包络分析法

数据包络分析法（DEA）是以相对效率概念为基础，以凸分析和线性规划为工具，应用数学规划模型计算比较决策单元之间的相对效率，对评价对象做出评价的方法。这种方法明确地考虑了多种投入（即资源）的运用和多种产出（即产品或服务）的产生，能够用来比较提供相似服务的多个服务单位之间的效率，也可以用来研究多种投资项目方案之间的相对有效性，每个服务单位或投资项目即被视为一个决策单元。

在绩效审计中往往需要判断被审计对象在某一时段内是否存在管理漏洞或决策失误等问题，而这些问题并不一定具备统一的对照标准，这时可以把相同类型的单位（即决策单元）放在一起进行评价，评价的依据是决策单元的输入数据和输出数据。输入数据是指决策单元在某段时期的投入，如投入的资金总额、投入的总劳动力数、做出的各种决策以及各种管理政策等。输出数据是指决策单元经过一定的输入之后，产生的表明该活动成效的某些信息，如经济效益、社会效益等。DEA 将效率表示为产出对投入的比率，获得100%效率的决策单元被称为相对有效率单位，而效率评分低于100%的决策单元称为无效率单位。该方法克服了传统的成本效益评价方法只能考虑一种投入（成本）和一种产出（效益）的局限性，在评价公共资源投入活动效益方面更加具有先进性。

10. 目标成果法

目标成果法是根据实际产出成果评价被审计单位或者项目的目标是否实现，将产出成果与事先确定的目标和需求进行对比，确定目标实现程度的方法。

使用目标成果法时，首先要确定产出的具体目标，可以通过查阅有关文件资料或走访有关部门等方法完成。在确定目标之后，再根据实际需要收集有关数据资料进行处理和分析，将分析结果与目标进行比较，评价各个目标的实现或落实情况，同时分析造成目标与产出成果不符或目标未完成的可能原因，进而评估由此带来的影响。需要注意的是，有时成果对目标的偏离会产生较好的效果，取得较好的效益。使用该方法时，还可以将资金的实际使用结果与预算相对照，检查预算的执行情况，并审查预算本身是否科学合理。

该方法要求目标必须明确定义且一贯执行，目标执行过程中受到较少的干扰，但实际上目标经常不是很明确具体，且成果对目标的偏离有时是由于许多复杂因素决定的，评价时要对各种因素进行综合考虑。使用目标成果法的优点是可以在所有重要方面评价目标的实现程度和产生的影响，在评价目标实现情况时可以发现经营管理中存在的问题，进而提出改进建议。

11. 公众评价法

公众评价法是指通过专家评估、公众问卷及抽样调查等方式，获取具有重要参考价值的证据信息，评价目标实现程度的方法。这种方法常用于对公共部门绩效的评价，评价内容可以包括政府行为效果和结果的评价、服务质量评价、政府形象评价等。该方法还可用于对企业新产品市场评估、客户满意度评价等，评价的具体内容取决于评价目的和要求。

第四节　绩效审计中应注意的问题

绩效审计作为现代内部审计的重要组成部分，日益受到组织管理层、监管方及其他利益相关方的重视，成为内部审计机构开展的主要业务类型之一。做好绩效审计工作应注意以下几方面问题：

一、绩效审计的方法模式

绩效审计可以同时对组织经营管理活动的经济性、效率性和效果性进行审查和评价，也可以只侧重三者中的某一方面进行审查和评价。在经济性、效率性和效果性三者的关系中，效果性是具有决定意义的。只有在预期结果基本实现的前提下，才能评价经济性和效率性。因此，绩效审计的结论通常是以评价效果实现程度为主导，所采用的审计方法模式被称为结果导向型审计。但审计实践中，往往存在目标结果并不具体、效果性的评价标准尚不完善等情况，有些审计人员由此认为绩效审计无从着手，出现裹足不前的局面。为有效克服这一困难，绩效审计实务应将结果导向型、问题导向型和过程导向型三种模式结合起来，灵活运用。

结果导向型审计关注"被审计对象的效益如何或者取得了什么结果，有关目标和要求是否达到"。在这种方法下，审计人员检查被审计对象的业绩，并将检查结果与审计评价标准进行对比，进而查找两者差异的原因，针对原因提出审计建议。如前所述，在结果导向型审计中，应预先确定一套客观、可操作的评价标准，以便于比较差异。

问题导向型审计重点关注问题的确认和分析，将缺点和问题（或者是存在问题的迹象）作为审计的起始点而不是审计的结束。审计的主要任务是核对所述问题的存在性，并分析问题产生的原因和对效益实现的影响，提出改正问题的建议。

过程导向型审计则认为良好的运作过程一般会导致好的结果，决策的过程是否合理、合法是影响决策成败的关键。这种方法往往将内部控制设计合理并执行到位，作为组织预期目标实现的前提和保障，重点通过关注决策过程的规范性，决策执行的经济性和效率性，发现和确认制度设计的主要缺陷，并进一步确认问题的原因和对预期结果的影响，提出完善制度的建议。

问题导向型和过程导向型的审计，淡化了对结果性审计评价标准的要求，更多地关注存在的问题和制度缺陷。当前，我国各行业、领域科学的绩效评估标准体系尚未全面建立，财政财务活动中违纪违规问题仍然比较严重，制度缺陷或管理不善的问题普遍存在，绩效审计可以有效地采用问题导向和过程导向的方法模式。在分析制度缺陷及存在问题的原因时，除了关注直接原因，还要剖析深层次的原因，从体制、机制、制度、管理和技术等层面挖掘问题产生的根源。审计人员应针对问题产生的原因提出解决问题的建议。

二、绩效评价指标的设计

在绩效审计中，审计人员常常利用绩效评价指标来帮助自己进行判断和找出问题的原因。因此绩效评价指标是绩效审计中运用的工具之一。为确保绩效评价指标的设计科学合理，审计人员应把握好以下几点：

一是要紧紧围绕审计目标，不可千篇一律。通常情况下，一项绩效指标只能反映绩效的某个侧面，为使绩效审计结论全面客观，审计人员往往需要选用多个绩效指标，建立指标体系，从不同角度或侧面对被审计对象和事项进行综合评价。近年来，为强化激励与约束机制，加强对国有资本运营及公共部门职责履行的监管，财政部、人事部、国务院国资委等部门相继出台相关政策、制度，对国有企业、公共部门预算支出等领域开展绩效考评，设计了综合的绩效评价指标体系。审计人员开展绩效审计时，可以借鉴这些评价指标，但切不可简单照搬，千篇一律地套用。绩效评价指标的选取应从被审计对象实际出发，围绕审计目标，紧扣审计主题。审计实务中，应防止试图建立标准模板式的评价指标体系，还应防止过分夸大全面复杂的量化指标在绩效审计评价中的作用。

二是要找准关键指标，突出绩效审计的重点。反映被审计对象某一方面绩效的指标很多，因审计资源有限，不可能对所有绩效指标一一做出评价。审计人员应针对被审计对象的性质和特征，选择有代表性的指标，将最能突出反映被审计对象履行经营和管理责任的指标作为关键指标，其他指标作为辅助性指标。审计实务中切忌评价指标众多，既耗费大量的审计资源、降低审计效率，又可能导致评价偏离主题，本末倒置，影响审计结论的有效性。

三是要遵循可控性原则，确保评价客观。绩效评价指标所衡量、评价的经营管理活动及其结果应属被审计对象职责范围之内，由其全部或部分负责，且所评价的过程和领域是可以通过其主观努力而改变的，应排除被审计对象不可控的因素。比如，评价企业原材料利用的经济效益时，应当以材料单耗、材料利用率等指标进行评价，而不能将单位产品材料成本作为评价指标，因为材料成本的购入价格是用料者无法控制的因素。

三、绩效审计与绩效评价的关系

从管理学的角度讲，绩效评价是指运用数理统计、运筹学等原理和特定指标体系，对照预先确定的统一标准，按照一定的评价程序，通过定量定性对比分析，对评价对象在一定时期内效益和业绩做出客观、公正和准确的综合评判。组织内部开展绩效评价的根本目的是对员工或团队在组织中的贡献进行评估，为确定其工作报酬提供依据，并通过绩效评价结果的反馈不断激发员工潜能、激励员工进一步提高工作业绩。

可以说，内部审计机构和内部审计人员开展的绩效审计是组织的绩效评价体系的一个部分。二者有联系，也有区别。

绩效审计与绩效评价的联系在于：首先，两者评价目标相同，都是对组织（或项目）经营管理活动的经济性、效率性和效果性进行评价，并提出改进建议，以更好地实现组织目标，增加组织价值。其次，两者使用一些相同的工具，如数量统计分析工具等对绩效进行评估分析。最后，两者的工作结果可以相互提供依据，绩效审计要对绩效进行评价分析，相关主管部门或组织内部为开展绩效评价制定的制度和标准，可以作为内部审计机构开展绩效审计的重要参考，其所包含的评价标准、指标体系和标准分值等同样可以运用于绩效审计的评价与判断，而绩效审计的结论则可以为绩效评价提供依据。

绩效审计与绩效评价的区别在于：第一，双方的评价主体不同，绩效审计由专门的内部审计机构和内部审计人员实施，而在一般情况下，绩效评价的执行主体则是组织的管理者、内部成立的跨部门的机构或者外部聘请的独立第三方。第二，两者的性质不同，绩效审计是由相对独立的审计机构和内部审计人员实施的确认和咨询活动，侧重履行监督职能。而绩效评价是相关主管部门或组织内部对组织经济活动的评价和检查，侧重履行评价职能，第三，两者程序不同，绩效审计依照审计程序并采用一些专门的审计技术方法，在确定经营管理活动真实、合法的基础上，发现和反映影响绩效的问题，而绩效评价则是依照绩效评价程序，评价的基础数据主要依据被评价单位的会计决算及财务报告等资料。第四，两者的范围不同，绩效评价多是对评价对象整体绩效水平做出综合评价，而绩效审计可以针对某一领域、环节或项目，甚至是其中的某一方面来开展，重点更加突出，针对性强。

由于绩效评价是组织管理工作的一部分，内部审计机构和内部审计人员在开展绩效审计时，可以将绩效评价工作作为一项审计内容，对绩效评价本身的经济性、效率性和效果性进行审查和评价。

本章小结

20 世纪 50 年代，随着世界经济的迅速发展，企业内部产生了评价经济效益的需求；同时随着国家政治民主化、法制化进程的不断推进，公共部门公共资金支出的有效性也越来越受到普遍关注，企业和公共部门的绩效审计随之产生和发展。绩效审计的目标主要是对被审计事项的经济性、效率性和效果性进行评价。绩效审计具有目标灵活、内容广泛、方法多样以及成果富有建设性等特征。企业内部开展的绩效审计可以分为经营审计和管理审计。前者关注企业是否最大限度地利用了现有的人力、物力和财力资源；后者则关注计划、组织、协调机制等管理职能的履行情况。公共部门开展的绩效审计则应重点围绕公共资金管理和使用的经济性、效率性和效果性进行。选择和确定绩效审计项目应遵循重要性、增值性和可行性的原则，选择和确定绩效审计评价标准中应注意，要最大限度地寻求公认的评价标准，将定量标准与定性标准结合，并与组织管理层和其他利益相关方充分沟通。除常规的审计方法外，绩效审计中还会运用到数量分析法、比较分析法、因素分析法等特殊的技术方法。现阶段，开展绩效审计应注意三个重要问题：一是将结果导向、问题导向和过程导向三种方式结合起来，灵活运用；二是在绩效评价指标的设计方面紧紧围绕审计目标，找准关键指标，并遵循可控性原则；三是要正确认识绩效审计与绩效评价的关系，不可将两者混为一谈，甚至相互替代。

第十章　建设项目审计

本章提要

　　对本单位投资的建设项目进行审计，确认其成本、收益、管理情况，提出进一步加强建设项目管理、提高投资效率和效益的建议，是实现内部审计确认和咨询职能的重要途径。近年来，建设项目审计实践也得到了蓬勃发展，审计内容由财务收支扩展到工程造价，部分单位还积极开展了项目绩效评价。本章共分四节，分别介绍了建设项目审计的含义和特点、目标和内容、审计方法，以及建设项目审计中应注意的问题。

第一节　建设项目审计概述

　　经过多年发展，建设项目审计已经较为全面地覆盖了各参建单位建设行为的合法性、合规性、项目财务收支的真实性和项目综合绩效。当前的建设项目审计工作，主要包括建设项目的预算执行情况和竣工决算审计，建设项目跟踪审计，以及针对特定事项开展的专项审计调查。对建设项目开展审计，既有利于提高项目管理水平，提升项目建成后的效益，也有利于提高组织整体管理水平，实现社会、经济可持续发展。

一、建设项目审计的含义

　　在宏观经济层面，建设项目投资作为一个整体一般称为固定资产投资；在微观层面，是各个建设项目，无论住宅、厂房，还是公路、铁路、机场、港口。这些项目是否能按期完成建设，工程质量如何，能否按预定寿命安全服役，是否能成功承载设计负荷，使用成本是否合理，这些质量、工期、成本因素，无一不对使用者甚至更多公众的利益造成影响，与投资方的回报更加息息相关。因此，各个组织对建设项目建设过程的审计都十分重视。

对于内部审计而言，建设项目审计是指内部审计机构和内部审计人员依据法律、法规和组织自身各项制度规定，运用审计技术对本组织投资的建设项目建设全过程的技术经济活动以及与之相关联的各项工作进行的审查、监督。由于建设项目审计对项目规范管理和绩效提升的显著作用，当前建设项目审计既是审计工作的重要内容，也已经成为出资人对建设项目进行管理和监督的一个重要环节。

建设项目审计与其他类型审计相比，有较多不同。项目管理的基本目标是在限定的时间内，在既定的资源条件下，以尽可能快的进度、尽可能低的费用完成项目建设任务，并发挥预期效益。建设项目审计接受投资人委托，对建设项目管理过程进行审计的目标，总体上也要服务于建设项目的推进，致力于帮助建设项目进一步发挥效益。从这个意义上讲，建设项目审计的最重要内容，主要是项目投资控制、工期控制、质量控制活动的有效性及其结果，其他的管理活动，如安全管理，也应当视情况纳入审计的范畴。建设项目审计与其他审计类型相比要更加关注：

一是建设项目成本管理。建设项目审计通常承担着确认项目建设成本的任务。内部审计机构要对大到整个项目，小到某项设备的采购价格做出审计确认。其确认结果，既可能高达数十亿元，也可能小到几十元上百元。但内部审计机构通常关注的是其与预算价格的差异及其形成原因。

二是工程质量管理。建设项目审计要通过审计评价工程项目建设质量，包括评价工程施工质量是否符合设计要求，以及设计是否满足使用需求。在质量审计方面，内部审计机构大多要参考专门机构的结论，在必要的时候，内部审计机构也可以在相关工程管理部门的协助下，对工程实体质量实施直接监测，如对混凝土、路面、回填土等工程钻孔开挖取样做实验室检测等。

三是建设过程管理。建设项目审计要关注项目建设施工过程管理情况，如是否全面落实建设项目的合同管理、监理、招标投标等制度，是否建立健全内部管理制度、规程，对工程工期、质量、成本有没有相应有资质有能力的专业人员去管理等。

四是建设项目效益。建设项目审计要关心的最终问题是项目的效益，主要是通过对一个项目投入产出进行分析，看其与同类项目相比是否节约高效。

上述重点审计内容事实上促使建设项目审计与财务收支审计、经济责任审计等主要审计类型相比，更加趋近于绩效审计，审计的成果也更加具有建设性和实用性，这也是建设项目审计无论在国家审计、社会审计，还是内部审计中，都受到各级管理层高度重视的原因。

二、建设项目审计的特点

相对于财务收支审计、经济责任审计、专项资金审计，建设项目审计适应建设项目自身管理的科学规律，形成了自身的特点。

(一) 审计对象的多样性

建设项目都有各自的造型结构，都要逐个进行勘察规划、设计、施工，个体差异十分突出。因此，建设项目审计的对象千差万别，必须针对不同项目的具体情况，选择适当方法进行审计，不能简单照搬一般的审计方法。典型的如在水利堤坝等建设项目审计中，需要运用水文、水利学知识，进行洪水演算，推导堤坝建设高程、结构等必要技术参数，并对工程建设成果进行审计评价，而在铁路工程审计中，又需要采用恰当方法，测量铁路路基、轨道工程的建成质量、工程数量，以便对建设成本效益进行恰当评判。

（二）审计内容的广泛性

由于固定资产投资活动涉及面广，相关因素多，经济责任关系复杂，技术问题和经济问题紧密联系，所以建设项目审计涉及的内容比较广泛，一般要涉及政策、经济责任、技术、管理等问题。这就要求审计人员应站在综合监督的高度，以财务收支为导向，抓住投资活动的主线，查清投资经济活动各方面、各环节的主要问题，从而得出全面客观的审计意见。

（三）审计活动的层次性

工程建设及其管理活动是一个系统工程，是集合地质勘探、土木工程、水暖管道设备安装、项目管理等多专业人员之力，按照业主、施工、勘察、设计、监理等职责分工合作，执行报批、招标、签约、建设、验收等严格流程，满足质量、工期、投资、安全控制目标的综合性经济活动。建设项目天然具有的层次性，决定了建设项目审计活动也应当从宏观至微观分出几个目标层次。宏观上，建设项目审计可以分为建设项目财务收支审计、工程造价审计、竣工决算审计、经济效益审计；微观上按照具体业务循环进行审计，还可以细分为工程质量审计、工程招标投标审计、合同审计、工程材料物资采购情况审计等。

（四）审计过程的阶段性

由于项目建设周期较长，实施中要分阶段按程序进行，其资金运动在不同阶段有不同的表现形式和规律，所以建设项目审计必须在项目建设的不同阶段，实施不同侧重点的审计监督。也就是说，对同一个建设项目需要分阶段进行多次连续的审计，审计贯穿于建设项目投资活动的全过程。

建设项目投资活动的全过程，或称建设项目的全寿命周期可分六个阶段，如表 10 - 1 所示。

表 10 - 1　建设项目基本建设程序各阶段工作任务表

序号	阶段名称	主要工作任务
1	可行性研究阶段	可行性研究阶段的主要任务是通过方案比选，对建设技术上的可行性和经济上的合理性进行进一步的科学分析和论证，以使建设项目能够取得最佳的投资效果。可行性研究报告的审批文件是项目决策即最终确定项目是否上马的重要文件，也是进行初步设计的重要依据。因此，报告一经审查批准，项目单位就应当遵照执行，不得随意修改和变更。
2	设计阶段	设计阶段的主要任务是根据批准的可行性研究报告和必要准确的设计基础资料，在对建设项目技术经济综合平衡分析的基础上，以最终确定项目的建设规模、产品方案、工艺流程、设备选型、建筑及构筑物、土地占用以及项目的总概算等。又可以分为初步设计和施工图设计两阶段。初步设计文件一般要通过有关中央部门和地方政府部门的审批。初步设计总概算超过可研报告总概算 10% 以上或其他主要指标需要更改时，要重新报批，申请调整概算。
3	建设准备阶段	在建设准备阶段，要做好建设项目开工前的各项准备工作并报批开工报告，建设项目开工必须达到一定条件，如项目法人已经设立，初步设计及总概算已经批准，资金已经落实，"七通一平"已经完成等。
4	建设实施阶段	在建设实施阶段，各参建单位各尽其责做好项目建设工作。如果设计规模、内容及概算发生变更，需要调整的，必须报经原设计及概算审定部门审批同意。
5	竣工验收阶段	竣工验收阶段，由项目业主报各专业主管部门对项目进行专业验收后，再由业主或政府有关主管部门组织竣工验收。竣工验收是检验设计与施工质量的重要步骤，也是建设项目由建设阶段转入正式生产或使用的标志。
6	后评价阶段	在项目后评价阶段，主要任务是将已完成项目的实际运行结果与原可行性研究报告和初步设计所确定的技术经济指标进行对比，以检查原来确定的各项目标是否已经达到。这些任务，与审计部门对已竣工项目进行审计的目标相当接近，因此审计与后评价通常是结合进行的。

在上述不同阶段，审计工作的内容可概述如下：

1. 投资估算审计

从提出项目建议书开始到可行性研究阶段，内部审计机构都可以根据本单位需要，对建设项目总投资的估算过程及其结果进行审计，并确定投资的来源渠道是否落实，是否合规。

2. 初步设计概算审计

项目经过可行性研究、编制初步设计概算后，内部审计机构可以对建设项目开展初步设计概算审计。

3. 建设全过程跟踪审计

在项目建设过程中，建设项目本身经过施工图设计、建筑安装施工、设备材料采购等一系列工作，将其货币形态转化为实物工作量，内部审计机构可以对建设项目开展工程造价审计、项目资金和财务审计，也可以开展建设过程的跟踪审计。在这里，跟踪审计是内部审计机构对整个建设期间各参建单位建设活动开展的全面审计监督活动的总称，其内容涵盖了建设程序、资金、造价、安全、质量等各个方面。

4. 竣工决算审计

在建设项目各项工程全部完工以后，需经过编制竣工决算，计算投资转移成固定资产的结果，反映投入产出的经济效益。内部审计机构可以开展竣工决算审计，并适时开展建设项目后评价，对项目合规性、经济性、效率性、效益性做出综合评价。

三、建设项目审计的常见组织方式

建设项目审计要求审计人员的专业能力能形成合理配置，审计组成员中除了要有审计、财务会计等专业人员外，还必须要有具备与拟开展的工程项目审计相关的专业知识的审计人员。通常来说，参加建设项目审计的人员应当由财务、会计、项目管理、法律、工程技术、造价控制等不同专业的人员组成，而审计组技术负责人（主审）应当是具备工程管理和审计知识的复合型人才。在内部审计机构自身人力资源数量和专业受限时，可以引入外部审计人力资源。具体操作中，有以下几种常见的审计组织方式：

（一）内部审计机构适当聘请熟悉相关工程的专业人员参加审计工作

聘请专业人员的方式本质上是以我为主、拾遗补阙，其前提条件是内部审计人员自身具备组织开展建设项目审计的基本能力。在此条件符合后，才能聘请专业技术人员参与部分领域的审计工作。审计复核、审计报告起草等关键环节工作，应当由内部审计人员完成。

（二）内部审计机构聘用有资质的工程咨询机构共同完成审计项目

内部审计机构对于外聘工程咨询机构的选择，要根据内部审计机构的经费预算、审计目标确定。通常有两种方式：一种是内部审计人员组成的审计组在充分审核相关资料的基础上，针对存在疑点的环节，聘用第三方机构参与审计；另一种是审计组根据项目特点，在审计一开始就选择容易出现问题而自身力量无法满足审计要求的审计内容，聘请第三方机构进行抽查。

（三）内部审计机构直接委托第三方机构进行审计

对于项目建设内容比较单一、工程技术通用性强，且工程保密性要求不高的建设项目，内部审计机构可以直接委托第三方工程咨询机构或会计师事务所进行审计，由这些第三方机构根据其执业标准，针对委托方的要求开展审计，并出具审计报告。

无论采用上述组织方式中的哪一种，都必须对外部专家工作进行质量控制。中国内部审计协会2013年最新发布的《第2103号内部审计具体准则——审计证据》第十条规定：内部审计机构可以聘请其他专业机构或者人员对审计项目的某些特殊问题进行鉴定，并将鉴定结论作为审计证据。内部审计人员应当对所引用鉴定结论的可靠性负责。《第2304号内部审计具体准则——利用外部专家服务》则对外部专家的聘请、外部专家工作结果的评价和利用等具体内容做出了详细规定。内部审计机构和内部审计人员应当结合本单位实际情况严格执行准则相关规定。

第二节 建设项目审计的目标和内容

建设项目审计是一种较为专业的内部审计业务。从审计目标和审计内容方面看,建设项目审计在政府审计、社会审计和内部审计领域不存在大的差异。本节对建设项目审计的目标做出简要阐述后,按照建设项目管理活动的主要业务循环,对建设项目审计的主要内容做出简要描述。

一、建设项目审计的目标

审计目标与审计的职能密不可分。内部审计自身的职能主要包括确认和咨询两项。在单位内部工程建设项目管理中,管理当局需要内部审计机构做出确认的内容,主要是工程是否按期、保质、按预算安全有序建成,是否存在舞弊行为。内部审计机构能够提供的咨询意见,则根据不同项目的特点,主要围绕建设项目效益的更好发挥而展开。具体而言,上述职能通过下列目标的实现而实现。

(一)对建设项目各项内部控制制度的落实情况做出核实和确认

为了工程按期、保质、按预算安全有序建成,建设项目需要建立现场施工、工程计量、合同结算、资金拨付等各个业务循环的内部控制制度。建设项目审计的目标,是对这些制度是否存在、是否完备、是否按预定设想运行、运行是否达到控制目标等进行观察、检验,以便得出审计确认意见,并提供改进内部控制的建议。

(二)发现单位内部在工程建设过程中存在的错弊问题

查错纠弊是审计的传统职能,也是建设项目内部审计的最基本目标。

建设项目审计，通过发现和纠正投资项目前期工作、资金管理和使用、会计核算、工程结算中由于各种原因发生的程序缺失、数据计算错误、账目归集错误、价款结算偏差等错弊，能起到规范项目建设行为的重要作用。同时，通过建设项目内部审计，也要发现并揭示本单位在工程建设中存在的违法违纪问题，及时消除法律风险，促进企业有关部门工作人员在投资和建设管理工作中廉洁从业，达到促进反腐倡廉的目标。

（三）提出促进提高建设项目投资绩效的建议和意见

建设项目内部审计的目的是通过审计促进企业投资主管部门、相关事业部门和项目法人单位加强项目管理，完善项目管理手段和措施，加强项目经济性、效率性、效果性效益指标考核，提高企业资金使用效益。要达到这一目的，内部审计机构需要加大建设项目绩效审计力度。

二、建设项目审计的主要内容

建设项目审计的内容比较复杂，体现在审计内容的广度、深度和审计工作的时间跨度等多个方面。通常来说，审计中既要对建设项目的建设程序履行情况、可行性研究和设计文件的编制情况、工程管理和概预算的执行情况、建设资金的来源和筹措使用情况、年度财务决算和竣工决算的合规真实情况，以及投资效益的发挥情况进行全面的审计检查，必要时也要对建设项目的全过程实行跟踪审计。按照建设项目推进的逻辑和时间顺序，建设项目审计内容主要包括以下十二个方面。

（一）建设项目前期工作

企业（单位）对建设项目投资的控制主要集中在项目建设前期，即项目建设决策做出之前。决策之后的具体建设工作和运营则分别交由承包商、运营公司负责。可以说，对前期工作的审计，主要对象是企业有决策权的相关部门；对后期建设工作的审计，对象则以项目公司（建设单位）、承包商为主。

对建设项目前期决策过程的内部审计，要侧重检查项目决策程序的合规性。内部审计人员在建设项目审计中，要注意同时关注政府、企业（单位）各类决策支持材料的真实性、严谨性和决策方做出相应决策行为的程序合规性。从政府角度看，投资项目决策通常以政府审批、核准、备案等方式做出；从企业（单位）角度看，前期决策则主要包括项目建议的提出、可行性研究、项目立项批准等过程。在我国相当长的一段时期内，建设项目违反基本建设程序的现象比较常见，项目单位往往千方百计绕开基本建设程序寻求项目获批，"化整为零""钓鱼工程""报大建小""胡子工程""形象工程"等都是常见的违规做法。

对建设程序和前期工作进行审计时应主要关注违反基本建设程序搞建设、逃避国家和上级单位审批等问题。审计时要按照建设投资管理规定，审查项目立项决策的程序，项目论证是否充分，有无违反建设管理程序虚报项目和投资等问题。因此，这个阶段的审计主要是合规性审计。内部审计人员要掌握国家和企业内部的法律法规和政策。前期工作阶段具体审计内容包括：

1. 基本建设程序是否得到履行

基本建设程序是指按国家规定的工程投资项目核准和备案要求，建设单位完成各阶段的工作及向主管部门的报批报建和批准手续。按国家有关法律、法规、规章要求，建设项目必须履行必要的基本建设程序。对这些手续履行是否完整合规的审计，在建设项目审计中占有重要地位。

内部审计人员需要注意的是，企业投资项目基本建设程序在 2004 年《国务院关于投资体制改革的决定》出台后有了较大的调整，主要改变有：对于企业不使用政府投资建设的项目，一律不再实行审批制，区别不同情况实行核准制和备案制。政府仅对重大项目和限制类项目从维护社会公共利益角度进行核准，从维护经济安全、合理开发利用资源、保护生态环境、优化重大布局、保障公共利益、防止出现垄断等方面进行核准；对于外商投资项目，政府还要从市场准入、资本项目管理等方面进行核准；其他项目无论规模大小，均改为备案制；对于企业使用政府补助、转贷、贴息投资建设的项目，政府也只审批资金申请报告。

2. 项目前期文件是否真实，编制是否科学

项目是否能够发挥效益和取得回报，尽管与建设过程的效率和建设效果密切相关，但更为重要的是项目决策的质量。项目决策质量一定程度上取决于项目前期工作的深度和质量。在对项目前期工作跟踪审计时，对于项目建议书、可行性研究报告编制质量，以及为编制前期文件所开展的市场调研、地质勘探、实物量调查等工作的深度应当给予高度关注，而项目各项建设条件是否落实、项目效益预测是否科学等，也是前期工作审计的重点内容。

3. 设计成果的质量

近年来，前期工作审计的范围有所拓展，除了对基建程序开展合规性审计外，也要更多关注设计工作成果的质量。审计人员要依据有关设计规范和建设目标的要求，通过对初步设计、施工图设计的复核，发现设计工作中可能存在的错误。

（二）建设项目资金来源

内部审计机构对于建设项目资金来源的关注，一方面要督促资金管理部门按项目进度积极筹集、安排建设资金，避免资金不足造成建设进度拖延，另一方面还要关注是否存在项目单位因资金不足而采取改变设计、降低标准、减少工程量等"优化设计"办法，降低标准进行建设，影响项目建设规模和生产能力，对单位整体规划目标的实现造成影响。

（三）建设项目招标投标工作

《中华人民共和国招标投标法》第三条规定："在中华人民共和国境内进行下列工程建设项目包括项目的勘察、设计、施工、监理以及与工程建设有关的重要设备、材料等的采购，必须进行招标：（一）大型基础设施、公用事业等关系社会公共利益、公众安全的项目；（二）全部或者部分使用国有资金投资或者国家融资的项目；（三）使用国际组织或者外

国政府贷款、援助资金的项目。"

对这一规定，《工程建设项目招标范围和规模标准规定》（国家发展计划委员会令第3号）第四条做出了具体解释如下："使用国有资金投资项目的范围包括：（一）使用各级财政预算资金的项目；（二）使用纳入财政管理的各种政府性专项建设基金的项目；（三）使用国有企业事业单位自有资金，并且国有资产投资者实际拥有控制权的项目。"

结合《审计署关于内部审计工作的规定》（审计署令第4号）中第三条关于"国家机关、金融机构、企业事业组织、社会团体以及其他单位，应当按照国家有关规定建立健全内部审计制度"的规定，可以看出：依法设立内部审计机构的国有单位无论使用财政资金还是自有资金投资的建设项目，只要国有单位拥有项目控制权，就属于依法应当进行招标投标的范围。国家设立的内部审计制度和招标投标制度的覆盖范围高度重叠，意味着招标投标制度执行情况必然是内部审计工作的重点内容。

从实践情况看，尽管与招标投标相关的法律法规和各类相关规章规定严格具体，数量繁多，但从建设项目执行招标投标制度不严格现象还比较普遍。因此，从实际需要出发，内部审计机构在建设项目审计中也应当将招标投标环节作为重点。招标投标审计主要针对的问题有：

1. 招标投标程序不规范，不招标或不公开招标

一些单位由于种种原因不愿意招标或规避公开招标，将项目发包给指定单位。有的项目有招标之名而无招标之实，违规直接发包和指定分包工程，有的施工单位违规转分包工程。对这些现象，要严格依据法规，并深入分析其原因。

2. 在招标投标过程中弄虚作假

弄虚作假行为主要发生在招标文件、评标办法拟定环节，或人为操纵招标投标。主要表现有评标委员会组成不符合招标投标法规定，评标委员会成员不按规定从专家库中产生，评标委员会成员与参与投标的单位有利害关系，经济、技术专家达不到评委人数规定要求；设置不平等的投标条件，搞"内外有别"；评标过程不合规，评标有失公正等。投标

方常见的问题是投标单位或人员购买或者挂靠具有规定施工资质的企业投标，一个投标单位借用多家施工单位资质围标，利用关联单位串通投标等。

3. 重要或较大项目招标投标，次要或较小项目不招标

事实上，依照法律法规，只要施工类项目合同金额超过 200 万元，采购类合同超过 100 万元，服务类合同超过 50 万元，就应当依法实行公开招标。有的单位对小项目重视不够，不招标或对应当公开招标的项目实行邀请招标，对工程勘察、设计、监理及重要设备、材料的采购不按规定实行公开招标。

4. 有的部门或领导违规插手招标

主要表现是，直接参加评标、定标、修改标底及合同价格、核发中标通知书等，直接参与或干预具体的招标投标活动，或影响评标委员会客观公正给出评标结论，甚至少数领导利用职权违规插手工程招标投标，谋取私利，侵害招标投标人的自主权。对此类问题，内部审计机构一旦发现，要充分揭示，向单位领导报告。

（四）建设项目承发包和合同签订过程

招标投标之后，工程建设甲乙双方应当按照招标结果签订承包合同。在此阶段，如果内部审计机构对项目开展了跟踪审计，应当关注的问题有：

1. 未按招标结果签订合同

有的建设单位招小标、签大合同；有的单位无正当理由未按评标委员会推荐顺序选择中标人；有的单位违反招标文件实质性约定与中标单位签订补充协议等。

2. 违规转分包

有的业主单位违规指定工程施工分包单位和物资供应单位等，由关联或者关系单位及人员操控工程，谋取利益造成工程建设成本增高、资金流失；有的承包单位非法转、分包，截留建设资金，导致建设资金的

流失以及工程质量的降低。

3. 合同不完善

有的工程在签订承发包合同时，不确定单价，或者采取暂定单价，为在工程价款结算中留下人为操作空间；以"原设计漏项、赶工、提高工程质量"等为由，通过设计变更增加工程量或改变原施工处理方式，以提高工程造价。此类问题在跟踪审计中如能被及时发现，将对提高工程资金使用效益起到极大的促进作用。

（五）项目建设期财务资金管理和会计核算

建设项目财务管理、资金管理、会计核算几项工作之间相互联系紧密，审计中也往往作为一个业务循环来对待。其审计内容主要包括：

1. 建设项目的会计核算

企业会计准则广泛实施后，多数企业生产财务和基建财务实现了并轨，在一个账套内，用"在建工程"科目进行建设项目会计核算基本能满足日常财务报告的要求。但许多部门、单位出于对建设项目进行单独考核管理，特别是沿用项目概算控制投资这种考核方式的需要，要求建设项目按照原《基本建设会计制度》的规定格式出具竣工决算报告，在事实上造成了基建会计制度与企业财务准则的继续并行，因而建设项目财务管理和会计核算与其他企事业单位财务会计相比有一些差异。这表面上看是由于执行的财务制度、会计制度不同，报表格式不同，实质上，是因为投资项目财务会计所服务的项目业主（建设单位）功能比较特殊。在建设项目存续期内，业主的主要财务活动是批次较少、规模较大的融资活动和持续、频繁、与工程进度息息相关的工程款支付行为。其会计核算的主要目的则是长时间归集建设成本，最终在投产时分摊到各项交付使用的固定资产上。

建设项目会计核算的审计要按照有关会计准则和制度检查建设项目会计账簿及财务报告的核算和披露是否合规。审计的重点，就是成本归集中的直接成本和间接成本的区分是否恰当。对于工程直接成本，主要应当关注各子项间是否串项，是否与项目批准概算子目相对应。如大型设备的安装工程，虽然也可能是钢筋混凝土或砖混基础等建筑内容，但按规定应当将安装工程投资计入需安装设备的成本，不能误列厂房建筑工程投资。对于工程间接成本，要特别关注待摊投资的分摊，如长期借款费用的归集和分摊，是否符合有关会计准则的规定。

2. 建设项目的财务管理活动

建设项目财务管理的主要对象是建设资金，而建设资金的流转途径相当简单清晰，从投资方到业主，从业主到承包商。这两个环节都是财务审计的主要对象。投资方到业主的资金拨付，在项目上就是资金来源，或者说融资。业主到承包商的资金拨付，就是建设资金的使用，或者说工程价款的结算支付过程。因此，建设项目财务管理的审计，主要审计资金来源、资金使用（工程价款结算）和资金流转等活动。

资金来源审计前面已经提到，价款结算审计主要依赖工程量、价、费的分析计算，属于工程造价审计内容，在下面章节阐述。资金流转管理的审计，要关注主管部门资金拨付不及时，滞留、欠拨资金，将财政等建设资金拨款转为有偿使用的问题，以及建设单位方面挤占挪用建设资金用于计划外项目、购建楼堂馆所、生产经营等问题。建设项目主管部门和建设单位挤占挪用资金的常见方式主要包括：建设单位以其所属的职工技协、科协，通过向施工单位收取"咨询费"、与施工单位"联营"帮助其承揽工程等方式，套取、截留并私分建设资金；主管部门兴办公司，以高价或虚假方式向工程供应物资材料，套取、截留并私分建设资金；建设单位在工程材料采购时，通过收取"材料采购保管费"、向材料供应商收取"联合投标代理费"等方式，套取、截留并私分建设资金。

3. 建设项目独立费用的支出情况

财务审计中，除了配合工程成本审计依据合同进行资金拨付的程序性审核外，内部审计人员应当主要关注建设项目各项独立费用的支出情况。其中：

征地拆迁费用中，要关注扩大建设规模征用土地、较低标准补偿农民、征地拆迁资金被大量挤占挪用等问题。

勘察设计费中，要严格依据原国家计划委员会、建设部颁布的《工程勘察设计收费管理规定》（计价格〔2002〕第 10 号）等有关规定，审核勘察设计单位是否多计费用。实践中，常见的是设计单位为了多取费有意做大项目投资基数，造成概算虚高的问题。

咨询费中，要根据咨询工作合同，严格审核咨询工作是否法定，是否必要，定价是否过高，成果是否达到合同约定要求，以及咨询费用支付是否符合合同约定等。

（六）建设期材料物资采购工作

建设项目材料物资采购不规范现象常有发生。有的项目采购的一些材料物资的质量得不到保证；有的人为增加采购环节，增加建设成本；有的对采购费用控制不严。这些都会最终影响建设项目工期、质量、效益等目标的顺利实现。

材料采购审计是多重目标的，其审计内容主要包括：

1. 材料物资采购的质量控制

采购活动首先要保证所采购的材料物资满足工程质量要求。材料物资采购质量机制审计要特别注意核对工程主材的出厂合格证、进场抽检等证明资料，以确保合格材料用于建设项目。

2. 材料物资采购的成本

理想的成功采购行为应当保证材料物资在规定价格区间内合理最低。对品种繁杂的工程材料物资价格进行详细审计超出了普通审计人员能力范围，因此通常采用材料物资采购程序合规性审计的方式，审查采购过程是否遵循内部招标投标、询价、竞价等程序规定，是否存在各种形式的不合规采购行为，如以虚假的"应急采购"名义逃避招标竞价程序等。

3. 材料物资采购的及时性

材料物资采购审计还要关注材料物资采购工作的整体进度是否能在

满足工程进度要求的前提下，做到库存最低、占用资金最少、采购成本最低，同时还要对材料物资采购工作的绩效做出审计评价。

（七）工程进度结算

工程结算审计属于通常意义的工程造价审计范畴。对工程造价审计的方法及具体内容，本章随后将做进一步介绍。此处只提及工程结算审计的主要内容分类。在建设期内对工程结算进行审计，通常指的是建设项目跟踪审计中，对月度、季度、年度或合同约定的各个时间节点上，对工程进度款结算真实性、合规性的审计，其内容主要包括：

1. 对工程月度和年度结算的编制管理情况进行形式检查

工程月度结算中形成的《已完工程月报表》和《工程价款结算账单》等文件，是甲、乙双方对当月工程量进行计量，对应付工程进度款进行计价核算的基础，在工程结算中起着重要作用，内部审计人员要审查工程造价管理情况，就要先检查这些资料及其必要附件是否齐全，内容是否完整，报批手续是否完善。

2. 跟踪审核月度、年度结算工程量的真实性

工程量审计主要应关注施工单位虚报甚至伪造工程计量的问题。审计人员可以根据施工单位编制的竣工结算中的工程量计算表，对照图纸尺寸进行计算来审核，也可以依据图纸重新编制工程量计算表进行审计。由于工程结算全面复核的工作量大，在审计中要抓好重点，包括：

（1）投资比例较大的分项工程，如基础工程、混凝土钢筋混凝土工程、钢结构以及高级装饰项目等。

（2）容易混淆或出漏洞的项目，如土石方分部中的基础土方，可能出现清单计价中按基础详图的界面面积乘以对应长度计算，不考虑放坡、工作面的情况。

（3）容易重复列项的项目，如水表、卫生器具的阀门可能出现阀门已计含在相应的项目中，仍再列项计算安装工程量的情况。

（4）容易重复计算的项目。如梁、板、柱交接处受力筋等。审计人

员应注意对无图纸的项目要深入现场核实，必要时可现场丈量实测。

3. 跟踪审核工程单价计量是否真实、符合合同约定

工程单价审计主要审核分部分项工程、措施项目清单计价。主要应关注的问题包括：不严格按照合同签订单价结算，擅自或者随意改变和提高单价等问题；不按设计施工，采用简便或低于中标单价的方式施工，按中标设计内容的单价结算。对工程单价的审计，要抓住以下重点：

（1）审核结算所列项目的合理性。注意由于清单计价招标中漏项、设计变更、工程洽商纪要等发生的高估冒算、弄虚作假问题；工程项目、工作内容、项目特征、计算单位是否与清单计算规则相符，是否有重复内容。审计人员应重点审核价高、工程量较大或子目容易混淆的项目，保证工程造价准确。

（2）审核综合单价的正确性。除合同另有约定外，由于设计变更引起的工程量增减部分，属于合同约定幅度以内的，应执行原有的综合单价。工程量清单漏项或由于设计变更引起新的工程量清单项目、设计变更增减的工程量属于合同约定幅度以外的其相应综合单价由承包方提出，经发包人确认后作为结算的依据。审计时以当地的预算定额确定的人工、材料、机械台班消耗量为最高控制线，参考当地建筑市场人、材、机价格，根据施工企业报价合理确定综合单价。

（3）审核计算的准确性。审计人员要抽查计算公式的数字运算是否正确，是否有故意计算、合计错误以及笔误等。

4. 跟踪审计工程变更情况

主要审核变更及隐蔽工程的签证。跟踪审计中，对变更设计追加投资部分和资金拨付、结算中存在的异常现象要高度重视。工程变更的审计重点包括：

（1）原施工图的设计、图纸答疑和原投标预算书的实际所列项目等资料是否有出入，对原投标预算书中未做的项目要予以取消；其次核增变更中的项目。

（2）工程变更所增加的项目是否已包括在原有项目的工作内容中，

以防止重复计算。

（3）变更签证的手续是否齐全，书写内容是否清楚、合理。含混不清和缺少实质性内容的要深入现场核查并向现场当事人进行了解核查后，再加以核定。

5. 跟踪审计工程费用计取情况

主要审核规费、税金及其他费用。包括：审计费率计算是否正确，计算基础是否符合规定，有无错套费率等级情况；费率的采用是否正确；各项独立费的计取是否正确；等等。

6. 做好工程结算分析性复核

在工程结算跟踪审计中，审计人员要在每月工程报量完成价款结算后，做好项目批准的概算与工程价款结算累计额价差和量差的对比分析，检查概算执行情况。审计人员还应做好工程价款结算书的相关指标与施工单位财务收支有关数据、指标进行分析，找出差异，分析原因，同时做好分包或转包工程的结算与财务支出的对比分析，检查有无利用虚假分包或转包套取资金，进行违法犯罪的问题。

（八）建设项目工程质量

工程建设的"质量、进度、投资、安全"四大目标中，质量目标居于首位。内部审计机构尽管主要从事审查监督工作，但质量监督并非内部审计机构所长。内部审计人员在依法对建设项目所涉财务收支的真实、合法、效益开展审计时，也应当将工程质量作为主要关注内容之一。

对工程质量的审计实际上是审计人员在建设项目审计中遇到工程质量相关事项时所从事的各类审计行为的总称，其内容贯穿建设项目质量行为的始终，覆盖工程质量各方责任单位。工程质量审计的主要内容包括：对质量相关决策的科学性、合理性、效益性的审查，对各有关参建单位的质量行为及其质量控制制度符合性的审查，对记录工程质量情况的设计图纸、质量记录资料、材料试验资料、验收资料及相关计算机资料的审查，以及对工程实体的质量状况的检查检测。由于工程实体质量审计成本高、风险高，实践较少。在特别重要的项目审计中，审计人员主要是通过实体质量检测取得实物证据以支撑审计意见。

因此，实践中内部审计人员主要应当做好工程质量验收情况的审计再监督。工程质量的实施主体是施工单位，管理主体是业主和监理单位，监督主体是政府工程质量监督部门。跟踪审计的责任是对工程检验批、隐蔽工程、重点工序和各单项工程的质量验收程序履行的严密性、验收中发现遗留问题补救和责任追究的闭合性进行跟踪监督并督促整改。

（九）工程项目管理

工程项目管理的审计，与前文所述的工程造价审计、工程财务审计一起，构成建设项目审计的重要内容。这些内容相互联系和协调，形成建设项目审计成果。

对项目投资控制进行审计，大多结合工程造价审计进行。对工程质量控制的审计，属于上述工程质量审计的内容。此处简要介绍工期控制（或称进度管理）的审计。

在现代工程管理中，工程项目的进度是将工程项目任务、工期、成本有机结合起来形成的一个综合指标，能全面反映项目的实施状况。因此，对工期控制的审计，应当结合工期对质量管理、投资控制带来的影响进行。审计的具体方法一般是，对工期控制目标的载体（通常是施工组织计划）执行和调整情况进行深入分析，找出实际与计划偏离之处，分析其原因是否合理。

对工程项目管理的审计需要围绕项目法人责任制、资本金制、招标投标制、合同管理制和工程监理制等制度的落实情况开展。具体审查内容包括：建设项目是否成立项目法人，项目法人在项目的策划、资金筹措、建设实施、生产经营、偿还债务和资产的保值增值过程中是否实现了责、权、利的统一；项目资本金是否按规定进度和数额及时到位，是否按规定用途使用，有无弄虚作假、挪用或抽逃资本金问题；项目的施工、设计、监理、采购等是否依法实行招标投标制，是否按"公开、公正、公平"的原则进行,有无规避招标、虚假招标,有无违法分包、层层转包,是否存在中标单位资质不够,造成工程重大损失和质量隐患等问题;项目有关合同是否真实有效,有无因强行要求承包方垫资或压低标价影响工程进度和工程质量等现象;监理人员素质和履责情况是否符合合同约定等。

(十) 相关部门投资管理活动

企业内部规划、预算管理、财务等部门和有关事业部、项目公司等单位开展的固定资产投资规划、计划、财政基本建设预算拨付等工作,是对投资项目的具体管理活动,也是落实企业投资战略的具体措施。在内部审计机构对建设项目开展审计时,应当同时对这些部门开展的建设项目管理工作开展专项审计调查。在专项审计调查中,应当侧重对这些部门开展的投资管理活动是否合法合规,是否切合当时党和政府的中心工作,是否符合企业战略目标,是否有利于宏观调控目标的实现,有关部门和人员是否尽职尽责,工作是否客观公正等。

多数时候,专项审计调查是"自下而上"进行的,即集团公司总部对某事业部、某地区的一批建设项目开展调查,从项目中总结普遍性、规律性的问题,提出改进投资管理活动的意见或建议。有时企业集团也会采取"上下联动"的方式组织开展专项审计调查,即在对管理部门建设项目管理活动开展审计的同时,抽查部分投资项目,印证管理活动的真实性和效益性。

(十一) 完工结算和竣工验收

在工程完工结算和竣工验收阶段,内部审计的工作主要围绕承包单位编制的完工结算的真实性和业主单位编制的竣工决算的真实、合规性进行审计。对项目竣工决算审计的内容主要有:

1. 审计竣工决算编制依据

建设项目竣工决算的编制依据主要包括:工程竣工报告、竣工图及竣工验收单；施工合同；施工图预算或合同报价；设计交底及图纸会审记录资料；设计变更通知单及现场施工变更记录；经建设单位签证认可的施工技术措施、技术核定单；各种施工签证或施工记录和国家或地区颁发的有关规定。审计时要注意审核编制依据是否符合国家有关规定，资料是否齐全，手续是否完备，对遗留问题处理是否合规。

2. 审核竣工工程量、工程计划和工程费用

建设项目完成的实物工程量是决定工程造价的主要因素，核定施工工程量是工程竣工结算审计的关键。完工结算审计的内容和方法与月度、年度结算的审计基本相同，这里不再重复。

3. 审计竣工决算编制的合规性

对建设项目竣工决算编制合规性的审计，主要是依据财政部门和项目主管部门关于竣工决算编制的有关规定逐项对比分析。

（十二）建设项目综合绩效评价

对项目综合绩效进行评价是内部审计机构对建设项目开展审计的另一个重要任务。审计常用的建设项目评价指标与业务管理部门所用的指标基本相同。如何选择恰当的评价标准，是内部审计实践中面对的最大难点。评价标准有两大类：一类是规范性标准，如有关的法规、制度、相关程序要求等强制性的标准；另一类是用来衡量绩效的计量标准和其他良好实务与规范化控制模式等非强制性标准。

在日常审计中，推荐使用强制性标准，可以通过"正确"或"不正确"、"合法"或"不合法"进行判断，并且判断的标准可以根据国家、行业或被审计单位内部的法律法规和业务规范等事先确定，容易得到被审计单位的采纳。采用非强制性标准进行评价时，一要注意评价的客观性；二要加强审计与被审计单位管理人员的交流沟通，尽量达成双方都能接受的评价标准；三要向专家和权威机构进行咨询，确定评价标准；四要把握好分寸，不做过头评价，尽量减少审计人员自己的主观判断。

对建设项目绩效的评价，从评价时段上，可以分为对建设过程的评价和对建设成果的评价，不同时段开展项目绩效评价的依据和内容有很大区别。从评价的绩效类型上，投资项目绩效评价包括财务绩效评价、国民经济绩效评价、社会绩效评价、环境绩效评价等内容。绩效评价的具体方法较多，但究其原理来说，都是对预期目标实现程度的衡量。这里所谓"预期目标"，既包括强制性的评价指标，如依法规定的环境污染控制指标，也包括自定指标，如项目可行性研究报告提出的财务效益指标、业主设定的工期或造价目标等，审计人员要根据项目具体情况选用。常用的主要指标和方法有：

1. 财务绩效评价

常用的项目财务绩效评价指标，包括反映项目资产结构合理性和资金流动性的资产负债比率、流动比率、速动比率，反映盈利能力的销售利润率、销售利税率、投资利税率、投资利润率、投资回收期、财务净现值、财务内部收益率等。由于部分指标存在静态和动态两种口径，审计人员应当结合不确定性分析、敏感性分析、盈亏平衡分析等方法，综合考量项目财务绩效。

2. 国民经济绩效评价

国民经济绩效评价所用指标计算方法与财务绩效评价指标计算方法类似，只是要采用影子价格取代产品实际价格。审计人员应主要分析项目的国民经济盈利能力和外汇效果，另外还应该对那些难以量化的外部效果做定性分析。

3. 社会绩效评价

对社会绩效做出审计评价需要综合使用定量分析和定性分析方法。对部分评价内容，如就业、能耗、资源利用等，可以通过一些定量指标衡量，如总就业人数、总就业效果、单位净产值综合能耗、单位投资占用耕地等；对于其他社会效果的审计，如对生态环境的破坏、对产业结构的扭曲等，应当采用社会影响分析、互适性分析、社会风险分析等专业方法进行。

4. 项目环境绩效评价

对建设项目环境影响做出审计评价，应分别针对投资项目在建设过程中对环境影响、投资项目在建成后运营内对环境影响以及投资项目的环境措施进行，主要分析投资项目对气候与气象、地面水环境、地下水环境、大气环境、土壤与水土流失、动植物与生态、噪声、人群健康状况等方面影响情况，方法主要有有无对比法、环境目标对比法、成本效益分析法等。

上述各方面绩效评价指标之间存在相互依存、相互联系的关系，不能割裂开来使用。如国民经济绩效评价指标必然是在财务绩效评价指标基础之上测算出来的，项目质量指标、工期指标必然要与工程造价指标联合起来评判，才能避免以偏概全，挂一漏万。建设项目各项具体管理行为的合法性、合规性、效率性，有时也可归为绩效评价指标的一种。

第三节　建设项目审计方法

建设项目审计需要遵从《中国内部审计准则》及其各项具体准则的规定，审计准则中提及的各类审计方法，如审核、观察、监盘、访谈、调查、函证、计算、分析程序等，都适用于各建设项目审计工作中。但是，由于建设项目审计的审计客体有其特殊的专业性，仅使用常规的财务审计、内部控制审计方法所收集的审计证据，难以保证审计人员对项目建设中的合规性、工程质量保障程度、工程真实成本等有充分了解，难以为审计意见提供必要的保证。因此，审计人员应当针对工程建设过程中各专业常用的技术知识进行深入学习，必要的时候，要采用这些技术方法对建设过程形成的资料记录和工程产品进行检验。建设项目审计常用的"专门"审计方法中，特点较突出也最为常用的是工程造价审计方法，技术特征最明显也是一般财务审计人员感觉最为困难的是工程质量审计方法。本节专门对工程造价审计和工程质量审计这两类审计方法做出简要介绍，对通用审计方法在建设项目审计中的具体应用则不再赘述。

一、常用的工程造价审计方法

工程造价有两层含义，从建设工程投资的角度说，是在建设某项工程中预期或实际发生的建设工程的总投资；从承包商（供应商）的角度来说，是在建设某项工程中预计或实际在土地市场、设备市场、技术劳务市场、承包市场等交易活动中所形成的建设工程价格。通常，我们把第二种含义的工程造价认定为工程承发包价格，这一价格在固定资产投资中占主要份额。

由于建设工程的特点，建设工程具有与其他固定资产投资不同的程序，并在该程序对应的每个阶段采用相应的计价办法，如表10-2所示。

表 10-2　建设工程各阶段计价方法列表

序号	建设工程进行阶段	相应的计价方法
1	提出项目建议书 开展项目可行性研究	投资估算
2	初步设计至扩大初步设计	设计总概算
3	施工图设计	施工图预算
4	工程招标	中标价即合同价
5	工程施工（合同实施）	工程结算
6	竣工验收	竣工结算、决算

严格地讲，工程造价审计方法都可以归类为复核法。各阶段造价审计都应当运用该阶段计价方法对原计价结果进行复核，因此，工程造价审计的方法实际上也就是工程计量计价的方法。

广义的工程造价审计包括对表10-2中各个阶段工程价格的核实。如在工程估算阶段，通常可以利用经验数据或者估算指标对估算价格进行评判。其中可利用的经验数据主要有两方面来源：一是外部历史数据，主要是各地的工程造价指标和相关的工程用量指标，在审计人员造价审计经验不足的情况下，这是获取经验的重要途径，将典型设计图纸与招标图纸进行比较，分析主要差异并进行换算，然后将换算后的工程用量指标与招标控制价的工程量比较，选择差异明显且不合理的项目进行重点审查；二是利用审计人员以往审计积累的经验数据，例如，经过长期审计发现，30 层的高层住宅钢筋用量始终在 65 ~ 75 千克/平方米、混凝土用量在 0.42 ~ 0.47 立方米/平方米变动，利用这些经验数据，可以很快发现疑点。

狭义的工程造价审计，也是建设项目审计实践中最能发挥审计机构特长并且起到节约投资作用的，是工程结算审计。即内部审计机构在工程施工（合同实施）后，监理单位确定工程完满竣工、交付业主时，对承包商提交、监理和业主复核后的工程结算进行审计。工程结算的复核一般应当是依据《建设工程工程量清单计价规范》规定，针对承包商报送、监理单位审核、业主单位认可的工程结算中分部分项工程量清单、措施项目清单、其他项目清单、零星工作项目表等内容，对照依据竣工图（或施工图）计算出的工程量，套用承包商投标文件的工程量清单项目综合单价，对工程结算金额进行复核。由于工程量计算工作量巨大，造价审计一般采用抽查办法。

在工程结算审计中，审计人员需要按工程施工承包合同规定，以中标价格为基础，按施工图（竣工图）及图纸会审纪要、设计变更通知单、施工现场工程签证单、设备、材料价格确认单，设备、材料进行验收合格单等资料，审核总包人报出的工程结算。工程造价的构成目前普遍采用《建设工程工程量清单计价规范》规定的计量计价程序。总体上，工程造价审计的流程就是针对构成工程造价的三个要素——工程量、清单价格、各项取费（量、价、费）进行逐项核实。核实中，发现与事实不符、与合同约定不符、与国家规定不符的项目或各类差错，即作为核减（核增）项。

工程结算审计主要包括以下步骤：

（1）合同工程量复核。

审计人员要按有关设计文件、图纸、竣工资料计算合同工程量。工程量清单计价方式基本上均按照图纸标注的尺寸计算工程实体工程量（即净用量），不考虑合理的施工损耗，审计人员应该对工程量的计算进行审查，重点关注是否存在工程量与工程实际不符、重复计算工程量、工程量计算错误、错项和漏项等问题。由于一个工程项目的分部分项工程数量众多，审计人员在审计中可以采用对比分析法、抽查法、利用经验数据判断等多种方法。

（2）变更工程量复核。

审计人员要以施工合同为基础，审查因设计变更增减的工程量，核实全部工程量。其中材料价差以设备、材料价格确认单为准，对工程（设计变更）联系单及工程签证单，按合同约定条款进行审核、认定，剔除不符合合同规定及现场签证制度规定的签证单。

（3）单价复核。

审计人员要按合同规定的有关结算条款、投标报价清单、有关定额、取费标准审核结算书。

（4）单价调整情况复核。

审计人员要核实材料用量、材差和调价系数是否符合有关规定和适用时限。

（5）措施费复核。

审计人员要核实措施费等的计算基础、适用范围。措施项目是相对工程实体的分部分项工程项目而言，对实际施工中必须发生的施工准备和施工过程中技术、生活、安全、环境保护等方面的非实体项目的总称。实际的措施项目应按招标文件中提供的措施项目清单确定。措施项目采用分部分项工程综合单价形式进行计价的工程量，应按措施项目清单中的工程量，并按规定确定综合单价；以"项"为单位的方式计价的，应按规定确定除规费、税金以外的全部费用。具体要判断：

①措施项目清单是否根据拟建工程的实际情况列项，所列的通用措施项目和专业措施项目是否合理。审计人员可结合的资料有勘察设计文件、施工图纸、招标文件等。

内部审计职业教育系列丛书

②措施费计算是否准确。可以计算工程量的措施项目，应按分部分项工程量清单的方式采用综合单价计价。审计人员可以参照《建筑安装工程费用项目组成》《建设工程工程量清单计价规范》以及《建筑工程安全防护、文明施工措施费用及使用管理规定》对招标控制价中所列的措施项目计算是否准确进行复核。如夜间施工增加费是指因夜间施工所发生的夜班补助费、夜间施工降效、夜间施工照明设备摊销及照明用电等费用，夜间施工增加费 =（1 - 合同工期/定额工期）×（直接工程费中的人工费合计/平均日工资单价）×每工日夜间施工费开支。

审计人员应特别注意：措施项目清单中的安全文明施工费应按照国家或省级、行业建设主管部门的规定计价，不得作为竞争性费用。

（6）暂列金额审核。

暂列金额是招标人暂定并掌握使用的一笔款项，它包括在合同价款中，由招标人用于合同协议签订时尚未确定或者不可预见的所需材料、设备、服务的采购以及施工过程中各种工程价款调整因素出现时的工程价款调整。暂列金额由招标人根据工程特点，按有关计价规定进行估算确定。

（7）暂估价审核。

暂估价是在招标阶段预见肯定要发生，只是因为标准不明确或者需要由专业承包人完成，暂时又无法确定具体价格时采用。暂估价包括材料暂估价和专业工程暂估价。

（8）计日工审核。

计日工是对零星项目或工作采取的一种计价方式，包括完成作业所需的人工、材料、施工机械及其费用的计价，类似于定额计价中的签证记工。计日工包括计日工人工、材料和施工机械。

（9）总承包服务费审核。

总承包服务费是在工程建设的施工阶段实行施工总承包时，当招标人在法律、法规允许的范围内对工程进行分包和自行采购供应部分设备、材料时，要求总承包人提供相关服务（如分包人使用总包人的脚手架、水电接驳等）和施工现场管理等所需的费用。

上述暂列金额、暂估价、计日工、总承包服务费属于因招标人的特殊要求而发生的与拟建工程有关的其他费用项目和相应数量。审计人员在对其他项目费审查时，应重点关注其他项目费的编制合理性，主要的依据是：工程建设标准的高低、工程的复杂程度、工程的工期长短、工程的组成内容、发包人对工程管理的要求。重点要核实自供设备、材料价格以及提供设施等折价扣工程款，按施工合同规定的工程质量和工期要求执行奖惩办法，以及按规定比例扣留质量保证金。

（10）规费计算缴纳情况审核。

规费项目包括工程排污费、社会保障费（由养老保险费、失业保险费和医疗保险费构成）、住房公积金、危险作业意外伤害保险、工程定额测定费（部分行业仍保留）等五项费用组成，其计取标准由省级、行业建设主管部门依据省级政府或省级有关权力部门的相关规定制定。其中，一是要查看工程造价中是否按政府和有关权力部门规定将必须缴纳的费用编入清单，有否漏项；二是通过计算复核规费的取费计算基础和费用是否正确。

（11）税金计算缴纳情况审核。

税金是依据国家税法的规定应计入建筑安装工程造价内，由承包人负责缴纳的营业税、城市维护建设税以及教育费附加等的总称，视工程所在地实际情况，按照相关规定计算。

审计人员首先应当查看工程结算编制单位是否按照《建设工程工程量清单计价规范》的要求以"分部分项工程费＋措施项目费＋其他项目费＋规费"作为计算基础。然后审查计税费率是否准确，审计的重点在于计税费率因工程所在地的不同而不同，工程所在地一般分为市区、县镇和农村。

审计人员应特别注意：上述 10 项和 11 项所指的规费和税金应按国家或省级、行业建设主管部门的规定计算，不得作为竞争性费用。

二、建设项目审计中可能用到的工程质量检测方法

建设工程项目存在建成以后终检局限性大的特点，其建成后不可能像普通工业产品那样依靠终检来判断产品质量，施工、监理、建设、审计等相关单位基本上不采用将产品拆卸、解体的方法来检查其内在的质量，或对不合格零部件可以更换。正是这种终检的局限性，导致无法对工程内在质量进行检验，发现隐蔽的质量缺陷。所以对于混凝土、钢筋、土石方、桩基等隐蔽工程，都应当采用专门的技术方法进行工程实体的质量检测。

（一）混凝土强度检测——钻芯法

基本原理：利用混凝土钻芯机，直接从所需检测的结构或构件上钻取混凝土芯样，按有关规范加工处理后，进行抗压试验，根据芯样的抗压强度推定结构混凝土立方体抗压强度，是一种局部破损的检测方法。它在既有建筑物或构筑物（无资料的工程）的混凝土结构构件的鉴定中被广泛应用。

优点：一是试件直接取自于混凝土结构本身，能比较客观地反映出该结构体混凝土的实际强度；二是试件检测方法与传统的立方体试块检测方法相同，能直接在压力机上测得强度，试验直接直观，结论容易被各方所接受。并且，芯样还可以通过劈裂试验，测得混凝土的劈裂抗拉强度。

缺点：一是钻芯时对结构造成局部损伤，钻芯数量受到限制，而且代表的区域也是有限的；二是钻芯时劳动强度大，测试成本高；三是钻芯后需要及时修补，且要防止钻断主筋。

（二）混凝土强度检测——回弹法

基本原理：由于混凝土的抗压强度与其表面硬度之间存在某种关系，而回弹仪的弹击锤被一定的弹力打击在混凝土表面上，其回弹高度（通

过回弹仪读得回弹值）与混凝土表面硬度成一定的比例关系。因此，以回弹值反映混凝土表面硬度，根据表面硬度则可推求混凝土的抗压强度。

由于回弹法是通过回弹仪检测混凝土表面硬度从面推算混凝土强度的方法，因此不适用于表层和内部质量有明显差异或内部存在缺陷的混凝土结构或构件的检测。当混凝土表面遭受了火灾、冻伤、受化学物质侵蚀或内部有缺陷时，就不能直接采用回弹法检测。

优点：一是对结构没有损伤；二是仪器轻巧、使用方便；三是测试速度快；四是测试费用相对较低；五是可以基本反映结构混凝土抗压强度规律。

缺点：一是受设备、环境、结构物材料等因素的影响较多，如测试角度的影响、不同浇筑面的影响、不同模板材料的影响、养护条件的影响、龄期与碳化深度的影响等；二是该方法本身有时会有系统不确定性问题，存在系统误差。

（三）混凝土强度检测——超声回弹综合法

基本原理：超声回弹综合法是根据实测声束值和回弹值推算混凝土强度的一种无损检测方法，超声波的速度主要反映材料的弹性性质，由于它能穿过材料，因此能反映混凝土内部离析、蜂窝、空洞、开裂等情况，将超声和回弹两种单一的检测方法综合后，各自发挥其特点，混凝土龄期和湿度的影响可以相互抵消，弥补了单一参数法的不足，精度相对更高。

优点：较之单一的超声或回弹非破损检验方法：一是减少了龄期和含水率的影响；二是弥补了相互不足；三是提高了测试精度。

缺点：不适用于检测因冻害、化学侵蚀、火灾、高温等造成表面疏松、剥落的混凝土。

（四）钢筋检测——电磁感应法

钢筋混凝土结构中的钢筋主要作用是承受拉力并赋予结构以延性，

直接关系到建筑物结构的安全性和耐久性，因此混凝土中的钢筋已成为工程质量鉴定和验收必检的项目。主要检测指标包括混凝土中钢筋直径、间距及保护层厚度等。

基本原理：根据电磁感应原理，由于金属的存在引起的干扰使磁场强度产生局部变化，可以通过相应的仪器由量表显示出来，从而检测混凝土结构及构件中钢筋间距、保护层厚度和直径的方法。根据钢筋对钢筋探测仪探头所发出的电磁场的感应强度来判定钢筋的大小和深度。

优点：无破损。

缺点：定量较差，应用面较小，只能适用于保护层厚度检测。

（五）钢筋检测——雷达法

基本原理：利用不同介质电磁属性和几何形态的差异，通过发射和接收到的毫微秒极电磁波来检测混凝土结构和构件中的钢筋间距和保护层厚度的方法。

优点：无破损，有良好的测定精度。

缺点：雷达背面的钢筋无法检出，存在一定的局限性。

（六）桩基检测——钻芯法

由于灌注桩的成桩过程无法看见，因此基桩完整性检测已经成为基桩质量检测中的一项重要内容，该法是对桩身截面尺寸相对变化、桩身材料密实性和连续性进行综合定性，是对桩身缩颈、断裂、蜂窝、松散、夹泥等现象进行判定。对于检测不合格的桩，应采取相应的措施进行补救。

钻芯法需要用钻机钻取芯样以检测桩长、桩身缺陷、桩底沉渣厚度以及混凝土的强度、密实性和连续性，以此判定桩端岩土性状的方法。

适用范围：受检桩的混凝土龄期达到28天或预留同条件养护试块强度达到设计强度。

第四节　建设项目审计应注意的问题

由于建设项目的单次不可重复、建设长期性、专业技术性强等特点，建设项目审计对审计项目选择、审计组织方式、审计人员管理、审计风险控制等都有较为特殊的要求。

一、审计项目聘用专业人员的风险和质量控制

建设项目审计中，由于审计项目涉及施工技术、工程概预算、财务资金管理、项目管理、效益评价等多个专业，内部审计机构一般限于人员编制、预算等原因，难以全面胜任，往往采用聘用外部人员的方式来解决。《第2304号内部审计具体准则——利用外部专家服务》第七条规定"内部审计机构和内部审计人员可以在以下方面利用外部专家服务：……（二）工程项目的评估"；第八条专门提到"外部专家可以由内部审计机构从组织外部聘请，也可以在组织内部指派"。但聘用外部人员可能带来的问题，则是对外部审计人员及其所做工作的审计质量控制和审计风险管理问题。

聘用外部人员的风险和质量控制的主要工作，在中国内部审计准则中亦有明确规定。如在《第2304号内部审计具体准则——利用外部专家服务》第九条就要求"内部审计机构聘请外部专家时，应当考虑下列影响因素对外部专家的独立性、客观性进行评价：（一）外部专家与被审计单位之间是否存在重大利益关系；（二）外部专家与被审计单位董事会、高级管理层是否存在密切的私人关系；（三）外部专家与审计事项之间是否存在专业相关性；（四）外部专家是否正在或即将为组织提供其他服务；（五）其他可能影响独立性、客观性的因素"，在第十条中要求"在聘请外部专家时，内部审计机构应当对外部专家的专业胜任能力进行评价，考虑其专业资格、专业经验与声望等"。同时，要求与外部专家签署书面协议，并对外部专家服务结果进行充分性、相关性和可靠性评价。

如果认为其服务的结果无法形成充分、相关和可靠的证据，且无法通过实施其他审计程序获取相应的审计证据时，应当在审计报告中具体说明原因。上述程序如能得到严格执行，将可以有效控制建设项目审计中聘用外部专家带来的审计风险，提高建设项目审计质量。

相对于财务审计、经济责任审计等常见审计项目而言，内部审计机构在开展建设项目审计时，聘用工程技术人员数量多、频次高，在风险控制方面还应当注意以下事项：

（一）建立健全分级负责的建设项目审计责任制

根据《第 2306 号内部审计具体准则——内部审计质量控制》第十二条的规定："内部审计项目质量控制应当考虑下列因素：（一）审计项目的性质及复杂程度；（二）参与项目审计的内部审计人员的专业胜任能力；（三）其他。"建设项目内部审计涉及土木工程施工、隐蔽工程质量、工程变更索赔等事项，属于较复杂情形，固有风险较高；建设项目审计中又往往涉及多专业人员，甚至经常需要外部聘请专家的合作，属于上述内部审计人员专业胜任能力受限情形，检查风险也较高，因此，内部审计机构必须高度重视建设项目审计的风险和质量控制工作。要通过建立健全工程审计责任制，引导审计人员正确行使审计监督职责。其中最重要的是合理界定审计组长、主审、外部专家、助理人员等各环节的审计责任，并以审计责任为基础构建工程审计风险控制体系。

（二）提高建设项目审计的能力和水平

具体说来，就是要努力增加内部审计人员的工程建设和质量管理知识，提升审计人员开展建设项目审计的能力，从根本上解决审计人员专业知识与建设项目审计要求之间的矛盾，这也是防范建设项目审计风险的根本措施。在短时期内，也能做到听懂、看懂外部审计专家审计意见和结论的目标，起到对建设项目审计风险的初步防范作用。

（三） 充分听取有关业务部门和专家的意见

由于工程管理专业性强，内部审计机构对于审计报告中的审计评价和审计结论部分应与外部审计机构、专家和项目主管部门、本单位工程技术人员、外部监理机构等反复充分论证。对涉及如何采用专业技术标准及重大项目的工程质量评价等事项，要充分听取企业有关业务管理部门的意见。在有条件的情况下，要组织相关领域专家论证会。合理采纳多方意见，作为形成审计结论的支撑，并在审计报告中注明采纳意见的来源。

二、建设项目跟踪审计方式的选择

跟踪审计是近年来兴起的建设项目审计模式。其要旨，一方面在于提前审计介入项目的时间，从原本的建成后事后审计，或建设中期审计，提前到建设开始就同步审计；另一方面在于增加审计频次，原本对一个建设项目建设期间最多审计一至二次，在跟踪审计中就变成了一年一次、半年一次、一月一次、驻场审计或者按建设项目各阶段工作进展情况，分步骤开展设计审计、标底审计、招标审计、材料采购审计、进度结算审计等。

通过开展跟踪审计，内部审计机构在近年来迅速丰富了审计成果，大幅度削减了建设项目投资，节约了建设成本，对企业完善建设项目管理提出了更多、更切实的建议，进而提升了审计地位。但跟踪审计的最大缺点是消耗审计资源过多。因此，在涉及具体建设项目时，内部审计机构经常面临的一些具体选择，就是是否应当开展跟踪审计，对哪些项目开展跟踪审计，如何开展跟踪审计。

解决建设项目跟踪审计资源和审计成果不可兼顾的矛盾，可从如下两方面入手：

一是普遍开展工程结算审计和竣工决算审计，对重点项目开展跟踪审计。尽管跟踪审计收效显著，但从各单位内部审计机构人力配备和近年来投资项目建设的强度看，普遍开展跟踪审计显然并不现实。因此，内部审计机构应当对自身审计范围内的建设项目开展普遍调研，选择其中较为重要、关系到企业战略发展、工程技术或地质条件相对复杂、项目管理团队相对较弱的项目开展跟踪审计，对多数其他项目，应当以审计效果最为显著的工程结算审计和竣工决算审计为主。

二是内部审计对建设项目的跟踪审计应以重要环节的阶段性跟踪审计为主。国家审计机关对建设项目的跟踪审计常以阶段性跟踪审计为主，特别是每半年、每年度跟踪审计最为常见。这是与政府机关的任期制、年度预算考核制密切相关的合理安排。对于内部审计机构来说，则不应当亦步亦趋地跟从国家审计机关的做法。由于企业领导和内设机构的相对稳定性，内部审计的主要目标应当更加注重长远实效，注重项目建设成本的核减和建设效益的提升，而非审计报告的时间效应。因此，内部审计机构对建设项目的跟踪审计应当更多地采取对重要关键环节的阶段性跟踪审计方式，既无须常驻项目，也无须严格按照年度安排。跟踪审计的主要环节，应当关注对项目最终投资影响最大的可行性研究估算编制、初步设计概算编制、招标概算编制、标底（招标控制价）编制、招标评标、合同谈判、单项工程合同完工结算、项目竣工决算等。

三、建设项目跟踪审计中审计责任和管理责任的区分

常规审计项目的组织方式相对简单，一般根据审计项目的要求组成人员相对固定的审计组，审计组在检查历史资料的基础上，完成审计工作。但跟踪审计由于其阶段性和时效性的特点，各阶段审计内容存在较大差异以及审计人员与审计事项发展和管理职责贴近，使得审计各阶段对审计人员需求的差异很大，特别是审计与管理工作可能出现的相互交叉，对审计的组织方式提出了挑战。因此，内部审计机构需要特别重视跟踪审计中审计责任和管理责任的区分。

在实践中，多数内部审计机构通过长期工作，树立了较高的权威。在建设工程造价审核、建设资金拨付等方面，得到了单位领导的认可。

在部分审计力量较强、实践经验较丰富的单位，已经形成了成型或成文的做法，要求内部审计机构对本单位投资建设的重大建设项目采取跟踪审计方式，在工程进展重要节点介入工程投资控制。如项目初步设计概算必须经过审计才能批准；招标标底或招标控制价必须经过审计才能开始招标；设备采购或施工承发包合同文本必须经过审计才能签署；工程预付款、结算进度款必须经过审计才能支付；工程变更必须经过审计才能确认；单项工程完工后必须经过审计才能办理合同结算；工程竣工后必须经过审计才能编报竣工决算；单位领导认为必须经过审计把关的其他环节。

应当注意的是，审计人员上述工作，虽然是对工程项目进展过程中的概算、变更、结算等工程阶段性经济资料的事后审核，但在环环紧扣的工程项目建设过程中，上一环节的成果审批就是下一环节起始的条件。因此，审计工作也不免具备了管理审批的性质，某种意义上成为了管理的一环。审计介入工程项目管理，从内部审计机构作为单位内设部门承担领导交办任务的授权上并无问题，但对内部审计机构整体的相对独立性构成威胁。对此，在通过跟踪审计扩大内部审计机构影响，更好地履行内部审计机构职责的过程中，要认真把握内部审计机构和审计人员的独立性，不失审计本色。具体措施应则体现在审计工作各个细节中，如审计的时点，应当选择在各环节实质性管理决策做出之后，避免提前介入；审计取证的方式，应当以管理部门提供的原始书面资料为依托，避免混淆责任；审计发现问题后，应当迅速形成书面意见，以各种方式上报，避免与管理部门内部消化问题，导致权责混淆；审计人员在日常工作中，则要避免在管理部门决策运行性质的会议或文件流转中发表实质性意见，避免在事后审计中形成自己评价自己的尴尬，对内部审计独立性造成损害。

四、不同建设施工承包合同形式下的造价审计重点

常见的建设施工承包合同形式有三种，即单价承包、施工总承包和

工程总承包。由于合同承包方式直接决定工程造价结算模式，对不同的工程承包方式开展工程造价审计的重点也应有所不同。

（一）单价承包合同形式

建设工程施工实行单价承包的，采用工程量清单方式进行验工计价，根据合同约定的单价和由审核合格的施工图确定并经监理单位验收合格的工程数量进行计价。

对于单价承包合同，由于单价已经约定，审计的重点应当放在对工程造价影响最大的工程量计量方面。同时，也应当注意单价的套用是否符合招标文件、投标文件及其所附工程量清单的约定。

（二）施工总承包合同形式

建设项目实行施工总承包的，采用合同总价下的工程量清单方式进行验工计价。工程量清单范围内的工程，按合同约定的单价进行计价。

在施工总承包模式下，工程造价审计的重点是工程量清单范围外的工程。这部分工程属于建设单位对建设方案、建设标准、建设规模和建设工期的重大调整，以及由于不可抗力造成重大损失补充合同的工程，按施工总承包合同约定的单价计价，在批准费用项下计费；其他工程由双方协商单价，按验工数量进行计价，但不得超过承包合同总价。工程全部验收合格后，承包合同计价剩余费用（不包括质量保证金）一次拨付施工总承包单位。

（三）工程设计施工总承包合同形式

建设项目实行工程设计施工总承包（EPC）模式进行管理的，可采用合同总价下的节点式计价方式；计价节点一般按工程类别和工点设置，根据工点和工程类别的工作内容和工作量将总费用分劈到各节点；具体节点设定和相应费用根据项目情况在总承包合同中约定。

建设单位对建设方案、建设标准、建设规模和建设工期重大调整，以及由于不可抗力造成重大损失的，应签订补充合同，在批准费用项下计费。补充合同验工计价纳入节点计价范围。

对于工程总承包方式下的造价审计，主要应当审计工程计价节点的设置是否合理，是否严格遵照执行。费用分劈与工程节点的设置是否配比，是否能满足总承包方开展工程建设的需要又不造成业主资金压力过大。对于补充合同，要关注其是否违反招标投标法有关规定，是否背离了招标文件的实质性约定。

本章小结

源于建设项目审计对象的多样性、审计内容的广泛性、审计活动的层次性和审计过程的阶段性等特点，建设项目审计需要工程技术、财务会计、项目管理等多专业共同参与并密切配合，开展建设项目审计对内部审计机构和人员的要求都比较高。许多内部审计机构在实践中采用了聘请专业机构或专业人员的方法来解决这一矛盾，形成了多种操作模式。

建设项目审计的目标不能脱离内部审计"确认与咨询"职能的范畴。为了工程按期、保质、按预算安全有序建成，内部审计机构应当对建设项目各项内部控制制度的落实情况做出核实和确认，确认这些制度及其执行结果在多大程度上保证了项目工期、质量、成本、安全等建设目标的实现。同时，也要通过审计，发现单位内部在工程建设过程中存在的错弊问题，及时消除法律风险，促进企业有关部门工作人员在投资和建设管理工作中的廉洁从业，达到反腐倡廉的目标。通过建设项目绩效评价，内部审计机构还能提出促进提高建设项目投资绩效的建议和咨询意见，提升本单位的建设项目管理水平。

建设项目审计内容包罗万象，内部审计机构对建设项目前期工作、资金来源、招标投标、承发包和合同签订、财务资金管理和会计核算、材料物资采购、工程进度款结算、工程质量、工程进度和现场管理、相关部门投资管理、合同完工结算和项目竣工验收，以及建设项目综合绩效评价等都要逐项开展审计。其中难点较大也是特点最突出的工程造价审计方法和工程质量审计方法，应当深入学习实践。

由于建设项目审计专业性强的特点，需要在聘用专业人员的风险和质量控制方面采取多项综合管理措施，在跟踪审计开展中，要在普遍开展工程结算审计和竣工决算审计的基础上，选择少量重点项目开展跟踪审计，并在跟踪审计中严格区分管理责任与审计责任，减低和控制审计风险。对不同合同形式下的建设项目，则要注意开展造价审计的不同重点。

第十一章　内部经济责任审计

本章提要

　　内部经济责任审计在加强部门或单位的科学管理、促进领导干部依法行政、规范权力运行、健全领导干部监督管理机制等方面发挥了重要作用。本章共分四节，先后介绍了内部经济责任审计的概念和特点，审计目标和内容，审计方法，以及内部经济责任审计对本部门（单位）目标的关注、内部经济责任审计与其他审计类型的关系、内部经济责任审计结果的运用等应关注的问题。

第一节　内部经济责任审计概述

　　2010年10月，中共中央办公厅、国务院办公厅印发了《党政主要领导干部和国有企业领导人员经济责任审计规定》（以下简称两办规定），标志着我国经济责任审计工作进入了新的发展时期。

　　作为具有中国特色的审计类型，现阶段的党政主要领导干部和国有企业领导人员经济责任审计从20世纪80年代的厂长（经理）离任审计发展而来。1999年5月，中共中央办公厅、国务院办公厅联合印发《国有企业及国有控股企业领导人员任期经济责任审计暂行规定》和《县级以下党政领导干部任期经济责任审计暂行规定》，这是我国有关经济责任审计的首项专门法规制度，标志着经济责任审计制度的初步确立。随着我国民主法治进程的加快，经济责任审计的范围和内容不断拓展，在我国的政治、经济生活和组织治理、管理中发挥着日益重要的作用，成为国家和组织治理体系的重要组成部分。

一、内部经济责任审计的概念

根据两办规定、2003 年审计署发布的《审计署关于内部审计工作的规定》和 2011 年中国内部审计协会发布的《内部审计实务指南第 5 号——企业内部经济责任审计指南》（以下简称《经济责任审计指南》），内部经济责任审计是指各级党政机关、审判机关、检察机关、事业单位、群众团体、企业、金融机构等单位的内部审计机构，受管理当局及其有关部门（通常为干部人事部门或纪检监察部门）的委托，对本部门或单位管理的下级单位（包括派出机构、分支机构，具有独立法人资格的子公司、所属行政事业单位等）、负有经济管理职能的内设部门或机构的主要负责人（统称内部管理领导干部），就其履行经济责任情况开展审计并发表审计评价意见的内部审计活动。

内部经济责任审计主要分为任中经济责任审计和离任经济责任审计两种。任中经济责任审计是指对内部管理领导干部在任职期间进行的经济责任审计；离任经济责任审计是指在内部管理领导干部任期届满，或者任期内办理调任、免职、辞职、退休等事项前进行的经济责任审计。《经济责任审计指南》第五条明确，企业内部审计机构还可以根据需要对内部管理领导干部开展专项经济责任审计，即内部管理领导干部存在违反廉洁从业规定和其他违法违纪行为，或其所任职企业发生债务危机、长期经营亏损、资产质量较差等重大财务异常状况，以及发生合并、分立、破产关闭、重组改制等重大经济事项情况下开展的经济责任审计。

二、内部经济责任审计的特点

审计主体、审计客体和审计委托人三者形成审计关系，是审计活动得以开展的前提。审计关系的不同使得国家审计、内部审计及社会审计各自有不同的特点。因此，探讨内部经济责任审计的特点，需要从审计委托人、审计主体及审计客体出发进行分析。

（一）审计委托人是本单位最高管理层

审计委托人是对审计活动及其结果的需求者，直接决定了审计活动的产生。内部的受托经济责任关系是基于分权管理而产生的。为了提高经营管理效率，规模日益扩大的公共部门与企业必须从最高管理层开始进行适度分权，按照权责对等原则明确下级内部各机构领导人员所负的经济责任，并根据经济责任履行结果实施奖惩。经济责任审计工作就是基于对内部管理领导干部的经济责任进行界定的需要而产生的。内部经济责任审计活动的委托人是党政机关、企事业单位的最高管理层（如企业的董事会或高级管理层）及其相关主管部门（如干部人事部门、纪检监察部门等）。

（二）实施主体是内部审计机构

内部经济责任审计工作主要由国家审计机关和部门（单位）的内部审计机构实施。内部审计作为部门（单位）的内部组织，与国家审计、社会审计相比，对审计环境较为熟悉，具有较强的信息资源优势。对内部经济责任审计中发现的问题，往往可以从更深层次上分析原因，提出切实可行的整改建议，这有利于更好地发挥内部经济责任审计的功能。此外，内部审计机构在任务重、人员相对紧缺的情况下，也可以合理利用社会审计的人力资源，但社会审计的参与必须服从内部审计机构制定的整体审计目标和审计范围、内容、重点等要求。

（三）审计对象是内部管理领导干部

内部经济责任审计的对象是部门（单位）内部管理的领导人员。《经济责任审计指南》第二条规定的企业内部经济责任审计的对象，包括企业主要业务部门的负责人、企业下属全资或控股企业的法定代表人（包括主持工作一年以上的副职领导干部）等。对于党政部门及事业单位，则是其所属具有经济职能的内设机构及下属单位的主要负责人。

第二节　内部经济责任审计的目标和内容

内部经济责任审计行为的出发点始于审计目标的确立。而审计目标的顺利实现则有赖于正确理解和合理确定审计内容，对于内部经济责任审计而言，其审计内容就是领导干部所负的"经济责任"。

一、内部经济责任审计目标

审计目标是审计行为的出发点，是审计活动要完成的任务及所要达到的境地。审计目标决定了审计的主要方向，影响审计的范围、内容，以及审计取证和分析评价的程序、方法，进而影响审计报告的内容及结果。审计目标分为总体审计目标和具体审计目标。

（一）内部经济责任审计的总体目标

两办规定第十四条明确指出，"经济责任审计应当以促进领导干部推动本地区、本部门（系统）、本单位科学发展为目标"，具体可归纳为以下三个方面：

1. 评价内部管理领导干部经济责任履行情况，促进各级领导干部认真履行经济职责

内部管理领导干部是本部门（单位）的组织、决策、管理和指挥者，对本单位经济、事业的发展肩负首要责任。内部经济责任审计的首要目标就是通过审计，检查并合理界定、评价内部管理领导干部任职期间各项经济责任履行情况，即通过对领导干部所在或所领导的部门（或单位，对于内部管理领导干部而言，主要指部门所属机构、所属单位，企业的内设机构、子公司或分公司等）的财政财务收支，以及重大经济决策事项，财务收支的真实性、合法性、效益性进行审计，分清其在有关经济活动及事业发展中的功过是非，揭示存在的主要问题和领导干部应负的

经济责任，促进领导干部全面履行经济责任，促进该部门（单位）的科学发展。

2. 加强对领导干部的管理，为管理当局或上级人事部门考核、奖惩、任用干部提供依据

作为管理当局或上级人事部门，对领导干部的考核包括德、能、勤、绩、廉等各个方面，在以经济建设为中心的大环境下，对其经济业绩的考核成为领导干部考核的主要内容。随着社会主义市场经济体制、公共财政体制的建立和发展，一个部门、单位财政财务收支规模日益扩大，重大经济事项日渐增多，同时经济活动日趋复杂，领导干部的受托经济责任以及与此有关的公共责任也越来越重，这就需要有专门的机构、专业的人员对领导干部的经济责任履行情况进行独立监督和评价。

3. 促进被审计单位改进内部管理和领导干部廉洁自律

领导干部经济责任审计，是在对领导干部所在单位财政财务收支及有关重大经济事项审计的基础上，对领导干部履行经济责任情况进行鉴证、评价的过程，而绝不仅仅是对领导干部个人的审计，实际上是将人与事相结合，领导干部个人与其所在部门、单位相结合，财政财务收支审计与绩效审计相结合的综合审计。对于审计中所发现的问题，从组织层面均须采取问责、完善内部控制、加强内部管理、改进组织和执行方式等后续措施，切实加以纠正和改进。同时，经济责任审计是加强对领导干部本人权力制约和监督的一种有效方式，通过促进领导干部自身遵纪守法和廉洁自律，对本单位廉政建设具有巨大的影响和示范作用。

（二）内部经济责任审计的具体目标

具体审计目标是审计机构及审计人员针对具体审计事项、审计对象及审计任务，对总体审计目标的分解和细化。按照两办规定，结合当前内部经济责任审计实践中对具体目标的选择和确定，可将内部经济责任审计的具体目标归纳为以下五个方面：

1. 评价相关政策与部署贯彻执行情况

认真、及时地贯彻并逐项落实上级部门及本单位的有关方针政策、决策部署、经营发展战略或主营业务发展计划等，是内部管理领导干部的一项重要职责，自然也是内部审计机构在实施内部经济责任审计中的一项重要目标。

2. 评价内部控制的健全性、有效性

内部控制建设对于一个单位、一个系统甚至一个行业的持续、健康发展具有根本性保证作用。随着社会经济的日益发展，领导干部所承担的经济责任事项越来越多，尤其是随着组织规模的不断发展，领导干部不可能事无巨细，对每一个经济事项都亲自布置、亲自过问，甚至亲自实施，但领导干部作为本单位的主要负责人，受上级部门或出资人的委托，对本单位及所属单位进行全面管理，对本单位及所属单位存在的违法违规、管理不规范等问题，理应负有不同程度的领导责任。解决这一矛盾的根本途径就是建立并不断完善本单位内部控制，这是领导干部的一项重要职责。因此，对于被审计领导干部所在单位存在的主要问题，不能一概由领导干部自身承担，也不能一推了之，完全解除其责任。在内部经济责任审计中，既要关注被审计领导干部对其所负责事项及所管辖单位内部控制建立情况，还要关注内部控制执行情况。

3. 评价重大经济事项决策的科学性、民主性

内部管理领导干部作为部门、企事业单位内设机构、分支机构的负责人，对涉及本单位及所属单位的重大经济事项，如重大基本建设项目、对外投资项目、重大资金筹集和专项经费的使用、资产处置等，在其职责范围内拥有较大的自主决策权，同时还需要结合本单位实际，为贯彻落实上级主管部门发展规划或发展战略确定的主要目标、工作任务而研究提出具体的工作目标、任务及措施，并合理配置各项资源，以完成预定任务和工作目标，在某种程度上行使或部分行使决策权。因此，决策是内部管理领导干部履行经济责任的重要一环。对于内部管理领导干部而言，他们既是决策的参与者同时也是决策的执行者，因此，重大经济

事项的决策及执行效果是其领导能力的集中体现。内部经济责任审计把领导干部决策的科学性、民主性以及决策效果作为重要目标之一。

4. 评价被审计领导干部和单位依法理财、依法行政的合法性、合规性和有效性

领导干部经济责任审计作为一种审计类型，仍然以财政财务收支审计为基础，其具体目标也涵盖了传统的财政财务收支审计或企业的资产负债损益审计目标，应当对财务报表及资产、负债、损益各相关账项的真实性、完整性、公允性进行审查并发表意见。但同时，经济责任审计又要在实现财政财务收支审计目标的基础上，针对被审计单位在财政财务收支管理以及资产负债损益核算中存在的违法违规或弄虚作假等问题，准确界定领导干部应负的经济责任，对其履行经济责任情况进行全面客观的评价，进而促进被审计单位规范财务核算和管理，严格遵守相关法规、财务制度和会计准则，真实、完整、公允地反映单位的经营或运营结果，依法理财、依法行政、依法经营。同时，要揭示资金、资产及其他经济资源配置使用中存在的效益低下，或因决策失误、管理不善造成重大损失浪费等问题，促进被审计单位提高各项经济资源的使用绩效。

5. 评价廉政纪律和廉政制度执行的有效性

纪律属于制度范畴，廉政属于合法性范畴。领导干部经济责任审计的目的，以及当前的政治经济和反腐倡廉的环境，决定了在内部管理领导干部经济责任审计中，需要将纪律和廉政，尤其是领导干部自身遵纪守法和廉洁自律情况，作为一项具体的审计目标。领导干部自身遵纪守法和廉洁自律情况，对于本单位廉政建设具有巨大的影响和示范作用，也是上级主管部门、组织人事部门关注的重点。廉政工作既是生命线，也是高压线，实践中往往属于"一票否决"的范畴，也是内部经济责任审计的重要目标。

上述五项具体目标，涵盖了财政财务收支审计、绩效审计、财经法纪审计的主要目标，同时体现了既对事、更对人（被审计领导干部或领

导人员）的经济责任审计内在要求和促进各项事业科学发展的本质要求，体现了内部经济责任审计的特点。在具体审计实践中，内部审计人员可结合被审计领导干部及其所在单位实际情况，以及相关部门的委托目的和要求，有所侧重地确定具体审计目标。

二、内部经济责任审计内容

概括来讲，内部经济责任审计的内容就是领导干部的"经济责任"。根据两办规定，"经济责任是指领导干部在任职期间因其所任职务，依法对本地区、本部门（系统）、本单位的财政收支、财务收支以及有关经济活动应当履行的职责、义务"。其内涵首先是基于被审计内部管理领导干部所任的部门、单位的领导职务，其次是被审计领导干部因所任职务应当履行的职责和义务，最后是与财政财务收支及有关经济活动相关联的职责和义务。可以认为，凡是被审计领导干部经济职责所涉及的方面，或者说按照经济责任委托及授权范围，凡是领导干部应当履行的经济职责和义务，都是其经济责任审计的内容。对内部经济责任审计而言，情况亦然。

依据领导干部所处工作岗位和职责分工的不同，两办规定将领导干部分为地方各级党委、政府、审判机关、检察机关主要领导干部，中央和地方各级党政工作部门、事业单位和人民团体等单位的主要领导干部，国有企业领导人员等三类，他们的职责存在很大区别，审计内容也有较大差别。例如，行政事业单位主要从事行政和社会事务管理、服务工作，提供社会公共产品和服务，其资金来源主要是财政预算拨款和预算外资金，对其内部管理领导干部的经济责任审计内容应主要侧重于：被审计领导干部履行行政管理或社会服务职能情况，如促进社会就业，发展教育、卫生等事业，环境及生态保护等；依法行政情况，如对税收的征管或减免，行政事业性收费、罚款，政府性基金征收，以及行业准入、投资项目审批等；部门预算管理及执行情况，如预算编制及管理、预算执行、决算等；重要投资项目的建设管理和重要经济事项管理制度的建立和执行情况等。而对于企业内部经济责任审计来说，则更为关注资产保值增值情况、重大经济事项的决策情况及效果（包括重大的投资、筹资、生产经营、资产重组、大额采购及其他财务支出、对外担保等的决策）等。

虽然不同行业、不同部门或单位内部经济责任审计的具体内容存在很大差别，但从总体内容方面仍有规律可循。参照两办规定有关内容，可将内部管理领导干部经济责任审计及评价的内容做如下归纳：

（一）贯彻落实科学发展观，推动经济社会科学发展情况

两办规定第十八条明确要求：对党政主要领导干部和国有企业领导人员的经济责任审计，都要关注其贯彻落实科学发展观，推动经济社会科学发展情况。科学发展观作为我国经济社会发展的重要指导方针和重大战略思想，是领导干部经济责任审计关注的首要内容，具体分为以下几个方面：

1. 贯彻执行党和国家有关经济方针政策和决策部署情况

前已述及，认真、及时地贯彻并逐项落实上级部门及本单位的有关方针政策、决策部署、经营发展战略或主营业务发展计划等，是内部管理领导干部的一项重要职责，自然也是内部经济责任审计的内容之一。审计应结合被审计领导干部所在行业，有针对性地检查评价被审计领导干部贯彻执行党和国家的经济方针政策情况。

2. 贯彻落实国家或上级部门制定的发展规划和战略情况

规划是涉及某项事业长远及全面的发展计划，是对事业未来发展整体性、长期性、方向性设计的整套行动方案。2011 年全国人大审议通过的《中华人民共和国国民经济和社会发展第十二个五年规划纲要》，以及各部门、各行业据此制订的本部门、本行业发展规划，是审查和评价内部管理领导干部经济责任的主要依据及标准。领导干部为贯彻落实发展规划和战略所采取的具体措施、执行情况及收到的效果成为审计的主要内容之一。

3. 本单位事业发展和任期经济责任指标完成情况

为贯彻落实国家或上级部门制定的发展规划，上级部门往往会制订一系列考核指标，如主要经济和业务指标、财务指标、资产保值增值指标等，内部审计人员在对领导干部开展经济责任审计时，应当对上述指标的完成情况进行审计和评价。

4. 本单位履行社会发展责任情况

社会责任是组织在经营发展过程中应当履行的社会职责和义务，主要包括安全生产、产品质量（含服务，下同）、环境保护、资源节约、促进就业、员工权益保护等。行政事业单位主要从事行政和社会事务管理、服务工作，提供社会公共产品和服务，需履行的社会发展责任范围广、重要性程度高。虽然相对于行政事业单位领导干部，企业领导人员社会责任看似不是那么直观、密切，但也非常重要。如在产品安全及质量、生产经营过程中工作人员的安全防护、环境保护制度的执行等方面，企业在经济活动中如不履行或不完全履行这些社会责任，必然会遭到社会的谴责和主管部门的处罚，面临经济和信誉的损失甚至法律的制裁，进而影响到企业的生存和发展，这是与受托经济责任的初衷相背离的。综合考虑，内部审计人员应当在以下几个方面关注组织社会责任的履行情况：一是安全生产基础工作和安全隐患，二是产品质量，三是环境保护，四是就业和员工权益保护。

要完成以上审计内容，内部审计人员一般需要收集以下资料：主管部门或系统内发布的涉及本单位的规章制度和考核体系，工作规划、计划、方案等安排部署文件，被审计领导干部职务任免文件、任职期间历次领导班子成员职责分工文件，被审计单位年度工作计划、工作总结、年度业务统计资料、年鉴、各业务和职能部门的年度工作总结报告，被审计领导干部个人述职述廉报告，被审计单位党组（党支部）会议纪要、办公会议纪要或会议记录，收发文簿，有关领导重要批示文件和交办事项文件或记录，系统内上级部门或其他经济监督部门对本单位常规检查和业务检查后提出的工作报告和处理意见，被审计单位向系统内上级部门上报的有关贯彻执行党和国家有关经济法律法规和方针政策情况报告，企业的社会责任履行报告等文件资料。同时，根据特定的单位性质，还需要有针对性地收集有关资料，如对企业而言，还需要了解企业制定的发展战略、企业产业结构和产品结构、节能减排和淘汰落后产能任务完成情况等。

（二）内部控制建立及执行情况

对内部控制的建立和执行情况开展审计是内部经济责任审计的重要内容之一。本书第六章已经对内部控制审计的内涵、目标、内容和方法进行了详细介绍。如前所述，检查和评价被审计单位内部控制设计和运行的有效性，要始终关注控制环境、风险评估、控制活动、信息与沟通、监督这五要素及相互关系的健全性、合理性和有效性，本章将不再赘述。

需要强调的是，在开展内部经济责任审计中，对内部控制进行审查和评价，对于合理、客观、全面地划分被审计领导干部应负的经济责任具有非常重要的作用。在领导干部经济责任审计实践中，审计人员普遍感受到，对于审计中发现的一些问题，既不能一概认定全部由被审计领导干部承担责任，但又不能排除其所应负的经济责任，而内部控制正是使两者之间互相连接的纽带。在完善有效的内部控制体系里，责任必须通过各部门以规章制度的形式加以明细化，每一岗位职责有权限就有相应的责任和检查考核评价标准。因此，在经济责任审计中，可以将审计发现的难以界定责任的问题，结合内部控制审计和缺陷认定进行具体分析。如果是内部控制设计和运行方面的重大缺陷或重要缺陷导致的频发性、普遍性、典型性问题，应当将被审计领导干部所负责任界定为主管责任而不是泛泛界定为领导责任，这是因其未能有效履行责任的必然结果；反之，则应解除或者部分解除被审计领导干部所应承担的经济责任。

要完成以上审计内容，审计人员一般需要收集以下资料：单位基本情况，包括单位定员、定编、定职责的"三定"方案（行政事业单位），内部机构设置和职能分工、岗位分离情况，组织文化等；经济管理制度资料，包括单位内部有关预算管理、财务管理、资产管理、物资采购、项目管理、合同管理、薪酬管理、内部审计监督和信息化建设管理等方面的制度规定，以及对下属单位的管理办法、考核和激励管理办法，与下属单位在业务、经营、管理沟通中使用的各种流程规范性文件，下属单位的设立资质证明材料如营业执照、税务登记证、组织机构代码证、特殊资质证书等，下属单位的人事任免文件、董事会决议等；相关业务工作总结资料等。

（三）重大经济事项决策及执行情况

决策就是为实现一定目标，在诸多方案中进行选择的过程。决策是现代管理的核心。经济决策是领导干部应当履行的一项主要经济职责。重大经济事项的决策和执行集中体现了领导干部分析问题和进行决断的能力，管理和发展经济的能力，驾驭复杂情况的能力，因此对重大经济事项决策及执行情况的审计是领导干部经济责任审计的主要内容和特征。具体审计内容包括以下方面：

1. 确认并了解被审计领导干部及其所在单位的重大经济事项

经济事项是按照经济活动的目标、性质、任务、内容及管理要求等对经济活动的一种划分，如财政财务收支，债权债务及经济往来，资产的购置、使用管理、处置，基本建设，以及与此相关的经济活动如筹资、投资、采购、销售、会计核算等。重大经济事项则是按照重要性原则对经济事项的进一步划分。在内部经济责任审计中，考虑到分析、判断和评价领导干部个人履行经济责任的需要，对重大经济事项的判断和确认可遵循以下原则：一是要考虑经济事项是否涉及本单位及本系统（所属单位）发展方向及全局的事项，如涉及执行国家有关宏观调控政策的经济事项，重大的发展战略和措施的制定、调整，涉及管理体制的变动，组织机构的改制、改组，财务管理、核算、分配制度的建立或变更，对单位当前或未来事业发展或经营活动具有重大影响的投资、举债、基本建设、设备采购、资产处置等。二是要考虑与被审计领导干部履行经济责任的关联程度。关联程度高的应确定为重大经济事项，包括由被审计领导干部亲自决策、分管的经济事项，或领导干部直接干预、督导的经济事项。三是根据数量和额度进行判断，即将涉及数量大、金额大的事项确定为重大经济事项。四是根据问题性质进行判断，如严重违法违规经济行为、涉嫌经济犯罪行为。五是根据影响和后果进行判断，如主观故意、情节恶劣、后果严重、影响较大的经济事项。

2. 审查重大经济事项的决策程序及内容

包括重大经济事项的决策制度和决策机制的健全性，内部决策程序的合法合规性，决策内容的合法合规及适当性，以及决策前的可行性研究或调查的充分性、科学性，决策事项的外部审批手续的完备性等。

3. 审查重大经济事项的执行情况

包括重大经济事项的执行主体、权限和责任划分是否清晰，有无实施计划或方案，具体工作目标、任务要求是否落实到具体部门和工作人员，相关管理制度和实施计划是否得到有效执行，对执行过程和进度的监管和控制措施是否到位，评估和纠偏机制是否健全，被审计领导干部有无违反规定直接插手、干预重大经济事项的执行问题等。

4. 评价重大经济事项的执行效果

主要对照项目决策预定的各项目标和任务，审查其完成情况及执行的程度，包括数量、质量、成本、功能等具体目标，以及所取得的经济效益、社会效益、环境效益等，重点关注有无执行结果严重偏离预期目标甚至出现严重的损失浪费和资产流失等问题。

要完成以上审计内容，审计人员一般需要收集的资料包括：重大投资项目，投资决策程序、操作规范、投资效果，以及主要经济合同和协议以及因经济纠纷引发的诉讼等资料；重大采购项目，采购合同、采购计划和预算、合格的供应商清单、供应商信用监控预警报告，供应商选定决策过程特别是公开招标、联合谈判、询价、动态竞价等采购过程文件和采购业务集体决策资料，采购物资的检验、接受、毁损、退货、索赔、内部处理等过程资料，重大预算执行差异分析报告等相关资料；重大收购兼并项目，被收购方的产权权属证明、行业资格准入证照、获取的专利发明等证明文件，收购方进行可行性研究或内部审议及决议的资料，以及最终形成的兼并重组方案等，国有资产监管部门的审批文件，清产核资、审计、资产评估报告、尽职调查报告以及合同或协议等与重大收购兼并、产权转让等有关的资料；重大担保项目，截至审计日仍处在担保期内的担保事项的相关信息，担保或借款合同等与对外提供担保和对外借款有关的资料等。此外，对于行政事业单位而言，内部领导干部任职期间所做出的与重要预算分配管理决策相关的批复文件、拨款单据、预算管理使用单位的用款进度情况文件等资料也应当收集。

（四）财政财务收支情况

财政财务收支情况涉及被审计单位日常经济活动及相应的资金收支和管理活动。加强本单位、本系统的财政财务收支管理，确保收支的真实性、合法性和效益性，是领导干部应当履行的主要经济职责。在内部经济责任审计中，对财政财务收支情况的审计除要遵循常规性审计的一般性要求，还要遵循领导干部经济责任审计的规律及要求，即在审计财政财务收支真实性、合法性、效益性的基础上，始终关注被审计领导干部履行与收支活动相关的经济职责的情况及结果，促进被审计单位规范财务核算和管理，严格遵守相关法规、财务制度和会计准则，真实、完整、公允地反映单位的经营或运营结果，依法理财、依法行政、依法经营。围绕上述目标，在经济责任审计中应着重从三个方面入手关注财政财务收支状况：一是从被审计领导干部履行相关经济职责入手，关注有无因其不履行职责、履行职责不到位或不正确履行职责、滥用职权导致的严重违法违规行为；二是从内部控制入手，对具有一定普遍性、频发性、倾向性的问题，检查被审计领导干部在推行制度建设、加强日常管理、健全相关制度，以及对相关问题采取的纠正及防范措施等方面存在的问题及应承担的责任；三是从绩效的角度关注并认真审查单位专项经费的使用，"三公"经费的支出，以及各项成本费用的支出是否节约，是否达到了经费使用的预期目标，有无存在铺张浪费甚至造成重大损失的问题，并判断和评价被审计领导应负的责任。

要完成以上审计内容，除财务会计资料、凭证账表等书面或电子数据外，审计人员一般根据单位性质不同还需要收集以下资料：针对行政事业单位预算执行进行审计时，需要部门预算和财务管理制度，预算编制、调整和批复文件，预算分配资金总体控制数及文件依据，财政部门关于年初预算分配到位率的规定等；对非税收入进行审计时，需要非税收入的立项审批文件、收费许可证和收费票据、缴款凭证等；对资产管理审计时，需要资产预算及购置计划、政府采购预算文件等上报及审批文件，采购合同、验收记录、统计报表、盘点报告，以及其他与资产的形成、评估、登记、转让、处置有关的会议纪要、评估报告、产权证明等；对政府采购审计时，需要部门编报及汇总的政府采购计划、采购合同、操作规程、验收记录、统计报表，年度政府集中采购目录和部门集中采购项目及采购限额标准等。针对企业开展的审计，还需收集销售合同、销售发票副本、发运凭证、出库单等业务资料，子公司的清单、子公司向母公司转移资金的能力受到严格限制的材料等与合并报表审计有关的资料，以及关联企业明细表等与关联交易相关的资料等。

（五）领导干部本人执行廉政纪律情况

被审计领导干部本人严格执行各项廉政纪律是其担任领导职位、履行经济责任的基本要求。审计中可结合审计的职能及手段重点关注与领导干部本人有关的以下几类问题：

一是利用职权谋取私利的行为，如在职或者离职后接受、索取本单位的关联单位（或有业务关系的单位）提供的物质性利益，个人从事营利性经营活动和有偿中介活动，以各种形式非法收受请托人财物，未经批准兼职或者经批准兼职但擅自领取薪酬及其他收入，利用企业上市等过程中的内幕消息、商业秘密等无形资源为本人或特定关系人谋取利益，侵占、贪污或长期无偿使用单位的资金、设备、住房或其他物资等行为。

二是滥用职权或不正确行使经营管理权，进而导致可能侵害公共利益、所在单位利益的行为，如违规决策直接查收干预重大经营活动，按照规定应当实行任职回避和公务回避而没有回避，利用职权为配偶、子女及其他特定关系人从事营利性经营活动提供便利条件，本人的配偶、子女及其他特定关系人在关联单位投资入股，将国有资产委托、租赁、承包给配偶、子女及其他特定关系人经营等行为。

三是违规职务消费，如超标准报销差旅费、车辆交通费、通信费、出国考察费和业务招待费，将履行工作职责以外的费用列入职务消费，在特定关系人经营的场所进行职务消费，用公款旅游或者变相旅游，进行高消费娱乐活动，支付应当由个人承担的购置住宅等生活费用，支付应当由个人负担的各种名义的培训费、书刊费等，超标准购买公务车辆、豪华装饰办公场所，以及通过虚开会议费发票及虚购物资材料、固定资产、办公用品等名义套取现金的行为等。此外，还要关注领导干部有无未按规定报告个人廉政事项，刻意隐瞒或虚报的行为等。

对以上内容进行审计，审计人员应当收集的资料包括：单位年度工作总结，领导干部个人的述职、述廉书面报告，领导干部个人收入和税收缴纳、因公出国（境）、公务消费、个人用车、个人住房等方面的资料，单位党委（组）会、负责人办公会的文件及相关会议纪要，以及上级主管部门内设的组织人事部门、纪检监察部门提供的该领导干部个人重大事项报告情况等。

第三节　内部经济责任审计方法

经济责任审计作为具有中国特色的审计类型之一，其方法既具有一般审计类型的共同点，又有其独特之处。内部经济责任审计方法包括取证方法、责任界定方法和评价方法等。

一、审计取证方法

经济责任审计取证方法是与经济责任审计取证及分析的顺序、范围相关的程序性方法和技术方法的集合。内部经济责任审计不同于常规的财政财务审计和合规性审计,审计内容还将延伸到对受托经济责任履行情况的真实性、合法性和有效性的分析与评价,以及对被审计人组织、协调、管理能力和绩效的分析评价。因此,作为一项综合性的审计工作,单一的审计技术和方法是无法满足经济责任审计目标要求的,审计人员需要综合运用多种审计技术与方法,在合理选择传统财政财务审计方法的基础上,运用经济责任审计特有的思维方法,设计适合于经济责任审计的取证和分析方法。

前已述及,内部审计的取证方法主要包括审核、观察、监盘、访谈、调查、函证、分析程序等,这些方法同样适用于内部经济责任审计,但在具体适用时又体现出经济责任审计的特点,如在经济责任审计的具体环境下,审计人员对书面资料的审核一般不会仅限于会计资料,而是会延伸到经济合同、计划预算、统计资料等业务资料。又如,内部经济责任审计更加强调运用审计调查方法,即向有关地方政府、部门、单位和个人进行专门调查,审计人员应科学地运用审阅调查法、重点调查法、问卷调查法、访谈调查法等调查方法。进行个别谈话时要事先设计好谈话提纲,合理运用谈话技巧,组织座谈会时要根据谈话主题,有针对性地、有目的地邀请有关的人员参加,被邀请的人员要具有代表性,有一定的思想文化修养;要注意开展群众性调查,听取了解有关经济责任审计对象各方面情况的部门和人员的意见;通过纪检监察部门了解有没有一些典型的举报,有没有案件遗留;通过干部人事部门掌握一些需要引起注意的问题等。

此外,审计人员在经济责任审计中,对于发现的审计疑点,还要采取一定的分析方法,甄别真伪,发现问题。审计疑点是审计人员在审计中发现的可能存在非常规或非正常事项的迹象。疑点分析法就是运用多种分析技术围绕这些迹象所进行的识别、排除或确认的过程。内部经济责任审计中常见的疑点分析法包括审计疑点排除分析法和审计疑点追查分析法两类。

（一）审计疑点排除分析法

在对审计疑点进行分析时，审计人员会遇到两种情形：一是审计人员认为经济事项与常规情况不同，在存在异常的迹象中，由正常客观原因形成的假象造成审计人员对某种行为或现象有所怀疑，这种可疑迹象就是"假疑点"；二是审计人员认为经济事项与常规情况不同，在异常迹象中缺乏正常客观原因，这种可疑迹象是客观事实真相的一种反映，导致审计人员对某种行为或现象有所怀疑，这种可疑迹象就是"真疑点"。

在上述两种现象中，因为导致可疑迹象的"原因"被"现象"所掩盖，不经过缜密的分析，审计人员就无法知道哪些可疑现象是"真疑点"。对于隐藏经济问题的"真疑点"，应按照"疑点"的特征，采取进一步的分析步骤，将问题查清；对于"假疑点"，经过分析认为没有问题的可以排除。

（二）审计疑点追查分析法

由于构成审计疑点的原因不同，疑点的表现形式也分为动态疑点和静态疑点两个方面，对审计疑点的追查分析也必须采用不同的分析方法。

动态疑点作为经济活动中正在发生的可疑迹象，是经济活动中错弊行为的反映。对其进行分析追查就必须深入检查与其有关的全部经济活动，其追查方法包括推理分析法和追踪分析法。推理分析法是运用逻辑学的原理，按照事物发展的一般规律进行合理推断的方法。首先根据审计疑点的具体内容，确定推理的前提，然后按照推理的一般程序进行分析，根据分析结果做出审计结论。追踪分析法是按照审计疑点提供的审计方向和审计线索，对其发生原因和结果进行分析和追查的方法。这种分析方法，首先要找出审计疑点产生和发展的运行轨迹，然后再根据其轨迹追查经济活动的事实真相。

静态疑点作为反映经济活动的资料中所表现出的可疑迹象，是会计记录中和以前经济活动中的错误和舞弊的反映。对其进行分析追查就必须深入检查与其有关的全部记录资料，通过运用有关经济活动记录资料中的钩稽关系来追查其疑点发生的原因或结果。

二、责任界定方法

这里的责任界定，就是在领导干部经济责任审计中，通过审计和分析，对被审计领导干部应当以及实际履行经济职责和义务情况进行划分的过程及认定的结果。内部经济责任审计的首要目的是分析评价被审计领导干部经济责任的履行情况，而经济责任是一个动态的、立体的、综合的概念，被审计领导干部履行经济责任虽然属于主观行为，但是处在一个复杂的环境之中，不可避免地会受到外在客观环境的制约和影响。因此，对被审计领导干部经济责任的界定，就是要在正确划分被审计领导干部的任期责任与其前任责任、直接责任与间接责任、主观责任与客观责任、主要领导责任与一般领导责任、集体责任与个人责任等系列责任关系的基础上，最终确定被审计领导干部所应承担的责任。

两办规定将内部管理领导干部所应承担的责任分为直接责任、主管责任、领导责任。

直接责任包括："（一）直接违反法律法规、国家有关规定和单位内部管理规定的行为；（二）授意、指使、强令、纵容、包庇下属人员违反法律法规、国家有关规定和单位内部管理规定的行为；（三）未经民主决策、相关会议讨论而直接决定、批准、组织实施重大经济事项，并造成重大经济损失浪费、国有资产流失等严重后果的行为；（四）主持相关会议讨论或者以其他方式研究，但是在多数人不同意的情况下直接决定、批准、组织实施重大经济事项，由于决策不当或者决策失误造成重大经济损失浪费、国有资产流失等严重后果的行为；（五）其他应当承担直接责任的行为。"

主管责任包括："（一）除直接责任外，领导干部对其直接分管的工作不履行或者不正确履行经济责任的行为；（二）主持相关会议讨论或者以其他方式研究，并且在多数人同意的情况下决定、批准、组织实施重大经济事项，由于决策不当或者决策失误造成重大经济损失浪费、国有资产流失等严重后果的行为。"

领导责任是指除直接责任和主管责任外，领导干部对其不履行或者不正确履行经济责任的其他行为应当承担的责任。

为了把握和区分清楚领导干部应承担的上述三类责任，审计人员应当明确区分以下责任：

（一）任期责任与前任责任

经济责任审计是对现任领导干部任期内的经济责任进行的审计，但是其所在单位往往都是一个续存单位或持续经营的实体，前一任期的业务、经营及管理活动不可避免地会对本任期的业务、经营及管理活动产生影响，有时影响还非常巨大。在经济责任审计中，任期责任与前任责任的划分关键是要对被审计领导干部任职初期的财政财务收支情况、资产状况如存货的数量及质量、债权债务的规模及可实现程度、固定资产投资决策及对即期影响等进行分析和评价，对于一些前任留下的历史遗留问题需要以严谨认真的态度，实事求是地分析和评价，以界定前任与现任双方的责任。对于一些工程投资巨大、工期长的"烂尾"项目，出现重大事故、遗留重要债权债务纠纷，经营不善造成的不良社会影响等，要分析评价前任领导重大经营决策以及经营管理失误给后任领导干部带来的影响，这是前任领导干部的决策不善的责任，而不是后任领导干部执行不力的结果。如果后任领导干部能够控制局面，使前任不良影响得到减缓，并逐步开始良性循环，这不仅不是后任领导干部之过，反而是其功，是其履行经济责任最好的例证。当然，前任领导干部做出的错误决策造成的经济损失，应当追究前任的经济责任，不能因为前任领导干部调离就不再追究。反之，对于前任遗留的历史问题，如果被审计领导干部"新官不理旧账"，不采取有效措施，不履职、不尽责，消极对待，导致问题长期得不到妥善解决，甚至更加恶化，则应承担相应的责任。

（二）直接责任与间接责任

政府部门或企事业单位内部管理领导干部对其所处部门或单位的管理工作负责，对其经济工作、经济效益及所负的经济责任负全面责任。但是，这并不意味着这个部门、单位的所有经济责任都由领导干部一人承担。按照受托责任的分层性、递进性和经济责任分工原则，部门或单位领导干部对其直接分工负责的工作承担直接责任，对其他领导干部分工的工作只承担间接责任或管理责任，即对其任期内直接决定的重大事项承担直接责任，对未经其审批的各职能部门负责的日常经营管理过程中发生的问题，由当事人负直接责任，领导干部负间接责任。如果领导干部直接指示或授意属下从事违法违纪活动，领导干部负直接责任；如果基层负责人违背领导指示办事，自行其是，或打着领导干部的名义造成的不良后果，领导干部应负管理不严的领导责任，即间接责任。

（三）主观责任与客观责任

主观责任是政府部门或企事业单位内部管理领导干部因有主观故意行为，如以权谋私、滥用职权、谋取私利、玩忽职守等给组织和社会造成损失的行为而应承担的相应责任。由于一些不可抗拒的外在因素或不可预料的随机因素造成的不良后果或其他问题则属客观责任。如对于被审计领导干部任职期间的经营管理决策的失误，既要看其是否遵循了科学、民主的决策程序，还要看有无外在环境变化造成的不可抗拒的客观因素，有无事先不可预计的重大变故，针对这些外部环境的变化和影响是否及时采取了相应的应变措施，效果如何等。对由于未按科学程序决策，对经济形势和投资情况掌握不准所造成的损失属于主观责任，而由于经济体制转变过程中国家政策调整、市场巨变，在实施过程中遇到重大自然灾害、上级指令性任务等因素造成的损失则属于客观责任。审计评价中要关注有关问题产生的具体环境及情节，合理区分这两种责任的不同性质，并在评价表述中进行适当鉴别，以使责任界定和审计评价更加符合实际、更具说服力。

（四）主要领导责任与一般领导责任

区分主要领导责任和一般领导责任的关键，是要对领导干部所负领导责任涉及问题的存在范围、存续时间、性质及影响程度进行综合分析和判断。比如，对于被审计领导干部及其管辖的所属单位存在的一般性违规问题，或发生的一些被审计领导干部不应承担直接责任和主管责任的重大违法违规问题、经济损失问题，可以结合对内部控制的评审、被审计领导干部对存在问题所持的态度及采取的纠正、弥补措施等方面进行综合考量，适当区分。在具体的审计实践中，可以根据具体的情节及影响、后果等，在表述上进行一些修饰，如主要领导责任、一定的领导责任等。

（五）集体责任与个人责任

合理区分集体责任与个人责任，是要针对被审计领导干部及领导班子集体研究决定的事项，如果出现问题，既要追究领导班子正职的责任，同时也应追究领导班子集体责任。因此，无论是行政事业单位，还是企业的重大决策，其成功与否不能简单地完全归结为被审计领导干部个人，要根据决策时的具体情况、执行过程的监管情况而定。对违反民主集中制原则，由被审计领导干部或其他成员个人决定的事项，应由相关个人承担直接经济责任；反之，由集体决策造成的失误应由集体负责，即被审计领导干部负主管责任，其他领导干部则分担相应的责任。

三、审计评价方法

审计评价是经济责任审计报告的重要组成部分，是干部人事管理部门认定被审计领导干部履行经济责任情况的主要参考依据。两办规定明确要求经济责任审计应当根据审计查证或者认定的事实，依照法律法规、国家有关规定和政策，以及责任制考核目标和行业标准等，在法定职权范围内，对被审计领导干部履行经济责任情况做出客观公正、实事求是的评价。

目前的实务操作中，经济责任审计的评价既是重点又是难点。不同于对相对简单事物的评价可以选用反映其显著特征的具体指标进行描述和比照（比如对企业资产使用效率的评价，可以通过应收账款周转率、存货周转率和总资产周转率等指标予以描述），经济责任审计评价通常很难通过一两个指标就可以完成评价。此时，往往需要设计和运用一些指标体系，对其进行综合分析，即将该事物分成不同的方面，针对不同方面的状况分别进行评价，并将分类评价的结果进行综合合成，形成总体评价，使报告使用者获得对该事物的一个整体认识。也就是说，经济责任审计的总体评价是一项全面、系统的工作，必须在充分考虑总体评价各项基本要素的基础上进行。

需要说明的是，审计评价不一定要建立评价指标体系，指标体系仅仅是审计评价的一个工具。本书以下集中对评价指标体系的确定和评价标准的选择做一说明。

（一）审计评价指标的设计

一般来说，内部经济责任审计评价指标的设计要根据审计具体目标，被审计单位领导干部的任期目标、责任范围、所在单位业务或经营实际有针对性地选择和取舍，评价指标应遵循纵向与横向指标、定量与定性指标、总体与分项指标等相结合的原则。

1. 纵向与横向比较相结合

在领导干部经济责任审计中，由于审计所涉及的内容时间跨度相对较长，被审计领导干部履行经济责任情况处于动态、连续的过程，因此需要选择重要的时间节点，针对相关事项设计相关经济指标，实行纵向比较。同时，被审计领导干部均处在某一行业、某一领域，在该领域内存在其他类似单位或兄弟单位，因此可以设计体现行业特征的指标与行业平均水平进行横向对比。纵向比较注重在时间范围上的比较，横向比较注重在空间范围上的比较。

2. 定量与定性评价相结合

定量评价是通过分析与被审计领导干部经济责任履行情况相关的数量关系或所具同性质间的数量关系得出评价结论。定性评价则是主要靠审计人员的经验，凭过去和现在的延续状况及最新的信息资料，依据相关法规规定、规则甚或常识，对被审计领导干部履行经济责任情况进行评价并得出结论。定量评价与定性评价应该是统一的、相互补充、相辅相成的关系。

3. 总体与分项评价相结合

经济责任审计评价应采用总体与分项评价相结合的方法，其中分项评价是总体评价的基础，总体评价是分项评价的整合。经济责任审计评价是一项系统性的综合评价，其最终目标在于得出对被审计领导干部的整体评价，但是由于被审计领导干部经济责任履行情况涉及的内容很多，审计人员如果不能对这些内容进行分项评价就不可能得出对被审计领导干部的整体评价结论。例如，根据被审计领导干部的任职目标和职权范围可以将评价指标分为财务活动管理指标、财产实物管理指标、人力资源管理指标、业务经营管理指标等不同的方面，审计人员先对分项指标进行评价，再将分项指标评价结果进行综合得出对被审计领导干部的总体评价结论。

综上，审计人员应该在充分考虑上述基本要素的基础上，构建起经济责任审计评价的基本构架，设计适当的审计评价指标。在选择经济责任审计评价指标时必须根据客观依据和法律准绳，充分考虑被审计领导干部的任期实际情况，并为社会公众、审计职业界与被审计对象所公认。一般来说，构建经济责任审计评价指标的基本依据应包括客观事实依据、法律法规依据、任期目标依据。

确定审计评价指标后，审计人员就应当围绕所选指标收集证据，并以各项评价指标为基础，采取指标权重分析法、因素分析法等方法进行综合分析，在对内部管理领导干部贯彻落实科学发展观、内部控制建立及执行、财政财务收支、重大经济事项决策及执行以及领导干部执行廉政纪律等审计内容进行分类评价的基础上，结合领导干部所在部门实际情况和相关问题的性质、情节及产生的原因等因素，对领导干部履行经济责任情况进行综合评价。

(二) 审计评价标准及审计报告表述

1. 审计分类评价

结合审计内容，审计人员一般对被审计领导干部可以分类做出如下评价：

一是对领导干部履职过程中执行路线方针政策情况的评价。应结合部门实际，根据领导干部执行财政经济方针、政策以及执行效果情况，给予"××同志在履行经济工作职责过程中，严格执行（基本执行）党和国家有关财政经济方针、政策，收到明显效果（一定成效或成效不明显）"或"××同志在履行经济工作职责过程中，违反（严重违反）党和国家有关财政经济方针、政策"的评价意见。一般来说，"严格执行政策"的评价标准是国家相关财政经济政策全面落实，并取得明显效果；"基本执行政策"的评价标准是国家相关财政经济政策绝大部分得到落实，并取得一定成效；"违反政策"的评价标准是国家相关财政经济政策没有得到落实，或部分落实但成效不明显；"严重违反政策"的评价标准是有令不行，有禁不止，存在较多违反国家财政经济政策规定的行为。

二是对领导干部履行社会经济发展责任，促进部门社会经济全面协调发展的评价。根据完成年度经济工作目标考核任务的情况，给予"××同志任职期间，……，全面完成了（基本完成、没有完成）经济工作目标（绩效管理考核目标）考核任务"的评价意见。一般来说，各项目标考核指标完成95%以上的，评价为"全面完成"；各项目标考核指标完成70%～95%，且主要经济指标全面完成的，评价为"基本完成"；各项目标考核指标完成 70% 以下的，评价为"没有完成"。

上述一、二两个方面主要是对领导干部贯彻落实科学发展观，推动经济社会科学发展的情况进行审计评价。

三是对领导干部履行内部控制建立执行方面责任的评价。根据所在部门内部控制建立执行情况、对下属部门经济业务活动的监督管理情况，给予"××同志任职期间，制定了……管理规定，采取了……管理措施，有效（较为有效）地加强了对本部门的内部管理"或"××同志任职期间，没有制定相应的管理规定，没有采取有效措施对本部门的财政经济活动进行管理，……"的评价意见。一般来说，"管理有效"的评价标准是内部管理、内部控制健全，制度执行有效，实现管理目标；"管理较为有效"的评价标准是内部管理、内部控制健全，制度执行较为有效，基本实现管理目标，没有出现重大内部控制漏洞；"管理无效"的评价标准是内部管理、内部控制不健全，制度执行无效，出现重大内部控制漏洞，没有实现管理目标。

四是对领导干部履职过程中重大经济政策制定和重大经济活动决策合法合规性的评价。根据重大经济政策制定和经济活动决策合法合规性、有效性审计情况，给予"在审计范围内，根据提供的审计资料，××同志领导制定的重大经济政策和做出的重大经济活动决策，符合（基本符合、违反或严重违反）国家有关法律法规规定"的评价意见。一般来说，"符合规定"的评价标准包括：（1）相关重大决策的制度健全；（2）重大经济决策内容合法、程序规范；（3）重大决策得到较好执行，实现决策目标。"基本符合规定"的评价标准包括：（1）建立有相关重大决策的制度或议事规则；（2）个别程序不符合规定，但不影响决策程序的合法性；（3）重大决策在个别环节没有得到较好执行，决策目标基本实现。"违反规定"的评价标准包括：（1）缺少相关重大决策的制度或议事规则或制定的重大经济政策违反有关规定；（2）违反决策的有关规定和程序；（3）没有实现决策目标。"严重违反规定"的评价标准包括：（1）制定的重大经济政策严重违反党和国家的规定；（2）重大决策事项严重违法违规或重大决策严重失误；（3）重大决策的执行出现严重损失。

五是对领导干部履职过程中财政财务收支真实性的评价。根据领导干部所在部门财政、财务决算和企业会计报表真实性审计情况，给予"××同志任职期间，……财政财务决算真实（基本真实、不真实或严重失真)"的评价意见。一般来说，"真实"的评价标准包括：（1）会计核算和财务报表如实反映了该部门财政财务收支情况；（2）会计资料全面、真实地反映了与其相应的经济、业务或经营活动。"基本真实"的评价标准包括：（1）会计核算和财务报表虽存在个别不真实事项，但总体上不影响对该部门财政财务收支情况的反映；（2）会计资料基本真实反映了与其相应的经济、业务或经营活动。 "不真实"的评价标准包括：（1）会计核算和财务报表没有如实反映该部门财政财务收支情况；（2）会计资料没有真实反映与其相应的经济、业务或经营活动。"严重失真"的评价标准包括：（1）会计核算和财务报表对该部门财政财务收支情况的反映严重不实；（2）存在销毁、隐匿会计资料和经济、业务或经营活动资料等行为，提供的会计资料与所反映的经济事项严重不符。

六是对领导干部履职过程中财政财务收支合规合法性的评价。根据领导干部所在单位财政财务收支合规、合法性审计情况，给予"××同志在履行经济工作职责过程中，严格遵守（基本遵守、违反或严重违反）国家有关财经法律法规的规定，不存在（存在部分或存在严重）违反国家财经法律法规规定的问题"的评价意见。一般来说，"严格遵守规定"的评价标准包括：（1）严格执行国家的会计核算制度，会计业务处理正确；（2）严格执行国家财政财务制度规定，没有发现存在违反国家规定的行为。"基本遵守规定"的评价标准包括：（1）能较好执行国家的会计核算制度，会计业务处理基本正确；（2）基本执行国家财政财务制度规定。"违反规定"的评价标准包括：（1）没有按国家会计核算制度规定处理会计业务；（2）存在违反国家财政财务制度规定，但尚不构成给予党纪政纪处理的行为。"严重违反规定"的评价标准是存在数额较大、性质严重的违反国家财政财务制度规定，并构成给予党纪政纪或司法处理的行为。

七是对财政财务收支的效益性进行评价时，应当在定量指标评价的基础上，对内部管理领导干部任职期间的管理水平进行定性分析与综合评判。比如企业，定量评价可以实行年度考核指标与任期考核指标相结合的方式。年度考核指标包括利润总额和经济增加值，任期考核指标包括国有资本保值增值率和主营业务收入平均增长率。定性评价指标可包括企业发展战略的确立与执行、经营决策、发展创新、风险控制、基础管理、人力资源、行业影响和社会贡献等方面。行政事业单位可以通过对预算执行效果加以评价。

上述五、六、七三个方面主要针对财政财务收支的审计内容，用于评价领导干部在推动被审计单位依法理财、依法行政方面履行经济责任的情况。

八是对领导干部履职过程中个人遵守财经法规和履行廉洁从政情况的评价。依据领导干部个人遵守国家财经法律法规和领导干部廉政纪律规定的情况，做出"在审计范围内，根据被审计单位和被调查单位提供的财务会计资料和其他相关情况显示，未发现××同志存在违反国家财经法律法规（领导干部廉政纪律）的行为"或"在审计范围内，根据被审计单位和被调查单位提供的财务会计资料和其他相关情况显示，××同志在遵守国家财经法律法规、领导干部廉政纪律规定方面，存在……等违反（严重违反）国家财经法律法规（领导干部廉政纪律规定）的问题"的评价意见。

2. 审计综合评价标准

在分类评价的基础上，审计人员应该结合领导干部所在部门实际情况和相关问题的性质、情节及产生的原因等因素，对领导干部履行经济责任情况进行综合评价。

对领导干部履行经济责任情况的综合评价，视其情况分别给予"审计结果表明，××同志在任职期间，履行经济责任情况好（较好、一般或差）"的评价意见。一般来说，"履行经济责任情况好"的评价标准包括：（1）各分类评价主要为最好档次评价意见的；（2）给予"未发现××同志个人存在违反国家财经法律法规或领导干部廉政纪律的行为"意见的；（3）审计查出所在部门存在一般性违纪违规问题，并界定为领导干部承担一般领导责任的。"履行经济责任情况较好"的评价标准包括：（1）各分类评价主要为较好档次评价意见的；（2）给予"未发现××同志个人存在违反国家财经法律法规或领导干部廉政纪律的行为"意见的；（3）审计对所在部门违纪违规问题仅做经济处理，并界定为领导干部承担主管以下领导责任，不存在对领导干部个人进行经济处罚的。"履行经济责任情况一般"的评价标准包括：（1）各分类评价主要为一般档次评价意见的；（2）给予"发现××同志个人存在……等违反国家财经法律法规或领导干部廉政纪律的行为"意见的；（3）所在部门存在严重违纪违规问题并界定为领导干部承担主管以上领导责任，对领导干部个人进行经济处罚但不构成给予党纪政纪处分的；或发现其他经济案件，并界定为领导干部承担主管以上领导责任的。"履行经济责任情况差"的评价标准包括：（1）各分类评价主要为最差档次评价意见的；（2）给予"××同志在遵守国家财经法律法规和领导干部廉政纪律规定方面，存在……等严重违反国家财经法律法规或领导干部廉政纪律规定的问题"的评价意见的；（3）审计查出所在部门的违纪违规问题性质严重，对领导干部个人应当给予党纪政纪处分或移送司法处理，并界定为领导干部承担个人责任和直接责任的。

应当注意的是，领导干部经济责任审计报告是内部审计机构实施审计后就审计情况及结果出具的书面文件，是发表审计意见、做出审计结论、体现审计成果的主要载体，具有评价、鉴证、促进和参考等多方面作用。在审计报告中，因涉及对领导干部个人经济责任的评价和界定，措辞和结论都要十分慎重。审计组应在完成审计报告的征求意见稿后，书面征求被审计领导干部及其所在单位的意见，根据工作需要可以征求委托部门及其他相关部门的意见，并在收到被审计领导干部及其所在单位的反馈意见后，及时进行研究、修改。

第四节 内部经济责任审计中应注意的问题

内部经济责任审计的开展应在两办规定的指导下，结合本部门（单位）的经营目标和实际情况，为本部门（单位）的经营管理服务。在审计实践中，内部经济责任审计结果的运用及后续审计是全部工作流程的最后一环，也是发挥领导干部经济责任审计各项作用的关键环节。同时，作为内部审计的一个类型，内部经济责任审计与其他内部审计类型结合得好，审计效率会有明显提高，效果也会更显著。

一、内部经济责任审计的内向视角

按照委托代理理论，在所有组织中，组织的每一个管理层次上委托代理关系均广泛存在。同时，随着委托代理关系的日益复杂，委托代理链条也由外而内逐级递进。为了全面有效履行外部受托经济责任，党政机关、企事业单位不论是其主要领导人员还是作为一个组织整体，都需要将整体的经济责任层层分解至内部各个管理部门、生产部门、子公司。根据经济学家迈克尔·詹森、威廉·梅克林的观点，由于委托代理双方效用函数不一致、契约的不完备性及信息的不对称等原因，可能致使经营者受托责任不能全面有效履行，委托人可以使用审计这一监督手段来解决这些问题。其中，外部审计尤其国家审计是来自于组织外部的经济监督，其鉴证、解除的往往是本组织整体的受托经济责任关系，其经济责任审计对象一般是党政机关及其各部门、企事业单位的主要领导干部或主要领导人员；而对内部各部门、子公司的领导干部经济责任履行情况进行鉴证，则按照干部管理权限，主要由内部审计机构来实施。可以说，内部受托经济责任履行的效果直接决定着整体外部受托经济责任的履行效果，内部经济责任审计是做好外部经济责任审计的基础。

例如，在政府公共领域，公众将部分私人财产让渡给国家，由政府等部门利用这些资源财产进行公共管理活动，并为社会提供满足社会需要的公共产品与服务。此时，政府与公众之间的关系体现在政府预算上：立法机关对公共预算进行审批后，政府机关需要将财政预算在政府机关内部层层分解执行，确保公共财政活动严格遵守预算。此时，政府预算就体现为公众、政府和政府组织内部就政府活动的范围和方向所形成的委托代理关系，并产生"公众－立法机关－政府－政府职能部门－职能部门内部机构"这一委托代理链。其中，国家审计机关进行的经济责任审计关注的是上述委托代理链中的前四个环节，而最后一个环节则主要由内部审计机构进行审计评价。

作为组织中的一个重要部门，内部审计机构的设立旨在通过应用系统的、规范的方法，评价并改善组织风险管理、控制和治理过程的效果，帮助组织增加价值和改善组织的运营，以实现其目标。所以，内部经济责任审计作为组织一种重要的内部控制机制，其审计视角是向内而不是向外的：一方面，通过审计工作，加强对内部管理领导干部受托经济责任的考核，增强其受托责任意识，在组织内部营造良好的受托责任文化；另一方面，针对审计中发现的问题提出审计建议，提高组织的内部管理水平，促进各项事业科学发展。可见，内部审计机构开展的经济责任审计工作，其目的主要在于为本部门（单位）的经营管理服务，以帮助组织实现发展目标。而审计机关经济责任审计的目的侧重于关注各部门（单位）是否违反财经法规，公共资金的使用管理是否合规有效，通过"审事议人"，加强对干部的监管。理解了这一点，才能理解内、外经济责任审计的审计重点、内容、结果应用等方面存在的诸多差别。

二、内部经济责任审计与其他审计类型的区别与联系

内部经济责任审计与财政财务收支审计、绩效审计、内部控制审计、建设项目审计、信息系统审计一样，都是内部审计的业务类型。但内部经济责任审计又是一种复合型的审计类型，与其他审计类型之间，既有明显的区别，又有密切的联系。要搞好内部经济责任审计，必须做好其与其他内部审计类型的结合，做好成果共享，以更好地提高效率、节约

资源。

（一）内部经济责任审计与其他审计类型的区别

1. 审计对象的个人性

经济责任审计评价的直接对象是内部管理领导干部个人，这是经济责任审计区别于其他类型审计的重要特点。财政财务收支审计、内部控制审计、绩效审计等审计类型都是对被审计单位的会计报表、内部控制、经营管理状况及经济效益等情况进行评价和鉴证，而不是直接针对内部管理领导干部个人。

2. 审计跨期长

根据两办规定，经济责任是指领导干部在任职期间因其所任职务，依法对本地区、本部门（系统）、本单位的财政收支、财务收支以及有关经济活动应当履行的职责、义务。因此，不论是离任审计、任中审计还是专项审计，审计期间一般不止一个会计期间，往往是三至五年或者更长的年限，审计时间的跨期性给经济责任审计工作带来了较大的难度，也加大了审计风险。

3. 审计范围广、涉及内容多

从两办规定的要求可以看出，一般来说，经济责任审计既要审计财政财务收支的真实、合法和效益情况，又要审计重大项目的建设和管理情况，还要审计内部控制制度的建立和执行情况；既要审计本部门（系统）、本单位预算执行和财政财务收支，又要对下属单位相关事项进行评价；既要审计各项经济指标的完成情况，又要审计贯彻落实科学发展观、贯彻执行党和国家各项法规和经济方针政策以及遵守有关廉洁从政（从业）规定情况等。可以说，对领导干部的经济责任审计几乎涵盖了组织运营管理中的方方面面。

4. 审计难度大

主要体现在责任界定和审计评价方面。经济责任审计要针对所发现的问题，逐项界定领导干部应承担的经济责任，但影响一个组织财政财务收支、经济活动情况的因素是复杂多变的，往往还会涉及一些不易量化的非经济责任的内容，如市场因素，领导干部的领导水平、管理能力等，加之也缺乏统一的评价标准和办法，没有形成科学完整的评价体系，审计难度很大，对审计人员的素质要求也很高。

5. 审计方式特殊

经济责任审计更为注重谈话等方式的运用；审计报告的形式、报告报出程序等方面有特殊要求；更加注重审计结果运用和审计整改等。

需要说明的是，上述区别仅是笼统概括。具体而言，经济责任审计与单一的审计类型之间，其区别又各有不同，本书不再赘述。

（二）内部经济责任审计与其他审计类型的联系

内部经济责任审计与其他审计类型之间最主要的联系体现在，由于经济责任审计要评价内部管理领导干部的个人责任，其他仅关注某一特定方面的审计类型都远远不能满足要求，内部经济责任审计的范围涉及管理领域，这就使得经济责任审计成为一种复合型审计，因此必须做好内部经济责任审计与其他内部审计类型的结合。本书将选择其中几种类型进行简要辨析。

1. 与财政财务收支审计的联系

经济责任审计的首要内容之一，就是要审查领导干部任职期间所在部门、单位财政财务收支的真实性、合法性和效益性。这其中的真实性、合法性正是财政财务收支审计的工作目标。由此可见，经济责任审计的目标和内容，涵盖了财政财务收支审计的全部目标和内容。这决定了经济责任审计必须首先从财政财务收支审计入手，运用财政财务收支审计的方法，对反映被审计单位经济活动的会计报表、会计账簿、会计凭证进行审查，以确认其经济活动是否合法合规，会计处理是否符合会计准则和会计制度，报表是否真实。这一过程是经济责任审计的基本前提。但同时也要注意到，仅做到上述方面仍无法满足经济责任审计对财政财务收支效益性目标方面的要求。

2. 与内部控制审计的联系

内部控制审计是经济责任审计的基础。首先，建立健全内部控制并得到有效执行，是领导干部的一项重要责任。健全的内部控制是一个组织实施战略规划、实现组织预定目标的基本保证，控制环境、信息沟通等内部控制要素往往还体现着一个组织的内在文化及运作理念。因此对内部控制的评审，本身就是领导干部经济责任审计一项不可或缺的重要内容。其次，其他审计类型的重点一般都在于最终成果，而经济责任审计则不单关注最终成果，还要评价其过程，在审计重点从结果向过程的延伸中，内部控制作为过程的关键环节，必然是经济责任审计的主要内容之一。最后，如前所述，开展内部控制评审，有助于合理、客观、全面地划分被审计领导干部应负的经济责任。在经济责任审计中，尤其是在审计后期，要善于将审计发现的、除领导干部应负直接责任和主管责任之外的难以界定责任的问题，结合内部控制审计和缺陷认定进行具体分析。如果是内部控制设计和运行方面的重大缺陷或重要缺陷导致的频发性、普遍性、典型性问题，就不能泛泛界定为领导责任，因为这恰恰是领导干部未能有效履行责任的必然结果；反之，则应解除或者部分解除被审计领导干部所应承担的经济责任。

3. 与绩效审计的联系

一般而言，绩效审计要从一个组织管理的更深层次分析问题产生的原因，提出完善制度和改进管理的建议，从而也能为内部经济责任审计的责任界定和审计评价提供依据。近年来的审计实践表明，在经济责任审计中关注效益性问题，不仅能涉及被审计领导干部投资决策是否科学、决策依据是否充分、是否存在决策不当或盲目决策造成的损失浪费问题，还能将是否建立有效的管理制度、绩效评估和责任追究机制纳入视野，从而对被审计领导干部做出更全面更完整的评价。

三、内部经济责任审计结果的运用

内部经济责任审计结果的运用及后续审计是全部工作流程的最后一

环，也是发挥领导干部经济责任审计各项作用的关键环节。审计结果得到充分有效运用，会极大地发挥领导干部经济责任审计所产生的示范效应，有力促进各级领导干部以及各级员工认真履行自身的经济职责，提高遵纪守法意识，推动被审计单位的各项管理，健全内部控制，有利于各项事业的持续健康发展，反之效果则会大打折扣。对经济责任审计结果的运用，可以有以下几种途径或方式：

一是作为使用干部的重要依据。即参照两办规定第三十九条的有关要求，由管理当局将审计结果作为考核、任免、奖惩被审计领导干部的重要依据，并以适当方式将审计结果运用情况反馈内部审计机构。将经济责任审计结果报告归入被审计领导干部本人档案。需要注意的是，若要内部经济责任审计发挥实效，在考核任用干部时应当参考其审计结果情况。

二是内部通报。即由管理当局或委托审计部门在本单位、本系统一定人员范围内，通过书面或口头形式对审计结果尤其是审计发现的一些普遍性、典型性问题进行内部通报，起到警示、教育作用，并提出相关工作要求。

三是后续整改。即由被审计领导干部及其所在单位按照审计决定提出的处理处罚意见对有关问题进行纠正和整改，如调整相关账目，清收外部欠款，退还无偿占用的财物，赔偿经济损失等；根据审计报告提出的相关意见和建议采取切实措施，健全相关制度，完善相关体制，加强内部管理，提高经济效益等。

四是责任追究。问责制是领导干部经济责任审计成果利用的重要制度保证，责任追究是其成果利用的一个重要渠道，有责必究则是经济责任审计成果利用的一项重要原则和基本要求。责任追究不能仅局限于被审计领导干部个人，还应当包括应被追究责任的直接责任人及其他相关当事人，这样才能发挥领导干部经济责任的整体威慑作用。内部审计机构除在其职责权限范围内就有关经济事项及相关责任人做出相关经济处理处罚决定外，还应针对审计发现的问题事实，依据相关法规及内部规章，提出对相关责任人进行责任追究的意见和建议。管理当局或其相关职能部门，应当及时考虑并采纳审计建议，依照有关规定对相关责任人员进行纪律处分，对涉嫌经济犯罪的，应当移送司法部门进一步查处。

五是完善制度。内部审计机构应当对经济责任审计发现问题分层次、类别、对象和风险等级进行梳理和评估，并从体制、机制、制度、执行力、操作等多层面对问题成因进行深入分析，从全局角度提出整改要求和管理建议。对审计发现的共性问题以及需要从体制、机制、制度层面解决的问题，应当由本部门（本单位）进行统筹规划，完善制度，将审计工作价值链的最后一环落到实处，真正实现内部审计在防范风险、改善管理、增加价值和帮助实现组织目标等方面的功能作用。

此外，为保证经济责任审计应有的成效，促进经济责任的进一步落实，后续跟踪必不可少。后续审计是指内部审计机构为检查被审计领导干部及其所在单位对经济责任审计发现的问题及处理决定所采取的纠正措施及实施效果的跟踪审计。内部审计机构应该对审计发现问题从问题性质、危害程度、涉及金额、社会影响等角度综合考量进行风险量化评估，根据风险等级程度采取不同的后续跟踪方式。后续审计应体现重要性原则，即主要针对重要性问题的纠正措施和整改情况进行审计，未进行整改或整改不到位的，要进一步查明原因，提出审计意见，并报告适当管理层。如因被审计单位的外部环境、内部控制等因素发生较大变化，使原有审计决定和建议不再适用时，应进行必要修订，并在上报管理层的报告中予以说明。

本章小结

作为具有中国特色的审计业务类型，经济责任审计在我国的政治、经济生活中发挥着日益重要的作用。内部经济责任审计是经济责任审计工作的重要组成部分，它是以本单位最高管理层为审计委托人，由内部审计机构实施，以内部管理领导干部为审计对象的一种内部审计类型。

与其他内部审计类型相比，内部经济责任审计具有审计跨期长、范围广、涉及内容多，以及经济责任界定难、审计评价体系不完善等特点。内部经济责任审计是一种兼具各种审计类型特点和内容的复合型审计，与财政财务收支审计、绩效审计、内部控制审计、建设项目审计等其他审计类型相比，既有明显区别，又密切联系。要搞好内部经济责任审计，必须与其他内部审计类型相结合，以更好地提高效率、节约资源、降低风险，同时充分运用好内部经济责任审计结果，真正实现内部审计在防范风险、改善管理、增加价值和帮助实现组织目标等方面的作用。

第十二章　环境审计

本章提要

随着我国推进生态建设及组织履行社会责任意识的增强，环境审计日益成为内部审计的新业务领域。本章立足于我国环境保护和资源节约工作实际，介绍内部审计机构和内部审计人员如何开展环境审计。全章共分四节，第一节简述内部环境审计的含义和类型，第二节重点介绍内部环境审计的目标和内容，第三节介绍内部环境审计的通用方法、专用方法和如何利用外聘专家开展环境审计，第四节提出了内部环境审计应注意的三方面问题。

第一节　环境审计概述

内部环境审计起源于 20 世纪 70 年代，最早在欧美等发达国家的大型企业中开展，并逐渐成为企业环境管理系统的基石。目前在我国，多数组织的内部审计机构和内部审计人员尚未开展环境审计业务，其必要性也未得到组织管理层的广泛认识。环境审计在内部审计领域具有很大的发展空间。

一、环境审计的含义

组织的生产经营在消耗资源能源的同时，对生态环境造成不同程度的损害。采取措施降低资源能源消耗成本和环境风险，不仅是法律法规的强制性要求，也是组织管理的内在需要。内部审计机构和内部审计人员通过对组织与环境保护相关的内部控制和经营活动进行审查和评价，可以帮助组织将环境风险降低到最低程度，帮助组织提高环境保护和资源利用的效率和效果，增加组织实现环境目标的机会，提高组织在环境保护和节约资源方面的社会形象。

内部环境审计（以下简称环境审计）是内部审计机构和内部审计人员对组织内部与环境相关的内部控制和经营活动进行的审查与评价。这一概念包含三个方面的含义：

一是环境审计是组织环境管理系统的一个组成部分，是一个监督子系统，通过审查与评价组织内部与环境相关的内部控制和经营活动的适当性、合法性和有效性来促进组织环境目标的实现。

二是环境审计的主体和客体。环境审计的主体是内部审计机构和人员，客体是与环境相关的内部控制和经营活动。企业内部直接从事环境保护相关工作的部门是环境审计的对象，即被审计单位。

三是环境审计与内部审计机构和内部审计人员开展的其他审计业务没有本质上的区别，也包括财务审计、遵循性审计和绩效审计等类型。主要不同在于环境审计是内部审计机构和内部审计人员从环境视角开展的审计。

二、环境审计的类型

国外和国内对环境审计有各种不同的分类方式。

（一）国际上对环境审计的分类

以《索耶内部审计》为代表，国际上将环境审计分为以下七种类型：

（1）合规性审计：确定活动和业务是否在规定的法律约束范围之内。

（2）环境管理系统审计：重点关注系统的合理性以确保能恰当地管理好未来的环境风险。

（3）交易审计：对购并和剥离股权的审计，产权转移的现场评估，产权转移的估价和尽职调查审计。审计作为一种风险工具，为银行、土地购买者、贷款机构以及其他为办公地点而购地或者因接受礼物或捐赠而获得土地的任何组织提供服务。

（4）处理储存和处置设施审计：包括对危险物质的存在性的跟踪。

（5）预防污染审计：是对有助于使浪费降到最低而污染能被消除的机会的行动评价，而不是在浪费或者污染发生后再加以控制。

（6）应计环境负债审计：对已知环境问题量化和报告的应计负债进行技术性的法律检查。

（7）产品审计：对一个部门的产品流程进行评价，以确认此类产品是否符合规定和敏感的环境利益。

（二）国内对环境审计的分类

国内对环境审计的分类有多种方式。不同的分类方式可以帮助审计人员从不同角度理解环境审计的特点。如依据不同的环境主题，可以将环境审计分为水环境审计、大气环境审计、固体废物环境审计等；按照传统的审计业务分类方式，可以将环境审计分为财务审计、合规审计和绩效审计。

本节借鉴国际上环境审计分类的方式，结合我国环境管理实践，将环境审计分为八种类型。第一类是环境管理系统审计，属于内部控制审计范畴，其余七类属于对组织与环境相关的经营活动的审计，包括建设项目环境影响评价审计、清洁生产审计、节能审计、污水处理审计、固体废物处理审计、废气处理审计、环境支出审计。

第二节　环境审计的目标和内容

环境审计目标是实施环境审计项目预期要完成的任务和结果，环境审计内容是实现环境审计目标的载体，是环境审计任务的具体化。恰当的审计目标和清晰的审计内容是成功开展环境审计项目的关键。

一、环境审计的目标

环境审计目标可以分为总体目标和具体目标。总体目标与组织环境工作的最终目标是一致的，即遵守环境相关的法律法规、履行组织的社会责任。环境审计的具体目标则与审计的内容和类型密切相关。

（一）环境审计的具体目标

环境审计的具体目标通常包括以下四个方面：

1. 审查和评价企业经营活动遵守环境保护相关法规、政策和标准的情况

此类审计目标是遵循性审计常用审计目标。内部审计人员在选择此类审计目标时，应同时考虑选择遵循性审计的标准。常见的环境审计标准来源于：法律、法规、规章和其他规范性文件；国家有关方针和政策；会计准则和会计制度；国家和行业的技术标准；预算、计划和合同；组织的管理制度和绩效目标；组织的历史数据和历史业绩；公认的业务惯例或者良好实务；专业机构或者专家的意见等。内部审计人员在选择审计标准时，应兼顾标准的权威性和适用性。特别是要结合组织的实际情况选择适当的审计标准，避免过分强调权威性而脱离组织实际。

跨国企业的内部审计机构和内部审计人员在开展环境遵循性审计时，不仅要考虑企业经营活动遵守本国环境保护法规、政策和标准的情况，同时出于树立良好国际形象、降低国外经营风险等考虑，还应考虑企业经营活动遵守国际，特别是所在国的环境法律法规和相关标准的情况。

2. 审查和评价组织与环境保护相关的经营活动的绩效

此类审计目标属于绩效审计目标，包括三个方面的内容：一是审查与评价环境投入和资源的使用是否节约及合理（经济性），二是环境保护和资源节约方面的投入产出关系是否有效（效率性），三是环境保护和资源节约的目标是否实现（效果性）。在审计实践中，往往对三类目标统一考虑，不做严格区分。如内部审计人员在检查评价污水处理设施的运营

情况时，既要评价运营成本的高低（经济性），又要评价组织投入取得的环境效益（效率性），还要评价组织污水处理目标的实现程度（效果性）。

3. 审查和评价环境管理系统充分性和有效性

此类审计目标属于环境管理系统审计的目标，包含了遵循性内容和绩效性内容，适合致力于建立、实施并不断改进环境管理系统的组织开展的环境审计项目。充分性是指环境管理系统及其所包含的控制程序对实现特定的环境目标是充分的，有效性是指环境管理系统确实存在并能有效地发挥管理环境的作用，降低环境管理风险。

4. 审查和评价环境会计报告的客观性和公允性

此类审计目标属于财务审计的目标。客观公允是指环境会计报表与附注中反映的内容是客观、公允的，包括环境会计报告中能以货币计量在报表中反映的内容和不能以货币计量而在报表附注中披露的内容。环境会计信息是企业持续经营、业绩评价和投资决策过程中不可或缺的重要信息。通过对环境会计信息的披露，管理层可以了解企业的环境行为及其影响，进一步改善企业的内部管理；企业的利益关系人通过了解企业对环境的污染及其环境保护责任的履行情况，在此基础上做出理性的判断和决策。

我国目前尚未形成环境会计核算体系，现有会计报表主要提供的是经济效益指标，而对生态效益、社会效益指标均未披露。内部审计机构和内部审计人员尚不具备全面开展环境会计报告审计的条件。但是，内部审计人员可以通过关注环境支出、环境或有事项的认定和会计处理的合理性，促进组织向有关各方提供准确有效的环境信息，以满足加强组织环境管理和决策者分析决策的需要。

（二）确定环境审计目标应考虑的因素

审计目标需要在审计准备阶段确定，可在审计过程中视情况进行必要的调整。审计目标主要由审计内容和审计类型决定，但在确定时还应考虑以下因素：

1. 审计职责

内部审计机构的职责因组织不同而各异。内部审计机构在开展环境审计时应结合职责设定审计目标。如内部审计机构隶属于财务部门，主要职责是对组织财务收支进行审计，在开展环境支出审计时就应将环境支出的合规性和绩效性设定为审计目标，而不应将组织经营活动遵守环境法规的情况设定为审计目标，因为对经营活动进行审计超出了内部审计机构的职责。

2. 胜任能力

审计人员的胜任能力关乎审计目标能否实现。有时，将审计目标设定为绩效审计目标，但审计人员不具备开展环境绩效审计的知识和能力，会影响目标的实现。在环境审计的起步阶段，内部审计机构应从简单的审计目标做起，循序渐进。

3. 外部支持

在多数情况下，组织采纳环境审计提出的建议，就意味着在短期内增加组织的运营成本。如采纳审计建议建立环境管理系统、增加环境治理投入等。这有可能导致环境审计在起步阶段较难获得管理层和被审计对象的支持。内部审计人员在确定审计目标时，应视外部支持的程度选择遵循性审计目标还是绩效审计目标。

二、环境审计的内容

根据环境审计的含义，环境审计的内容分为两大类，一类是对组织内部控制系统中的环境管理系统进行的审计，另一类是对组织内部环境保护相关活动的遵循性、绩效性进行的审计。

本节围绕这两个方面，结合我国政府环境审计的实践经验，重点介绍以下审计内容与方法：一是对环境管理系统的审计，关注组织内部控制系统中的环境管理系统，属于内部控制审计的范畴；二是对建设项目环境影响的审计，关注组织的建设活动对环境的影响，对组织应对措施

的合规性和效果性进行审计；三是污染防治和节能类审计，关注组织的
生产经营活动对环境的影响，包括清洁生产审计、节能审计、污水处理
审计、固体废物处理审计、废气处理审计，其中，清洁生产和节能审计
关注污染的前端预防，污水、固体废物和废气处理审计关注污染的末端
治理；四是环境支出审计，关注环境支出的真实性以及环境或有事项会
计处理的合规性。

（一）环境管理系统审计

环境管理系统是组织管理系统的一部分，用来制定和实施其环境方
针[1]并管理其环境因素[2]。环境管理系统审计是内部审计机构和内部审计
人员对组织环境管理系统的健全性、有效性进行的监督和评价活动。环
境管理系统审计主要适合在有意建立、实施、保持并改进环境管理系统
的组织内部开展。环境管理系统审计的主要标准是 ISO14001 标准体系。

1. 应取得的资料

组织的环境管理文件、环境保护制度、环境保护岗位设置等资料，
ISO14001 标准文件等。

2. 审计内容和方法

（1）环境管理系统的健全性。一是查阅组织的环境管理文件，询问
组织环境管理机构的工作人员，检查组织是否建立环境管理系统并形成
文件，文件要素是否齐全[3]。二是查阅组织环境管理系统文件，与相关人
员座谈，检查组织：是否确立了本组织的环境方针；制定的环境方针是
否适合组织活动、产品和服务的性质、规模和环境影响；是否确立了环

---

① ISO14001 标准认为，环境方针是组织最高管理者就组织的环境绩效正式表述的总体意图和
方向。

② ISO14001 标准认为，环境因素是一个组织的活动、产品和服务中能与环境发生相互作用的
要素。

③ 环境管理系统文件应包括：a）环境方针、目标和指标；b）对环境管理系统覆盖范围的描
述；c）对环境管理系统主要要素及其相互作用的描述，以及相关文件的查询途径；d）本标准要求
的文件，包括记录；e）组织为确保对涉及重要环境因素的过程进行有效策划、运行和控制所需的文
件和记录。ISO14001 标准。

境目标；是否对污染预防做出承诺；是否对遵守环境法规做出承诺；是否向员工宣传组织的环境管理系统；是否对外宣传组织的环境管理目标和措施等。

（2）环境管理活动。查阅组织的环境管理系统文件，与相关人员座谈，检查组织：是否建立并实施相应程序，以识别组织面临的环境风险和组织内能与环境发生作用的活动、产品和服务等环境要素；是否对这些要素进行排序，确定可能具有重大影响的因素（即重要环境因素）；是否将这些信息形成文件并及时更新；是否在建立、实施和保持环境管理系统时，对重要环境因素加以考虑；是否建立并实施相应程序，以识别适用于其活动、产品和服务中环境因素的法律法规和其他应遵守的要求，并建立获取这些要求的渠道；是否建立并实施环境目标和指标，环境目标和指标是否符合国家有关规定和标准；是否考虑组织在技术、财务方面的可行性。

（3）环境管理系统实施情况。查阅组织的环境管理系统文件，与相关人员座谈，检查组织：是否确保为环境管理系统的建立和实施提供必要人力、基础设施、技术和财力资源；是否有专人负责建立和实施环境管理系统，并定期报告环境管理系统的运行情况；是否开展培训，确保从事环境管理相关人员具备相应的能力；是否建立并实施相应程序，在组织内部各层次和职能间，以及与组织外部就环境信息进行交流；是否建立和实施相应程序，规定环境管理系统的运行规则，以控制因缺乏程序文件而导致偏离环境方针、目标和指标的情况；是否建立和实施相应程序，以识别可能对环境造成影响的潜在的紧急情况和事故，并制定响应措施。

（4）环境管理系统监督情况。查阅组织的环境管理系统文件，与相关人员座谈，检查组织：是否建立和实施相应程序，对可能具有重大环境影响的活动进行例行监测和测量；是否建立和实施相应程序，定期评价对适用法律法规的遵守情况；是否建立和实施相应程序，用来处理实际或潜在的不符合情况，采取纠正措施和预防措施；是否根据需要，建立并保持必要的记录，用来证实对环境管理系统的遵守情况和实现的结果；是否确保按照计划的时间间隔对管理体系进行内部审核，以判定环境管理系统是否符合组织对环境管理工作的预定安排；是否按计划的时间间隔，对组织的环境管理系统进行评审，以确保其持续适当性、充分和有效。

（二）建设项目环境影响评价审计

建设项目环境影响评价是指依据《中华人民共和国环境影响评价法》等法律法规的规定，对建设项目实施中和实施后可能造成的环境影响进行分析、预测和评估，提出预防或者减轻不良环境影响的对策和措施，进行跟踪监测的方法与制度。建设项目环境影响评价审计是内部审计机构和内部审计人员对建设项目遵循环境影响评价相关法律制度情况进行的监督和评价活动。建设项目环境影响评价审计的审计对象可能涉及内部审计机构所在组织之外的单位，如施工单位、监理单位等。内部审计机构和内部审计人员需根据审计权限或沟通情况，确定是否延伸这些单位，以及延伸审计的内容和方式等。

1. 应取得的资料

（1）项目建议书、可行性研究报告、开工报告等资料；环境影响评价文件，环境影响评价委托书或合同；建设项目周边环境条件的基础数据和现场调查报告等资料；环境影响评价有关法律法规和技术规范。

（2）初步设计（含变更设计）、施工图设计等设计文件、图纸，主要设备和材料明细表，概算编制有关规定、各类定额、取费标准和工程造价信息，初步设计概算、施工图预算等。

（3）施工单位的内部环境保护管理制度，施工组织设计，施工便道、场地、营地、取（弃）土场和砂石料场等临时工程的平面布置图，各项环境保护措施施工记录，已完工工程量清单，环境监理和工程监理资料，环境保护验收记录。

（4）会计核算资料，竣工决算资料等。

2. 审计内容和方法

（1）立项环节开展环境影响评价情况。查阅建设项目可行性研究资料和环境影响评价文件，检查建设单位是否按环境影响评价有关法律法规编写和报批环境影响评价文件，环境影响评价文件是否得到批准；查阅环境影响评价委托合同等资料，检查环境影响评价文件编制单位是否具备规定资质，选择过程是否公开（如经过公开招标程序），收取的评价费用是否合理；查阅环境影响评价文件、建设项目周边环境条件的基础数据和现场调查报告等资料，对照环境影响评价有关法律法规和技术规范，检查环境影响评价文件对建设项目周边环境条件的描述是否与实际情况相符，提出的环境保护措施是否可行等。

（2）设计环节落实环境影响评价文件情况。查阅项目初步设计文件，检查初步设计文件是否包括了环境保护篇章，是否在环境保护篇章中落实防治环境污染和生态破坏的措施以及环境保护设施投资概算，所确定的环境保护措施及投资额是否与环境影响评价文件有关内容一致；查阅施工图设计，对照相关环境技术规范，检查施工图设计是否符合环境保护设计规范和有关要求，审查其技术可行性、经济合理性；查阅初步设计概算、施工图预算编制所依据的概算定额、预算定额、费用定额、税率等，检查其是否适用，是否考虑了项目建设所在地的自然、技术和经济条件；查阅含环境保护措施工程的设计变更施工图，结合专家意见，检查变更是否合理，有较大变更的环境保护相关设计是否经相关部门或单位批准，是否不利于环境保护。

（3）建设项目环境保护资金管理使用情况。查阅初步设计概算，会计资料，检查环境影响评价文件和初步设计概算中批复的环境保护投资是否落实到位并投入使用；查阅初步设计概算，会计资料，竣工决算资料，检查初步设计概算中的环境保护单项工程投资预算是否完成，工程是否按批复建成。

（4）施工环节落实环境保护措施情况。

环境保护措施建设情况。查阅施工单位的内部环境保护管理制度、施工组织设计、环境监理和工程监理资料、环境保护设施验收记录，察看现场，检查：是否设置、安装了处理施工和生活废污水的污水处理装置；施工营地设置、堆放含有害物质的物料是否远离地表水体；施工中是否采取了废污水限排的施工工艺。是否设置、布设了生产、生活垃圾分类收集设施，是否将垃圾分别送至垃圾处理场或其他规定地点进行处理。是否设置、安装了消声、减噪装置；是否制定了专门的施工计划和施工方法，限制了作业时间。是否设置、安装了除尘、减排装置；是否采用了有利于大气环境保护的施工工艺。

植被、自然景观、水土保持、动物保护措施落实情况。查阅施工组织设计、各项环境保护措施相关施工记录、已完工工程量清单、环境监理和工程监理资料、环境保护设施验收记录等，现场察看，检查：施工现场是否按照设计要求采取了拦渣墙、挡土墙、护坡、防风固沙、防洪、防治泥石流等工程或绿化措施，是否对特殊保护地区的表土和原生地表草皮采取了移植、养护、存放和回铺措施，各项工程措施是否符合相应技术规程；检查施工活动是否限制在规定范围内，有无违规进入自然保护区核心区采石取土或其他活动；检查为减少工程阻隔陆生动物迁徙而专门设置的动物通道，或为减少工程阻隔水生动物洄游而专门设置的过鱼设施的设置和建设情况。

临时工程环境保护措施实施情况。查阅施工组织设计，施工便道、场地、营地、取（弃）土场和砂石料场等临时工程的平面布置图，各项环境保护措施相关施工记录、已完工工程量清单、环境监理和工程监理资料、环境保护设施验收记录等，检查临时工程设置地点是否合理，占地面积、取土深度、取土范围、取弃土（砂石）量是否超过地方主管部门的批准范围；是否按照设计指定的位置和规模取用土和砂石；是否按设计要求利用挖土和隧道出渣，对弃渣和弃土全部进行了防护；是否按照设计要求和技术规范对使用后的临时工程用地进行清理、整治、恢复。

环境保护设备采购安装情况。查阅采购合同，现场盘点，检查建设单位或施工单位是否按照合同要求和约定购进环境保护材料和环境保护专用设备，并安装用于设计用途。

（三）清洁生产审计

清洁生产是指不断采取改进设计、使用清洁的能源和原料、采用先进的工艺技术与设备、改善管理、综合利用等措施，从源头削减污染，提高资源利用效率，减少或者避免生产、服务和产品使用过程中污染物的产生和排放，以减轻或者消除对人类健康和环境的危害。清洁生产审计是内部审计机构和内部审计人员对组织开展的清洁生产审核工作的合规性和效果进行的监督和评价活动。清洁生产审计可以与清洁生产审核工作同步进行，也可以对清洁生产实施情况进行单独的监督和评价。

1. 应取得的资料

（1）省级环境保护行政主管部门发布的实施强制性清洁生产审核的企业名单，我国循环经济促进法、清洁生产促进法等法律法规，组织内部关于清洁生产的各项规定等。

（2）清洁生产审核资料，清洁生产项目立项文件、投资计划，核算清洁生产项目收支的会计资料等。

（3）清洁生产实施方案，生产用主要原材料和包装材料使用说明，生产用主要工艺设备参数，"三废"产生和利用情况表，资源能源消耗统计表，资源消耗和污染物排放情况监测报告等。

2. 审计内容和方法

（1）遵守清洁生产相关法规情况。对照省级环境保护行政主管部门发布的实施强制性清洁生产审核的企业名单，查看本企业是否被列入实施强制性清洁生产审核名单的企业；如果是，询问有关工作人员，检查组织是否在规定时间内（名单公布后一个月内），在所在地主要媒体上公布主要污染物排放情况，并在规定时间内（在名单公布后两个月内）开展清洁生产审核工作。查阅有关法律法规，检查企业是否符合申请国家专项资金（如循环经济发展专项资金）申报条件；符合条件的是否申请相关资金支持。查阅相关税收优惠政策，对企业使用或者生产列入国家清洁生产、资源综合利用等鼓励名录的技术、工艺、设备或者产品的，检查是否符合申请享受国家规定的税收优惠政策的条件，符合条件的是否申请享受相关优惠政策。

（2）清洁生产审核程序。查阅组织实施清洁生产审核的有关资料，检查组织：是否认真进行审核前的准备，包括是否在组织内部开展培训和宣传，是否成立清洁生产审核工作小组，是否制订工作计划；是否按规范要求开展预审核，是否对组织基本情况进行全面调查，并通过定性和定量分析，确定清洁生产审核的重点和组织清洁生产的目标；是否通过对生产和服务过程的投入产出分析，找出物料流失、资源浪费环节和污染物产生的原因；是否按规范要求选择清洁生产的实施方案，在选择之前是否对物料流失、资源浪费、污染物产生和排放进行了分析，是否对初步筛选的清洁生产方案进行技术、经济和环境可行性分析，并最终确定企业拟实施的清洁生产方案；是否按规范要求编写清洁生产审核报告，并在规定时间内（名单公布之日起一年内），将清洁生产审核报告报当地环境保护行政主管部门和发展改革（经济贸易）行政主管部门；对聘请相关咨询服务机构协助组织开展清洁生产审核工作的，检查咨询机构是否具备相应的资格条件和良好的经营记录。

（3）清洁生产实施情况。查阅清洁生产实施方案，生产用主要原材料和包装材料使用说明，生产用主要工艺设备参数，"三废"产生和利用情况表，资源能源消耗统计表，资源消耗和污染物排放情况监测报告等，检查组织：是否采用无毒、无害或者低毒、低害的原料替代毒性大、危害严重的原料；是否采用资源利用率高、污染物产生量少的工艺和设备替代资源利用率低、污染物产生量多的工艺和设备；生产过程中产生的废物、废水和余热等，是否进行综合利用或者循环使用，或者转让给有条件的其他企业和个人利用；是否采用了达到国家或者地方规定的污染物排放标准和污染物排放总量控制指标的污染防治技术；产品和包装物的设计是否考虑了对人类健康和环境的影响，是否优先选择无毒、无害、易于降解或者便于回收利用的方案，是否存在过度包装现象；是否采用节能、节水和其他有利于环境保护的技术和设备；对生产、销售被列入强制回收目录的产品和包装物的组织，检查是否按规定在产品报废和包装物使用后对该产品和包装物进行回收；是否对生产和服务过程中的资源消耗以及废物的产生情况进行监测。

（4）清洁生产项目资金使用情况。查阅清洁生产项目立项文件，核算清洁生产项目收支的会计资料等，检查：自筹资金是否足额筹集到位；申请的中央补助清洁生产专项资金是否及时到位；项目资金是否按照规定用途使用，有无挪用和损失浪费问题。

（四）节能审计

节能审计是指内部审计机构和内部审计人员对组织能源节约措施实施情况和效果进行的监督和评价活动。

1. 应取得的资料

组织内部的节能方案，节能评估资料，合同能源管理资料，能源消耗统计资料，节能项目申请资料和资金核算资料，我国节约能源法、固定资产投资项目节能评估和审查暂行办法、合同能源管理项目财政奖励资金管理暂行办法、合同能源管理技术通则等法规和标准。

2. 审计内容和方法

（1）节能管理情况。查阅组织的节能方案、能源消耗统计资料等，检查组织：是否制定并实施节能计划和节能技术措施；是否建立节能目标责任制；是否定期开展节能教育和岗位节能培训；是否按照规定配备和使用经依法检定合格的能源计量器具；是否建立能源消费统计和能源利用状况分析制度，对各类能源的消费是否实行分类计量和统计，并确保能源消费统计数据真实、完整。

（2）节能评估开展情况。查阅组织的节能评估资料，检查组织：是否根据固定资产投资项目建成投产后年能源消费量编制节能评估报告书、节能评估报告表，或者填写节能登记表；是否委托有能力的机构编制节能评估文件，节能评估报告书内容是否符合要求；节能评估文件的编制费用是否列入项目概预算；节能评估文件是否送相应的发展改革部门实施节能审查并获批准。

（3）节能资金使用情况。对获得中央或地方节能专项补助资金支持的企业，查阅节能项目申请资料和资金核算资料，检查：资金申请资料是否真实，有无骗取资金的嫌疑；资金是否足额到位，是否按规定使用；资金对应项目的完成情况，是否实现预期目标。

（4）合同能源管理。查阅合同能源管理合同等资料和相关会计资料，检查：组织是否委托具备备案资格的节能服务公司提供专项节能服务，并签订合同能源管理合同；节能服务公司是否按合同履行投入、管理等义务；合同能源管理项目是否达到计划节能量，实现预定的节能效益；组织是否按合同约定支付节能服务费用；组织是否符合申请合同能源管理项目财政奖励资金的条件，如符合，是否申请，申请的资金是否及时到位。

（五）污水处理审计

对组织生产经营和职工生活产生的污水进行适当处理并达标排放，是组织的一项法律义务，目的是削减污水中的污染物，保护水体质量。污水处理审计是内部审计机构和内部审计人员对组织污水排放和水污染防治措施的合规性和效果进行的监督和评价活动。

1. 应取得的资料

排污登记资料，排污许可证，环境影响评价资料，污水排放统计资料，污水处理设施运行记录，水质监测设施运行记录，水质监测资料，污染减排责任书，我国水污染防治法等法律法规。

2. 审计内容和方法

（1）开展环境影响评价情况。查阅环境影响评价资料，检查：组织新建、改建、扩建直接或者间接向水体排放污染物的建设项目和其他水上设施，是否进行环境影响评价；项目投入生产或者使用之前，水污染防治设施是否经过环境保护部门检验，并达到相关要求（具体内容和方法参见"建设项目环境影响评价审计"内容）。

（2）排污登记情况。对于直接或者间接向水体排放污染物的企事业单位，查阅排污登记资料，询问相关人员，检查组织是否按规定向县级以上环境保护主管部门进行排污申报登记。

（3）排污许可情况。在江河、湖泊设置排污口的，查阅排污许可证及相关资料，现场察看，检查组织是否报经水行政主管部门批准设置排污口，且排污口设置在指定位置。

（4）排污监测情况。对于重点排污单位，查看监测设备运行记录，检查：组织是否按规定安装水污染物排放自动监测设备；自动监测设备是否与环境保护主管部门的监控设备联网，并保证监测设备正常运行；组织是否对其所排放的工业废水进行监测，并保存原始监测记录。

（5）污水处理情况。企业自行处理污水的，查阅污水处理设施运行记录，检查：处理工艺是否符合规范要求，是否能够有效去除污水中的污染物；全部污水是否都经过处理，污水处理设施的污水处理量是否达到设计要求；处理后的污水回用的，是否达到回用标准；处理后的污水向水体排放的，是否达到国家或地方规定的排放标准；污水处理成本是否得到有效控制；其他水污染防治措施的实施情况及效果。

（6）污水排放情况。查阅污染减排责任书、污水排放统计资料，检查组织是否完成减排目标，是否向水体排放禁止排放的物质。

（六）固体废物处理审计

固体废物主要包括生活垃圾、工业固体废物和危险废物等，对水环境、居住环境和人民群众的生命安全有较大的影响。固体废物处理审计是内部审计机构和内部审计人员对组织固体废物产生和处理措施的合规性和效果进行的监督和评价活动。

1. 应取得的资料

排污登记资料，环境影响评价资料，固体废物产生和处理的统计资料，固体废物处置记录，环境事故应急预案，我国固体废物污染环境防治法、危险化学品安全管理条例、废弃危险化学品污染环境防治办法等法律法规。

2. 审计内容和方法

（1）开展环境影响评价情况。对建设产生工业固体废物的项目以及建设贮存、处置固体废物的项目的，查阅环境影响评价资料，检查：组织是否按规定开展环境影响评价；项目投入生产或者使用之前，固体废物贮存、处置设施是否经过环境保护部门检验，并达到相关要求（具体内容和方法参见"建设项目环境影响评价审计"内容）。

（2）固体废物处理情况。对产生工业固体废物的单位，查阅排污登记资料，询问相关人员，检查是否按照规定向所在地县级以上环境保护行政主管部门提供工业固体废物的产生量、流向、贮存、处置等有关资料；查阅固体废物处置记录，察看固体废物处置设施运转情况，检查是否按照规定建设贮存或者处置的设施、场所，用于贮存或者处置不能利用或者暂时不利用的工业固体废物；检查露天贮存的冶炼渣、化工渣、燃煤灰渣、废矿石、尾矿和其他工业固体废物，是否设置专用的贮存设施、场所，是否对周围水体、土壤造成污染；其他固体废物污染防治措施的实施情况及效果。

（3）危险废物处理情况。对产生危险废物的单位，查阅排污登记资料，询问相关人员，检查是否按照规定申报登记；查阅危险废物处置记录，察看危险废物处置设施运转情况，检查组织是否按规定对危险废物进行处置，或送到集中处置设施处置；转移危险废物的，检查组织是否按照规定填写危险废物转移联单，并向危险废物移出地和接受地的县级以上地方人民政府环境保护行政主管部门报告；查阅环境事故应急预案，检查组织是否制定在发生意外事故时采取的应急措施和防范措施，并向所在地县级以上地方人民政府环境保护行政主管部门报告。

（七）废气处理审计

组织生产经营中排放的废气是大气污染物的重要来源。废气处理审计是内部审计机构和内部审计人员对组织废气产生和处理措施的合规性和效果进行的监督和评价活动。

1. 应取得的资料

排污登记资料，环境影响评价资料，废气排放统计资料，废气处理设施运行记录，废气监测设施运行记录，废气监测资料，污染减排责任书，我国大气污染防治法等法律法规。

2. 审计内容和方法

（1）开展环境影响评价情况。对新建、扩建、改建向大气排放污染物的项目的，查阅环境影响评价资料，检查：项目是否按规定开展环境影响评价；项目投入生产或者使用之前，大气污染防治设施是否经过环境保护部门检验，并达到相关要求（具体内容和方法参见"建设项目环境影响评价审计"内容）。

（2）申报登记情况。查阅排污登记资料，询问相关人员，检查向大气排放污染物的单位是否按规定向所在地的环境保护部门申报拥有的污染物排放设施、处理设施和在正常作业条件下排放污染物的种类、数量、浓度，并提供防治大气污染方面的有关技术资料。

（3）废气治理情况。查阅废气排放统计资料、废气处理设施运行记录、废气监测设施运行记录、废气监测资料等，检查：向大气排放含放射性物质的气体和气溶胶的，是否符合国家有关放射性防护的规定；向大气排放恶臭气体的，是否采取措施防止周围居民区受到污染；向大气排放粉尘的，是否采取除尘措施；向大气排放污染物超过规定的排放标准的，检查是否采取有效措施进行治理。

（4）脱硫情况。对燃煤电厂和其他大中型企业，查阅二氧化硫排放统计资料、脱硫设施运行记录、污染减排责任书，检查：组织是否建设配套脱硫、除尘装置或者采取其他控制二氧化硫排放和除尘的措施；脱硫装置是否达到预期效果；组织是否完成二氧化硫减排目标。

（八）环境支出审计

环境支出是为了防止环境污染而发生的各种费用，以及为改善环境、恢复自然资源的数量和质量而发生的各种费用支出。常见的环境支出包括排污费、污水处理费、水资源费、环境保护税和各种环境治理支出。另外，组织在经营过程中，可能污染土地、空气和水，在重组中也可能购入污染工艺或受污染的资产，这些事项的结果可能导致企业在将来承担环境治理责任。此类"环境污染整治"事项被称为或有事项。内部审计机构应保持职业敏感性，对组织是否面临此类或有事项及其会计处理方式进行审查与评价，向管理层提出应对建议。环境支出审计是内部审计机构和内部审计人员对环境支出的真实性、合法性进行的监督和评价活动。

1. 应取得的资料

（1）排污费、水资源费、污水处理费等各类费用的缴费通知单、缴费标准和相关法规，污水处理协议，相关会计资料等。

（2）企业重组协议、土地购置协议等资料（主要关注重组对象的历史环境负债和治理义务、购置土地的污染状况等），以及重组双方、购置双方关于历史遗留环境问题治理义务的约定。

2. 审计内容和方法

（1）排污费（环境保护税①）计缴情况。核对环境保护部门下达的"排污费缴费通知单"和组织实际计缴排污费数量，检查组织：是否足额、及时计缴排污费；申请的排污费缓缴或免缴手续是否合规；是否重复缴纳排污费和污水处理费②。

（2）水资源费计缴情况。核对水资源主管部门下达的水资源费缴费通知单和组织实际缴纳的水资源费，检查组织：是否足额缴纳水资源费；是否按规定自收到缴纳通知单之日起七日内办理缴纳手续；对超过批准

---

① 编写此书时，环境保护税法已纳入立法程序，正在制定中。

② 对企事业单位而言，污水处理费与排污费一般不同时缴纳。企事业单位排放的废水如果进入城镇污水处理设施，按照规定需要缴纳污水处理费；如果不进入城镇污水处理设施而是直接排入河流等地就不需要缴纳污水处理费，但要缴纳排污费、超标排污费。如果排入城镇污水处理设施的废水达不到国家或地方规定的行业排放标准，除应缴纳污水处理费外，还要缴纳超标排污费。

的年度取水计划取水的，检查组织是否按累进费率缴纳水资源费；申请缓缴水资源费的程序是否合规。

（3）污水处理费计缴情况。取得污水处理费征收协议确定的应缴污水处理费金额，或主管部门下达的污水处理费缴纳通知单金额，与组织实际支出的污水处理费相比较，检查组织：是否足额、及时支付污水处理费；申请污水处理费"减、免、缓"的手续是否合规；是否重复缴纳排污费和污水处理费。

（4）环境或有事项。查阅土地购置协议，了解购置地块的土壤污染状况，以及购置双方关于土壤污染治理义务的约定，检查组织是否因购置污染土地而承担土壤污染治理的义务；查阅相关会计准则和组织的会计政策，检查组织对上述或有事项的会计处理方式是否合规，是否应在会计报表附注中披露预计负债；或有事项相关义务确认为预计负债的，检查组织是否充分考虑与或有事项有关的风险和不确定性，在此基础上按照最佳估计数确定预计负债的金额。

第三节　环境审计方法

环境审计与其他审计相比，在审计方法上既有共同之处，也有不同之处。有些方法则是环境审计所特有的。

一、通用方法

内部审计一些通用的审计方法，如审核、观察、监盘、访谈、调查、函证、计算、分析程序等，广泛用于环境审计的取证当中。

环境审计需要对多种来源的资料进行审核。环境审计需要审核的资料，除了常见会计资料之外，还包括组织内部的环境管理系统资料、经营活动资料，组织外部的法律法规、国家和地方标准等资料，在范围上远远超过其他审计业务所需要的资料。其中许多资料来源于第三方，如环境监测部门监测报告等。

环境审计需要实地观察生产运行、环境设施运转和污染状况等，以获取关于生产工艺、环境设施运转、污染物排放等证据。由于环境审计的专业性强，内部审计人员利用观察法取证时，通常需要由被审计单位的专业人员或外部专家陪同。

环境审计需要对环境污染防治设施数量、环境应急设施数量等进行实地盘点，以评价组织环境设施的运营情况和环境风险应急能力。

环境审计人员通过询问被审计单位人员、专家等，以获取口头或书面证据，增加对环境问题的认识，降低审计风险。

环境审计中涉及环境状况的证据通常由第三方提供。函证是获取此类证据的有效方法，如通过发函向环境保护等部门索取相关证据。有时，内部审计机构通过函证方式向主管部门或营利机构索取证据需要支付一定的费用，如向环境保护部门购买监测数据、向测绘单位购买测绘数据等。此时，审计人员需要进行成本效益分析，以决定是否采用这一方法。

环境审计中还需要对环境支出的真实性进行复算，有时也会对环境数据进行复算，如污水排放量等数据。在进行后一类计算时，内部审计人员应事先与被审计单位人员进行沟通，就计算依据和计算方法等取得一致，避免分歧。

二、专门方法

除上述通用审计方法外，环境审计还经常使用一些特殊的工具或方法，如环境调查问卷、环境成本分析、GPS 和 GIS 技术等。

（一）环境调查问卷

环境调查问卷是内部审计机构和内部审计人员调查了解情况的有效手段，能够较为全面、客观地了解被调查对象的真实想法和观点，提高审计证据的相关性和可靠性。如，内部审计人员计划对组织"三废"污染的防治效果进行评价，可以对居住在企业周边的群众开展问卷调查，了解居民对污染状况的直接感受。在对组织的环境管理系统进行审计时，审计人员可以通过在组织内部开展问卷调查的方式，了解组织内的工作人员对组织环境管理系统的认知程度，评价组织开展的环境管理系统宣传工作的效果。

（二）环境成本分析

内部审计机构和内部审计人员可以通过开展环境成本分析为组织内其他部门提供咨询服务。这里的环境成本包括为达到环境保护法规强制实施的环境标准所发生的费用，如污染治理投入；国家在实施经济手段保护环境时组织所发生的成本费用，如环境保护税、排污费等。内部审计人员可以根据不同目的对组织的环境成本进行分析预测。如，为测算一定时期内的环境成本，可对组织面临的长期环境成本支出（因环境问题组织在一个较长时期内需持续支付的费用，如企业每年缴纳的排污费）和短期环境成本支出（组织为环境问题一次性支付的费用，如企业的环境保护设备支出）进行分析测算；为权衡一项经营活动或事项在不同进展阶段的环境成本，便于更好地控制成本，可以对事前环境成本（为减轻对环境的污染而事前予以开支的成本，如环境资源保护项目的研发费用、组织内部环境保护部门的管理费用）、事中环境成本（生产过程中发生的环境成本，如治理污染水源的成本）、事后环境成本（对因生产遭受的环境资源损害给予修复而引起的开支，如污水处理成本）分别进行分析等。

（三）GPS（全球定位系统）和GIS（地理信息系统）技术

许多环境数据具有地理属性，如排污口的地理位置信息、垃圾清运车辆的位置信息、林地面积等。政府环境审计已广泛使用这两项技术开展水污染防治审计、国土资源审计、林业资源审计等。内部审计人员也可以运用GPS和GIS技术，收集和处理含有地理信息的数据，提高审计取证的准确性和效率。如，垃圾清运企业的内部审计人员，可以利用

GPS 技术对装有定位设施的垃圾清运车辆进行实时定位和运行线路分析，判断车辆运行状况、分析不同运行线路的成本效益；购置污染土地的企业的内部审计人员，可以利用 GIS 软件对购置土地的面积进行重新测量，辅助估算污染治理成本；森工企业的内部审计人员可以利用 GIS 技术，对管辖林区不同时期的卫星图片进行比对，查找非法采伐区域的线索。

三、利用外聘专家工作

环境审计的专业性和政策性强，开展审计所需的专业知识和技能常是审计人员所不具备或不擅长的。在这种情况下，外聘专家是解决能力不足最有效和最具成本优势的做法。外聘专家主要提供专家咨询服务，服务于审计取证工作。利用专家的方式包括：协助取证、开展专业数据分析、提供审计评价意见等。

在利用外聘专家时应坚持成本和有效原则，具体通过以下措施降低专家利用成本，提高利用效果。

一是明确需求。内部审计机构在准备聘请专家前，应详细论证审计取证需求，明确需要专家给予哪方面的帮助，解决什么具体问题。需求不明确常常会增加专家利用的成本，降低工作效率。

二是确保权威性。为减少分歧，提高效率，内部审计机构应优先聘请行业公认或组织公认的外部专家提供专家咨询服务。

三是加强管理。通过签订合同和保密协议的方式，加强对外聘专家工作的约束，保证审计质量。需要长期聘请专家的，可以建立"专家库"，制定管理办法，明确专家的权利和义务，并对专家利用情况进行日常记录和定期评估。

第四节 环境审计应注意的问题

环境审计是一项极富挑战性的工作。内部审计机构和内部审计人员在组织开展环境审计时需要注意以下三个方面的问题。

一、环境审计人员的知识背景

《内部审计基本准则》规定，"内部审计人员应具备必要的常识及业务能力，熟悉本组织的经营活动和内部控制，并不断通过后续教育来保持和提高专业胜任能力"。借鉴最高审计机关国际组织（INTOSAI）提出的对环境审计从业人员的基本要求，从事环境审计的内部审计人员至少应具备以下知识背景和专业技能：

一是熟悉本组织的经营活动和内部控制。尤其是熟悉本组织经营中面临的主要环境风险、组织内部的环境要素、组织的环境管理系统等。能够通盘考虑、合理安排组织内的环境审计事务。

二是必要的环境基础知识、环境政策和环境法规知识。

三是具备开展环境财务审计、遵循性审计和绩效审计的能力。能够根据需要分别或同时开展环境财务审计、遵循性审计和绩效审计。

四是具备一定的数据分析能力。能够开展环境成本分析，能够在技术专家的指导下利用 GPS 和 GIS 等软件对地理信息数据进行分析。

五是管理专家工作的能力。环境审计经常利用外部专家经验。审计人员应能够有效地管理专家的工作，确保专家工作的质量。

六是具有处理人际关系和进行交流的足够技巧。

二、环境审计组织方式

环境问题涉及组织生产经营和管理活动的全过程和各个方面。环境管理是组织内部控制系统的组成部分。在实践中，一些环境审计项目并不适合单独开展，比如对建设资金中的环境保护资金的审计，无法将其从整个资金中分出来审计，也无此必要。环境审计可以更为灵活的方式开展。

一种方式是单独的环境审计项目。内部审计机构将其单独列入审计计划，安排专门的时间、人力和物力来开展，出具单独的审计结果文书。如对污水处理设施建设和运营情况开展审计，对环境支出情况进行审计，对清洁生产情况进行审计等。单独的环境审计项目对审计人员的能力要求比较高，需要审计人员对相关环境事项有比较深入的了解和把握。

另一种方式是开展嵌入式的环境审计项目。即不单独安排环境审计项目计划，而是在开展其他审计业务时，完成对相关环境事项的审计，在最终的审计结果中反映环境审计的相关内容。如，在开展财务收支审计时，对环境收支进行重点审计；在开展基本建设项目投资审计时，对建设项目环境影响评价程序的遵循情况开展审计；在开展经济责任审计时，关注领导人任职期间节能减排工作目标责任制的完成情况等。

三、环境审计证据的效力

环境审计具有很强的专业性。在审计取证过程中，内部审计人员应采取一些特殊方法，以提高审计证据的相关性、可靠性和充分性。

一是重视外部证据的运用。在有些情况下，环境审计需引用外部证据提高审计证据的可靠性。这些证据既不是审计人员直接加工生成的，也不是被审计单位生成的，而是由第三方提供的、为审计结论提供重要支持的证据，如环境监测部门的监测报告、测绘部门的测量数据等。这类证据具有两个特点。首先是专业性。证据中有关环境的内容超出审计人员的知识背景、技术能力和资质条件，需由专门的技术单位或人员提供。其次是权威性。此类证据一般由所在行业具有一定权威和相应资质的单位提供。鉴于上述特点，内部审计人员在实施环境审计时，应重视该类外部证据的应用，并关注证据的权威性。尽可能选择权威性高的单位提供证据，并要求其在提供的证据上加盖计量认证或相关资格证章。

二是充分运用影像证据。在证明环境保护设施运转情况、排放污染物状况等方面，影像数据比一般的文字证据更形象、更具有说服力。如，证明排污口排污情况的现场录像、被非法砍伐的林地的现状照片都属于这类证据。使用这类证据时应注意三点。首先是需要与文字证据配合使用。影像数据尽管直观，但审计人员无法将其直接与审计标准比较并得出审计结论，通常需要辅之以文字证据对影像数据进行解析说明，两者共同支持审计结论。其次是挖掘影像数据的多重用途。一些影像既是直接的审计证据，也是审计分析的数据基础。比如，反映同一区域不同时期地貌情况的卫星图片，既可以作为直接的审计证据证明地貌现状，也可以用来对比分析同一区域地貌的变化情况，为进一步的审计查证提供线索。此外，在取得影像数据时，需要审计人员和被审计单位人员同时在场，确保被审计单位对证据真实性的认可。

三是充分披露时间和空间信息。证明环境状况、地形地貌的环境审计证据均包含时间和空间等元素，缺少这些信息，会降低证据的效力。如，使用一组水质数据评价污水处理的效果时，如果缺少污水取样的时间信息，将无法对水质变化情况做出趋势分析；在利用照片证明非法砍伐问题时，也应注明照片的拍摄时间、林地的边界等信息，否则也将无法证明照片与该块林地的对应关系。时空信息的标注有两种方法，一种是在文字证据中直接说明，一种是利用专门工具或软件在影像数据上进行标注。有的仪器自带标注时间信息的功能，如照相机、摄像机；有的需要使用专门软件生成时空信息，如利用地理信息系统软件在地图上标注地理坐标。

四是将审计标准写入审计证据中。环境审计标准应成为审计证据的一部分，这是由环境审计的专业性决定的。通常审计人员会将审计标准写在审计底稿中，据此得出审计结论。但在环境审计项目中，涉及环境专业的审计标准的选择有很强的专业性，比如，选择通用标准还是行业标准，选择国家标准还是地方标准等。标准选择经常是审计人员和被审计单位发生分歧的地方。审计人员有必要提前就选择的审计标准与被审计单位取得一致意见，以避免争议、提高效率。为实现这一目的，在审计证据中公开审计标准、请被审计单位对审计发现和审计标准同时认可是一种比较可行的方法，有助于提前消除双方的分歧，提高审计工作的效率。

本章小结

本章主要介绍了内部环境审计的含义、目标、内容和方法，以及应注意的问题等。本书将环境审计定义为内部审计机构和内部审计人员对组织内部与环境相关的内部控制和经营活动进行的审查与评价，主要类型包括：环境管理系统审计、建设项目环境影响评价审计、清洁生产审计、节能审计、污水处理审计、固体废物处理审计、废气处理审计、环境支出审计等。

环境审计的总体目标与组织环境工作的最终目标一致，即遵守环境相关的法律法规、履行组织的社会责任。具体目标包括：审查和评价企业经营活动遵守环境保护相关法规、政策和标准的情况；审查和评价组织与环境保护相关的经营活动的绩效；审查和评价环境管理系统的充分性和有效性；审查和评价环境会计报告的客观性和公允性。

环境审计除运用通用的内部审计方法之外，还经常使用环境调查问卷、环境成本分析、GPS 和 GIS 技术、利用外聘专家等方法。其中，利用外聘专家是解决审计人员环境专业知识和技能不足的最好途径。

内部审计机构和内部审计人员在组织和开展环境审计时，应具备一定的知识背景，采取灵活的组织方式，并通过取得外部证据、运用影像证据、披露时空信息、将审计标准写入审计证据等方式，提高环境审计证据的证明效力。

第十三章 信息系统审计

本章提要

随着信息技术的普及和发展，组织的日常经营管理、战略决策越来越依赖其信息系统。信息的可用性、质量、安全已经成为决定组织生存发展的重要问题。本章共分四节，从内部审计的视角出发，将信息系统纳入审计的范畴，在介绍了信息系统审计的含义、分类、目标和内容之后，着重介绍信息系统审计的流程步骤和技术方法，并就信息系统审计中值得关注的问题，如信息系统的生命周期审计、信息系统审计的组织方式以及信息系统审计人员应具备的知识背景进行了阐述。

第一节 信息系统审计概述

信息系统审计是全球审计界共同关注的话题，是伴随着信息科技的飞速发展而不断发展起来的。在我国"信息化带动工业化、工业化促进信息化"建设方针的指引下，信息系统日益成为企业和行政事业单位信息处理的重要手段，信息技术为信息处理能力和水平的提高提供了强大的支持，同时信息系统的高度复杂性和自动化处理机制也为业务和财务运行带来了风险。因此，组织对信息系统的依赖，传统审计载体的变更，促使审计人员更多地关注信息系统，也促使审计人员积极开展信息系统审计。

信息系统审计最初是从国外发展起来的，经历了20世纪60年代的萌芽，70 年代的发展，80 年代的成熟及 90 年代的普及等多个阶段。

20 世纪 60 年代，由于纸质会计资料被电子数据取代，对账务的手工处理变成了计算机操作，审计人员越来越多地关注电子数据的获取、处理及分析，这时信息系统审计的雏形电子数据处理（EDP）审计应运而生。这一时期的 EDP 审计是作为传统审计方式的扩展发展起来的，较多地集中在国外大型会计师事务所。在信息技术应用比较深入的金融机构，还设立了电子数据处理和安全办公室，开始专门评价该部门的电子数据处理和安全。美国海军审计局引进了通用审计软件包。为了对 EDP 审计进行指导，1969 年 EDP 审计师协会在美国洛杉矶成立。

20 世纪 70 年代，随着计算机应用的普及，利用计算机进行欺诈和舞弊的犯罪事件不断出现。1973 年 1 月，美国"产权基金公司"的保险经营商利用计算机诈骗了数亿美元，负责对其审计的会计师事务所被判赔偿损失，该事件引起了审计界的震惊。美国开始重新重视信息系统应用给审计工作带来的风险，并对 EDP 审计标准、内部控制评价、信息系统审计方法等问题进行了深入的研究。1978 年，美国 EDP 审计师协会推出了信息系统审计师（CISA）认证考试，成为信息系统审计发展职业化的开端。

进入 20 世纪 80 年代，网络和通信技术迅速发展，企业总部与分支机构的信息资源交互与共享使得企业更注重从战略目标出发建立集成信息系统。业务数据与财务数据的大量交互使得审计人员在进行财务审计时必须考虑信息系统的安全、可靠及效率，以保证信息的真实完整。这一时期计算机辅助审计技术得到广泛应用，对信息系统进行直接审查以及运用审计测试技术，使审计人员能够更加深入地了解信息系统的开发、程序设计及信息处理的具体过程，开始尝试运用嵌入审计程序的方式开展信息系统审计。

20 世纪 90 年代，信息系统越来越复杂，互联网技术深刻改变着人们的业务处理方式和思维方式，催生了企业的数据大集中及信息系统网络化。集中化的业务处理方式提高了信息共享与资源交互程度的同时，也暴露了业务处理过度依赖信息系统的弱点。因此，如何确保网络条件下信息系统的安全、可靠和有效就变得越来越重要。为了更好地指导信息系统审计，1992 年，国际组织最高审计机关（INTOSAI）成立了 EDP 审计委员会，对成员国的信息系统审计进行指导并相互交流。伴随计算机对被审计单位各个业务环节的影响越来越大，计算机审计也从单纯的关注电子数据处理，延伸到对计算机系统的可靠性、安全性进行了解和评价。1994 年，该协会正式更名为信息系统审计与控制协会（ISACA），先后制定了信息系统审计相关的标准、指南和程序，对信息系统审计进行指导。目前，ISACA 组织已经在全球 75 个国家和地区建立了 185 个分支机构。这一阶段在成立职业化国际组织的同时，信息系统审计技术也实现了突飞猛进的发展，标志着信息系统审计在发达国家进入了普及阶段。

一、信息系统审计的含义

信息系统审计在不同发展时期内涵有所不同，不同国家各个发展阶段的定义也略有不同。目前关于信息系统审计的概念，国内外尚没有统一定义。

美国著名学者 Ron A. Weber 认为，信息系统审计是一个获取证据，对信息系统是否能保证资产的安全，数据的完整，以及是否有效地使用了组织资源并有效地实现了组织目标做出评价和判断的过程。该定义得到较为广泛的流传，印度审计署颁布的 IT 审计手册也采用了该定义。

ISACA 协会则认为，信息系统审计是一个搜集和评估证据的过程，以确定信息系统和相关资源是否受到充分保护，是否能保障数据和系统的完整性，是否能提供相关和可靠的信息，是否有效使用组织资源以实现组织目标并建立了有效内部控制体系可以合理保障组织运营和控制目标。

日本通产省（METI）在 1996 年修订了信息系统审计准则，指出信息系统审计是为了信息系统的安全、可靠与有效，由独立于审计对象的 IT 审计师，以第三方的客观立场对以计算机为核心的信息系统进行综合检查与评价，向 IT 审计对象的最高领导提出问题与建议的一系列活动。

我国也颁布了一些相关准则，对信息系统审计的概念进行了定义。中国内部审计协会颁布的《第 2203 号内部审计具体准则——信息系统审计》中指出，信息系统审计的目的是通过实施信息系统审计工作，对组织是否实现信息技术管理目标进行审查和评价，并基于评价意见提出管理建议，协助组织信息技术管理人员有效地履行职责。

综合上述定义，可以看出：信息系统审计是由有客观立场的独立审计师实施，包括国家审计机关、内部审计机构中的工作人员，以及独立的具有信息系统审计资质的第三方机构中的 IT 专业人员等；信息系统审计的对象是信息系统以及利用组织资源实现的以信息系统为载体的一切活动，包括计算机软硬件组成的信息系统，运行于系统中的业务应用及数据处理活动，保障系统运行的外部环境以及系统生命周期的所有活动等。信息系统的外部审计目标是评价及鉴证，资产是否具备安全性，数据及信息是否具备有效性，利用资源是否具备经济性等，内部审计目标是在保障信息安全、数据完整、系统满足业务流程要求的基础上，侧重在信息决策方面为领导层提供管理建议，决策支持，帮助更高效地实现组织目标等。

本书认为，在现代内部审计领域，信息系统审计是根据相关法律法规及标准规范，在规定的内部审计范围内，使用业务流程描述、系统测试、数据分析等技术方法，获得与评估审计证据，对信息系统的安全性、有效性和经济性进行独立的专业判断，基于评价意见提出管理建议的过程。

二、信息系统审计的分类

按照不同的标准或维度，可将信息系统审计进行不同的分类：

（一）按照信息系统发展生命周期阶段划分

按照信息系统发展的生命周期阶段划分，信息系统审计分为系统开发审计、系统验收交付审计和系统运行维护审计。

信息系统遵从事物发展的客观规律，存在产生、发展、成熟、消亡或更新的过程，称为信息系统的生命周期，包括系统规划、系统分析、系统设计、系统实施和系统运行五个阶段。各阶段存在相应的风险点及控制活动。从审计角度来说，生命周期审计是对系统的全面审计，要涉及信息系统生命周期的各个阶段，归纳共性特征，主要包括系统开发审计、系统交付验收审计和系统运行维护审计。

（二）按照内部控制在信息系统中的作用范围划分

按照内部控制在信息系统中的作用范围不同，信息系统审计分为总体控制审计、一般控制审计和应用控制审计。

1. 总体控制审计

总体控制是指信息系统所处内外环境的控制，通常指治理层及管理层对信息技术治理职能及内部控制重要性的态度、认识和措施等。总体控制审计把信息系统放到被审计单位内外部环境中去分析、评价，关注信息系统的总体状况及主要的风险点，它体现了审计的全面性和系统性，为一般控制和应用控制审计把握重点提供了前提条件。一般在审计还没有全面开展前，审计人员需要全面了解被审计单位的总体控制情况，以便编制信息系统审计项目的审计工作方案。

2. 一般控制审计

一般控制是确保信息系统正常运行的制度和工作程序，其主要目标是保护数据与应用程序的安全，并确保在异常中断情况下计算机信息系统能持续运行。对一般控制的审计中，审计人员应当采用合适的方法、合理的技术手段针对被审计信息系统的安全管理、访问控制、配置管理、职责分离以及应急计划等方面的控制进行检查与测试，以评估信息系统一般控制的效力，也可以为数据审计提供审计线索和依据。

3. 应用控制审计

应用控制是指通过应用系统来实现的业务控制。应用控制审计的目的是评价信息系统的完整性、准确性、有效性、机密性和可用性，进而发现重要财务收支以及相关经济活动的问题，揭示系统重大风险。

应用控制可以是人工实施的控制，也可以是由计算机程序实施的自动化控制。应用控制的设计要结合具体业务进行。应用控制审计主要包括业务流程控制审计和数据逻辑控制审计两大类的内容。国外信息系统理论中的应用级一般控制被本书归为一般控制审计内容。

第二节　信息系统审计的目标和内容

信息系统审计的最终目的是帮助组织实现良好治理与内部控制中的系统目标，即促进承载业务的信息系统能够真实、完整、有效地提供业务流程服务，在持续的时间中能够保障与发展战略相契合的业务系统运行安全、可靠与稳定。

一、信息系统审计的目标

信息系统审计的目标是对被审计单位信息系统的安全、有效（可靠）、经济以及能否有效地使用组织资源、实现组织目标等发表审计意见并提出改进建议。

在大多数被审计单位中，信息系统是有效使用组织资源、实现组织目标的重要手段，无论在信息系统的规划、设计还是运行、维护等过程中，都强调信息系统要为实现组织目标服务。信息系统的最终目标与组织目标是一致的，是符合业务发展要求的。内部审计机构组织开展的信息系统审计不仅要查出信息系统出现的问题，揭示风险，更重要的是要帮助被审计单位实现自身目标，因此信息系统审计把是否有效地利用组织资源和帮助实现组织目标作为其审计目标。

结合内部审计工作实践，内部信息系统审计的具体目标包括促进实现信息系统的安全性、有效性和经济性。

信息系统的安全性是指系统的硬件、软件、网络和数据资源是否得到妥善的保护，不因自然和人为的因素而遭到破坏、更改或者泄露系统中的信息。审计中要关注信息系统存在的问题或隐患对于国家和被审计单位经济活动安全和信息安全有何重大影响，并对如何防范、消除这些影响提出审计建议。

信息系统的有效性是指系统能否实现既定目标，系统各项业务的处理过程是否符合国家有关法律法规的要求，是否做到真实、完整、准确反映业务处理过程和处理结果。信息系统的有效性与信息系统业务有关，评价有效性必须对信息系统业务有所了解。审计中要关注信息系统功能是否能够支持组织的业务目标的实现，系统运行是否可靠，电子数据是否完整可用；系统存在的问题或隐患对于被审计单位主要经济活动和财务指标有何重大影响。

信息系统的经济性一般意义上是指在信息系统建设运行过程中，是否通过较低的资源投入获取合理的预期效果。在经济责任审计中也可以指是否根据经济责任的约定履行了信息系统建设应用责任。信息系统审计要关注信息系统的建设、开发过程是否合规，是否有良好的经济效益或社会效益；系统的运行是否实现了建设设计目标，是否给被审计单位的业务运行带来了合理的回报。

与其他审计类型的目标相比，信息系统审计目标具有如下特点：

（1）与信息系统本身的性能相关。信息系统审计是对信息系统的安全、可靠、有效和效率提出意见，这些评价对象都与信息系统本身的性能密切相关。这就要求信息系统审计人员的思维要与一般财务审计人员的思维有所不同。

（2）因功能改变而有所侧重。被审计单位的业务千差万别，决定了其信息系统的功能也是千差万别的。由于功能的不同，各种信息系统对安全性、有效性、经济性等要求是有所侧重的。内部审计人员在审计的时候应该考虑系统业务的不同，在制定审计目标时有所侧重。

（3）与信息系统目标的一致性。信息系统是工具和手段，其根本目的是为被审计单位服务。在信息系统的设计和实施过程中，往往融入一些先进的管理理念和方法，因此信息系统的运行过程就是一个管理和反馈的过程。这就要求内部审计人员在审计过程中不仅要了解信息系统审计的目标，还要熟悉被审计单位的有关业务和目标任务，在审计过程中关注信息系统如何有效地使用组织资源实现组织目标。

二、信息系统审计的内容

信息系统审计的内容通常可分为总体控制审计、一般控制审计以及应用控制审计。在信息系统审计中通过对系统的总体把握、符合性测试、初步评估、关键控制环节分析、实质性审查，逐步形成信息系统审计不同阶段关注的审计内容，审计的重点依不同阶段、不同审计目标而各有侧重。

信息系统审计的内容是根据审计目标而确定的。信息系统的所有组成部分都是信息系统审计的实体对象，与信息系统业务应用及系统运行相关的内外部环境、与信息系统管理相伴的控制活动均可作为信息系统审计内容。本书借鉴总体控制、一般控制和应用控制的分类体系，以审计分类、审计事项的级次表述如下。

表 13 - 1　信息系统审计的内容体系

审计分类	审计事项
总体控制审计	外部合规要求
	被审计单位主营业务
	IT 治理体系
	IT 战略规划
	IT 投资政策
	IT 运维管理
	信息安全管理制度
	人力资源政策
	内部审计制度

审计分类	审计事项
一般控制审计	安全管理
	访问控制
	配置管理
	职责分离
	应急计划
应用控制审计	业务流程控制
	输入控制
	输出控制
	处理控制
	接口控制
	数据库管理
	数据逻辑控制审计

（一）总体控制审计

审计人员在审计通知书下达后，审计还没有全面开展前，需要全面了解被审计单位的总体控制情况，结合审计项目的基本要求，针对具体情况采取系列调查和符合性测试分析等多种方法进行信息系统审计的前期工作，并对调查、符合性测试分析结果进行初步的整理，锁定审计领域与审计事项，最终形成指导信息系统审计项目的审计工作方案。

总体控制的基本目标是确认被审计单位的信息系统建设满足国家利益、社会利益和企业整体利益。比如保证信息系统建设满足国家信息安全利益，满足国家经济或行业协会监管要求，有利于实现组织的战略发展目标，风险控制要求等。

总体控制审计需要把信息系统放到组织内外部环境中去分析、评价，关注信息系统的总体状况及主要的风险点，它体现了审计的全面性和系统性，为一般控制和应用控制审计把握重点提供了前提条件。信息系统总体控制情况调查与评估是开展审计工作的基础。

（二）一般控制审计

信息系统一般控制包括安全管理、访问控制、配置管理、职责分离以及应急计划等关键领域。

（1）安全管理。提供安全管理制度，明确形成固定操作模式的管理政策，如风险管理、安全制度制定、职责分配以及计算机信息系统监控等。

（2）访问控制。限制或监控对信息资源（数据、程序、设备和设施）的访问，防范信息资源被未经授权地修改、丢失以及泄露。

（3）配置管理。防止未经授权更改信息系统资源配置（如软件程序和硬件配置），有效保证系统配置合理，运行安全。

（4）职责分离。制定相关制度，成立相应的机构，确保信息系统关键岗位的有效隔离和对不相容岗位的分工控制，有效消除职务舞弊风险。

（5）应急计划。当出现紧急事件时，保护信息系统的关键数据，保证关键的业务迅速恢复并持续运行。

信息系统一般控制在被审计单位的组织层面、系统层面以及应用程序层面实施，其效果是信息系统应用控制效果的决定性因素。如果没有适当的一般控制，应用控制会容易被规避、篡改而导致失效。所以审计工作通常要求对一般控制是否有效进行单独评估，或者在应用控制评估之前实施。

审计人员制订信息系统控制审计计划时，应当将注意力集中在那些直接影响应用程序的一般控制上，确定关键审计领域、重要审计控制事项以及关键控制活动。在确定重要审计控制事项和关键控制活动时，审计人员既要考虑与审计目标直接有关的应用程序，也要考虑系统的架构，因为它们对于评估信息系统一般控制是否有效实施十分关键。审计人员还要考虑获取审计证据的方式，通过证据判断该审计事项的控制活动是否有效。

（三）应用控制审计

信息系统应用控制与被审计单位核心业务系统的信息化实现手段紧密相关，应用控制是用来合理地保证系统在特定的应用方面能正确地完成业务流程，正确地完成数据的记录、处理和报告功能，包括输入控制、处理控制和输出控制。通过对系统的应用控制审计，检查应用系统本身是否存在漏洞和功能缺陷，评价系统的可靠性和有效性。应用控制审计包括业务流程控制审计和数据控制审计两个方面的内容。

1. 业务流程控制审计

业务流程控制审计是应用于信息系统业务流程的全过程审计，包括系统控制和手工控制。涉及业务流程数据处理的完整性、准确性、有效性和机密性。通常包括在详细的业务流程、数据流、功能控制模块及系统之间控制等。由于包括了手工控制，系统的补偿控制也是重要方面。业务流程控制的控制区域包括业务数据输入控制、业务数据处理控制、业务数据输出控制以及系统接口控制。其中业务数据输入控制指对输入到应用程序的数据的控制；业务数据处理控制指在应用程序处理中的数据完整性控制；业务数据输出控制指应用程序数据输出与分发控制；系统接口控制指在应用程序与其他输入输出系统之间及时、准确、完整的信息处理的控制，以及数据在系统之间转换过程中的完整和准确的迁移控制。此外，对于较复杂的信息系统有时还需要关注主数据设置与维护控制。这种控制是指对在多个功能模块或应用程序之间稳定关联与共享的主数据和关键信息的控制。

2. 数据控制审计

数据控制审计是指对业务系统运行管理过程中形成的重要的业务数据的审计，它包括来自数据库管理系统、数据管理中间件、数据仓库软件以及数据抽取软件等系统的数据。数据控制与大多数业务流程应用程序有关，因为应用程序经常利用数据管理系统进行输入、存储、检索和处理信息，其中包括详细的、敏感的信息，如财务交易信息、身份证号码、社会保障号码等。相对于注重过程的业务流程控制审计而言，数据控制审计更注重对业务结果数据进行审计，关注数据业务逻辑的完整性、准确性、可靠性、真实性。通过分析逆向导出系统控制的缺陷，查找重大系统控制风险、补偿控制的缺陷，发现重要的违规违纪问题。

第三节 信息系统审计的方法

信息系统审计方法是指审计人员为实现信息系统审计目标所采取的手段方式和工具技术的总称。既包括理论的测试数据的方法、计算机辅助审计技术方法，也包括一些专门的方法。本节重点介绍信息系统审计流程和常用的技术方法。

一、信息系统审计的流程

信息系统审计的流程是指信息系统审计工作从开始到结束的整个过程中，审计人员所采取的系统性工作步骤。信息系统审计一般可以分为审计计划、审计实施、审计报告和后续审计四个阶段，前三个阶段为基本阶段，后续审计为延伸阶段。如图 13-1 所示。

审计计划阶段是信息系统审计的准备过程，是信息系统审计活动的开始。计划阶段从论证审计项目开始，通过评估确定是否开展信息系统审计，在总体控制审计的基础上确定审计工作目标和内容，最终编制审计工作方案，分配审计资源。该阶段的标志性工作是制订信息系统审计工作方案。

审计实施阶段是按照审计工作方案了解和审查测试系统，同时编写、完善和实施审计实施方案的过程。信息系统审计的实施方案既可用于指导审计人员开展审计工作，也是审计实施过程的记录，它可以有效保存审计资源，提高审计成果的共享程度，保证审计的持续性，从整体上提高审计的质量和效率。该阶段的标志性工作是形成信息系统审计实施方案，取得审计证据及审计工作底稿。

```
┌─────────────────────────┐
│      系统审计项目论证及立项      │
└─────────────────────────┘
┌──────────┬──────────┬──────────┬──────────┐
│ 信息系统及其管理  │ 总体控制状况   │ 识别信息系统总体 │ 确定系统审计领域 │
│   情况调查    │  描述与分析   │   控制状况    │   和审计事项   │
└──────────┴──────────┴──────────┴──────────┘
┌─────────────────────────┐
│      编制信息系统审计工作方案      │
└─────────────────────────┘
┌ ─ ─ ─ ─ ─ ─ ─ ─ ─ ─ ─ ─ ─ ┐
  ┌──────────┐  ┌──────────┐
│ │ 信息系统及其管理情况 │  │ 结合审计目标识别并 │ │
  │   调查    │  │ 确定关键控制点  │
│ └──────────┘  └──────────┘ │
└ ─ ─ ─ ─ ─ ─ ─ ─ ─ ─ ─ ─ ─ ┘
┌─────────────────────────┐
│       编制审计实施方案       │
└─────────────────────────┘
┌ ─ ─ ─ ─ ─ ─ ─ ─ ─ ─ ─ ─ ─ ┐
  ┌────────┐ ┌────────┐ ┌────────┐
│ │ 符合性测试 │ │ 实质性审查 │ │ 补偿性控制 │ │
  │        │ │        │ │   审查   │
│ └────────┘ └────────┘ └────────┘ │
└ ─ ─ ─ ─ ─ ─ ─ ─ ─ ─ ─ ─ ─ ┘
┌─────────────────────────┐
│        出具审计报告        │
└─────────────────────────┘
┌─────────────────────────┐
│         后续审计         │
└─────────────────────────┘
```

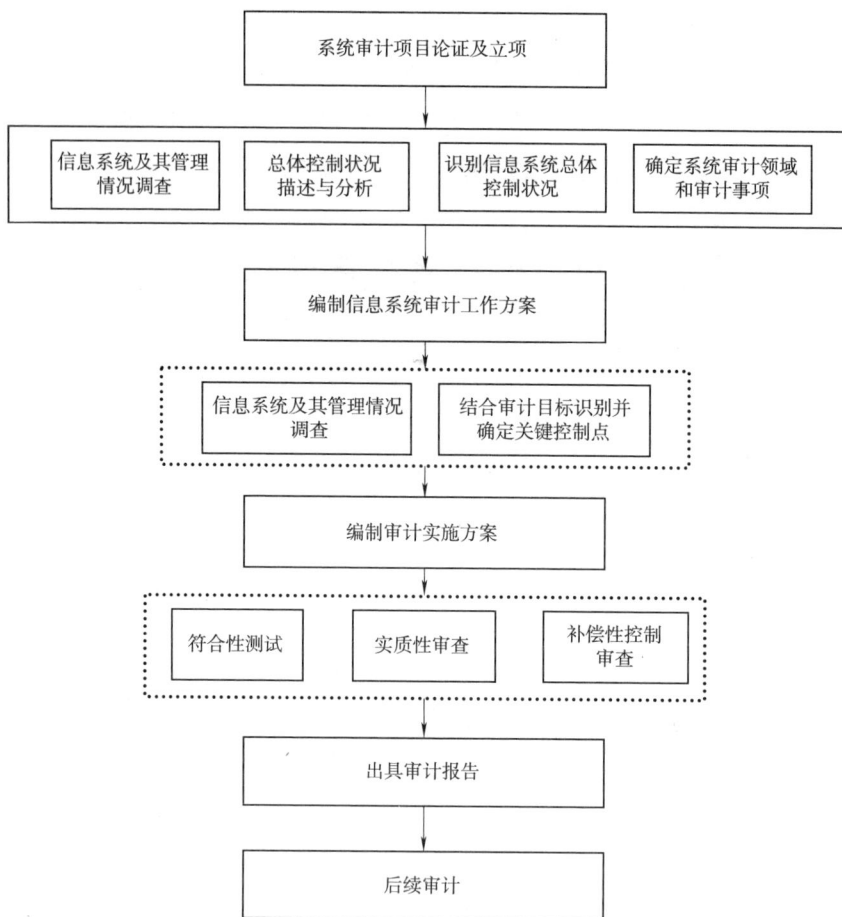

图 13 – 1　信息系统审计基本流程

　　审计报告阶段是审计人员运用职业判断和专业技术知识，评估审计证据，汇总审计工作底稿，总体评价信息系统状况、产生的问题及其影响，做出审计结论，提出审计意见，形成审计报告的过程。该阶段的标志性工作是编制信息系统审计报告。

　　后续审计阶段本质上是以上三个审计阶段的延伸。后续审计阶段，在报告审计发现和建议后，信息系统审计人员获取和评估相关信息，跟踪检查被审计单位的整改情况，判断审计报告中提出的问题是否已经得到有效的解决，并依据被审计单位整改过程中发生的信息系统更新及内部控制变化等情况，分析原有审计建议是否适用和需要修改。

上述信息系统审计基本流程中，内部审计人员在调查被审计单位信息系统时应侧重如下四个步骤：

一是调查了解被审计单位相关经济业务活动所依赖的信息系统，该类系统所承载的业务内容、业务流程、业务规模、业务流、资金流和信息流等。

二是调查了解信息系统的总体框架、技术架构、业务实现流程、数据运行流程、系统功能结构、信息资源结构、通信网络结构、安全防护结构以及应用部署模式等。

三是调查了解被审计单位信息化建设的项目管理、投资管理和绩效评估情况。

四是调查了解被审计单位信息系统项目建设的文档资料。包括信息系统建设项目的工程立项、工程管理、工程项目、工程财务、工程验收、工程声像等文档资料。

二、常用技术与方法

随着信息系统审计的发展，审计人员在审计实践过程中不断探索和积累，已经形成了众多有效的技术方法和工具。技术方法如观察、访谈、文件审阅，以及业务流程描述法、测试数据法、平行模拟测试法、受控处理和再受控处理法、综合测试法等。审计工具如现场审计实施系统（AO）、通用审计软件、数据和数据库审计系统、综合审计工具箱等。特别是伴随着计算机辅助审计的产生和发展，信息系统审计技术方法和工具又得到了快速发展和广泛应用。

尽管计算机辅助审计与信息系统审计不完全相同，但信息系统审计作为在传统审计之上的发展，上述计算机辅助审计技术方法和工具也同样适用。同时，与传统财政财务审计比较，信息系统审计的目标又有所不同，比如针对信息系统的安全性审计，以及功能和性能审计等。要实现这些审计目标，审计人员还需要寻求其他的技术方法和工具，如系统和网络漏洞扫描、日志审计、源代码安全审计等。同时，软件工程中的软件测试方法和工具，如白盒测试和黑盒测试、单元测试和集成测试、压力测试和容量测试等，也可以应用于信息系统审计之中。

信息系统审计人员应当了解常用的审计技术方法和工具，并掌握这些技术方法和工具的运用。必要时，在信息系统审计过程中，还需要审计人员根据具体的审计目标和要求，开发专门的审计技术方法和工具。

在信息系统审计工作中，需要灵活运用成熟的审计方法以及具有信息系统审计特色的审计方法。一般来说，在信息系统审计的内容划分上，应用控制审计侧重检查数据的真实、完整、有效，检查业务流程设计的合理性与合规性等，多应用系统调查、资料查阅、数据测试、数据库审计、源代码检查等方法；在一般控制审计中更侧重系统的安全性、可靠性及其外部环境的合理性、稳定性等，运用安全工具检测、系统运行检测等方法。按照审计需求，本书将适用的方法梳理为八类，其中第六类工具测试方法因具备鲜明的信息系统审计特色而着重介绍。

（一）系统调查方法

系统调查是依据审计实施方案确定的审计目标和审计事项，调查被审计单位的相关业务活动及其所依赖的信息系统，对信息系统的立项审批、系统建设、运行管理、运维服务、项目投资等情况，以及相关责任机构和管理制度等进行全面、深入的了解，是进行信息系统审计的基础。

（二）资料审查方法

资料审查方法是指为了确定信息系统的重要控制环节和重要控制点，审查信息系统的立项审批、系统设计、招标采购、项目实施、项目验收、系统运行、运维服务、项目投资，以及各类第三方测试或者评估等相关文档资料。重点审查总体控制、应用控制和一般控制中的重要事项资料。

（三）信息系统检查方法

为了核定信息系统的重要控制环节和重要控制点，需要对应用控制的数据输入、处理、输出及其信息共享与业务协同的相关控制进行检查，对一般控制环境、区域边界和网络通信，以及信息系统的物理环境、网络、主机、应用、数据和安全等各类系统控制进行实地检查。

（四）数据测试方法

为验证数据输入、处理和输出控制的有效性，采用模拟数据对运行系统或者备份系统进行符合性测试；对重要的计量、计费、核算、分析等计算功能及其控制进行设计文档审查、系统设置检查和数据实质性测试的审查，必要时还应包括应用系统的源程序等。

（五）数据验证方法

数据验证是指对信息系统采集数据、转换数据以及处理数据的过程及结果进行符合性与实质性的测试，从而验证信息系统处理数据的符合性、一致性及准确性，以此对信息系统的相关指标进行分析和评测。

（六）工具测试方法

工具测试是利用专业的信息系统测评、监控、审计等软件或工具对信息系统的物理环境、安全环境、运行环境等从系统环境安全管理控制、数据资源管理控制、系统运行管理控制等角度对信息系统进行安全、应用、效率等方面的测试，从而评价或评估信息系统运行的可靠性、正确性和高效性。

工具测试主要从一般控制的角度来对信息系统进行测试，一般控制适用于整个计算机信息系统，它为信息系统提供良好的工作条件和必要的安全保证。工具测试更侧重于一般控制的数据资源管理的控制，系统环境安全管理的控制和系统运行管理的控制。

工具测试主要分为安全工具检测、审计工具检测、测评工具检测、系统运行监测、系统监控检测等五个方面。

1. 安全工具检测

安全工具检测是利用入侵检测、漏洞扫描等工具的监测结果进行分析评价。

漏洞扫描主要用于识别网络、操作系统、数据库等系统的脆弱性，也称为脆弱性扫描。通常情况下，漏洞扫描能够发现软件和硬件中已知的漏洞，以分析评价系统是否易受已知攻击的影响。脆弱性扫描工具是目前应用最广泛的风险评估工具，主要用于操作系统、数据库系统、网络协议、网络服务等的安全脆弱性监测，快速定位系统漏洞。

入侵检测是根据脆弱性扫描工具扫描的结果进行模拟攻击测试，判断被非法访问者利用的可能性，又称为渗透性测试。这类工具通常包括黑客工具、脚本文件等。渗透性测试的目的是检测已发现的脆弱性是否真正会给系统或网络带来影响。通常渗透性工具与脆弱性扫描工具一起使用。入侵检测通过收集和分析网络行为、安全日志、审计数据、其他网络上可以获得的信息以及计算机系统中若干关键点的信息，检查网络或系统中是否存在违反安全策略的行为和被攻击的迹象。入侵检测通过执行以下任务来实现：监视、分析用户及系统活动；系统构造和弱点的审计；识别反映已知进攻的活动模式并向相关人士报警；异常行为模式的统计分析；评估重要系统和数据文件的完整性；操作系统的审计跟踪管理，并识别用户违反安全策略的行为。

2. 审计工具检测

审计工具检测是利用网络审计、主机审计、数据库审计等工具的日志记录结果进行分析评价。

网络审计主要是通过分析网络审计的日志记录对行为人明确定位，重现不法者的操作过程，提供认定其不法行为的证据。网络审计也可以分析目前安全防御系统中的漏洞。网络审计还有一个重要的理念是：审计不仅是针对外部的入侵者的，还是针对内部人员的，这一点是与入侵检测产品的重要区别。网络中安全问题的 70% 源自于内部人员,对于内部这些"合法"用户的不法行为不大可能在事前预防,也不容易在事中马上发现,最适合的就是事后的审计过程了。

主机审计就是获取、记录被审计主机的状态信息和敏感操作,并从已有的主机系统审计记录中提取信息,依据审计规则分析判断是否有违规行为。一般网络系统的主机审计多采用传统的审计,涉密系统的主机审计应采用现代综合审计,做到对信息的主动保护和主动响应。主机审计具有主机安全状态自检功能,主要用于检查主机的安全策略执行情况;对使用受控主机人员的行为进行限制、监控和记录;对接入主机的存储介质进行认证、控制和报警;实现日志的集中分析、审计与报告,通过对安全事件的关联分析,发现潜在的攻击征兆和安全趋势,实现主机安全管理过程实时状态监测,从而有效提升主机的可管理性和安全水平,为整体安全策略制定和实施提供可靠依据。

数据库是信息系统最核心的资产之一,通常处于商业目的攻击者的主要攻击目标就是数据库系统,攻击者通过数据库系统非法窃取、篡改或者破坏数据信息。除了数据库自身的审计功能外,很多的第三方专用数据库审计产品能够跟踪分析每一次数据访问操作行为,并整合数据库系统日志、操作系统日志,通过分析评测是否在数据库系统建立了有效的安全防线,使数据库管理达到可控、可审的安全管理要求,同时满足企业的各项合规需求。数据库审计常见的安全审计技术主要有四类,分别是基于日志的审计技术、基于代理的审计技术、基于网络监听的审计技术、基于网关的审计技术。

3. 测评工具检测

利用网络分析检测、系统配置检测、日志分析检测等工具,通过采集信息系统之间的通信数据包并进行逆向分析,还原系统间通信内容,检测主机操作系统、数据库、网络设备等重要系统是否满足配置标准和规范要求,采集操作系统、网络设备、安全设备、应用系统等生成的日志信息进行检测分析。

信息系统功能一般不是单独由单机系统完成的，而是由信息系统内部多台机器相互协调共同来完成的，所以在完成信息系统功能的过程中，需要在各台机器之间实现数据的通信。通过数据通信，信息系统内部各台机器之间可以实现数据共享和数据的远程处理，提高了信息系统的处理能力。但是数据通信又给数据正确性、保密性、完整性带来了新的风险，例如在通信线路上传输的数据可能会被窃听发生泄密，或被人非法修改，数据在传输过程中因为线路质量的原因发生丢失和产生错误等。为了降低这些风险发生的可能性，必须采取技术的手段来保护信息系统中通信数据的正确性、保密性和完整性，测评工具检测的目的就是评价这些技术手段是否满足配置标准和规范要求，达到了信息系统通信控制的目标。具体内容包括：

（1）通信数据应该是经过加密的，明文经过加密后得到无规则、无意义的密文，就能够用于传输。数据加密的安全性取决于密钥的安全性，只有拥有密钥的合法用户才能获得明文。通过加密信息系统中的通信数据保证只有拥有密码的接收方才能知道数据的真正内容，从而防止信息的泄露。

（2）信息摘要，又称为信息的"指纹"，是通过一种特殊的函数（称为单向散列函数）为文件和数据产生唯一的标志，主要用于数据的鉴别。信息摘要主要用于保护数据的完整性，信息发送方计算出要发送数据的信息摘要，然后用密钥加密以后和数据一起发送给接收方；接收方接收到数据和加密的信息摘要之后，对接收到的数据计算信息摘要，并把加密的信息摘要进行解密，然后二者进行比较，如果相等，说明数据在传输过程中未被改变，接收的数据和发送的数据是一致的，否则说明数据发生了改变。

（3）数字签名又称为电子签名，是采用一定的数据交换协议，使得发送方和接收方满足两个条件：首先接收方可以通过数字签名验证所接收的数据的确来自于发送方，而不是其他冒充发送方的第三方，从而明确数据的来源；其次发送方以后不能否认他曾经发送过数据这一事实，

内部审计职业教育系列丛书

从而防止发送方对发送数据的抵赖。

（4）数据在传输过程中可能由于线路上的噪音发生错误。为了减少和避免这类错误，采用带有某种特征能力的编码方法，通过软件或少量的硬件设备，使之能够发现数据传输过程中发生的某些错误，甚至能确定出错位置并实现自动纠错的能力。数据校验码在合法的数据编码之间，加进一些不允许出现的（非法的）编码，使得当原来合法的数据编码出现某些错误的时候，就成为非法编码。这样就可以通过检测编码的合法性来达到发现错误的目的。

（5）在通信线路中传输的数据可能因为线路的质量原因发生丢失的情况，即发送方发送的数据，接收方没有收到。为了防止信息在传输过程中丢失，可以采用确认/重传机制。接收方收到发送方发送的每一个数据以后，向发送方发送一个确认，表明已收到所发送的数据；如果发送方在设定的时间范围内没有收到确认，则认为该数据在传输过程中可能丢失，于是重新发送数据。

（6）通过对采集的通信数据包以及操作系统、网络设备、安全设备、应用系统等生成的日志信息进行检测分析，可以判断信息系统之间的数据通信是否得到了有效的控制，控制措施是否到位，如对敏感的数据是否进行加密通信，对敏感的数据是否在通信之前进行了数字签名，在数据通信过程中是否使用了超时重传机制，对通信线路和设备的运行情况是否进行监控和分析等。

4. 系统运行监测

利用网络流量、应用进程、CPU 利用率、内存利用率等系统运行监测结果进行分析评价。通过系统运行监测能够实现对信息系统的效率测试和应用测试。效率测试指了解信息系统性能（负载、压力）等情况，验证系统性能是否符合需求，或诊断系统的性能瓶颈。应用测试指发现信息系统在应用过程中存在的问题，包括系统响应时间慢、交易失败、经常死机等，通过跟踪系统应用过程，判断网络或应用的瓶颈。

5. 系统监控检测

利用对应用、数据、主机、网络、机房环境设备设施等方面的系统运行监控记录进行分析评价。信息系统监控功能按照监控内容的不同，可以分为以下几种监控模式：

一是机房监控。在信息化程度越来越高的今天，担当信息处理与交换重任的机房是整个信息网络工程的数据传输中心、数据处理中心和数据交换中心。机房监控主要用于实现对信息系统所处机房环境的温度、湿度、电力、网络等各种硬件情况的实时监控。机房监控通常需要安装额外的嵌入式设备，用于监控机房温度、湿度等并提供异常警报。独立的机房监控设备，一般监控周期设计为数分钟。

二是服务器监控。用于实现对信息系统所在服务器运行状况的实时监控，服务器运行状况包括机器的启动情况、CPU 负载、内存占用、网络流量等。服务器监控需要使用相关服务器监控工具软件，服务器监测工具目前已经成为诊断服务器是否健康可靠的重要工具，能够提供显示服务器当前状态的"实时监测"，还有历史监测，即服务器过去性能的记录。服务器监控的监控周期，一般设计为数分钟或者数小时。

三是软件（网站）运行监控。监控软件（网站）是否正在运行或提供的服务是否可被访问。软件运行监控内容包括两方面：系统访问其他合作系统的可访问性和系统自身提供功能和服务的可访问性。软件运行监控一般通过轮询机制实现，即周期性向待确定的系统服务接口或监测接口发送请求，根据请求反馈情况判断系统运行状况。软件（网站）监控功能的监控周期一般设计为数分钟。

四是软件（网站）功能监控。监控软件（网站）各项功能或者所提供的各项服务是否正常和正确。软件功能监控的实现主要基于对软件运行的日志进行统计分析，软件日志需要对软件运行情况，特别是数据等处理情况进行记录，当出现系统功能异常时，系统日志也需要存在相应记录。另外，对于某些具有数据存储或生成功能的系统，也可以通过对软件后台数据的相关校验判断软件功能是否正常。软件（网站）监控功能的监控周期一般设计为数小时或一天。

（七）风险评估方法

风险评估方法是指审计人员通过找出被审计单位的信息系统面临的风险及其影响，以及目前安全水平与被审计单位安全需求之间的差距，进而评价被审计单位信息系统风险状况的审计方法。风险评估方法主要有定量的风险评估方法、定性的风险评估方法、定性与定量相结合的风险评估方法。目前我国的风险评估方法主要以定性评估为主，而定量风险评估方法仍处于研究阶段。

（八）专家评审方法

专家评审方法是指内部审计机构组织行业内具有丰富实践经验的专家，或者委托有资质的专业机构对信息系统审计的某一业务领域及其关键技术进行分析评价，找出存在的问题，并给出建议的行为。专家评审活动可以在业务设计阶段的前期或者后期进行，也可以在业务实施活动过程中进行。

第四节 信息系统审计中应注意的问题

信息系统与环境的共生互动关系，决定了信息系统审计必然要处于不断演化与优化的过程之中。在现代内部审计中，由于审计相对的独立性以及以实现组织目标为审计的终极目标，使得信息系统审计不断面临新的要求。信息系统审计的组织方式、信息系统的生命周期审计以及信息系统审计师应具备的知识背景成为信息系统审计工作中应该注意的问题。

一、信息系统审计的组织方式

信息系统审计的组织方式是指审计人员具体组织信息系统审计的方

式。要做好信息系统审计，必须合理有效地组织信息系统审计活动。根据信息系统审计理论和近年来内部审计机构的探索实践，我国当前的信息系统审计项目组织方式有两种类型，一是与财务收支审计相结合的组织方式，二是信息系统专项审计方式。

（一）与财务收支审计相结合

所谓与财务收支审计相结合的组织方式，是在财务收支审计过程中运用信息系统审计的手段和方法进行审计的组织方式。该种组织方式的一种特例情况是：在财务收支审计的审计方案中虽未涉及信息系统审计的内容，但是在审计工作中发现与信息系统相关的线索时，应当调整审计方案，设计审计事项，延伸对信息系统进行审计。在现阶段我国内部审计机构中，与财务收支审计相结合的方式常用在信息系统审计的起步阶段。

一般来说，与财务收支审计相结合的信息系统审计是在财务收支审计过程中根据财务收支审计的需要提出的，因此这种信息系统审计应该为减少财务收支审计的风险服务，为财务审计提供最低限度的保证。一是保证信息系统软件和相关模块没有经过非法篡改；二是保证与信息系统相关的内部控制存在并且有效；三是在财务收支审计重点关注的领域，应首先进行信息系统审计，以保证信息系统为实现被审计单位的目标服务。

与财务收支审计相结合的组织方式具有以下特点：

一是事先没有专门计划。与财务收支审计相结合的组织方式并没有信息系统审计的专门计划，只是在审计过程中发现信息系统出现问题或者根据需要认为信息系统承载的业务存在系统风险时才进行信息系统审计。

二是只是针对部分业务或者系统进行信息系统审计。结合式信息系统审计的定位决定了不可能对信息系统审计进行全面审计，而是根据财务收支审计中发现的信息系统的缺陷，或者根据需要，针对部分业务或系统进行审计。

三是没有专门的审计报告。与财务收支审计相结合的信息系统审计在立项的时候是以财务收支审计的名义立项的，本质上还是财务收支审计，因此审计报告的结果应该是财务收支审计的内容。

（二）专项信息系统审计

专项信息系统审计的组织方式，是指内部审计机构根据对特定行业的系统的总体分析，针对那些与信息安全或被审计单位经济活动和信息安全密切相关的信息系统，专门组织开展的审计或审计调查项目。目前常见的专项审计组织方式主要有信息系统安全性审计、信息系统绩效审计以及信息系统生命周期审计等。

相比与财务收支审计相结合，信息系统专项审计的目标不在于减少财务收支审计风险，而是放在系统本身。首先要审查的是信息系统的性能，看信息系统的性能是否满足系统设置的目标，即满足信息系统本身的安全、可靠、效率和效果等目标；其次要审查信息系统的大环境，看信息系统是否符合业务发展战略的要求，即信息系统本身的目标如何与整个组织的目标相适应。

针对信息系统审计开展专项审计这种组织方式的特点：一是技术性比较强；二是取证工作具有动态性；三是具有一定复杂性，体现在信息系统的技术性和多样性上。

不论何种组织方式，信息系统审计组通常应由三部分人员组成。首先是审计业务背景与信息技术背景兼备的复合型审计人员，其次是具有信息系统审计专业技能的专业审计人员，最后是具备财务收支审计业务能力的审计人员。其中第一部分审计人员是实施信息系统审计的组织者和管理者，通过他们更好地将资源整合起来，组织一支拥有一定专业知识、审计技能和审计经验的综合团队，共同实现审计目标。审计组人员分工应至少具备以下能力：第一层面的复合型审计人员，他们的主要任务是选择信息系统审计领域、确定审计事项、制订工作方案；第二层面的有信息技术背景的专业审计人员，能从控制角度分析确认信息系统的重要控制活动，关键控制点，他们要进行指导和实际完成审查测试控制点、编制审计实施方案；第三层面的财务收支审计人员，他们要在上述人员的指导下，协助编写审查测试程序，实施审查测试和补偿性审查以及调查取证工作。

二、信息系统生命周期审计

基于生命周期的信息系统开发方法是一种最古老的，也是在信息系统建设的长期实践中比较常用的系统开发的方法，称为生命周期法。在生命周期法中，每个阶段都被设定了特定的工作目标和任务。每个阶段的预定目标和任务完成后，开发人员要编制出相应的文档，作为该阶段工作的成果和下一阶段工作的基础。其中，系统总体规划阶段的主要工作内容是研究建设新系统的必要性和可能性，其阶段成果主要体现为可行性研究报告和系统建设任务书等；系统分析阶段的主要工作目标为确定新系统的基本目标和逻辑功能要求，其主要成果为系统分析说明书等；系统设计阶段的主要工作内容为设计新系统的物理模型，又可分为总体设计和详细设计两个阶段，其主要成果为系统设计书等；系统实施与测试阶段是将设计的系统付诸实施的阶段，其主要成果为计算机软件系统、程序说明、系统测试报告、用户手册以及操作手册等；而系统运行维护阶段的主要工作内容是对系统进行经常性的维护和评价，其主要成果体现为系统验收报告、运行记录、维护记录和评价报告等。

信息系统生命周期直接关系着信息系统的质量，因此应对信息系统的生命周期和相关文档进行审计。信息系统生命周期中的每个阶段形成的文档，都可以成为关于系统开发质量的审计证据。信息系统生命周期审计是对系统的全面审计，要涉及信息系统生命周期的各个阶段，主要包括系统开发审计、系统交付验收审计和系统运行维护审计。值得一提的是，由于信息系统生命周期的独有特征——服务于特定组织目标、研发及运维周期长、业务流程复杂、用户参与度高等，针对其的审计一般仅限于内部审计机构，因为审计期间、审计手段及审计成本等要求使得监管机构或国家审计机关以及社会审计组织基本没有力量、没有资源实施如此庞大的审计项目，但国家审计中某类跟踪审计可能会涉及信息系统生命周期审计的一部分。

（一）系统开发审计

系统开发审计是针对系统开发过程存在的各种风险进行评估和审计，主要审计内容包括：审查项目合同，确定是否对项目进行适当授权，了解项目规划、交付日期及工作计划；审查项目需求分析，确认需求分析说明书是否完全遵循并体现用户需求；审查设计报告，确认概要设计是否严格按照需求分析说明书编写，详细设计说明书是否提供恰当的方案和方法；检查项目开发进度与总结报告，确认开发过程是否按时完成。

（二）系统交付验收审计

系统交付验收审计是对信息系统质量的审查和评估，主要审计内容包括：审查测试计划、方法和报告，确认系统验收前是否进行了全面有效的测试；检查用户培训计划，了解用户接受培训情况；审查技术文档移交情况，确认文档资料的完整、有效，并符合相关保密制度要求；审查系统评审情况，确认信息系统验收前经过认真评审与验收；审查资产移交情况，确认软件源代码、技术文档等资产得到有效管理和维护。

（三）系统运行维护审计

系统运行维护审计是对系统运行过程中设备、软件和数据维护的审计，主要审计内容包括：审查系统运行日志，确认是否存在未经授权更改系统的问题；检查系统维护方案，确认信息系统按照方案进行了维护；检查系统维护日志，确认系统是否得到及时准确的维护，了解维护信息记录情况；检查问题反馈及跟踪解决记录，确认系统修改维护后用户操作手册等文档进行了相应修改。

三、信息系统审计人员应具备的知识背景

信息系统审计工作对审计人员的知识与技能提出了新的、更高的要求，审计人员不仅要掌握审计的基本理论、方法，还要对信息技术与信息系统有全面和深入的了解，熟悉信息化条件下的审计对象，掌握信息化条件下的审计技术方法。本节概括了信息系统审计从业人员应当掌握的信息系统审计知识和技术。

从教育与教学的规律出发，信息系统审计需要以规范的课程体系为依托。规范的信息系统审计的知识体系是合理设置课程体系的基础。

一般来说，知识域（亦称为"知识领域"）、知识单元、知识点组成一个知识体系。其中，知识域（knowledge area）是知识体系中描述知识的最高分类单位，每个知识域包含了若干个知识单元；知识单元（knowledge unit）是构成知识的主题模块，每个知识单元又包含若干知识点；知识点（topic）是最基本的知识划分单位，代表了解、掌握、运用等三种不同属性的知识。

根据信息系统审计应具备的理论基础、专业素养和技术能力，可以将信息系统审计的知识体系划分成 4 个知识域，14 个知识单元，约 600 个知识点。如图 13 - 2 所示。

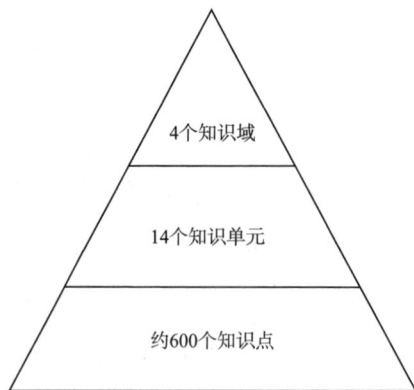

图 13 - 2　信息系统审计的知识体系

信息系统审计的四个知识域分别是：技术基础、方法理论、信息系统管理和职业实践。

知识域"技术基础"包括了信息技术基础、信息系统应用、数据库应用与技术、基于信息系统的内部控制方法。此知识域应着重使审计人员掌握信息系统审计的对象，也就是信息处理的基本载体，从信息系统的构成、应用基础以及关键要素——数据库技术入手，全面理解基于信息系统的知识体系以及内控方法，为今后开展专业审计奠定基础。

知识域"方法理论"包括了信息系统建设审计、信息系统安全审计、信息系统应用审计、信息系统绩效评价。信息系统审计的方法理论，知识点繁杂多样，在本领域应该使审计人员对信息系统的基本建设过程熟悉了解，侧重于系统安全管理、系统应用方面审计理论与实践的积累，在此基础上要掌握信息系统发挥效能情况的评定指标——绩效评价的标准。

知识域"信息系统管理"包括了IT治理、软件质量控制、IT项目管理、信息系统运行与管理。此知识域要首先树立信息系统管理与审计的核心理念，即IT治理，了解信息系统是为业务服务，为被审计单位战略发展服务的思想；然后在管理过程中掌握软件质量控制、项目全过程管理以及上线使用后的运行管理知识，该方面的知识可以解决信息系统管理审计或者安全运维审计中问题。

知识域"职业实践"包括了法规与准则、职业道德教育。该知识域关注内部审计人员的职业道德规范及准则，以及信息系统审计中涉及的法律、法规和规章。在掌握前述知识点的同时，着重要对照规章制度进行信息系统审计中的问题定性，并有针对性地提出审计建议。

本章小结

信息系统审计是信息技术普及、财务收支以及业务经济载体变化的产物。内部审计领域将信息系统纳入审计范畴，主要是考虑了其为经济活动提供电子数据的真实性、完整性要求，以及信息系统承载的业务处理流程的规范性、正确性要求。

在内部审计领域开展信息系统审计要关注组织自身的要求。内部审计机构和内部审计人员可借鉴国家审计准则及信息系统审计指南的要求，在《第 2203 号内部审计具体准则——信息系统审计》的框架下着重检查信息系统安全性、承载业务的有效性以及系统建设的经济性。信息系统审计的内容主要包括信息系统的总体控制审计、一般控制审计与应用控制审计。信息系统审计的流程和方法与传统审计不同，审计人员要偏重掌握技术环节的专门方法。信息系统审计人员除具备审计知识外，还应对信息系统有全面深入的了解，即应具备特定知识背景。内部审计机构应采取措施保障信息系统审计人员对该类知识体系灵活掌握与运用并及时更新，以保障内部审计领域信息系统审计的持续有效开展。

第十四章 内部审计未来展望

本章提要

全球化和信息化是经济社会发展必然趋势。在这一背景下，组织的运行风险将更加复杂多样，利益相关方的期望在不断提高，这就要求内部审计承担更重要和广泛的职责，内部审计的未来也将面临更多的挑战。本章共分两节，首先分析了内部审计面临的环境变化和挑战，然后提出了内部审计职业应对环境变化和挑战，可能采取的策略和因此带来的变化。

第一节 内部审计环境变化和面临的挑战

随着信息技术的快速发展，组织将不可避免地处在全球化和信息化的环境中，组织的运行风险更加复杂多样，组织的利益相关方的期望在不断提高，这就导致内部审计的重要性不断显现，其承担的职责也将不断增加，内部审计将面临更多的挑战。

一、不可避免的全球化和信息化环境

全球化和信息化是组织发展必须面对的环境。内部审计机构作为组织中的重要组成部分，全球化和信息化环境在内部审计带来了发展机遇的同时，更增加了他们的职责。

（一）全球化

1997 年国际货币基金组织发表的《世界经济展望》指出："全球化

是指跨国商品与服务贸易及国际资本流动规模和形式的增加，以及技术的广泛迅速传播使世界各国经济的相互依赖性增强。"在全球化的市场和行业里，公司可以从一个国家获取金融资本，然后在另一个国家购买原材料，利用从第三国购买的生产设备进行生产，产品在第四个国家销售。因此，全球化为在当前竞争格局下竞争的公司增加了机会（Ciarione et al.，2009）。尽管全球化创造了很多机会，但公司必须要预见在经营过程中不断增长的复杂性，如组织、产品、服务、人员以及穿越国家边界在不同的经济市场中自由流动，进而可能产生文化冲突和适应当地市场竞争等问题。

普华永道公司2012年调查发现，全球化是一个影响当今和未来内部审计重要而持续增加的因素。当组织扩张利用全球化市场和供应链时，增加了对内部审计服务的需求。大多数受访者认为全球化、业务外包和海外经营会在未来的五年中，对内部审计的作用和责任产生重大影响。近75%的受访者预期全球化将会对内部审计的作用和责任产生中度到非常强烈的影响；77%的受访者认为大规模的企业或企业范围内部门和业务的外包，将会对内部审计职责产生中等到强烈的影响；近70%的受访者认为公司或企业部门和业务的海外经营对未来的内部审计职责将产生中度到非常强烈的影响。

（二）信息化

1. 信息技术飞速发展

信息技术深刻影响了人们的观念和生活方式，同样也影响和改变着审计职业。一方面，信息技术创建一个更为复杂的系统，使传统审计工作变得更加困难；另一方面，审计人员可以利用信息技术，将其作为审计工具，使得在信息化条件下的审计工作更加及时高效。

伴随着信息系统的广泛应用，内部审计对象——经营活动与内部控制渐趋自动化。在自动化环境下，信息系统横跨许多部门，审计范围不仅包括业务环节、控制活动，还包括信息系统的设计与运行。同时，信息技术也给审计技术方法带来了巨大影响。传统手工方式被大量借助计算机硬件及审计软件的现代审计所取代，新的审计技术使内部审计能够胜任性质复杂、数量庞大的业务活动。信息技术对审计对象和审计方法两方面的影响是内部审计必须考虑的因素。

根据普华永道 2012 年调查，大多数受访者认为技术将对内部审计产生重大影响，并且都预计他们对技术的应用在未来 5 年中将会增加。受访者预测科技将会比其他商业趋势更加影响到内部审计的作用和职责。对于接下来的 5 年，95% 的受访者预期科技对内部审计的职责将产生重大影响，其中60% 的受访者认为会产生强烈或特别强烈的影响。另外，所有的调查者都预期他们对技术的使用会超过现在的水平，其中46% 预期是会迅速增长，43% 预期是中度增长。

2. 大数据时代

随着信息技术发展，以社交网络为代表的 web2.0 的兴起、智能手机的普及、各种监控系统及传感器的大量分布，人类正在进入一个大数据时代。大数据（Big Data）是指无法在可容忍的时间内用传统 IT 技术和软硬件工具对其进行感知、获取、管理、处理和服务的数据集合（李国杰和程学旗，2012）。通常，业界将大数据的特点总结为 4 个 V，即 Volume（体量浩大）、Variety（模态繁多）、Velocity（快速化）和 Value（价值巨大但密度很低）。首先，数据集合的规模不断扩大，已从 GB 到 TB 再到 PB 级，甚至开始以 EB 和 ZB 来计数[①]。国际数据公司（IDC）的研究报告称，未来 10 年全球大数据将增加50 倍，数据处理的服务器数量将增加 10 倍。其次，大数据类型繁多，包括结构化数据、半结构化数据和非结构化数据。现代互联网应用呈现出非结构化数据大幅增长的特点，至 2012 年末，非结构化数据占有比例将达到整个数据量的 75% 以上。再次，大数据往往以数据流的形式动态、快速地产生，具有很强的时效性，用户只有掌控好数据流才能有效利用这些数据。最后，虽然数据的价值巨大，但是基于传统思维与技术，人们在实际环境中往往面临信息泛滥

---

① 其中 1TB = 1024GB，而 1PB = 1000TB，1EB = 1000PB，1ZB 却等于 10 亿 TB。

而知识匮乏的窘态，大数据的价值利用密度低。

大数据作为 IT 产业一次颠覆性的技术创新，给人们的思维、商业和管理带来了巨大的冲击。维克托·迈尔－舍恩伯格和肯尼思·库克耶（2013）认为大数据造成了三大思维转变：一是不再依靠分析少量的数据样本，而是要分析与事物有关的所有数据；二是要乐于接受数据的纷繁复杂，不再追求精确性；三是不再探求难以捉摸的因果关系，转为关注事物的相关关系。

大数据时代对内部审计提出了新要求。大数据不仅改变了审计检查的风险，还为内部审计提供了履行职责的新工具。具体体现在下列方面：

首先，全面提升内部审计价值。大数据时代通过获取与审计相关的所有数据，从纷繁复杂的数据中受益，利用大数据的相关关系分析，可以更准确、更快速、不受偏见地发现企业在内部控制、风险管理和治理程序中存在的不足，不断发挥内部审计在确认和咨询中的作用，提升内部审计在企业中的价值。

其次，改变传统审计方式，更准确地进行风险评估，降低审计风险。在审计过程中，风险评估是为了了解被审计单位及其环境，更好地识别和评估被审计单位的重大风险。在大数据背景下，内部审计人员可以获取与此相关的所有数据，利用相关关系可以准确地进行监控和预测，因此能更好地把握组织可能存在的重大风险和潜在风险，区别不同风险对组织造成的影响。基于时间和成本效益原则下的审计抽样技术，在控制测试和实质性测试中得到应用，尽管可以获取充分的审计证据，得出合理的结论，但不排除抽样风险和非抽样风险对审计结论的影响，甚至导致错误的审计结论。在大数据条件下，审计人员不再局限于依赖少量的数据样本，而是立足于总体样本的审计检查，因此，降低了审计风险，提高了审计结论的准确性。

再次，降低审计成本。在传统审计中，受到数据信息有限的制约，审计人员为了获得相应的审计证据，可能需要花费较高成本进行函证、实地调查，或者实施其他替代程序。在大数据时代，审计人员不用担心

内部审计职业教育系列丛书

某一数据点对整套分析的不利影响，可以从这些纷繁的数据中获得相应信息，不需要以高昂的代价消除所有的不确定性。

最后，更加强调分析技术在审计中的应用。在形成大数据后，通过数据的再利用，重组数据，扩展数据，数据的价值并不仅限于特定的用途，它可以为了同一目的而被多次使用，最终，数据的价值是其所有可能用途的总和。因此，收集信息固然至关重要，但大部分的数据价值在于它的使用，而不是占有本身。因此，这就要求审计人员开拓思维，提升分析技术和能力，不断从数据挖掘中获得更多有价值的信息。

但是，大数据也是"双刃剑"，在给内部审计产生巨大收益的同时也造成了无边的风险。数据安全的风险更加凸显，对于用户隐私的保护变得更加重要，由此也造成了数据分析和管理人才的紧缺。因此，审计人员需要自我学习，不断提高驾驭大数据技术的能力。在面对大数据项目时，内部审计人员应参与有关会议，关注其风险和回报等方面的内容，对大数据项目的技术保护和控制向组织提出建议，确保大数据相关风险得到充分了解，并有相应的方法适时管理这些风险。

二、复杂多样的组织运行风险

随着组织的发展壮大，组织所面临的风险开始多样，市场风险、经营风险、财务风险等不一而足。在全球化和信息化环境下，风险相比以往更加复杂、隐蔽、不容易控制，且更加容易转化，因此，这就导致内部审计的重要性不断显现，其承担的职责也不断增加。

2012年普华永道调查发现在未来5年增加内部审计责任的内容中，企业风险管理位列第二，77%的受访者预期企业风险管理活动将增加。而这种大幅度的增加中，77%的受访者认为与全球化有关，75%的受访者认为是外包和海外经营有关责任增加所导致的。

全球化市场带来的风险可能使内部审计人员难以识别和评估，可以预期的风险包括：（1）合规风险。随着市场的扩大，企业在海外市场面临的合规性需求无论在数量和复杂性上都会增加。通常，企业合规包括遵守法律法规、企业自身规制以及职业操守和道德规范。（2）文化风险。人是特定文化的产物，文化表现出鲜明的地域性和民族性，文化的地域差异和民族差异会造成沟通与理解的困难，导致跨国企业与当地社会在文化融合方面面临不同程度的碰撞。（3）政治风险。通常政治风险源于政治原因，其中既包括政治事件的直接冲突，也包括由政治事件引发环境变化造成的间接冲击。政治风险与商业风险等其他风险相比，具有一定的不可控性和较高的损失可能性，它的表现形式多种多样（封永平，2013）。

另外，信息化的快速发展也给组织带来了较高的风险。2012 年普华永道调查发现，绝大多数（79%）受访者认为技术风险将给组织带来高的或显著较高的风险。内部审计在组织处理这种风险时也是不同的：多数受访者（57%）预期保持一个独立的 IT 审计组支持内部审计机构，为他们解决技术风险。相比之下，26% 的受访者期望内部审计机构内保持一个独立的 IT 审计组，以解决技术风险；14% 的受访者预期将吸收具有 IT 审计技术的人员参与内部审计，而不是独立的 IT 审计组。

面对组织复杂多样的运行风险，内部审计人员首先要转变理念，采取以风险为中心的思维，重新定义内部审计的作用和相应的价值观，拓宽内部审计的重点，不仅要关注控制，更要关注风险管理，将风险管理的确认作为主要目标。其次，内部审计机构需要加强与风险管理部门的协调，明确与风险管理部门配合的方式和步骤。同时，审计人员应该积极对组织的各级管理人员进行培训，培养他们的风险意识，使他们了解到不同组织不同范围内，由于文化背景差异及其他原因，可能存在哪些风险，并告诉他们应该采取何种有效的措施来防止风险的发生。另外，审计人员需要超越过去静态的、周期性的审计方式。传统的内部审计方法下，审计周期通常包括年度风险评估、审计计划、审计执行和报告活动。审计资源提前分配，审计日程也只有在重大事件发生时才会改变。这些步骤高度结构化的性质，使得传统的审计程序是被动的，组织很难有时间和资源去解决新的问题和潜在风险。因此，为了使审计更有效率，组织应优化审计周期和风险管理程序，使他们比目前审计周期能更频繁地分析重大风险。特别是随着信息技术发展，组织可以采取持续、全面的审计和风险评估方法，识别和分析显露的风险和趋势，提高对特定风险为基础实施审计的能力。最终，内部审计活动必须为评估风险管理过程的有效性，并对其进行改善做出贡献。

三、空前提高的利益相关方的期望

参与组织运作的利益相关方至少可以分为三类群体：资本市场利益相关方（企业股东和主要的资金供应商）、产品市场利益相关方（企业主要的顾客、供应商、所在社区、工会）和组织利益相关方（企业所有的员工，包括非管理人员和管理层。Murrillo－Luna et al. ，2008）。

在全球化条件下，利益相关方变得众多，而且可能分散在全球不同的地点，借助信息化条件，他们的期望和诉求会变成非常现实的要求。利益相关方的期望不断提高，内部审计在组织中的角色、任务也在不断变化。尽管内部审计现在的工作重点是经营审计、合规审计、财务审计、舞弊调查或对内部控制进行评价，但重点关注的领域在未来5年会发生很大的变化，将会转到公司治理、风险管理、公司战略、职业道德以及国际财务报告准则的遵循性等方面。利益相关方已经认识到内部审计在评价和缓减风险方面所发挥的重要作用。但是，随着内部审计工作重点不断变化，利益相关方的期望也会不断变化。

内部审计负责人都知道，满足利益相关方期望对提高内部审计工作可信度和价值是至关重要的，而要做到这一点，内部审计范围应尽可能地与利益相关方关注的领域相匹配。2012年3月，IIA职业脉搏调查的参与者要求确定董事会、审计委员会和高级管理人员集中关注的前五大风险。虽然，内部审计计划包括了这样的一些风险，但分配到这几个领域的优先级别和内部审计资源表明，在许多组织中，内部审计范围和管理层与董事会优先关注领域不一致。

表 14 – 1　风险类别调查分析

利益相关方确定关注的前五大风险				审计计划中关键风险组合的优先安排			
类别	所有	类别	财富 500	类别	所有	类别	财富 500
经营风险	15%	财务风险	14%	财务风险	28%	财务风险	36%
合规风险	12%	经营风险	14%	经营风险	27%	经营风险	24%
财务风险	11%	战略风险	12%	合规风险	15%	合规风险	10%
战略风险	9%	合规风险	10%	欺诈风险	5%	战略业务风险	5%
人力资本风险	5%	市场风险	5%	战略业务风险	5%	欺诈风险	5%

资料来源：IIA. The Pulse of the Profession：With progress noted, opportunities are still a-bundant. 2012.

正如表 14 – 1 所示，根据所有受访者和那些在财富 500 强公司工作的受访者调查，对于所有受访者，被董事会、审计委员会和高级管理人员等利益相关方确定关注的前五大风险是：经营风险、合规风险、财务风险、战略风险和人力资本风险；而对于财富 500 强企业关注的分别是：财务风险、经营风险、战略风险、合规风险和市场风险。2012 年管理层和董事会重点强调战略、业务、技术和监管/合规等方面的风险。尽管内部审计关注了这些领域，但对比 2012 年内部审计计划中关键风险组合的优先安排上是不同的。对于所有受访者，分别是：财务风险、经营风险、合规风险、欺诈风险和战略业务风险。而对于财富 500 强企业而言分别是：财务风险、经营风险、合规风险、战略业务风险和欺诈风险。

通过利益相关方的优先事项和内部审计范围的比较，对于董事会、审计委员会和高级管理人员关注的主要内容似乎没有充分反映在计划审计范围上。因此，面对主要利益相关方不断提高的期望和关注的重点，审计人员需要加强协调，更好地匹配其期望和要求。

第二节　内部审计的未来

面对环境变化和挑战，内部审计职业必将做出改变：内部审计的领域将更加宽广，更加重视组织战略和社会责任，关注第三方风险和信息安全，审计方式上更加注重合作，将在更基础的道德价值观层面发挥作用，在手段上将更多地利用信息技术，这些将导致对审计人员素质和技能要求更加全面。

一、审计的领域将更加宽广

全球化和信息化的发展使得组织间竞争日益激烈，风险延伸到组织之外，而且变得更加隐蔽。因此，内部审计应重视组织战略和社会责任，关注第三方风险和信息安全。

（一）高度重视组织战略

经济和技术的全球化发展，特别是技术的快速变化，是引起超级竞争环境和当前竞争格局的两大主要动因（希特等，2013）。在这一背景下，战略管理在组织中的重要性凸显出来。组织战略直接决定着组织内部的资源配置和未来发展方向，影响着组织的生死存亡。因此，内部审计机构应该高度重视组织的战略。

作为对组织战略问题的回应，战略审计在 20 世纪 70 年代左右出现后，受到了众多学者的关注，大量的文献对此进行了探讨和分析。王光远和颜艳（2010）认为，战略审计作为一种管理审计，它从公司全局出发，提供公司战略状况的广泛、全面的评价。战略审计不仅考虑外部因素，也考虑内部因素，包括备选方案的挑选、执行和评价、控制的步骤，涉及战略管理过程的重要方面。

战略有好坏之分，好战略旨在实现某一重要目标，具有连贯性、协调性、指导性和物质性的特征。理查德·鲁梅尔特（2012）认为，好战略是以充分论证为基础的连贯性活动。战略核心包括调查分析、指导方针和连贯性活动三个要素，通过调查分析，可以确定或解释挑战的性质，指导方针是为了处理或克服调查分析过程中确定的障碍而制定的整体性策略，而落实指导方针采取的措施和活动需要具有协调性。

为了制定和实施一个好战略，内部审计机构应参与到战略管理过程之中。战略管理过程是指一家公司想要获取战略竞争力和超额利润而采用的一整套约定、决策和行动（希特等，2013）。在此过程中，公司第一步要对内外部环境进行分析，以决定其资源、能力和核心竞争力。借助这些信息，公司能够形成愿景和使命，并制定其战略。内部审计机构可以发挥自身专业能力，利用广泛接触公司各个层面的优势，调查分析，获取最全面的内外部信息，通过列席战略决策会议，直接对公司战略提出可行的建议，以优化战略，增加战略决策过程的可行性。

执行战略的过程就是公司为获得战略竞争力和超额利润而采取行动的过程。有效的战略执行整合了战略规划和执行，并且会有期望的战略产出。在审计过程中，审计人员根据战略指导方针，加强战略实施过程中的协调，通过检查战略决策的执行情况，评估战略执行过程中是否达到预期的目标，查找战略执行中存在的问题，以供战略制定者参考。

另外，战略管理过程是一个动态的过程，因为不断变化的市场和竞争结构与公司持续发展的战略输入——资源、能力和核心竞争力都是动态的，内部审计机构需要关注外部市场环境变化和企业自身资源条件的改变，及时向战略制定者提供信息，为修正已有战略或者进行新的战略决策提供帮助。

（二）关注社会责任

在经济全球化大背景下，国际市场竞争日益激烈，使社会责任逐渐成为世界各国和地区广泛关注的热点问题。国际组织和欧美国家都制定了相关法律规范来严格规定企业的社会责任。2010 年 11 月，ISO26000 社会责任指南的出台引领了世界社会责任标准的进一步发展。

近些年来，我国曝光了三鹿奶粉事件、富士康员工自杀事件以及很多企业的环境污染事件，引起了社会对企业履行社会责任的强烈呼声，也催化了政府部门进一步约束企业履行社会责任的法规政策的出台①。同时，随着参与全球竞争和国际化经营的深化，我国企业一定会越来越多地面临社会责任问题，社会责任将成为影响企业发展的重要方面，因此，内部审计机构需要关注企业的社会责任。

首先，内部审计机构应了解和熟悉与本企业相关的社会责任标准。目前，全球有关社会责任的标准或要求多达400多份，包括指南、规程、规范、导则等多种形式。社会责任标准级别划分包括国际级、区域级、国家级、行业级、地方级和企业级六个级别，规定了标准适用的范围，反映制定和发布标准的机构级别（刁宇凡和周立军，2012）。而且，有时企业面对的社会责任要求尽管没有专门的规范，但可能在相关的法律法规中有所涉及，所以，审计人员应从相关的法律规范中梳理出与企业相关的社会责任标准。对于跨国公司而言，审计人员尤其要熟悉跨国经营所在国的相关社会责任标准，以及上下游供应链客户对社会责任的要求。

其次，内部审计机构应制定或协助组织有关部门制定社会责任标准。在熟悉本行业、本组织有关的社会责任标准的前提下，内部审计机构可以制定或者协助有关部门制定适合组织自身实际的社会责任标准，以作为内部经营守则或供应商行为守则。同时，根据企业社会责任标准，建立社会责任评价指标体系和权重，开展组织社会责任自我评价。

最后，在不影响独立性和客观性的前提下，审计人员应开展企业社会责任审计。制定企业社会责任标准的目的在于保障企业履行自身应承担的社会责任。在促进企业价值增值的目标下，审计人员应围绕社会责任标准，通过与财务收支审计、绩效审计等类型相结合，定期或不定期地开展对企业社会责任的审计，了解企业在履行社会责任标准方面存在

①　2008年，上海证券交易所发布《关于做好上市公司2008年履行社会责任的报告及内部控制自我评估报告披露工作的通知》，要求所有"上证公司治理板块"的样本公司、发行境外上市外资股的公司及金融类公司必须披露社会责任的信息，作为强制披露社会责任信息的试点。随后，深圳证券交易所也提出了所有"深圳100指数"的上市公司必须披露社会责任信息的强制性规定。企业社会责任的披露由倡导性向强制性转变。

的问题和需要改进的不足，并将相关问题和改进建议以审计报告的形式提供给企业管理层，不断改进企业在履行社会责任方面的成效，保障企业持续健康地发展。

（三）确认和管理第三方风险

普华永道《2010年全球信息安全状况调查》显示，超过60%的中国受访者认为，在全球经济放缓的背景下，企业正在面临着更多来自于第三方的安全风险（宗菊，2010）。从全球范围来看，这种来自第三方的风险主要有两种类型。

第一种类型是商业伙伴风险。这里的商业伙伴已经不再局限于传统的供应商和客户层面，而是由供应商在内的供应链要素延伸到外部，包括联合营销企业、权益投资、共同进行产品研发的伙伴、技术和软件分享安排以及各种广泛合作的形式（Pollock and Sumner，2012）。

第二种类型是来自外包服务的风险。相对于来自商业伙伴的风险，外包风险水平要更高一些。所谓外包，是企业为了维持自身的核心竞争能力，将非核心业务委派给外部的专业公司，以实现降低运营成本，提高服务品质的战略管理模式。外包又可以细分为多种类型，其中的业务流程外包在国外被大量使用，诸如薪酬的支付、系统的开发与机器设备的维护等。由于工作职权和内容的转移，当外包服务的提供者能够随意登录企业内部系统时，安全风险势必由于控制的缺失而提高。

在经济全球化条件下，跨国公司都在扩大经营区域，进入新兴市场以增加全球市场份额。尽管这些市场提供了大量的机会，包括新客户、商业伙伴以及资源安排，但它们也呈现出对增加有效管理合规风险的需要。公司应设计和更新合规程序以加强对商业伙伴的尽职调查，防范商业伙伴因为贪污、贿赂和声誉损害，以及隐藏的利益冲突而造成对企业自身的损害。

以往认为顾客、代理商、经销商和其他各方不属于公司经营风险的思想已经不再合理，新的公司社会责任以及管制环境改变了这些观念。

企业需要更好地理解与其开展业务合作的伙伴，内部审计可以利用对组织机构、商业风险以及评价内部控制设计合理性和整体有效性的专业知识，促进公司对业务伙伴的尽职调查。审计人员通过在风险识别、对重要的业务伙伴尽职调查程序的设计或修改，以及随后的监督评价整体政策执行和程序有效性方面发挥重要作用。总之，内部审计机构应关注第三方风险，收集和分析组织的风险信息，制订一个可持续发展的计划，回应日益显现的业务合作伙伴的风险。

（四）拓展信息安全审计

信息已经日益成为每个企业的重要资产，企业保密的和专有的信息以及其他形式的知识产权都可能成为竞争对手觊觎的对象。随着办公业务对信息系统的依赖程度越来越高，信息系统存在的风险使得企业信息被窃取的可能性增加。

尤其在大数据时代，数据安全的风险更加凸显，数据再利用的方式可能很巧妙、很隐蔽，甚至企业员工在网上留下的数字轨迹，包括浏览了哪些页面、停留了多久、鼠标光标停留的位置、输入了什么信息等数据废气都可能被竞争对手利用，从而暴露企业未来关注的领域、发展战略等商业秘密。2013 年 7 月，安永会计师事务所发布"全球信息安全调查"显示，大多数企业对信息安全重视不够，未将信息安全提升到管理层面，导致安全问题频发。来自中国在内的 64 个国家的 1863 家企业的调查显示，在过去的 12 个月内超过 50% 的受访企业发生超过 5 起以上的信息安全事件；11% 的受访企业甚至不知道公司是否曾经发生信息安全事件。信息安全一旦出现问题，信息被偷盗或泄露可能给企业带来不可估量的损失。2012 年，普华永道调查显示审计信息安全有关的活动在未来5 年中会大大增加内部审计职责。面向未来，内部审计人员应不断拓展信息安全审计。

吴世忠等（2013）认为，从纯技术角度，信息安全漏洞是信息技术、信息产品、信息系统在需求、设计、实现、配置、维护和使用等过程中，有意或无意产生的缺陷，这些缺陷一旦被恶意主体所利用，就会造成对信息产品或系统的安全损害，从而影响构建于信息产品或系统之上的正常服务运行，危害信息产品或系统及信息的安全属性。除此以外，人和管理流程也会造成安全漏洞。斯皮内洛（1999）认为安全漏洞有两大来源：一是技术上的欠缺，二是糟糕的公司政策或有问题的数据传播和披露的操作。有时信息系统可能非常安全，但管理这些系统的人员也许非常容易地或漫不经心地分享这些敏感数据。

内部审计机构在重视信息安全风险时，应重点关注"技术、程序和人"安全三角的每一部分，尤其是员工安全意识。内部审计机构应审计安全意识程序和它的管理程序，判断这些程序是否得到执行。意识程序文件连同所附的员工同意和道德标准应递交给全体员工，并每年进行审查和签字确认。Semer（2012）认为，审计人员应该密切关注在这一安全意识程序中的六个领域：数据、网络、用户行为、社交媒体、移动设备以及社会工程（Social engineering）。除此之外，对于借助云服务商进行云计算的企业而言，云风险也应该是审计关注的领域。

对于信息安全问题，审计机构要建立一个详细的 IT 风险管理程序，识别和解决与新兴技术相关的风险；进行风险评估工作，找出潜在的风险，并制定适当的基于风险的应对策略，树立以信息为中心的安全观点。

二、方式上更加注重合作

内部审计发挥作用空间的增大，致使对审计人员的要求变高，例如，需要内部审计机构和内部审计人员发现和提示跨市场、跨国别、跨专业、跨监管的集团性风险、整合性风险、系统性风险和机制性风险，这就使得审计人员广泛地开展合作变得必要。

从具体合作形式来看，一方面应加强内部审计机构内部的协作配合。在全球化背景下，母国内部审计机构总部应协调东道国审计机构或审计中心，加强不同国籍员工的跨文化管理，共同服务于降低风险、实现组织价值增值的目标。另一方面，随着信息化发展和大数据时代的到来，审计机构更需要与部门外部开展合作。首先，内部审计机构在具体执行审计项目时，可能受制于具体业务或未曾涉及的特殊领域或问题，这时需要借助业务部门、职能部门的协助和配合。特别是对于规模庞大的跨国企业，"部门墙"导致组织内部门各条线沟通不畅，阻碍了交流，隐藏了风险，审计的优势在于能开展跨部门的合作，将由于管理体制导致的信息分割和信息碎片化进行整合，跨部门地获取信息和独立思考问题，从而对海量信息进行分析并发现存在的问题。其次，面对着日益复杂的经营风险和信息化高度发展的潜在风险，在实施审计项目和进行审计部门管理中，除了需要与本单位境内外各相关部门合作之外，内部审计人员还需要加强与会计师事务所、国家审计机关、外部专家、内部审计职业组织（如中国内部审计协会、国际内部审计师协会等），甚至是企业重要贸易伙伴的合作和配合，交流审计技术和经验，更好地发挥审计在企业和企业供应链中的作用，有效防范企业自身和第三方风险，提升内部审计的贡献和地位。

三、在更基础的道德价值观层面发挥作用

自从安然、世通事件之后，人们认识到道德和企业文化对于组织中的重要性，正如Jennings（2003）所言，有形的财务破产开始于无形的企业和个人道德价值观被严重侵蚀、直到最终崩溃。而与之相对的是，良好的企业文化和道德价值观有助于组织获得成功和竞争优势，威廉·大内（2007）在"Z理论"中强调了组织管理的文化因素，认为企业在生产力上不仅需要考虑技术和利润等硬性指标，还应考虑软性因素，如信任、人与人之间的密切关系和微妙性等。

在全球化和信息化的环境下，文化和道德价值观变得更加重要。从道德角度看，全球化和人口爆炸迫使人们尊重其他国家的文化特性和利益（施密特，2001），这就要求跨国公司必须尊重当地国家的文化和道德价值观，减少在经营过程中出现的文化风险和道德价值观的冲突。另外，信息技术的发展，使得数据库和存储装置方便了信息的采集、处理、检

索和传播，因而可以把信息视为一种能够包装和出售的商品。这种大量处理数据的能力便导致了一些社会的和伦理的问题，如隐私、信息所有权、数据安全等（斯皮内洛，1999）。而在大数据时代，这一问题变得越发严峻。因此可以说，企业的道德和具体人员的道德都很重要，内部审计人员需要在这些更基础的层面发挥作用。

首先，一个有效的道德规范要求公司、员工和所有的利益相关方都要做出正式的"做正确的事"的承诺，尽管《萨班斯－奥克斯利法案》只要求针对公司的高级财务管理人员制订这样的道德行为方案，但管理有效的企业应当为所有的利益相关方制订这样的道德行为方案（罗伯特·莫勒尔，2007）。对于跨国公司，在道德行为方案中必须考虑东道国的文化和道德价值观。通常，这样的道德方案由公司的首席道德官牵头，如果公司中没有真正的职业道德部门，内部审计应该在帮助建立全公司范围内的道德行为方案中发挥主要作用，或者对现有的道德行为方案进行改进。

其次，公司使命或价值观声明已经成为构筑强有力的公司道德观念和良好公司治理非常重要的组成部分。公司的内部审计机构和人员可以与公司的道德办公室和高级管理人员一起，帮助对现行的公司使命进行评价或者改写，或者在需要的情况下帮助公司制定新的使命或价值观声明。如果说使命或价值观声明代表的是保持公司治理总体架构的基石的话，那么公司的行为准则就是一系列的界定优良行为的支持性规定和要求。内部审计应该通过审计监察和与公司内部各部门的联系，在促进公司行为准则建设和监控其遵循情况中发挥主要作用。

再次，已经建立了道德部门的公司通常都有自己的热线或者类似的道德问题专线电话。内部审计可以通过对现有的道德热线进行检查，做出适当的控制措施建议，并向审计委员会提出建设性意见，从而成为帮助管理层和审计委员会完成这一工作的主要力量。对于设立道德与举报部门的企业而言，内部审计要对道德与举报部门进行检查，评估道德部门的成员是否遵循良好的内部控制程序，有效地利用其资源，以及遵循良好的保密程序和约束道德部门行为的部门章程。

最后，内部审计机构除了对道德部门的检查或与之合作外，通过自身对企业的审计活动，查处企业存在的贪污舞弊等不法行为，纠正违规违纪问题，通过审计宣传正确的道德价值观，向企业和个人传递正能量。

四、手段上更多地利用信息技术

由于环境和对象的变化，在全球化和大数据的情况下，受到空间和时间的限制，不采用信息技术手段就无法开展审计。审计信息化是内部审计发展的必然趋势。非现场审计、持续审计以及云审计的出现，已使传统的现场审计"脱胎换骨"。

非现场审计是内部审计机构或内部审计人员通过计算机远程访问、调用被审计单位的财务会计资料、业务数据资料，按照一定的程序，利用辅助审计工具实时检查和评价相关资料及其所反映的经济活动的真实性、合法性、效益性以及内部控制的健全性、有效性，帮助企业加强风险管理、增加组织价值，从而实现组织目标的独立性经济监督和评价活动。

非现场审计是提高审计效率、节约审计成本、弥补现场审计不足的有效方法。这是因为：一是非现场审计借助现代技术，实现远程的数据采集、审计取证、分析评价，可以减少经费成本。通过非现场审计搜索出可疑线索，并进行有针对性的审查核实，可以减少时间成本、人力资源。二是非现场审计减少了审计人员依赖于被审计单位提供数据的效率和质量的局限性，减少了外部环境的影响程度，减少了情感因素、主观因素、片面因素的影响程度，有利于客观反映和科学评价被审计单位的经营管理状况。三是非现场审计能够在同一时间取得所有分支机构最新的数据并进行简单对比，便于审计人员从整体、宏观的角度进行分析，为管理层提供有价值的决策信息支持。四是非现场审计通过提高监测频率实现对风险的早期控制，为管理层提供预警信号；同时，通过对审计对象的经营状况进行风险检测，确定审计工作重点监控对象和区域。五是非现场审计中审计数据信息均来源于业务系统的电子数据，数据来源的相对实时化与客观性可以确保审计证据的可靠有效和审计结果的真实。

与非现场审计相近甚至等同的是持续审计。有学者认为两者只是中西方不同的称谓（王会金，王素梅，2006），但从理解上又有所不同。持续审计在理论上没有一致的定义，不同的职业组织和学者给出了不同的界定。例如，美国注册会计师协会（AICPA）和加拿大特许会计师协会（CICA）于 1999 年发布了持续审计的定义：持续审计是一种方法学，是独立审计人员使用一系列审计报告，对某一事项提供书面鉴证，而且这些审计报告是在被审计事项发生的同时或很短一段时间后发布。2005 年，IIA 在发布的全球技术审计指南中，将持续审计定义为"一种利用技术自动执行控制和风险评估的方法，是审计策略从传统的交易样本的周期性复核向对所有交易进行持续测试的转变。这种方法使得审计人员可以在实时环境中，通过实时或近实时的执行控制和风险评估来分析数据、检测关键的交易系统以发现例外、控制缺陷以及那些凸显风险的数据指标，从审计计划的制订和维护到专门审计的执行和追踪都可以利用连续审计的分析结果"。

如果说非现场审计强调审计空间的"非现场"的话，那么持续审计更强调"持续""实时""自动"和"异常"。持续审计贯穿于整个审计周期，对被审计数据和系统进行持续监控和审计，通过嵌入式审计模块技术或分离式持续审计技术，任何与初始设置不相符或者异常的记录都将引起审计软件的报警，并通过电子邮件等形式传送到客户和审计人员那里，审计人员据此采取相应的措施，所有这些程序将通过信息系统自动完成。持续审计主要是针对内部控制和业务过程出现的例外或异常事务进行持续监控，从而发现问题，解决问题。基于例外事项的审计使得决策者能够随时掌握可能出现的异常情况，及时采取措施进行改进，避免更严重的异常发生。

2012 年普华永道调查结果表明，最可能在未来 5 年中增加内部审计的职责的预测技术中，排名第一的是持续审计或监控，有 90% 的受访者预测与持续审计应用相关的职责将在未来增加。因此，尽管不同国家、不同组织实施持续审计的比重不同，但随着信息技术、IT 环境的改进，持续审计运行费用的降低，这一技术将逐步扩大应用。

另外，对应于大数据、云计算的发展，云审计可能在未来应运而生。云审计是利用互联网的云计算概念，通过数据的云存储，使得各种审计资源（参与审计的人员、程序和相关的硬件设备）通过云来协同，从而为审计人员提供更富有效率、更科学的审计过程。在这个过程中，审计人员无须关注采用何种计算机程序，也无须关注数据的存储、共享和工作时效性问题，审计人员唯一需要关注的就是审计任务本身。因而，通过云审计，可以大大降低审计人员简单劳动的强度，降低审计软件的技术壁垒，并实现在技术和硬件上具备与"四大"会计师事务所大致相同的水平。更进一步来说，随着人们对云审计的不断深入认识，有可能从根本上改变审计的基本理论框架，建立基于信息社会基础上的全新的审计框架。

五、对于审计人员素质和技能要求更加全面

组织面临的环境改变和利益相关方期望的不断变化，对内部审计机构和内部审计人员提出了更高要求。根据 2012 年普华永道调查，内部审计负责人对他们解决战略和业务风险以及涉及欺诈和技术风险的能力显然比较担忧。在利益相关方期望日益增长的条件下，内部审计负责人认为能力不足是他们主要的挑战。

为了应对审计环境变化和利益相关方诉求对审计能力的要求，审计人员必须不断提升自身能力和素质。尽管传统的会计和审计技能依然很重要，但是仅仅依靠这些技能来提供以风险为中心的审计环境所要求的风险监控和分析是不可能的。一方面，内部审计要求审计人员具有财务专业知识以评估财务控制的充分有效性；另一方面，随着全球化和信息技术所带来的各种风险，审计部门将需要大量的能够识别、评估和分析风险数据，并且能够防止和发现舞弊的审计人员。2012 年普华永道调查

显示，内部审计负责人始终认为数据分析在未来将是一种基本技能。尤其在大数据时代，数据分析和管理人才紧缺，如何有效地进行数据挖掘，建立预测模型，实施准确预测和监控，需要审计人员不断提高计算机应用能力。另外，调查还显示，未来内部审计人员的非技术性能力也很重要，例如，审计人员应具有商业知识，与高级管理人员、业务主管、审计委员会进行实质性交流的能力等。

同样，在 2012 年 IIA 内部审计职业脉搏调查也显示内部审计负责人必须理解利益相关方的预期，确保审计人员有适当的技能来主动满足，或者超过这些期望。因此，成功的内部审计负责人要不断评估现有的内部审计技能是否能使自己的团队实现利益相关方的期望和妥善评估组织的风险组合。职业脉搏调查显示对于新的内部审计人员追求的五大技能是：分析和批判性思维、沟通能力、数据挖掘和分析、一般的 IT 知识以及商业洞察力。可见，今天的内部审计人员的技能与 10 年前的内部审计职业传统能力已有很大不同。会计或财务技能是许多内部审计工作描述的唯一焦点的时代已经一去不复返了。今天成功的内部审计人员的技能是对组织相关的关键问题理解的能力，能够关注即将发生的，预测未来的最大挑战和机会。

本章小结

全球化和信息化是组织发展必须面对的环境。在此背景下，组织的运行风险更加复杂多样，风险相比以往更加复杂、隐蔽、不容易控制，且更加容易转化。组织的利益相关方变得众多，而且可能分散在全球不同的地点，借助信息化条件，他们的期望和诉求会变成非常现实的要求。内部审计在组织中的角色、任务也在不断变化，这就导致内部审计的重要性不断显现，其承担的职责也不断增加，内部审计将面临更多的挑战。

面对内部审计环境变化和挑战，内部审计的领域将更加宽广，重视组织战略和社会责任，关注第三方风险和信息安全，方式上更加注重合作，在更基础的道德价值观层面发挥作用，手段上更多地利用信息技术，审计人员素质和技能要求更加全面。

总之，全球化和信息化的发展给内部审计职业既带来了机遇，更带来了挑战，审计人员应把握这样的机遇，不断提升自身能力，充分关注组织战略和新形势下内部审计需要关注的领域，不断发挥内部审计在组织中的价值。

主要参考书目

［1］陈锦烽，苏淑美编著．内部审计新纪元．大连：大连出版社，2006．

［2］陈艳娇，剧杰，王晓震，杨婧，李曼编著．内部审计基本理论研究．北京：中国时代经济出版社，2012．

［3］内部审计思想．王光远，等，译．北京：中国时代经济出版社，2006．

［4］杨树滋，鲍国明编著．内部审计概论．北京：中国财政经济出版社，1988．

［5］张继勋主编．审计学．天津：南开大学出版社，2003．

［6］中国审计体系研究课题组编著．中国审计体系研究．北京：中国审计出版社，1999．

［7］中国内部审计协会编．内部审计理论与实务．北京：中国石化出版社，2004．

［8］劳伦斯·索耶，莫提梅·迪腾霍佛，詹姆斯·沙奈尔．索耶内部审计——现代内部审计实务．5 版．北京：中国财政经济出版社，2005．

［9］国际内部审计专业实务框架．中国内部审计协会，译．北京：中国财政经济出版社，2013．

［10］ RIMS & IIA. Risk management and internal audit: forging a collaborative alliance, 2012.

［11］IIA. IIA Position Paper: The three lines of defense in effective risk management and control, 2013.

［12］IIA. IIA Position Paper: The role of internal auditing in enterprise – wide risk management, 2009.

［13］Linsley P. Internal control and risk management: the developing role of internal audit. The British Accounting Review, 2005.

［14］Thomas L Barton, William G Shankar, Paul L Walker. Enterprise risk management: pulling it all together.

［15］Philomena Leung, Barry J Cooper, Peter Robertson. The role of internal audit in corporate governance and management.

［16］中国内部审计协会．中国内部审计准则．2013.

［17］罗伯特·莫勒尔．布林克现代内部审计学．北京：中国时代经济出版社，2006.

［18］罗伯特·莫勒尔.SOX与内部审计新规则．北京：中国时代经济出版社，2007.

［19］瓦莱布哈内尼．实施内部审计业务：理论卷．北京：电子工业出版社，2010.

［20］叶陈云．公司内部审计．北京：机械工业出版社，2013.

［21］赵建平．现代内部审计理论与实务．北京：江苏大学出版社，2009.

［22］斯维茨尔．后萨奥时代的内部审计报告．王光远，等，译．北京：中国时代经济出版社，2011.

［23］伍顿·安德森，安德鲁·戴乐．实施国际内部审计专业实务框架．北京：西苑出版社，2010.

［24］中国内部审计协会．中国内部审计规范．北京：中国时代经济出版社，2006.

［25］马兴瑞，李金生主编．内部审计实用手册（2012版）．北京：中国宇航出版社，2013.

［26］董大胜，韩晓梅编著．风险基础内部审计——理论实务案例．大连：大连出版社，2010.

［27］尹维劼．现代企业内部审计精要．北京：中信出版社，2012.

［28］宋良荣．周冬华．企业内部控制——自我评价与CPA审计．上海：立信出版社，2012.

［29］方红星，池国华主编．企业内部控制．大连：东北财经大学出版社，2011.

［30］盛永志主编．企业内部控制审计．北京：清华大学出版社，2011.

［31］《企业内部控制审计政策解读与操作指引》课题组．企业内部控制审计政策解读与操作指引．大连：东北财经大学出版社，2011.

［32］王晓霞．企业风险审计．北京：中国时代经济出版社，2007.

［33］K H 斯宾塞·皮克特．风险管理过程审计．王义华，译．大连：东北财经大学出版社，2010.

［34］叶雪芳．舞弊审计．北京：经济科学出版社，2009.

［35］约瑟夫 T 韦尔斯．公司舞弊手册防范与检查．大连：东北财经大学出版社，2010.

［36］托马斯 W 戈尔登，史蒂文 L 斯卡拉克，蒙纳 M 克莱顿．法务会计调查指南.

大连：东北财经大学出版社，2009.

[37] 莱昂纳德 W 佛纳. 舞弊风险评估. 北京：中国时代经济出版社，2009.

[38] 王宝庆. 内部审计管理. 上海：立信会计出版社，2012.

[39] 鲍国明主编. 国外绩效审计方法与案例.1 版. 北京：中国时代经济出版社，2004.

[40] 高岩芳主编. 企业经济效益审计.1 版. 北京：人民邮电出版社，2006.

[41] 公共支出绩效审计研究课题组. 公共支出绩效审计研究.1 版. 北京：中国时代经济出版社，2007.

[42] 中国审计学会. 审计署立项课题研究报告 2006—2007. 北京：中国时代经济出版社，2008.

[43] 王学龙主编. 经济效益审计. 大连：东北财经大学出版社，2012.

[44] 杜玉梅，吕彦儒主编. 企业管理.3 版. 上海：上海财经大学出版社，2012.

[45] 胡奕明等. 审计与政府绩效评价研究. 上海：上海交通大学出版社，2012.

[46] 住房和城乡建设部，国家质量监督检验检疫总局. GB50500 - 2013 建设工程工程量清单计价规范. 北京：中国计划出版社，2013.

[47] 中国内部审计协会编. 建设项目审计. 北京：中国时代经济出版社，2008.

[48] 韩明升主编. 政府投资建设项目跟踪审计理论与实践. 北京：中国时代经济出版社，2011.

[49] 财政部投资评审中心编. 政府投资项目标底审查实务. 北京：经济科学出版社，2000.

[50] 隋斌主编. 农业建设项目管理. 北京：中国农业出版社，2011

[51] 时现. 建设项目审计. 北京：北京大学出版社.2002.

[52] Arens, Loebbecke. Auditing, an integrated approach. 8th ed. Prentice Hall, 1999.

[53] 鲍国明主编. 内部经济责任审计. 北京：中国时代经济出版社，2012.

[54] 陈宋生著. 企业经济责任审计评价方法. 北京：中国时代经济出版社，2009.

[55] 中共中央办公厅，国务院办公厅. 党政主要领导干部和国有企业领导人员经济责任审计规定.2010.

[56] 刘世林，方伟明编著. 经济责任审计理论与实务. 北京：中国时代经济出版社，2006.

[57] 蔡春，陈晓媛等. 环境审计论. 北京：中国时代经济出版社，2006.

[58]《水环境审计指南》课题组. 水环境审计指南. 北京：中国时代经济出版

社，2011.

［59］马中主编.环境与自然资源经济学概论.2版.北京:高等教育出版社,2006.

［60］郭日生,彭斯震等编.清洁生产审核案例与工具.北京:科学出版社,2011.

［61］石爱中.信息系统审计:审计发展的新路径.中国审计,2008(3).

［62］孙宝厚.《中国国家审计准则》的IT特色.世界审计组织(INTOSAI)IT审计工作组第20次年会国家论文,2011.

［63］石爱中,周德铭,王智玉,杨蕴毅,等.信息系统审计实务——中国计算机审计实务报告.北京:中国时代经济出版社,2012.

［64］中华人民共和国审计署.信息系统审计指南——计算机审计实务公告第34号.2012.

［65］GAO. FEDERAL INFORMATION SYSTEM CONTROLS AUDIT MANUAL (FIS-CAM). 2009.

［66］ISACA. IS Auditing Standards, Guidelines and Procedures. 2010.

［67］IIA. GLOBAL TECHNOLOGY AUDIT GUIDE (GTAG). 2012.

［68］Office of the Comptroller & Auditor General of India. Manual of information technology audit, 2009.

［69］刁宇凡,周立军.社会责任标准导论.北京:机械工业出版社,2012.

［70］赫尔穆特·施密特.全球化与道德重建.柴方国,译.北京:社会科学文献出版社,2001.

［71］理查德·鲁梅尔特.好战略,坏战略.蒋宗强,译.北京:中信出版社,2012.

［72］理查德A斯皮内洛.世纪道德:信息技术的伦理方面.刘钢,译.北京:中央编译出版社,1999.

［73］罗伯特·莫勒尔.SOA与内部审计新规则.刘宵仑,主译.北京:中国时代出版社,2007.

［74］迈克尔A希勒,R杜安·安尔兰,罗伯特E霍斯基森.战略管理:竞争与全球化(概念).吕巍,译.北京:机械工业出版社,2013.

［75］维克托·迈尔-舍恩伯格,肯尼思·库克耶.大数据时代:生活、工作与思维的大变革.盛杨燕,周涛,译.杭州:浙江人民出版社,2013.

［76］威廉·大内.Z理论.朱雁斌,译.北京:机械工业出版社,2007.

［77］吴世忠,刘晖,郭涛,易锦.信息安全漏洞分析基础.北京:科学出版

社，2013.

［78］Ciarione A，P Piselli，G Trebeschi．Emerging markets' spreads and global financial conditions. Journal of International Financial Markets，Institutions and money，2009（19）：222 – 239.

［79］Price Waterhouse Coopers．A study examining the future of internal auditing and the potential decline of a controls – centric approach，2012.

［80］李国杰，程学旗．大数据研究：未来科技及经济社会发展的重大战略领域——大数据的研究现状与科学思考．中国科学院院刊，2012（6）：647 – 657.

［81］封永平．中国企业境外投资的政治风险及规避策略．学术论坛，2013（2）：125 – 129.

［82］Murrillo – Luna J L，C Garces – Ayerbe，P Rivera – Torres．Why do patterns of environmental response differ? A stakeholders' pressure approach. Strategic Management Journal，2008（29）：1225 – 1240.

［83］王光远，颜艳．公司治理中的战略审计．财务通讯，2010（12）：6 – 13.

［84］宗菊．化解第三方风险．新理财，2010（5）：90 – 91.

［85］Pollock James，Sumner David．A close eye on business partners. Internal auditor，2012，69（6）：43 – 46.

［86］Semar Lance．Evaluating the employee security awareness program. Internal Auditor，2012，69（6）：48 – 52.

［87］Jennings，Marianne M．The critical role of ethics．Internal Auditor，2003，60（6），46 – 51.

［88］王会金，王素梅．非现场审计：背景、机遇和挑战．中国内部审计，2006（3）：27 – 29.

图书在版编目（CIP）数据

现代内部审计/鲍国明，刘力云主编.
—北京：中国时代经济出版社，2014.3（2019.3 重印）
ISBN 978-7-5119-1886-4

Ⅰ.①现… Ⅱ.①鲍… ②刘… Ⅲ.①内部审计

Ⅳ.①F239.45

中国版本图书馆 CIP 数据核字（2014）第 038484 号

书　　名：现代内部审计
主　　编：鲍国明　刘力云

出版发行：中国时代经济出版社
社　　址：北京市丰台区玉林里 25 号楼
邮政编码：100069
发行热线：（010）63508271　63508273
传　　真：（010）63508274　63508284
网　　址：www. icnao. cn
电子邮箱：sdjj1116@163 com
经　　销：各地新华书店
印　　刷：三河同力彩印有限公司
开　　本：787×1092　1/16
字　　数：370 千字
印　　张：28.25
版　　次：2014 年 3 月第 1 版
印　　次：2019 年 3 月第 10 次印刷
书　　号：ISBN 978-7-5119-1886-4
定　　价：62.00 元